国学经典 | 典藏版

妙法莲华经

[后秦] 鸠摩罗什　译

李海波　注译

中州古籍出版社
·郑州·

图书在版编目(CIP)数据

妙法莲华经 /（后秦）鸠摩罗什译；李海波注译 . —郑州：中州古籍出版社，2016. 11（2024. 5重印）
（国学经典典藏版）
ISBN 978-7-5348-6669-2

Ⅰ.①妙… Ⅱ.①鸠… ②李… Ⅲ.①大乘 - 佛经 ②《法华经》- 注释 ③《法华经》- 译文 Ⅳ.① B942.1

中国版本图书馆 CIP 数据核字（2016）第 288119 号

MIAOFALIANHUA JING

妙法莲华经

出 版 人	许绍山
责任编辑	刘 晓
责任校对	李军博
装帧设计	曾晶晶

出 版 社	中州古籍出版社（地址：郑州市郑东新区祥盛街 27 号 6 层 邮编：450016 电话：0371-65723280）
发行单位	河南省新华书店发行集团有限公司
承印单位	郑州印之星印务有限公司
开　　本	640 mm × 960 mm 1/16
印　　张	24.25
字　　数	260 千字
印　　数	24 001-34 000 册
版　　次	2016 年 11 月第 1 版
印　　次	2024 年 5 月第 8 次印刷
定　　价	59.00 元

本书如有印装质量问题，请联系出版社调换。

前 言

《妙法莲华经》，简称《法华经》，共七卷二十八品，由鸠摩罗什于姚秦弘始八年（406）译出。《法华经》是初期大乘佛教经典中的有代表性的经典之一，在大乘佛教传播和发展的历史进程中占有重要地位。

在大乘佛教中，《法华经》属于问世相当早的大乘经典。据现代研究成果，一般推定《法华经》在公元前1世纪到公元2世纪左右于印度形成，也有学者从语言学的角度研究，认为本经成书早于这个时间，大约在公元前2世纪至3世纪之间。《大般涅槃经》、《优婆塞戒经》等经中都出现《法华经》之名，《大智度》等论里也引用该经内容，世亲还为此经撰写了《优婆提舍》。在罗什翻译之前，《法华经》就已经流传到中原大地。西晋太康七年（286），有竺法护译出《正法华经》十卷二十七品，早于罗什译本约120年。罗什译出《妙法莲华经》之后195年，即隋仁寿元年（601），又有阇那崛多、达摩笈多重勘梵本，补订罗什译本，命名为《添品妙法莲华经》，共七卷二十七品。以上三种译本，都流传至今。据《开元释教录》卷十一、十四记载，还有《法华三昧经》六卷，《萨芸芬陀利经》六卷，《方等法华经》五卷等三种译本阙失。但据现代学者考证，这一说法似乎属于误传，实际只有今存的三种译本。历代以来在民间广泛流传以及作为僧众进行讲解和注疏的，都以罗什译本为蓝本。罗什译本最初的内容是七卷二十七品，而且其中的《普门品》没有重诵偈。后人将南齐法献同达摩摩提合译的《妙法莲华经·提婆达多品》第十二和北周阇那崛多译的《普门品偈》收入罗什译本，构成七卷二十八品。其后又将玄奘译的《药王菩萨咒》编入，从而形成现今流通本的内容。

《法华经》广泛开演大乘教义，主要思想是空无相的空性说和究竟处的归宿目标，前者和《般若》相摄，后者与《涅槃》沟通，全文指归净土、宣扬济世以及陀罗尼咒密护等。具体而言有：

一、主张一切众生皆可成佛。包括释迦在内的诸佛分别以声闻、缘觉、菩萨三乘教化众生，是适应不同众生的不同状况而采取的方便做法，并非为诸佛本怀；佛的本意是以"佛之知见，示悟众生"，"如来但以一佛乘故，为众生说法，无有余乘"，佛"以种种因缘、譬喻言辞、方便力而为说法"，旨在令所有众生"得一佛乘，一切种智故"（《方便品》）。该经所主张的所有三乘行人都可以成佛的思想，后人概括为"开权显实"、"会三归一"，即会三乘之方便，入一乘之真实。另外，由于《法华经》明确了佛的出世目的是为一切众生成佛，因此，古来有人把此经称为宣示"佛出世本怀"的经。

二、以"久远实成"的释迦佛将大乘佛教佛身论形象化。按照大乘佛教的理论，历史上创立佛教的释迦牟尼是属于佛之应身或曰化身佛。《法华经》中虽没有法身、报身、应身和佛性等概念，但经中诸品，特别是十五《从地涌出品》之后，对释迦牟尼佛的描述中已经赋予释迦佛以报身兼有法身的意义，如"我成佛已来甚大久远，寿命无量阿僧祇劫，常住不灭"，"我常在此娑婆世界说法教化，亦于余处百千万亿那由他阿僧祇国导利众生"（《如来寿量品》）。

三、提出"诸法实相"、"十如"等概念。所谓诸法实相就是大乘佛法的根本真理,在《法华经》中就是"一佛乘"、"佛之知见"、"诸法寂灭相"、"大乘空义"等。解释诸法内容的"所谓如是相,如是性,如是体,如是力,如是作,如是因,如是缘,如是果,如是报,如是本末究竟"等"十如",在经中是为了展现如来的慈悲本怀,说明佛出世本意。"十如"在意蕴上有很大的伸缩性,可以在不同场合使用,因此成为古代中国佛教学者尤其是天台宗人用来构建教义体系的重要概念。

四、现世救苦救难的观世音菩萨信仰。中国观世音信仰的兴起是在《法华经》译出以后。《法华经·观世音菩萨普门品》通过佛世尊之口宣说,当众生遭遇困难之时,只要诵念其名号,观世音菩萨即时观其音声,前往拯救,奠定了观世音菩萨能帮助世人解除现世生活中遭遇到的种种苦难或灾祸的功能定位。不仅如此,经中还说观世音菩萨在此娑婆世界中随机方便,应机现种种身相,"游诸国土,度脱众生",加强了观世音菩萨在佛教菩萨体系中和众生的关联程度。

《法华经》流传至汉地,自罗什的汉译本问世后,随即于汉地盛传开来。在《高僧传》所列举的讲经、诵经者中,以讲、诵此经的人数最多,于敦煌写经里也是此经所占的比重最大,仅南北朝时期,注疏此经的就达七十余家,其中僧睿以"九辙"讲述《法华经》,人称"九辙法师";昙影撰《法华义疏》四卷;道生撰有《法华义疏》二卷;法云撰《法华经义记》八卷;慧思撰《法华经安乐行义》;智顗撰《法华文句》二十卷、《法华玄义》二十卷;吉藏撰《法华玄论》十卷、《法华义疏》十二卷等。隋、唐以后,乃至明、清,《法华经》一直流传不衰。《法华经》在中国佛教理论体系中被称做"众经之王",凡重教讲的宗派都充分肯定它的地位,除了天台宗以本经为根本经典成宗立派之外,三论、法相、华严各宗虽然各有方便法门，但都归宗《法华经》，奉为圭臬。密宗修行的观照轨仪，也有仿效法华行仪之处，唐代不空便译有《成就妙法莲花经王瑜伽观智仪轨》。

《法华经》译本先后传入朝鲜、日本，在两国同样流传很广。尤其在日本，6世纪就有圣德太子撰写此经《义疏》。9世纪传教大师续开台宗，特倡此经。13世纪日莲专奉此经与经题立日莲宗。

由于该经流传的因缘殊胜，历史上不乏此经的伪作。早在隋代的《众经目录》中就有《妙法莲华经度量天地品》等三种伪经，《敦煌写经》、《续道藏经》和日本《续藏经》中也都收有附会此经的伪作。19世纪以来，此经先后译成法文和英文，又有梵汉对照、梵文和译、改订梵本、藏梵传译以及原文等的出版。

本书在吸收已有成果的基础上，对该经进行了白话翻译。由于本经含义深邃，富于哲理，尽管笔者倾心尽力，期望能忠实地反映经文内容，但水平终究有限，疏漏、偏颇以至于谬误之处在所难免，期待读者的批评指正。

李海波

2010年5月

目 录

卷第一
序品第一 1
方便品第二 28

卷第二
譬喻品第三 58
信解品第四 95

卷第三
药草喻品第五 113
授记品第六 122
化城喻品第七 132

卷第四
五百弟子受记品第八 164
授学无学人记品第九 176
法师品第十 182
见宝塔品第十一 194
提婆达多品第十二 208
劝持品第十三 218

卷第五

- 安乐行品第十四 …… 226
- 从地涌出品第十五 …… 244
- 如来寿量品第十六 …… 258
- 分别功德品第十七 …… 268

卷第六

- 随喜功德品第十八 …… 282
- 法师功德品第十九 …… 289
- 常不轻菩萨品第二十 …… 304
- 如来神力品第二十一 …… 311
- 嘱累品第二十二 …… 317
- 药王菩萨本事品第二十三 …… 319

卷第七

- 妙音菩萨品第二十四 …… 333
- 观世音菩萨普门品第二十五 …… 342
- 陀罗尼品第二十六 …… 353
- 妙庄严王本事品第二十七 …… 359
- 普贤菩萨劝发品第二十八 …… 368

卷第一

序品第一

如是我闻，一时，佛住王舍城[1]耆阇崛山[2]中，与大比丘[3]众万二千人俱。皆是阿罗汉[4]，诸漏[5]已尽，无复烦恼，逮得己利，尽诸有结，心得自在。其名曰：阿若憍陈如[6]、摩诃迦叶[7]、优楼频螺迦叶[8]、伽耶迦叶[9]、那提迦叶[10]、舍利弗[11]、大目犍连[12]、摩诃迦旃延[13]、阿㝹楼驮[14]、劫宾那[15]、憍梵波提[16]、离婆多[17]、毕陵伽婆蹉[18]、薄拘罗[19]、摩诃拘絺罗[20]、难陀[21]、孙陀罗难陀[22]、富楼那弥多罗尼子[23]、须菩提[24]、阿难[25]、罗睺罗[26]，如是众所知识大阿罗汉等。复有学、无学[27]二千人。摩诃波阇波提[28]比丘尼[29]，与眷属六千人俱。罗睺罗母耶输陀罗[30]比丘尼，亦与眷属俱。

[注释]

①王舍城：中印度摩竭陀国的国都。②耆阇崛山：此是音译。意译即为大乘佛经中常常出现的佛陀主要说法地点之一——灵鹫山。③比丘：受比丘戒

的出家男众。④阿罗汉：小乘修行的最高果位。一译为杀贼，指杀烦恼贼；二译应供，指当受人天供养；三译不生，指永入涅槃不再受生死果报。⑤诸漏：各种烦恼的通称。⑥阿若憍陈如：阿若为名，憍陈如为姓。阿若，译作已知，无知，了本际。憍陈如，译作火器。是释迦牟尼佛成道后最初接受教化的五比丘之一。⑦摩诃迦叶：摩诃意为"大"，亦称大迦叶，为佛十大弟子之一。身有金光，映蔽余光使不现，故又被称做大饮光。修行头陀苦行，以"头陀第一"著称。后佛于灵山会上，拈花示众，大迦叶领会佛意而微笑，受佛正法眼藏，传佛心印，为印度禅宗初祖。⑧优楼频螺迦叶：释迦牟尼佛上座弟子迦叶三弟兄中之长兄。原为外道，后转信释迦牟尼，成为声闻徒众。⑨伽耶迦叶：三迦叶之一。迦叶为其姓，伽耶，意为"城"。因其居家在王舍城南七由旬，故以名之。⑩那提迦叶：三迦叶之一。迦叶为其姓，那提为河名，此人在那提河边得道，故以名之。⑪舍利弗：释迦牟尼佛的十大弟子之一，以"智慧第一"著称。舍利，意译为"鹙鹭"。弗，意译为"子"，因其母之眼似鹙鹭，故号为舍利弗，或称为舍利子。⑫大目犍连：释迦牟尼佛的十大弟子之一，以"神通第一"著称。⑬摩诃迦旃延：释迦牟尼佛的十大弟子之一，以"论义第一"著称。⑭阿㝹楼驮：释迦牟尼佛的十大弟子之一，以"天眼第一"著称。⑮劫宾那：憍萨罗国人，释迦牟尼佛的杰出出家弟子，以善于了知能知星宿闻名。⑯憍梵波提：即牛相比丘，释迦牟尼佛的杰出出家弟子，解律第一。⑰离婆多：释迦牟尼佛的杰出出家弟子，彼遇二鬼争尸，悟人身假和合之理而成为出家得道之因缘。⑱毕陵伽婆蹉：释迦牟尼佛的杰出出家弟子，译曰余习，以有高慢之余习故名之。⑲薄拘罗：释迦牟尼佛的杰出出家弟子，译曰善容，取其容貌庄严之意。⑳摩诃拘絺罗：释迦牟尼佛的杰出出家弟子。㉑难陀：释迦牟尼佛的杰出出家弟子，译为善欢喜，为了区别于佛陀的堂弟，又名牧牛难陀，因问佛放牛十一事，知佛具一切智，而后跟佛出家，获证阿罗汉果。㉒孙陀罗难陀：释迦牟尼佛的杰出出家弟子，出家前是佛的堂弟，因沉溺于其妻的美色，不乐出家，后来经佛方便度化，发心出家最终证得阿罗汉果。㉓富楼那弥多罗尼子：简称"富楼那"，释迦牟尼佛的十大弟子之一，以"说法第一"著称。㉔须菩提：释迦牟尼佛的十大弟子之一，以"解空第一"著称。据说生时家中宝藏器物，忽然都没有了，故名空生。数日后，失去的财宝，又忽然而现，故名善现。请术士卜命，占得吉兆，故名善吉。后来依佛出家，证得阿罗汉果。㉕阿难：释迦牟尼佛的十大弟子之一。出家前是白饭王的儿子，提婆达多的弟弟，也是释迦佛的堂弟，生于佛成道之夜，后来随佛出家，侍奉佛二十五年，为佛执事弟子，以"多闻第一"著称。㉖罗睺罗：释迦牟尼佛的十大弟子之一。是佛出家前的儿子，以"密行第一"著称。他虽然已经证得阿罗汉果，在法华会上，回于大乘。㉗有学、无学：在小乘的四向四果中，修至前四向三果的圣者统为有学，指还需要继续学习、修行。无学专指四果阿罗汉。证得阿罗汉果的圣者，学道圆满不更修学，所以称为无学。㉘摩诃波阇波提：释迦牟尼佛的姨母。㉙比丘尼：受比丘尼戒的出家女众。㉚耶输陀罗：释迦牟尼佛出家前的妻子。

[译文]

这是我亲耳从释迦牟尼佛那里听到的：那时，释迦牟尼佛住在王舍城旁的耆阇崛山中，与随行的杰出比丘弟子有一万两千多人。这些弟子都已证得阿罗汉果位，断尽各种烦恼，也不再产生任何新的烦恼，自身获得真实益处，摆脱了所有的束缚，心安而自在。他们是：阿若憍陈如、摩诃迦叶、优楼频螺迦叶、伽耶迦叶、那提迦叶、舍利弗、大目犍连、摩诃迦旃延、阿㝹楼驮、劫宾那、憍梵波提、离婆多、毕陵伽婆蹉、薄拘罗、摩诃拘絺罗、难陀、孙陀罗难陀、富楼那弥多罗尼子、须菩提、阿难、罗睺罗等等，都是广为人知的大阿罗汉。

法会中还坐有尚未达到解脱果位而处于修行阶段以及无须继续学习者两千人。摩诃波阇波提比丘尼以及她的六千眷属，罗睺罗的母亲耶输陀罗比丘尼以及她的眷属们，也都坐于法会当中。

菩萨摩诃萨八万人①，皆于阿耨多罗三藐三菩提②不退转，皆得陀罗尼③。乐说辩才，转不退转法轮。供养无量百千诸佛，于诸佛所植众德本，常为诸佛之所称叹。以慈修身，善入佛慧。通达大智，到于彼岸。名称普闻无量世界，能度无数百千众生。

其名曰：文殊师利菩萨、观世音菩萨、得大势菩萨、常精进菩萨、不休息菩萨、宝掌菩萨、药王菩萨、勇施菩萨、宝月菩萨、月光菩萨、满月菩萨、大力菩萨、无量力菩萨、越三界菩萨、跋陀婆罗菩萨、弥勒菩萨、宝积菩萨、导师菩萨，如是等菩萨摩诃萨八万人俱。

[注释]

①菩萨摩诃萨八万人：隐指八类菩萨各以万计。菩萨，全称菩提萨埵，意为觉有情，能够自己觉悟并觉悟其他众生。摩诃萨，即大有情，意为大菩萨。②阿耨多罗三藐三菩提：佛智之名，译为无上正等正觉，即真正平等觉知一切真理的无上智慧。③陀罗尼：译为总持，总摄一切法，能持无量义，即能掌握一切法的总纲领。陀罗尼分为四种：一是法陀罗尼，能记忆经句不忘；二是义陀罗尼，能理解经义不忘；三是咒陀罗尼，依禅定力起咒术，能消除众生灾厄；四是忍陀罗尼，通达诸法离言实相，了知其本性，忍法性而不忘。

[译文]

还有八万大菩萨参加法会，他们在修行无上智慧的道路上不再退转，精进不息，坚持修、学、行善法而不忘失，乐于讲解佛法，善于分辨各种道理，常转法轮使得随学者皆信心不退。他们曾经供养过无法计数的佛陀，跟随这些佛陀培植各种善根，时常得到诸佛的表扬赞叹。他们以慈悲统摄自己的行为，善于理解诸佛的智慧，明晓通达一切事理，已经到达解脱的彼岸。他们的名字在无量的世界中都被广为传颂，他们能够救度无数的众生。他们是：文殊师利菩萨、观世音菩萨、得大势菩萨、常精进菩萨、不休息菩萨、宝掌菩萨、药王菩萨、勇施菩萨、宝月菩萨、月光菩萨、满月菩萨、大力菩萨、无量力菩萨、越三界菩萨、跋陀婆罗菩萨、弥勒菩萨、宝积菩萨、导师菩萨等，这样的八万大菩萨共聚于此盛大法会。

尔时，释提桓因①与其眷属二万天子俱。复有明月天子、普香天子、宝光天子、四大天王[②]与其眷属万天子俱；自在天子、大自在天子[③]，与其眷属三万天子俱；娑婆世界[④]主，梵天王尸弃大梵[⑤]、光明大梵等，与其眷属万二千天子俱；有八龙王[⑥]：难陀龙王、跋难陀龙王、娑伽罗龙王、和修吉龙王、德叉迦龙王、阿那婆达多龙王、摩那斯龙王、优钵罗龙王等，各与若干百千眷属俱；有四紧那罗[⑦]王：法紧那罗王、妙法紧那罗王、大法紧那罗王、持法紧那罗王，各与若干百千眷属俱；有四乾闼婆[⑧]王：乐乾闼婆王、乐音乾闼婆王、美乾闼婆王、美音乾闼婆王，各与若干百千眷属俱；有四阿修罗[⑨]王：婆稚阿修罗王、佉罗骞驮阿修罗王、毗摩质多罗阿修罗王、罗睺阿修罗王，各与若干百千眷属俱；有四迦楼罗[⑩]王：大威德迦楼罗王、大身迦楼罗王、大满迦楼罗王、如意迦楼罗王，各与若干百千眷属俱；韦提希子阿阇世[⑪]王，与若干百千眷属俱，各礼佛足，退坐一面。

[注释]

①释提桓因：住在须弥山顶上，忉利天（即三十三天）的统治者，简称释帝或帝释。②四大天王：帝释的四大将军，各保护一天下，称为护世四天王。东方持国天王多罗咤，慈悲为怀，保佑众生，护持国土，保护东胜神洲人。南方增长天王毗琉璃，能令众生增长善根，护持佛法，保护南瞻部洲人。西方广目天王毗留博叉，能以净天眼随时观察世界，护持人民，保护西牛贺洲人。北方多闻天王毗沙门，多闻多识，以福德名闻四方，保护北俱卢洲人。③自在天、大自在天：二者通常的指代对象一样，是外道的主神，住在色界最高层，是三千世界的统治者。④娑婆世界：娑婆意为堪忍、杂恶，此世界是三恶五趣杂会的地方，众生因堪忍而受尽各种烦恼，不肯出离。娑婆世界是释迦牟尼佛教化的三千大千世界，总称百亿须弥山世界，并以释迦牟尼佛为本师。⑤梵天王尸弃大梵：色界的初禅天有梵众天、梵辅天、大梵天三重天，其中大梵天的梵天王称为尸弃。⑥八龙王：意译的名称分别为欢喜龙王、贤喜龙王、海龙王、宝有龙王、多舌龙王、无热恼龙王、大意龙王、青莲龙王。⑦紧那罗：意译乐神，八部众之一，似人而头上有角。⑧乾闼婆：有时也译为乾达

婆，意译香神，八部众之一，不食酒肉，只求香气以资阴身，其阴身可以发出香味。⑨阿修罗：意译战神，有天人的福报而无天人的德行，似天人而非天人，性情好斗，常与帝释争战。国中男性容貌丑陋，女性容貌美丽，宫殿在须弥山北，大海之下。⑩迦楼罗：意译金翅鸟神，居住在四天下的大树上，以龙为食，八部众之一。⑪阿阇世：国王名，是释迦牟尼佛住世时古印度摩竭陀国的统治者。他为太子时，听信恶友提婆达多的话，幽囚父王频毗娑罗而即位。为王之后，并吞小国，威震四邻，国家强大一时。但因害父罪，遍体生疮，至佛所忏悔，痊愈后，即皈依释尊，而后成为佛门有力的护法。

[译文]

那时，释提桓因与他的眷属二万天子共同参加法会。还有明月天子、普香天子、宝光天子、四大天王，各与他们的眷属一万天子共同参加法会。自在天子、大自在天子与他们的眷属三万天子共同参加法会。娑婆世界的主持者，梵天王尸弃大梵、光明大梵与他们的眷属一万两千天子共同参加法会。又有八大龙王，分别是难陀龙王、跋难陀龙王、娑伽罗龙王、和修吉龙王、德叉迦龙王、阿那婆达多龙王、摩那斯龙王、优钵罗龙王，各与自己的百千眷属共同参加法会。又有四大乐神王，分别是法紧那罗王、妙法紧那罗王、大法紧那罗王、持法紧那罗王，各与他们的百千眷属共同参加法会。又有四大乾闼婆王，分别是乐乾闼婆王、乐音乾闼婆王、美乾闼婆王、美音乾闼婆王，各与自己的百千眷属共同参加法会。又有四大战神王，分别是婆稚阿修罗王、佉罗骞驮阿修罗王、毗摩质多罗阿修罗王、罗睺阿修罗王，各与自己的百千眷属共同参加法会。又有四大迦楼罗王，分别是大威德迦楼罗王、大身迦楼罗王、大满迦楼罗王、如意迦楼罗王，各与自己的百千眷属共同参加法会。韦提希的儿子阿阇世王与数千眷属共同参加法会。他们分别向释迦牟尼佛顶礼致敬后，退坐一旁。

尔时，世尊四众①围绕，供养、恭敬、尊重、赞叹。为诸菩萨说大乘经，名《无量义》②，教菩萨法，佛所护念。佛说此经已，结跏趺坐，入于无量义处三昧，身心不动。

是时，天雨曼陀罗华，摩诃曼陀罗华，曼殊沙华，摩诃曼殊沙华，而散佛上及诸大众。普佛世界，六种震动③。尔时，会中比丘、比丘尼、优婆塞、优婆夷、天龙、夜叉、乾闼婆、阿修罗、迦楼罗、紧那罗、摩睺罗伽④、人非人⑤，及诸小王、转轮圣王，是诸大众，得未曾有，欢喜合掌，一心观佛。

[注释]

①四众：即四众弟子，内含比丘（男僧众）、比丘尼（女僧众）、优婆塞（男居士，在家学佛男众）、优婆夷（女居士，在家学佛女众）。②无量义：指诸法无量，各具义理，同时也是实相的异名。《无量义经》的旨趣在于指出，有情众生的烦恼无量，故佛陀说法亦相应无量，义理同样无量；而无量之义理都从一法出生，此一法即无相。本经的内容多以《法华经》为中心，中文文本于建元三年（481）由南朝萧齐昙摩伽陀耶舍译出，与《法华经》、《观普贤菩萨行法经》合称法华三部经。③六种震动：分为三种：一，六时震动；二，六方震动；三，六相震动。这里指六相震动：动、起、涌、震、吼、觉。这六种震动各有小中大三相，共有十八相。动指摇飏不安，起指自下升高，涌指坳陇凹凸或六方涌没，震指隐隐有声，吼指砰磕发响，觉指使众生觉悟。④摩睺罗伽：八部众之一，即大蟒神，蛇首人身。⑤人非人：天龙等八部众的总称，八部鬼神本非人，变作人形，故称人非人。

[译文]

那时，佛陀在四众弟子的环绕中，接受大家的种种恭敬、供养、尊重和赞叹。佛陀为一切菩萨讲解大乘经，名称为《无量义经》，这是教化大乘菩萨的法门，深得诸佛的护持和眷念。佛陀讲经完毕，结跏趺坐，进入无量义处三昧的定境，身心寂然不动。

就在这时，白团花、大白团花、柔软红团花、大柔软红团花等如雨般从天而降，散落在佛陀以及参加法会的大众身上，整个佛世界发生六种震动。那时，法会中的比丘、比丘尼、男居士、女居士、天子、龙王、夜叉、香神、战神、金翅鸟神、乐神、蟒神等八部鬼神大众以及各位小天王、转轮圣王等所有大众目睹这从未曾见过的瑞相，都深感欢喜，不由得合掌致敬，专心地注视着佛陀。

尔时，佛放眉间白毫相光，照东方万八千世界，靡不周遍：下至阿鼻地狱①，上至阿迦尼咤天②。于此世界，尽见彼土六趣众生；又见彼土现在诸佛，及闻诸佛所说经法；并见彼诸比丘、比丘尼、优婆塞、优婆夷、诸修行得道者；复见诸菩萨摩诃萨，种种因缘、种种信解、种种相貌、行菩萨道；复见诸佛般涅槃者；复见诸佛般涅槃后，以佛舍利③，起七宝塔。

[注释]

①阿鼻地狱：又被称为无间地狱，在地狱的最底层，其中众生恒时受苦没有间断，是造极重罪的人死后所堕落的地方。②阿迦尼咤天：色界的第十八重天，是有形体的天界最究竟的地方，又称色究竟天、有顶天。③舍利：佛的身骨。佛、菩萨、罗汉、高僧等寂灭、火化后凝结而成的结晶体，有的如圆珠，有的如花；白色的为骨舍利，红色的为血肉舍利，黑色的为发舍利，也有杂色的。舍利的形成根据佛教理论，是由人生前戒定慧的长期修行而得，由无量功德所成。若是佛的舍利，世间无物能将其损坏，菩萨阶位以下，其坚硬度便相应减少。

[译文]

那时，只见佛陀眉间放出白毫相光，照耀东方一万八千多世界，其间的各个角落无不周遍——下至阿鼻地狱，上至色究竟天，那些世界中的六道众生，在娑婆世界中全部可以清楚见到。除此之外，还能看见那些世界中的现在诸佛，并能听到诸佛所讲的经法；还能看见诸比丘、比丘尼、男居士、女居士以及诸位修行得道者；还能看见所有大菩萨根据种种不同的因缘、种种不同的信解，而以种种不同的相貌行菩萨道，普度众生。通过佛的白毫相光，大家还能看见已经进入涅槃的诸佛，以及诸佛涅槃后众生为供奉佛舍利而修建的七宝佛塔。

尔时，弥勒菩萨作是念："今者，世尊现神变相，以何因缘而有此瑞？今佛世尊入于三昧，是不可思议，现稀有事，当以问谁？谁能答者？"复作此念："是文殊师利，法王之子，已曾亲近供养过去无量诸佛，必应见此稀有之相，我今当问。"

尔时，比丘、比丘尼、优婆塞、优婆夷，及诸天龙、鬼神等，咸作此念："是佛光明神通之相，今当问谁？"

尔时，弥勒菩萨欲自决疑，又观四众比丘、比丘尼、优婆塞、优婆夷，及诸天龙、鬼神等，众会之心，而问文殊师利言："以何因缘而有此瑞神通之相？放大光明，照于东方万八千土，悉见彼佛国界庄严？"

[译文]

那时，弥勒菩萨不由想到："今天，世尊显现这般神变，是因什么因缘而有这样的瑞相？现在世尊入于三昧境界，显现这不可思议的稀有情形，应当问谁？谁能回答呢？"随后转念又想："文殊师利菩萨是佛陀正法之王子，曾经亲近供养过过去的无量诸佛，他一定见到过这样的稀有瑞相，我现在可以求教于他。"

当时，法会中的比丘、比丘尼、男居士、女居士以及天子、龙、鬼神等众生都在思量："佛陀显现如此光明神通的瑞相，应当去问谁？"

于是，弥勒菩萨想解决自己的疑问，又发现四众弟子以及天子、龙、鬼神等与会大众也同样对此疑惑，就向文殊师利菩萨施礼问道："是什么因缘，佛陀示现如此祥瑞神通之相，放大光明，照耀于东方一万八千佛土，从而尽见那些佛土中的各种庄严之象呢？"

于是，弥勒菩萨欲重宣此义，以偈问曰：
文殊师利，导师何故，眉间白毫，大光普照？
雨曼陀罗，曼殊沙华，栴檀香风，悦可众心。
以是因缘①，地皆严净，而此世界，六种震动。
时四部众，咸皆欢喜，身意快然，得未曾有。
眉间光明，照于东方，万八千土，皆如金色。
从阿鼻狱，上至有顶，诸世界中，六道众生，
生死所趋，善恶业缘，受报好丑，于此悉见。
又睹诸佛，圣主师子②，演说经典，微妙第一。
其声清净，出柔软音，教诸菩萨，无数亿万。
梵音深妙，令人乐闻，各于世界，讲说正法。
种种因缘，以无量喻，照明佛法，开悟众生。
若人遭苦，厌老病死，为说涅槃③，尽诸苦际；
若人有福，曾供养佛，志求胜法，为说缘觉；
若有佛子，修种种行，求无上慧，为说净道。

[注释]

①因缘：因，指引发结果的直接内在原因。缘，指由外来相助的间接原因。世间的一切事物和现象都是由因与缘的和合而产生并存在。②师子：师，通狮。印度文化认为狮子是兽中之王，咆吼时震慑百兽，无不顺服。在佛经中经常以此来比喻佛菩萨之勇猛——讲说佛法，纵横无碍，无所怖畏，广灭一切戏论，破除一切邪见，使外道归顺。③涅槃：译为"圆寂"，圆，是圆满一切智德。寂，是寂灭一切惑业。也译作"灭度"，灭，是灭除见思、尘沙和无明三种惑。度，是度脱分段和变易两种生死。当一个人的智慧和德行都达到究竟圆满的程度，连生死和烦恼也都超越了，就叫做"涅槃"。涅槃有四种含义：一，本来自性清净涅槃；二，有余依涅槃，即真如超越烦恼障，虽有少许苦，所依的身心没有断灭而障碍永远灭除；三，无余依涅槃，即真如超越生死苦，

烦恼已尽，剩余所依身心也已灭除，所有苦永远断除；四，无住处涅槃，即真如超越所知障，大悲智慧恒常相伴，因此不住生死和涅槃，利益一切有情，穷未来际，虽有所作为而不离寂灭。

[译文]

于是，弥勒菩萨为了重新表达自己的疑问，便以偈颂问道：

请问文殊师利菩萨，导师释迦牟尼佛缘于何故而于眉间放白毫相光，普照诸佛世界？白团花、柔软红团花如雨般降下，旃檀香随风送来，令会场大众心旷神怡。由此因缘，大地一片庄严清净，世界发生六种震动，四部众的弟子皆因见此瑞相而身心愉悦。导师眉间的光明，照耀东方一万八千之多个世界，这些世界的大地由此涂上一层金色。更甚之，在这些世界中，下至阿鼻地狱，上至色究竟天，所有的六道众生之生死去向、善恶业缘、所受果报的好坏等，凡此种种，皆在佛的白毫光中一展无遗。在此光中，还看到了所有世界中救度众生的圣中之主、如兽中之王狮子一般的诸佛，他们在为大众演说各种经典，语言微妙，无与伦比。诸佛的声音清净柔和，教化了无数的菩萨大众，其法音深奥玄妙，使人百听不厌，深信不疑。法华会上的大众看到了各个世界中，诸佛正在演说正法，诸佛因种种不同因缘，而以无量的比喻阐明佛法，使众生明悟道理。如果有人因遭遇痛苦而厌恶生老病死，诸佛就为他讲解涅槃寂灭、清净解脱之法，帮助他脱离苦海；如果有人曾广种福田，积累有大福报，曾经供养过无量的佛陀，下定决心学习殊胜的佛法，诸佛就为他讲解通过观察因缘而觉悟的方法；如果有学佛人修种种善行，志求无上的智慧，诸佛就为他讲解清净的成佛之道。

文殊师利，我住于此，见闻若斯，及千亿事，

如是众多，今当略说。我见彼土，恒沙菩萨，
种种因缘，而求佛道。或有行施，金银珊瑚，
真珠摩尼，砗磲玛瑙，金刚诸珍，奴婢车乘，
宝饰辇舆，欢喜布施，回向佛道，愿得是乘，
三界①第一，诸佛所叹。或有菩萨，驷马宝车，
栏楯华盖，轩饰布施。复见菩萨，身肉手足，
及妻子施，求无上道。又见菩萨，头目身体，
欣乐施与，求佛智慧。

[注释]

①三界：凡夫生死往来的世界分为三重：一，欲界，有淫欲与食欲两种欲望有情的住所，上至六欲天，中包括人道和畜生道居住的四大洲，下至无间地狱，都为欲界；二，色界，位于欲界之上，是断除淫欲、食欲两种欲望但尚有色身的有情的住所；三，无色界，位于色界之上，此界没有任何物质形式的存在：没有身体、宫殿、国土，众生以心识住于深妙的禅定之中。

[译文]

　　文殊师利菩萨，我今天在此藉由佛陀的白毫光明而得见如此祥瑞之相。种种的具体事相有千亿种之多，这样众多的见闻，我今天向您简略地描述一二。

　　在导师释迦牟尼佛眉间的白毫相光中，我看到所有世界中有多如恒河沙数目的菩萨，他们以种种不同的因缘而求取无上佛道。他们有的在广行布施，以金、银、珊瑚、珍珠、摩尼珠、砗磲、玛瑙、金刚等各种珍宝，乃至奴婢、车乘、珍宝装饰的大车欢喜地向外布施，以此功德回向无上佛道，希望得到佛果。诸佛赞叹他们是三界中的第一布施。有的菩萨以马匹、宝车、栏楯、华盖、装饰等来行布施；有的菩萨以身体、手、足，乃至妻子、儿女来行布施，以求无上佛道；在佛的白毫光中还可以见到有的菩萨将自己的眼睛、头、身体欣然布施给他

人,以求取佛的无上智慧。

文殊师利,我见诸王,往诣佛所,问无上道。
便舍乐土,宫殿臣妾,剃除须发,而被法服。
或见菩萨,而作比丘,独处闲静,乐诵经典。
又见菩萨,勇猛精进,入于深山,思惟佛道。
又见离欲,常处空闲,深修禅定,得五神通[①]。
又见菩萨,安禅合掌,以千万偈,赞诸法王。
复见菩萨,智深志固,能问诸佛,闻悉受持。
又见佛子,定慧具足,以无量喻,为众讲法,
欣乐说法,化诸菩萨,破魔兵众,而击法鼓。
又见菩萨,寂然宴默,天龙恭敬,不以为喜。
又见菩萨,处林放光,济地狱苦,令入佛道。
又见佛子,未尝睡眠,经行林中,勤求佛道。
又见具戒,威仪无缺,净如宝珠,以求佛道。
又见佛子,住忍辱力,增上慢人,恶骂捶打,
皆悉能忍,以求佛道。又见菩萨,离诸戏笑,
及痴眷属,亲近智者,一心除乱,摄念山林,
亿千万岁,以求佛道。或见菩萨,肴膳饮食,
百种汤药,施佛及僧;名衣上服,价值千万,
或无价衣,施佛及僧;千万亿种,栴檀宝舍,
众妙卧具,施佛及僧;清净园林,华果茂盛,
流泉浴池,施佛及僧。如是等施,种种微妙,
欢喜无厌,求无上道。或有菩萨,说寂灭法,
种种教诏,无数众生。或见菩萨,观诸法性,
无有二相,犹如虚空。又见佛子,心无所著,

以此妙慧，求无上道。

[注释]

①五神通：一，天眼通，色界四大所构成的清净眼根，不论远近、内外、昼夜，可以看到色界及欲界六道中的一切物质现象；二，天耳通，色界四大所构成的清净耳根，能听到一切声音；三，他心通，能知道一切有情心中所想；四，宿命通，能知道自己及其他众生过去的生死宿命；五，如意通，又名神境通，神足通，能够飞行自在，石壁无碍，又可以点石成金、变火为水等。

[译文]

　　文殊师利菩萨，我见到所有世界的统治者亲自前往佛陀住地求问无上真理，之后纷纷舍弃国土、皇宫、臣民和妻妾，剃除头发和胡须，穿上法衣出家追随佛陀一心修道。我看到有的菩萨以比丘面目出现，独自住在寂静之处，欣悦地诵读经典；有的菩萨勇猛精进，安住于深山，一心思维佛道；有的菩萨抛弃各种世俗欲望，安静地住在空闲之处，专心修行甚深禅定，从而得到天眼通、天耳通、他心通、宿命通、神足通等五种神通；有的菩萨安于禅定之中，合掌恭敬，以千万偈颂赞叹诸佛功德；有的菩萨智慧深厚，志向坚固，他们能够常在诸佛面前问道，听闻后不仅能够全部理解，而且坚持如法修行；有的菩萨禅定和智慧具足，以无量的比喻为众生讲解佛法，他们乐于演说佛法，从而度化无数菩萨大众，击溃天魔等众，震响正法之鼓；有的菩萨静静禅坐，即使天人龙王前来恭敬赞叹，他们也不会沾沾自喜；有的菩萨在林间禅坐，身放光明，直照地狱深处，从而拔除地狱众生的苦难，令他们得以离苦得乐进入佛道；有的菩萨放弃睡眠，整日在林间经行，以精进修行求取佛道；有的菩萨严持戒律，具足威仪，戒行清净犹如宝珠，以求成就佛道；有的菩萨致力于忍辱行门，即便遭受傲慢之人的无理打骂，他们也都一概忍受，并且心境丝毫不受影响，以此求取佛道。

　　有的菩萨远离嬉闹游戏，远离愚痴不化的亲朋眷属，亲近智者，制心一处清除散乱，他们为此静坐山林中收摄心念，历经千万亿年，以求成就佛道；有的菩萨将世间各种美味饮食、百种汤药、价值千万的名贵衣服，或是无价的宝衣、千万种旃檀木装饰的豪宅、舒适的卧具、清净的园林、丰硕的花果、清澈的泉水以及浴池等等，供养佛陀和出家僧众。菩萨如此诸多的布施，种下种种不可思议的微妙果报，他们以欢喜心供养如此种种美妙之物而毫无疲厌，以此行来追求成就无上佛道。我还得见有菩萨演说种种究竟解脱之法，以种种方式因地制宜地教化无数众生；有菩萨观察诸法性无二相，犹如虚空；有菩萨心无所著，依此甚深智慧求取无上佛道。

文殊师利，又有菩萨，佛灭度后，供养舍利。
又见佛子，造诸塔庙，无数恒沙，严饰国界，
宝塔高妙，五千由旬，纵广正等，二千由旬。
一一塔庙，各千幢幡，珠交露幔，宝铃和鸣。
诸天龙神，人及非人，香华伎乐，常以供养。
文殊师利，诸佛子等，为供舍利，严饰塔庙，
国界自然，殊特妙好，如天树王，其华开敷。
佛放一光，我及众会，见此国界，种种殊妙。
诸佛神力，智慧稀有，放一净光，照无量国。
我等见此，得未曾有。佛子文殊，愿决众疑，
四众欣仰，瞻仁及我。世尊何故，放斯光明？
佛子时答，决疑令喜，何所饶益，演斯光明？
佛坐道场，所得妙法，为欲说此，为当授记①，
示诸佛土，众宝严净，及见诸佛，此非小缘。

文殊当知,四众龙神,瞻察仁者,为说何等。

[注释]

①授记:专指佛陀对弟子在未来世证果及成佛名号之预言。

[译文]

文殊师利菩萨,在佛的白毫光中,我还看到有菩萨在佛陀灭度后,至诚供养佛陀舍利;有菩萨建造如恒河沙数一般多的塔庙来庄严国土。宝塔雄伟壮观,高五千由旬,四面各宽两千由旬,每个塔庙都装饰有上千的宝幢和宝幡,宝珠露幔交相辉映,宝铃摇曳,发出雅和之音,天人、龙、鬼神、人非人等大众以香、花、歌舞时常供养这些塔庙。文殊师利菩萨,这些菩萨大众为了供养舍利,尽心装饰塔庙,使其在各佛国世界出乎自然,美妙殊胜如同天上的树王花开四方般美妙悦人。佛陀放出白毫相光,我与在座众人方看到这些世界的种种殊胜之象。诸佛的神力和智慧为世间所稀有,放出一道白毫相光,就可以照耀无量个世界,我与大众见此景象,得到了前所未有的加持。

文殊师利菩萨,您是佛的上首弟子,请您来解答众人的疑惑吧。四众弟子们都仰慕您和我,希望知道世尊为什么放出这样的光明?现在就请大菩萨您来回答,澄清众人的疑惑,令他们欢喜。世尊放出这样的光明是为了饶益什么?佛陀坐在道场中,显示这样的瑞相,是为了演说他所悟得的妙法呢,还是要为大众授记成佛呢?佛陀显示这么多众宝装饰的佛土,又让我们见到各佛土中的诸佛,这样的盛事绝不是很小的因缘啊!文殊师利菩萨,您一定知道这其中的原因。四众弟子以及龙神大众都看着您,希望您为大众解除疑惑。

尔时，文殊师利语："弥勒菩萨摩诃萨，及诸大士、善男子等，如我惟忖，今佛世尊欲说大法，雨大法雨，吹大法螺，击大法鼓，演大法义。诸善男子，我于过去诸佛，曾见此瑞，放斯光已，即说大法。是故当知，今佛现光，亦复如是，欲令众生，咸得闻知一切世间难信之法，故现斯瑞。"

[译文]

那时，文殊师利菩萨说道："弥勒大菩萨以及诸位菩萨、善男子们，在我看来，今天世尊将要讲说大乘佛法，将要洒下大法之雨滋润众生心田，将要吹奏大法之螺号召众生，将要击响大法之鼓震醒无明长梦，将要演说大法奥义引领众生觉悟。诸位善男子，我在过去诸佛身边也曾经见到过这样的瑞相，佛陀放出这样的光明后就会演说无上大法。因此应当知道，今天佛陀显现光明也当如此，是为了让众生都能够听到一切世间美妙难信的真理，才显现这般瑞相。"

"诸善男子，如过去无量无边不可思议阿僧祇①劫，尔时有佛，号'日月灯明如来、应供、正遍知、明行足、善逝、世间解、无上士、调御丈夫、天人师、佛世尊'②，演说正法，初善、中善、后善，其义深远，其语巧妙，纯一无杂，具足清白梵行之相。为求声闻③者，说应四谛④法，度生老病死，究竟涅槃；为求辟支佛⑤者，说应十二因缘⑥法；为诸菩萨，说应六波罗蜜⑦，令得阿耨多罗三藐三菩提⑧，成一切种智⑨。

"次复有佛，亦名日月灯明，次复有佛，亦名'日月灯明'，如是二万佛，皆同一字，号'日月灯明'，又同一姓，姓'颇罗堕'。弥勒当知，初佛后佛，皆同一字，名'日月灯明'，十号具足。所可说法，初中后善。"

[注释]

①阿僧祇：印度的数目名称，一阿僧祇相当于一千万万万万万万万兆。②佛有十种称号。如来，指佛陀乘如实之道而来，也可译为"如去"，即乘真如之道而去达佛果涅槃；"如来"是说佛陀在如不动的法身中，因悲悯救度众生，应化而来，故曰之。应供，指佛陀应当受天人的供养。正遍知，指佛陀的智能能正遍了知一切法。明行足，即三明、五行悉皆圆满具足。三明指天眼明、宿命明、漏尽明；五行为圣行、梵行、天行、婴儿行、病行。证得三明则"慧具足"，修持五行为"福具足"，佛陀为福慧双运。善逝，指佛陀以一切智为大车，行八正道而入涅槃。世间解，指佛陀能彻底了知世间、出世间的一切实相。无上士，指佛陀的智能、禅定、戒行等一切智德圆满，福慧具足，于人中无有过者，所以有谓：诸法中，涅槃无上；诸果中，正觉无上；一切众生中，佛陀至高无上。调御丈夫，指佛陀能以种种方便调御修行者的心性，使之趋向涅槃正道，正如驯马师善于调御马性一般。天人师，指佛陀为人及天之导师，能教示其应作与不应作。佛世尊，佛，即自觉、觉他、觉行圆满的圣者。世尊，含有自在、炽盛、端严、名称、尊贵、吉祥等六意，又称有德、有名声等，为世间最尊贵的人。此中分佛与世尊，则为十一号。《成实论》等书合无上士与调御丈夫为一号，故至世尊，正为十号。又《大智度论》则分开说此二者，至佛，正为十号，世尊则列为尊号，认为具备前十种名号之德者，即被称做"世尊"。③声闻：跟随佛陀学习，因闻法声而悟道，所学为四谛法，可以成就小乘中的罗汉果。④四谛：又称四圣谛，四真谛，指圣者所见的真理。一，苦谛，指出三界六道一切生命的本质是烦恼。二，集谛，分析苦谛的成因。三，灭谛，断灭惑业而出离生死的苦海，进入寂灭境界，是断除烦恼之后的状态。四，道谛，指八正道等达到涅槃之果的所有途径。⑤辟支佛：辟支迦佛陀的简称，意为缘觉，或独觉，有佛在世时，因观飞花落叶或十二因缘而开悟证道，故名"缘觉"；无佛在世时可以自己觉悟成道，故又名"独觉"。⑥十二因缘：又名十二有支，或十二缘起，是说明有情生死流转的过程。十二因缘是：无明（贪嗔痴等烦恼为生死的根本）、行（造作诸业）、识（业识投胎）、名色（仅有胎形六根未具）、六入（胎儿长成眼等六根的人形）、触（出

胎与外境接触)、受(与外境接触生起苦乐的感受)、爱(对境生爱欲)、取(追求造作)、有(成业因能招感未来果报)、生(再受未来五蕴身)、老死(未来之身又渐老而死)。⑦六波罗蜜：译作六度，意为到彼岸，这是大乘佛教中菩萨成就佛道所实践的六种德行。即：一，布施波罗蜜，包括财施、法施、无畏施三种，能对治悭贪，消除贫穷。二，持戒波罗蜜，持守戒律，并常自省，能对治恶业，使身心清凉。三，忍辱波罗蜜，忍耐一切有情的迫害和寒热饥渴等，能对治嗔恚，使心安住。四，精进波罗蜜，实践其他五德时上进不懈，不屈不挠，能对治懈怠。五，禅定波罗蜜，思维真理而定止散乱心。六，智慧波罗蜜，又作慧波罗蜜、般若波罗蜜、明度无极，断惑证理，通达诸法，是六度法门的修行主旨所在。⑧阿耨多罗三藐三菩提：译为无上正等正觉，指真正平等觉知一切真理的无上智慧。⑨一切种智：即指佛之智，意为能以一种之智，知一切诸佛的道法，还能了知一切众生的因种，并了达诸法之寂灭相及其行类差别。

[译文]

"诸位大众，在过去无量无边不可思议阿僧祇劫之前，有位佛陀，名号为'日月灯明如来、应供、正遍知、明行足、善逝、世间解、无上士、调御丈夫、天人师、佛世尊'。此佛为众生演说正法，自始至终尽善尽美，意义深远，语言巧妙，纯正无杂，具足清净无染的修行人之相。日月灯明佛因材施教，他为求取声闻果位的人讲解相应的四谛法门，令他们度脱生老病死，得到究竟涅槃的果位；他为求取辟支佛果者讲解相应的十二因缘法；他为诸位菩萨讲解相应的六波罗蜜，令他们得到无上智慧，成就一切种智。

"之后又有佛陀出世，名号也是'日月灯明'，之后又有名号为'日月灯明'的佛陀出世，这样共有两万佛陀同一名号，都称做'日月灯明'，也都是同一姓氏，姓'颇罗堕'。弥勒菩萨，您应当知道，从第一位佛陀到最后一位佛陀，都是同一名号，称为'日月灯明'，十种名号具足。他们所演说的佛法，自始至终都尽善尽美。"

"其最后佛未出家时，有八王子，一名有意，二名善意，三名无量意，四名宝意，五名增意，六名除疑意，七名向意，八名法意。是八王子，威德自在，各领四天下。是诸王子，闻父出家，得阿耨多罗三藐三菩提，悉舍王位，亦随出家，发大乘意，常修梵行，皆为法师，已于千万佛所，殖诸善本。

"是时，日月灯明佛说大乘经，名《无量义》，教菩萨法，佛所护念。说是经已，即于大众中结跏趺坐，入于无量义处三昧，身心不动。是时，天雨曼陀罗华、摩诃曼陀罗华、曼殊沙华、摩诃曼殊沙华，而散佛上及诸大众。普佛世界，六种震动。

"尔时，会中比丘、比丘尼、优婆塞、优婆夷、天、龙、夜叉、乾闼婆、阿修罗、迦楼罗、紧那罗、摩睺罗伽、人非人，及诸小王、转轮圣王等，是诸大众，得未曾有，欢喜合掌，一心观佛。"

[译文]

"其中最后一位日月灯明佛未出家时，有八位王子，排行第一的叫有意，第二子叫善意，第三子叫无量意，第四子叫宝意，第五子叫增意，第六子叫除疑意，第七子叫向意，第八子叫法意。这八位王子都具有威仪德行，自在无忧，各自统领一方属地。这八位王子听说自己的父亲出家修行，已经证得无上智慧，遂纷纷舍弃王位，跟随父亲出家，发起大乘道心。他们精进不懈，常修清净行，都成为能够接引众生的法师。他们之所以能够如此，乃是因为前世早已在千百万的佛陀面前培植了众善的根本。

"这时，日月灯明佛讲解大乘经，名称为《无量义经》，此乃教化大乘菩萨的法门，深得诸佛的护持和眷念。讲解这部经之后，日月灯明佛就在大众中结跏趺坐，进入无量义处三昧境界，身安稳心不动。白团花、大白团花、柔软红团花、大柔软红团花霎时如雨般从天而降，散落在佛陀以及在场大众身上。与此同时，整个世界发生六种震动。

"那时，法会中的比丘、比丘尼、男居士、女居士、天、龙、夜叉、香神、战神、金翅鸟神、乐神、蟒神、人非人，以及各小王、转轮圣王等，这些在场大众目睹如此未曾有过的瑞相，欢喜合掌，专心注视着佛陀。"

"尔时，如来放眉间白毫相光，照东方万八千佛土，靡不周遍，如今所见，是诸佛土。弥勒当知，尔时，会中有二十亿菩萨乐欲听法。是诸菩萨，见此光明普照佛土，得未曾有，欲知此光所为因缘。

"时有菩萨，名曰妙光，有八百弟子。是时，日月灯明佛从三昧起，因妙光菩萨说大乘经，名《妙法莲华》，教菩萨法，佛所护念，六十小劫，不起于座。时会听者，亦坐一处，六十小劫，身心不动，听佛所说，谓如食顷。是时众中，无有一人，若身若心而生懈倦。

"日月灯明佛于六十小劫说是经已，即于梵、魔、沙门、婆罗门及天、人、阿修罗众中，而宣此言：'如来于今日中夜，当入无余涅槃。'

"时有菩萨，名曰德藏，日月灯明佛即授其记，告诸比丘：'是德藏菩萨，次当作佛，号曰：净身多陀阿伽度阿罗诃三藐三佛陀[1]。'佛授记已，便于中夜，入无余涅槃。"

[注释]

[1] 多陀阿伽度阿罗诃三藐三佛陀：多陀阿伽度，即如来的梵语音译；阿罗诃，为应供的梵语音译；三藐三佛陀，为正遍知的梵语音译。此为如来十号中之三号。

[译文]

"那时,如来眉间放出白毫相光,普照东方一万八千佛土,其中状况无不清晰可见,就如同今天大众见到这些诸佛国土一样。弥勒菩萨,您应当知道,当时法会中有二十亿位菩萨,他们个个喜欢听闻佛法。这些菩萨见到佛陀眉间白毫相光照耀诸佛国土,生起了前所未有的感受,都希望知道佛陀放出这样光明的因缘。

"在座的有位菩萨名叫妙光,有八百多弟子相跟随。当时,日月灯明佛从三昧境界中起来,因妙光菩萨而讲解大乘经典,名为《妙法莲华经》,此乃教化大乘菩萨的法门,深得诸佛的护持和眷念。日月灯明佛讲说《妙法莲华经》一共历时六十小劫,佛陀在此期间一直端坐未动。当时所有参加法会的众生也都静坐一旁,历时六十小劫而身心不动。他们听佛讲此妙法,六十小劫犹如一顿饭工夫。当时法会中的所有参与者,没有一人感到身体疲劳或精神困倦。

"日月灯明佛经六十小劫讲完此经后,当即在梵天王、魔王、沙门、婆罗门以及天、人、阿修罗等众人面前宣布:'佛陀将在当日中夜进入无余涅槃。'

"当时,有位名为德藏的菩萨,日月灯明佛为他授记,告诉众比丘道:'这位德藏菩萨,在我之后将成佛,名号为:净身如来应供正遍知。'日月灯明佛授记后,便于当天中夜入无余涅槃。"

"佛灭度后,妙光菩萨持《妙法莲华经》,满八十小劫,为人演说。日月灯明佛八子皆师妙光。妙光教化,令其坚固阿耨多罗三藐三菩提。是诸王子,供养无量百千万亿佛已,皆成佛道,其最后成佛者,名曰燃灯。

"八百弟子中,有一人,号曰求名,贪著利养,虽复读诵众经,而不通利,多所忘失,故号'求名'。是人亦以种诸善根因缘故，得值无量百千万亿诸佛，供养恭敬，尊重赞叹。弥勒当知，尔时妙光菩萨岂异人乎？我身是也。求名菩萨，汝身是也。

"今见此瑞，与本无异，是故惟忖，今日如来当说大乘经，名《妙法莲华》，教菩萨法，佛所护念。"

[译文]

"日月灯明佛灭度后，妙光菩萨谨遵教授，一心受持《妙法莲华经》，在整整八十小劫中为众生演说。日月灯明佛的八个王子都师从妙光菩萨。妙光菩萨教化他们，使他们求取无上智慧的决心更加坚固。这八位王子在供养无量百千万亿的佛陀之后，全都成就佛道。其中最后一位成佛的，名号为燃灯佛。

"妙光菩萨的八百多弟子中，有一位名叫求名。此人贪著名利和供养，虽然也在不断读诵经典，但总是不能理解通达，读完便忘记大部分内容，因此被人称为'求名'。不过，此人所植福业不小，种下很多善根，由此得遇无量百千万亿的佛陀，能够广行供养、恭敬、尊重、赞叹。弥勒菩萨，您应当知道，那时的妙光菩萨是谁？他不是别人，正是我的前身。那时的求名菩萨，正是您的前身。

"今天，我看到释迦牟尼显现这样的瑞相，与过去日月灯明佛说法的情景没有区别，因此我认为，今天如来将讲解大乘经典，名为《妙法莲华经》，此乃教授菩萨的无上法门，深得诸佛的护持和眷念。"

尔时，文殊师利于大众中，欲重宣此义，而说偈言：
我念过去世，无量无数劫，有佛人中尊，号日月灯明。
世尊演说法，度无量众生，无数亿菩萨，令入佛智慧。
佛未出家时，所生八王子，见大圣出家，亦随修梵行。
时佛说大乘，经名无量义，于诸大众中，而为广分别。
佛说此经已，即于法座上，跏趺坐三昧，名无量义处。

天雨曼陀华，天鼓自然鸣，诸天龙鬼神，供养人中尊。
一切诸佛土，即时大震动。佛放眉间光，现诸稀有事，
此光照东方，万八千佛土，示一切众生，生死业报处。
有见诸佛土，以众宝庄严，琉璃玻璃色，斯由佛光照。
及见诸天人，龙神夜叉众，乾闼紧那罗，各供养其佛。
又见诸如来，自然成佛道，身色如金山，端严甚微妙，
如净琉璃中，内现真金像。世尊在大众，敷演深法义。
一一诸佛土，声闻众无数，因佛光所照，悉见彼大众。
或有诸比丘，在于山林中，精进持净戒，犹如护明珠。
又见诸菩萨，行施忍辱等，其数如恒沙，斯由佛光照；
又见诸菩萨，深入诸禅定，身心寂不动，以求无上道；
又见诸菩萨，知法寂灭相，各于其国土，说法求佛道。

[译文]

那时，文殊师利菩萨为了再次强调法义，而在大众中以偈颂说道：

我回想起过去世无量无数劫以前，有位受人尊敬的佛陀，名号为日月灯明佛。世尊演说佛法，度化了无量的众生和无数的菩萨，使他们证悟佛的大智慧。佛陀未出家时的八位王子，见到父王出家修得佛果，也跟随出家，修行清净之道。当时佛陀正在宣讲大乘《无量义经》，为在场大众从各个角度、多个层面分别解说。佛陀讲经完毕，便在法座上结跏趺坐，入于无量义处三昧境界。当时白团花如雨般落下，天鼓自然发出声音，各位天子、龙王、鬼神等纷纷前来供养世尊，一切佛土都发生剧烈震动。佛陀眉间放出白毫相光，显现出各种稀有美妙的景象。佛的白毫相光一直照耀到东方一万八千多个佛土，显示出其中一切众生的生死业报等情况。透过佛光可以见到，所有的佛土都由各种珍宝装饰，琉璃、玻璃光彩夺目，这都是因

佛光照耀的缘故。我们还可以见到，各位天人、龙、鬼神、夜叉、香神、乐神等纷纷前来供养佛陀。又可见到一切如来自然成就佛道，他们的身体如金山一样光亮明净，非常庄严微妙，犹如洁净的琉璃中所显现的真金之像。这些佛都在大众中演说深奥微妙的道理，教化各自世界中的众生。一切佛土中听闻佛法的声闻大众数目多得无法计算，藉由白毫相光的照耀，所有这些大众都清晰可见。还可以见到，一些比丘在山林中精进修持，严持净戒，守护戒律犹如保护明珠一般。因佛光的照耀，还可以见到，一些菩萨修行忍辱，数量如恒河沙一般多；又能见到，一些菩萨深入各种禅定中，身心寂静不动，求取无上佛道；又能见到，一些菩萨了知诸法寂灭之相，各自在自己的国土中宣讲真理，一心求取佛道。

尔时四部众，见日月灯佛，现大神通力，其心皆欢喜，
各各自相问，是事何因缘？天人所奉尊，适从三昧起，
赞妙光菩萨，汝为世间眼，一切所归信，能奉持法藏，
如我所说法，唯汝能证知。世尊既赞叹，令妙光欢喜，
说是法华经，满六十小劫，不起于此座。所说上妙法，
是妙光法师，悉皆能受持。佛说是法华，令众欢喜已，
寻即于是日，告于天人众，诸法实相义，已为汝等说，
我今于中夜，当入于涅槃。汝一心精进，当离于放逸，
诸佛甚难值，亿劫时一遇。世尊诸子等，闻佛入涅槃，
各各怀悲恼，佛灭一何速。圣主法之王，安慰无量众，
我若灭度时，汝等勿忧怖，是德藏菩萨，于无漏①实相②，
心已得通达，其次当作佛，号曰为净身，亦度无量众。

[注释]

①无漏：漏，即烦恼，形容贪、嗔等烦恼，日夜由眼、耳等六根门漏泄

不止，故称为漏。此外，漏有漏落之意，烦恼能令人落入三恶道，故称漏。由此，称有烦恼之法为有漏；称离烦恼垢染之清净法为无漏，如涅槃、菩提，以及一切能断除三界烦恼之法，均属无漏。②实相：一切诸法的真实体相，又名诸法实相，是佛教所说的绝对真理。实即真实不虚，相即事物的本性或相状。

[译文]

那时候，四众弟子见到日月灯明佛显现不可思议的大神通力，个个心中充满欢喜，互相询问出现这种瑞相的原因。这时，人天共尊的佛陀从三昧境界中起来，在大众面前赞叹妙光菩萨道：你是世间众生的眼睛，是一切众生可以相信、皈依的菩萨，你能够奉持佛法的宝藏，我今天所讲解的精妙法义，只有你能证得并了知。世尊的赞叹使得妙光菩萨心中欢喜。佛陀开始宣讲《妙法莲华经》，整整六十小劫未起法座。佛陀所讲解的奥妙道理，妙光菩萨都能理解奉持。佛陀讲解这部《妙法莲华经》也使得会中大众都欢喜不已。讲经完毕，佛陀在当天就告诉天、人诸大众道：诸法实相的深义，如今已经为你们全部讲解了，我将在今天中夜入于无余涅槃。你们此后应该一心精进，不要放逸。诸佛难以遇到，经亿万劫才会出现一位。日月灯明佛的王子以及其他大众，听到佛陀要入涅槃，无不悲伤万分，感慨佛陀寂灭是如此之快。身为众圣之主，佛法之王的日月灯明佛安慰在场的无量大众说：我灭度后，你们不必担心恐惧，我虽离你们而去，但尚有德藏菩萨，他现今已经通达无漏的实相，将在我之后成就佛果，名号为净身如来。到时，他也会像我一样度化无量的众生。

佛此夜灭度，如薪尽火灭。分布诸舍利，而起无量塔。
比丘比丘尼，其数如恒沙，倍复加精进，以求无上道。
是妙光法师，奉持佛法藏，八十小劫中，广宣法华经。

是诸八王子，妙光所开化，坚固无上道，当见无数佛。
供养诸佛已，随顺行大道，相继得成佛，转次而授记。
最后天中天，号曰燃灯佛，诸仙之导师，度脱无量众。
是妙光法师，时有一弟子，心常怀懈怠，贪著于名利，
求名利无厌，多游族姓家，弃舍所习诵，废忘不通利。
以是因缘故，号之为求名。亦行众善业，得见无数佛，
供养于诸佛，随顺行大道，具六波罗蜜，今见释师子。
其后当作佛，号名曰弥勒，广度诸众生，其数无有量。
彼佛灭度后，懈怠者汝是，妙光法师者，今则我身是。
我见灯明佛，本光瑞如此，以是知今佛，欲说法华经。
今相如本瑞，是诸佛方便，今佛放光明，助发实相义。
诸人今当知，合掌一心待，佛当雨法雨，充足求道者。
诸求三乘人，若有疑悔者，佛当为除断，令尽无有余！

[译文]

  日月灯明佛在当天的中夜涅槃，有如柴尽火灭。佛之舍利分散各地，众生建起无数的塔庙来供养佛之法身。如同恒河沙一般无数的比丘、比丘尼们修行更加精进，以求成就无上佛道。这位妙光法师遵照日月灯明佛的嘱咐奉持佛法宝藏，于八十小劫中广为宣说《妙法莲华经》。日月灯明佛的八位王子也为妙光菩萨所教化，更加坚固了求取无上佛道的决心。他们由此得以在后世遇见了无数的佛陀，在诸佛面前一一广行供养，随顺诸佛教导的修行大道，而后相继成就佛果，并且依次辗转授记。最后一位成就佛果的名号为燃灯佛，他是一切天人的导师，度脱了无量的众生。当时，这位妙光法师有一位弟子，经常懈怠且贪著名利。他一心热衷于追名求利，经常游走于贵族之间，由此舍弃所习诵的佛法经典，从而道业荒废，于真理不求甚解，为此他被人称为求名。不过，他也做了很多善业，因

此能够遇到无数的佛陀并广行供养，接受诸佛教化而渐随顺修行大道，慢慢具足六波罗蜜的修行功德，历经无量劫的修持，如今得以见到释迦牟尼佛。求名将继释迦牟尼佛之后作佛，名号为弥勒佛。到时，此佛将主持教化，广度无量无数的众生。那位日月灯明佛灭度后修行懈怠的妙光法师的弟子就是您的前身，当时的妙光法师就是我的前身。我见到日月灯明佛讲《妙法莲华经》前放光显现过和现在同样的瑞相，因此知道现在释迦牟尼佛也将要讲解这一部经了。诸佛所现说法之瑞相，是一种善巧方便之法。现在释迦牟尼佛放出白毫光明，有助于大众理解实相之义。因此，诸位大众应当心中有数，恭敬合掌，专心等待。佛陀将广施佛法之雨，普润众生之心，满足求道者对正法之渴求。诸位求取三乘的学人，如果还有什么疑问或者后悔的，佛陀将向他讲解开示，令其彻底地断除疑惑！

方便品第二

尔时，世尊从三昧安详而起，告舍利弗："诸佛智慧，甚深无量，其智慧门，难解难入，一切声闻、辟支佛所不能知。所以者何？佛曾亲近百千万亿无数诸佛，尽行诸佛无量道法，勇猛精进，名称普闻。成就甚深未曾有法，随宜所说，意趣难解。

"舍利弗，吾从成佛已来，种种因缘，种种譬喻，广演言教，无数方便[①]，引导众生，令离诸著。所以者何？如来方便知见[②]波罗蜜[③]，皆已具足。舍利弗，如来知见，广大深远，无量无碍，力[④]、无所畏[⑤]、禅定[⑥]、解脱[⑦]三昧，深入无际，成就一切未曾有法。舍利弗，如来能种种分别，巧说诸法，言辞柔软，悦可众心。舍利弗，取要言之，无量无边未曾有法，佛悉成就。

"止,舍利弗!不须复说。所以者何?佛所成就第一稀有难解之法,唯佛与佛,乃能究尽诸法实相。所谓诸法,如是相、如是性、如是体、如是力、如是作、如是因、如是缘、如是果、如是报、如是本末究竟等。"

[**注释**]

①方便:有两种解释,对般若而言,通达真如智慧为般若,通达权道智慧为方便,权道是利益众生的手段和方法,依此解释大小乘一切教法都为方便教法。对真实而言,究竟的真谛为真实,假设的真实为方便,所以又称善巧或善权,即入于真实智慧而能通达的教法。②知见:指依自己的思虑分别而立之见解,与智慧有别。智慧是指般若之无分别智,为离思虑分别的心识。唯以"佛知见"、"知见波罗蜜"出现时,则知见与智慧同义。③波罗蜜:意为到彼岸,菩萨能彻底践行一切自行化他的事业,因此而能由生死之此岸到涅槃之彼岸,故称到彼岸。菩萨有十种波罗蜜,分别为布施、持戒、忍辱、精进、禅定、般若、方便、愿、力、智等。④力:指如来所特具的十种力量,分别为:一,知觉处非处智力,即能知一切事物的道理和非道理的智力;二,知三世业报智力,即能知一切众生三世因果业报的智力;三,知诸禅解脱三昧智力,即能知各种禅定及八解脱、三三昧等的智力;四,知诸根胜劣智力,即能知众生根性的胜劣与得果大小的智力;五,知种种解智力,即能普知众生种种知解的智力;六,知种种界智力,即能如实普知众生种种境界的智力;七,知一切至处道智力,即能知一切众生行道因果的智力;八,知天眼无碍智力,即能以天眼见众生生死及善恶业缘而无障碍的智力;九,知宿命无漏智力,即能知众生宿命及无漏涅槃的智力;十,知永断习气智力,即对于一切妄惑余习,永断不生,并能如实了知的智力。⑤无所畏:即四无所畏,为佛所特具,分别是:一切智无所畏,漏尽无所畏,说障道无所畏,说尽苦道无所畏。⑥禅定:禅译为静虑,能审虑之义;定指心定止一境而不散动。即一心思考为禅,静处一境为定。禅定又有两种:世间禅,如色界、无色界的四禅八定;出世间禅,如三乘行人所修的禅定。⑦解脱:远离束缚而得自在的意思,具体指解除妄想烦恼的束缚,脱离生死轮回的痛苦。

[译文]

这时,释迦牟尼佛安详地从三昧境界中起来,对舍利弗说道:"一切佛陀的智慧极其深广,难以测量,他们的智慧法门,难以理解,难以进入,一切声闻、辟支佛无法了解。为什么呢?佛陀曾经亲近过百千万亿的无数诸佛,听闻诸佛的教诲,实践了全部的无量无数的成道方法,勇猛无畏,精进修行,名声普闻于大千世界。佛陀成就了前所未有的深妙法门,虽然可以适应听众来应机宣说,但深奥的道理众生仍难以理解。

"舍利弗,我从成佛以来,根据种种不同因缘,利用种种不同比喻,广泛地讲解人生实相的道理,利用无数善巧方便之法,引导众生觉悟,使他们远离各种执著系缚。为什么能够做到这样?如来通达诸法的真谛,具有种种善巧的方法,广演言教,教化众生,具足解脱的智能和功德。舍利弗,如来的见解广大而又深远,无量无边,通达一切,没有障碍。对于力波罗蜜、无所畏波罗蜜、禅定波罗蜜、解脱三昧的深入,没有边际,成就一切未曾有过的法门。舍利弗,如来能够区分种种法门的细微之处,巧妙地讲解各种法门,声音柔和悦耳,使听众身心愉悦。舍利弗,简而言之,无量无边、亘古未有的法门,佛陀都已全部成就。

"就此而止,舍利弗!不必再继续说了,为什么呢?佛陀所成就的无上稀有的难解之法,只有佛陀与佛陀才能够穷究一切法的真谛。了知所谓的诸法,是怎样的相状、怎样的性质、怎样的理体、怎样的功能、怎样的作用、怎样的原因、怎样的条件、怎样的结果、怎样的应报、怎样的从始至终的真相,如此等等。"

尔时,世尊欲重宣此义,而说偈言:
世雄不可量,诸天及世人,一切众生类,无能知佛者。
佛力无所畏,解脱诸三昧,及佛诸余法,无能测量者。

本从无数佛，具足行诸道，甚深微妙法，难见难可了。
于无量亿劫，行此诸道已，道场①得成果，我已悉知见。
如是大果报，种种性相义，我及十方佛，乃能知是事。
是法不可示，言辞相寂灭，诸余众生类，无有能得解，
除诸菩萨众，信力坚固者。诸佛弟子众，曾供养诸佛，
一切漏已尽，住是最后身②，如是诸人等，其力所不堪。

[注释]

①道场：佛证得圣道的地方。此外，得道的行法，供养佛的地方，学道的地方等，也都称为道场，有时也作为法座的称呼。②最后身：指生死身中最后之身。在小乘指在阿罗汉果位者，在大乘指证佛果之菩萨身。

[译文]

释迦牟尼佛为了再次宣明义理，便以偈颂说道：

佛陀是娑婆世界中的大丈夫，高深不可测度，无论是天道众生，还是人间含灵，一切众生都无法知晓佛陀的深妙境界。佛陀具足十力、四无所畏、种种解脱三昧以及诸佛所具有的其他诸种妙法，这些都是一切众生所难以度量的。诸佛成就以前都曾经跟随无数佛陀学习过，圆满完成了各种修行，他们所懂得的深奥法门都是难以听闻到的，同时也是难以理解的。佛陀在无量亿劫中勤奋修行各种法门，在道场中成就佛果。所有这些，我悉知悉见。这种大果报以及诸法的种种性质、种种相状、种种义理等，只有我与十方诸佛才都能知晓。这些法门不能宣讲演示的，因为它是究竟实相义，超言绝相，无法用语言来表达，其余一切众生都无法理解其中意趣，除非是信心十分坚固的诸大菩萨们。佛的其他众弟子曾经供养过无量佛陀，一切烦恼已经完全消除，身处轮回中的最后一生，然而即使这样，他们也无法测度佛的智慧。

假使满世间，皆如舍利弗，尽思共度量，不能测佛智。
正使满十方，皆如舍利弗，及余诸弟子，亦满十方刹，
尽思共度量，亦复不能知。辟支佛利智，无漏最后身，
亦满十方界，其数如竹林，斯等共一心，于亿无量劫，
欲思佛实智，莫能知少分。新发意菩萨，供养无数佛，
了达诸义趣，又能善说法，如稻麻竹苇，充满十方刹，
一心以妙智，于恒河沙劫，咸皆共思量，不能知佛智。
不退诸菩萨，其数如恒沙，一心共思求，亦复不能知。
又告舍利弗：无漏不思议，甚深微妙法，我今已具得，
唯我知是相，十方佛亦然。舍利弗当知，诸佛语无异，
于佛所说法，当生大信力，世尊法久后，要当说真实。
告诸声闻众，及求缘觉乘，我令脱苦缚，逮得涅槃者，
佛以方便力，示以三乘教，众生处处著，引之令得出。

[译文]

假若世界中的一切众生都如我声闻弟子中智慧第一的舍利弗一般聪明，尽各自所能共同思维，也不能测度佛的真实智慧。别说一个世界，就算是使十方所有世界的众生，都具有和舍利弗以及佛陀其他所有声闻弟子一样的智慧，他们尽已所能共同思维，也一样无法测度佛的真实智慧。辟支佛证境高于声闻乘修行者，他们智慧超群，已经超越烦恼，将要最后解脱，可是即便是遍布十方世界数量如同竹林一样多的辟支佛们同一心愿，经无量劫的时间尽其所能共同思维，也不能了解少许佛的真实智慧。刚刚发心的菩萨，曾经供养过往昔无数佛陀，他们不仅通达各种道理，还善于讲解各种法门。假使他们的数量像稻谷、麻、竹子、芦苇一样多，充满十方世界，他们专心致志，以己之妙智慧，经过如恒河沙数目一般无数劫的时间共同思维，也无法测知佛的真实智慧。再往上一个次第，那些修行

至不退转地的菩萨们，假使其数量如同恒河沙一样多，他们专精一心共同思维，同样也无法测知佛的真实智慧。

佛又对舍利弗说：佛的无漏智慧不可思议，非常深奥微妙，我现在已经全部证得。这个世界中，只有我知道这宇宙实相，十方世界的佛陀也一样明了。舍利弗，你应当知道，一切佛陀的语言没有区别，对于佛所演说的各种道理，都应当生起坚固的信心和修行愿力。我说法时间已久，在演说佛法的后期，我将要演说最本质、最真实的终极真理。告诉一切声闻和缘觉大众：过去，佛说四谛法教化声闻乘弟子，说十二因缘法教化缘觉乘弟子，都是为了让他们解脱烦恼的束缚，迅速证得涅槃成就。佛以权巧方便，针对不同众生的不同根器，教给众多声闻、缘觉、菩萨等三乘教法，其中菩萨乘才是最真实、最彻底的教法。众生智慧所限，往往执著于不同的教法，从而难以获得彻底解脱。今天，我将宣说终极之真理，以引导众生放弃执著，由此得到解脱。

尔时，大众中有诸声闻漏尽阿罗汉阿若憍陈如等千二百人，及发声闻辟支佛心比丘、比丘尼、优婆塞、优婆夷，各作是念："今者，世尊何故殷勤称叹方便，而作是言：'佛所得法，甚深难解，有所言说，意趣难知，一切声闻、辟支佛，所不能及。'佛说一解脱义，我等亦得此法，到于涅槃，而今不知是义所趋？"

尔时，舍利弗知四众心疑，自亦未了，而白佛言："世尊，何因何缘，殷勤称叹诸佛第一方便、甚深微妙难解之法？我自昔来，未曾从佛闻如是说。今者，四众咸皆有疑，唯愿世尊敷演斯事。世尊，何故殷勤称叹甚深微妙难解之法？"

[译文]

那时,大众中有修习声闻乘、烦恼已经断除的阿罗汉阿若憍陈如等共一千二百人,以及发起求取声闻、辟支佛果位的比丘、比丘尼、男居士、女居士等,他们心中暗自思念:"今天,释迦牟尼佛为什么一再地赞叹方便法门,并且这样说:'佛所得到的法,非常深奥难以理解,即使有所说,所阐发的意思众人也难以领会,一切声闻乘罗汉、缘觉乘辟支佛也不能懂得。'佛以前所讲说的世间第一的解脱教义,我们也懂得,并依此修行证得涅槃。可是,现在佛的意思是以前所讲的不是终极之理,我们所得亦非究竟涅槃。今天,佛陀所讲到底是什么意思?究竟的义理是什么?"

此时,舍利弗知道四众弟子心存疑惑,加之他自己也不明白,于是对佛陀说:"世尊,是什么缘故,您反复称赞诸佛的第一方便、深奥微妙难以理解的法门?我在过去从来没有听佛陀这样的说法。现在四众弟子们都有疑惑,恳望世尊为我们讲解其中的道理。世尊,为什么您反复地称赞深奥至极、微妙得难以理解的法门?"

尔时,舍利弗欲重宣此义,而说偈言:
慧日大圣尊,久乃说是法,自说得如是,力无畏三昧,
禅定解脱等,不可思议法。道场所得法,无能发问者。
我意难可测,亦无能问者。无问而自说,称叹所行道,
智慧甚微妙,诸佛之所得。无漏诸罗汉,及求涅槃者,
今皆堕疑网,佛何故说是?其求缘觉者,比丘比丘尼,
诸天龙鬼神,及乾闼婆等,相视怀犹豫,瞻仰两足尊[①],
是事为云何,愿佛为解说。于诸声闻众,佛说我第一。
我今自于智,疑惑不能了,为是究竟法,为是所行道。
佛口所生子,合掌瞻仰待,愿出微妙音,时为如实说。
诸天龙神等,其数如恒沙,求佛诸菩萨,大数有八万,

又诸万亿国,转轮圣王至,合掌以敬心,欲闻具足道。

[注释]

①两足尊:佛的尊号,有的以戒和定为二足,有的以权智和实智为二足,有的以福和慧为二足,有的以解和行为二足,这些都是就内德而言;就外形而言,外形以天人和人为二足,佛是天人和人中的尊者。

[译文]

这时,舍利弗为了重新阐述这一道理,就以偈颂说道:

　　智慧如同太阳一般照耀四方的大圣尊者,长久以来您一直演说这样的法门,说您已证得十力、四无所畏、种种三昧、种种禅定和解脱等不可思议的法门。在道场中传授的法门无人能够提出问题。佛的意境众生难以测度,因此,同样无人能够提出问题。没有人发问,佛便亲自称赞所证得的法门,称赞一切佛陀所证得的智慧非常微妙。所有的无漏阿罗汉以及求取小乘涅槃的人都有了疑惑,不知道佛陀为什么这样说。追求缘觉果位者——比丘、比丘尼、天人、龙、鬼神以及香神等大众,面面相觑,神情疑惑,他们在仰望着世尊,希望您讲解这究竟是怎么回事?佛陀说我在声闻众人中智慧第一,而今天我穷尽智慧也不能解除自身疑惑,不能理解这终极真理,不能理解这佛所行的圆满道法。听闻佛陀的讲解而成长起来的弟子们都合掌仰望着您,期待您发出世间最微妙的法音,为大众如实地讲解这微妙法义。一切天人、龙、鬼神等大众数量多如恒河之沙数,追求无上佛道的菩萨们有八万多,又有万亿的国王和转轮圣王前来,他们都双手合掌恭敬地等候您讲解具足真实智慧之真理。

尔时,佛告舍利弗:"止,止!不须复说。若说是事,一切世间诸天及人,皆当惊疑。"

方便品第二　　35

舍利弗重白佛言:"世尊,唯愿说之,唯愿说之!所以者何?是会无数百千万亿阿僧祇众生,曾见诸佛,诸根猛利,智慧明了。闻佛所说,则能敬信。"

尔时,舍利弗欲重宣此义,而说偈言:
法王无上尊,惟说愿勿虑。
是会无量众,有能敬信者。

佛复止舍利弗:"若说是事,一切世间天、人、阿修罗,皆当惊疑,增上慢比丘,将坠于大坑。"

[译文]

这时,释迦牟尼佛告诉舍利弗:"好了,好了!不用再说了。若讲解这种至高无上的深妙之法,一切世界的天神及人等大众都将惊奇疑惑的。"

舍利弗再次请求佛道:"世尊啊,恳请您讲说,恳请您为大家讲说吧!为什么呢?参加这次法会的无数百千万亿阿僧祇数目之多的大众都曾经亲自面见诸佛,他们的根性猛利,都智慧超群,通晓义理。听到佛陀讲解的道理,一定能够恭敬、相信并接受。"

于是,舍利弗为了重新阐明自己的想法,又以偈颂强调道:
法中之王啊,无上的尊者!恳请您宣讲无上智慧,无有顾虑。法会殊胜,大众无量,一定有信受奉行者!

释迦牟尼佛又一次阻止了舍利弗:"如果讲说佛陀的真实智慧,一切世界的天神、人众、阿修罗等都将会惊奇疑惑,尤其是那些自以为精通所有佛法的傲慢比丘必定不会相信,将因此邪见而堕落于恶业的大深坑。"

尔时,世尊重说偈言:
止止不须说!我法妙难思。
诸增上慢者,闻必不敬信。

尔时，舍利弗重白佛言："世尊，惟愿说之，惟愿说之！今此会中，如我等比，百千万亿，世世已曾从佛受化。如此人等，必能敬信，长夜安隐，多所饶益。"

尔时，舍利弗欲重宣此义，而说偈言：

无上两足尊，愿说第一法，我为佛长子，惟垂分别说。
是会无量众，能敬信此法，佛已曾世世，教化如是等，
皆一心合掌，欲听受佛语。我等千二百，及余求佛者，
愿为此众故，惟垂分别说！是等闻此法，则生大欢喜！

[译文]

这时，佛陀以偈颂重新强调道：

好了，不要再说了！我的法门奥妙非常，难以用思维领会。那些傲慢狂妄之人，听后定不会恭敬和信受。

这时，舍利弗再次恳求释迦牟尼佛说："世尊啊，恳请您为我们讲说，恳请您为我们讲说吧！在今天的法会上，和我一个层次的大众有百千万亿之多，他们从过去以来生生世世都曾跟随佛陀，接受佛陀的教导。这些大众对佛所说的妙法一定能够恭敬相信，他们由此必将得以在轮回的长夜中安稳度过，得到很多受益。"

而后，舍利弗为了重新阐明自己的想法，便再次以偈颂说道：

至高无上、福慧圆满的尊者，恳请您讲说世间的第一法门。我是佛陀的大弟子，请您详细讲说佛的无上智慧。这次法会中的无量大众，一定能够恭敬相信并接受这样的教法，他们曾经生生世世接受过佛陀的教导，此刻都双手合掌，一心等待，准备聆听佛陀的开示。像我一样的一千二百阿罗汉以及其他求取佛道之人，愿为在座的法会大众向您求法，恳请您详细讲解佛之无上妙法！我们如若听到此等微妙教法，一定会喜悦万分！

尔时，世尊告舍利弗："汝已殷勤三请，岂得不说？汝今谛听，善思念之，吾当为汝分别解说。"

说此语时，会中有比丘、比丘尼、优婆塞、优婆夷五千人等，即从座起，礼佛而退。所以者何？此辈罪根深重，及增上慢，未得谓得，未证谓证，有如此失，是以不住。世尊默然而不制止。

尔时，佛告舍利弗："我今此众，无复枝叶，纯有贞实。舍利弗，如是增上慢人，退亦佳矣。汝今善听，当为汝说。"

舍利弗言："唯然，世尊，愿乐欲闻！"

[译文]

这时，释迦牟尼佛对舍利弗说道："你已经恳求了三次，我岂能不说？你现在专心听，认真地思考，我将详细地为你讲解。"

佛陀说这些时，法会中有比丘、比丘尼、男居士、女居士五千人等立刻从座位上站起来，向佛陀致礼后离开。为什么会这样呢？因为这些人的业障深重，福慧、资粮贫乏，尤其是具有很大的傲慢心，没有明白深奥教法却认为自己已经明白，没有证得殊胜果位却认为自己已经证得。这些人有如此过失，所以坐不住了，也就无缘听闻法华妙义。对此，释迦牟尼佛默然而不加制止。

这时，佛陀告诉舍利弗："现在法会中的大众，不再有碎枝杂叶，全都是有善根、真纯信心的人。舍利弗，这些傲慢浅薄的人退出法会也是好事。你现在仔细聆听，我将为你讲说。"

舍利弗说："太好了！世尊，我很乐意聆听您的教诲！"

佛告舍利弗："如是妙法，诸佛如来时乃说之，如优昙钵华，时一现耳。舍利弗，汝等当信佛之所说，言不虚妄。

"舍利弗，诸佛随宜说法，意趣难解。所以者何？我以无数方便、种种因缘、譬喻言辞演说诸法，是法非思量分别之所能解,唯有诸佛乃能知之。所以者何?诸佛世尊唯以一大事因缘故,出现于世。

"舍利弗,云何名诸佛世尊唯以一大事因缘故出现于世?诸佛世尊欲令众生开佛知见,使得清净故,出现于世;欲示众生佛之知见故,出现于世;欲令众生悟佛知见故,出现于世;欲令众生入佛知见道故,出现于世。舍利弗,是为诸佛以一大事因缘故,出现于世。"

[译文]

释迦牟尼佛告诉舍利弗道:"这样妙不可言的教法,诸佛如来只有在各种条件成熟时才会给众生开示,就像优昙钵花一样,要经过很久时间才开放一次。舍利弗,你应当相信,佛所说的都是真实不虚的。

"舍利弗,诸佛往往根据众生的接受程度而因机施教,而其彰显诸法实相的本质内容则难以理解。为什么呢?我常常采用无数的善巧方便、根据种种不同因缘、用种种比喻来演说教法,只因为这样的教法不是用惯常的思维分析就可以理解的,只有诸佛才能够了知其妙。为什么?因为诸佛世尊只会因为一件重大因缘才出现于世间。

"舍利弗,为什么说诸佛世尊只会因为一件重大因缘才出现在世间呢?看到众生为无明所缠缚,诸佛世尊为了使众生打开佛之知见大门,明了诸法实相而得到清净,所以才出现于世间;诸佛世尊为了向众生显示佛之知见,所以才出现于世间;诸佛世尊为了使众生领悟佛的知见,所以才出现于世间;诸佛世尊为了使众生进入证得佛之知见的修行道路,所以才出现于世间。舍利弗,所有佛陀就是为了这一重大因缘才出现于世间的。"

佛告舍利弗:"诸佛如来但教化菩萨,诸有所作,常为一事，唯以佛之知见，示悟众生。舍利弗，如来但以一佛乘故，为众生说法，无有余乘，若二、若三。舍利弗，一切十方诸佛，法亦如是。

"舍利弗，过去诸佛，以无量无数方便、种种因缘、譬喻言辞而为众生演说诸法，是法皆为一佛乘故。是诸众生，从诸佛闻法，究竟皆得一切种智。舍利弗，未来诸佛，当出于世，亦以无量无数方便、种种因缘、譬喻言辞而为众生演说诸法，是法皆为一佛乘故。是诸众生，从佛闻法，究竟皆得一切种智。舍利弗，现在十方无量百千万亿佛土中，诸佛世尊，多所饶益，安乐众生。是诸佛亦以无量无数方便、种种因缘、譬喻言辞，而为众生演说诸法，是法皆为一佛乘故。是诸众生，从佛闻法，究竟皆得一切种智。舍利弗，是诸佛，但教化菩萨，欲以佛之知见，示众生故；欲以佛之知见，悟众生故；欲令众生入佛之知见故。

"舍利弗，我今亦复如是，知诸众生有种种欲，深心所著，随其本性，以种种因缘、譬喻言辞、方便力而为说法。舍利弗，如此，皆为得一佛乘，一切种智故。

"舍利弗，十方世界中，尚无二乘，何况有三？"

[译文]

释迦牟尼佛告诉舍利弗："诸佛如来只是教导菩萨，一切作为只为这一件事，即要把佛的知见显示给众生，让众生领悟。舍利弗，如来只是授以众生一乘成佛的教法，没有诸如大、小二乘，乃至声闻、缘觉、菩萨三乘等的区分。舍利弗，所有十方世界一切佛陀的教法都是这样。

"舍利弗，过去的诸佛用无数善巧方便之法、根据种种不同因缘、用种种比喻来为众生演说各种教法，这些教法无论形式如何，宗旨都是一乘即佛乘。这些众生跟随诸佛聆听佛法，最终都可以得到唯佛陀才具备的一切种智。舍利弗，未来诸佛将出现于世间，也会以无量的善巧方便方法、根据不同因缘、用种种比喻为众生演说教法，这些教法无论形式如何，宗旨都是一乘即佛乘。这些众生跟随诸佛聆听佛法，最终都可以得到唯佛陀才具备的一切种智。舍利弗，现世十方世界无量百千万亿佛土中，诸佛世尊都在饶益众生，使众生得到安乐。这些佛陀也以无量无数的方便方法、根据不同因缘、用种种比喻为众生演说教法，这些教法无论形式如何，宗旨都是一乘即佛乘。这些众生跟随诸佛聆听佛法，最终都可以得到唯佛陀才具备的一切种智。舍利弗，过去、现在以及未来三世诸佛只是教导菩萨，只为把佛陀的知见显示给众生，为了使众生领悟佛之知见，为了令众生证得佛之知见。

"舍利弗，我现在也是这样，知道众生有种种欲望，心中有深深的执著，所以，我根据他们的本性，随顺种种不同的因缘，用各种比喻以及方便神通之力为他们讲解教法。舍利弗，所有教化，都是为了让众生理解只有一乘即佛乘，从而才能最终获证只有佛才具备的一切种智。

"舍利弗，十方世界中尚且没有二乘佛法之分，更何况三乘呢？"

"舍利弗，诸佛出于五浊恶世，所谓劫浊①、烦恼浊②、众生浊③、见浊④、命浊⑤。如是，舍利弗，劫浊乱时，众生垢重，悭贪嫉妒，成就诸不善根故，诸佛以方便力，于一佛乘分别说三。

"舍利弗，若我弟子，自谓阿罗汉、辟支佛者，不闻不知诸佛如来，但教化菩萨事，此非佛弟子，非阿罗汉，非辟支佛。又，舍利弗，是诸比丘、比丘尼，自谓已得阿罗汉，是最后身，究竟涅槃，便不复志求阿耨多罗三藐三菩提，当知此辈皆是增上慢人。所以者何？若有比丘，实得阿罗汉，若不信此法，无有是处。除佛灭度后，现前无佛。所以者何？佛灭度后，如是等经，受持读诵解义者，是人难得。若遇余佛，于此法中，便得决了。

"舍利弗，汝等当一心信解受持佛语。诸佛如来，言无虚妄，无有余乘，唯一佛乘！"

[注释]

①劫浊：即整个时代灾难不断。②烦恼浊：即众生充满贪嗔痴等种种烦恼。③众生浊：即众生由不信因果多做恶业而福德衰微，苦多福少。④见浊：即众生多持邪见或偏见，佛道正法日益衰微。⑤命浊：即众生寿命日渐减少。

[译文]

"舍利弗，诸佛出现于五浊恶世之时，所谓五浊是指劫浊、烦恼浊、众生浊、见浊、命浊。因此，舍利弗，劫浊大乱时，众生心性污染很重，贪婪、吝啬、嫉妒等许多恶的习性令其远离善法。诸佛便以方便之力，将一佛乘分开讲解成为三个部分。

"舍利弗，如果我的弟子中有人自诩为阿罗汉或者辟支佛，却没有听说也不知道诸佛如来只是教导菩萨一佛乘，那么，他就不是佛的弟子，不是阿罗汉，不是辟支佛。另外，舍利弗，那些比丘、比丘尼自诩已经证得阿罗汉，处于轮回中的最后果报色身，将进入究竟涅槃，不再有志于求取无上智慧，应当知道这类人都是些骄傲无知之徒。为什么这样说呢？如果有比丘真正证得阿罗汉果位，却不相信这部教法，这种情况绝不可能出现。除非是佛灭度后，现世无佛出现。为什么呢？因为佛灭度后，像《妙法莲华经》这样的经典是很难听闻到的，能够接受此经并坚持读诵甚至还能了解其中含义者，也十分难得。如果能遇到其他佛陀，那么，对于这些教法才可以得到决然的理解。

"舍利弗，你们应当一心相信、理解、奉行佛的教诲。诸佛如来从不讲说虚妄之语，佛法没有其他乘的区分，只有一佛乘！"

尔时，世尊欲重宣此义，而说偈言：

比丘比丘尼，有怀增上慢，优婆塞我慢，优婆夷不信。
如是四众等，其数有五千。不自见其过，于戒有缺漏，
护惜其瑕疵。是小智已出，众中之糟糠，佛威德故去。
斯人鲜福德，不堪受是法，此众无枝叶，唯有诸贞实。
舍利弗善听，诸佛所得法，无量方便力，而为众生说。
众生心所念，种种所行道，若干诸欲性，先世善恶业。
佛悉知是已，以诸缘譬喻，言辞方便力，令一切欢喜；
或说修多罗①，伽陀②及本事③，本生④未曾有⑤；亦说于因缘⑥，
譬喻⑦并祇夜⑧，优波提舍经⑨；钝根乐小法，贪著于生死，
于诸无量佛，不行深妙道，众苦所恼乱，为是说涅槃。
我设是方便，令得入佛慧，未曾说汝等，当得成佛道。
所以未曾说，说时未至故，今正是其时，决定说大乘。

[注释]

①修多罗：华言契经，十二部经之一。契指上契诸佛之理，下契众生之机；经即法、常，是佛教的总名。修多罗指经中的长行文字，随义理的长短而解说法相，不拘字数多少，这样的经文也称为长行。②伽陀：十二部经之一，一切四言、五言、七言、九言等偈子，不重复说明前面的内容。③本事：十二部经之一，佛说弟子、菩萨、声闻等过去世行业、事迹的经文。④本生：十二部经之一，如来说自身往昔做菩萨时所行行业的经文。⑤未曾有：十二部经之一，记佛、菩萨现种种神力、不可思议事迹的经文。⑥因缘：十二部经之一，即因缘说，说明经中事物由来的经文。⑦譬喻：即譬喻经，十二部经之一，通过讲说譬喻而使听众明白道理。⑧祇夜：分为重颂和应颂，是十二部经之一。前段所说经文的义理，以偈颂重新说明，称为重颂；与前段的经文义理相应，称为应颂。⑨优波提舍经：即论议，十二部经之一，记录问答辩论诸法事情经过的经文。

[译文]

这时，释迦牟尼佛为了再次宣明义理，而以偈颂说道：

比丘、比丘尼中有些傲慢浅薄者，男居士中也有类似之人，加上女居士中那些狐疑不信者，四众弟子中这类人计有五千。他们看不见自己的过失，持戒有所缺失，却护着自己的短处。这些智慧浅薄的人已经离开，他们是众人中的糟糠，不能承受佛之威德故而散去，他们福浅德少，不能承受这些教法。现在的大众中没有碎枝残叶，都是真实具有根器之人。舍利弗，你当仔细倾听！诸佛所证得的教法，我将以无数方便之力而为众生讲说。每个众生心中所想，各不相同的修行道路，各种各样的欲望与习性，前世的善业恶业，这一切，佛陀全都知道。佛陀根据各种因缘，以各种比喻和善巧的言辞来宣讲真理，以使一切众生欢喜信受。正因为如此，佛陀的说法形式众多，有时讲契经，有时讲偈颂，有时讲本事经，有时讲本生经，有时讲未曾有经，有时讲因缘经，有时讲譬喻经，有时讲祇夜经，有时讲优波提舍经。根基愚钝的人喜欢小乘的教法，他们看不透生死，贪著于人生。他们过去也曾值遇无量诸佛，却未修行诸佛深奥奇妙的法门，由此生生世世被各种苦恼所逼迫。对于这些人，佛陀就为他们讲解有余涅槃之道。设置这样的权巧方便，是为了使他们能够逐步证入佛的无上智慧。佛陀从来没有说你们这些弟子可以成就无上佛道。之所以还未曾如此讲说，是因为时机尚未成熟。现在正是时候，所以我决定讲说大乘教法。

我此九部法，随顺众生说，入大乘为本，以故说是经。
有佛子心净，柔软亦利根，无量诸佛所，而行深妙道。
为此诸佛子，说是大乘经。我记如是人，来世成佛道，
以深心念佛，修持净戒故。此等闻得佛，大喜充遍身，
佛知彼心行，故为说大乘。声闻若菩萨，闻我所说法，

乃至于一偈，皆成佛无疑。十方佛土中，唯有一乘法，无二亦无三，除佛方便说。但以假名字，引导于众生，说佛智慧故。诸佛出于世，唯此一事实，余二则非真。终不以小乘，济度于众生，佛自住大乘，如其所得法，定慧力庄严，以此度众生。自证无上道，大乘平等法，若以小乘化，乃至于一人，我则堕悭贪，此事为不可。若人信归佛，如来不欺诳，亦无贪嫉意，断诸法中恶。故佛于十方，而独无所畏。我以相严身，光明照世间，无量众所尊，为说实相印①。

[注释]

①实相印：又称一法印。实相指诸法实相的义理，是佛佛相递持的真理印，故称实相印。一切小乘以无常、无我、涅槃三法印来印证，一切大乘则以实相印来印证。

[译文]

我这九类教法，是随顺众生的根器而说的，都是以引导众生入大乘为根本，所以此时才讲说这部《妙法莲华经》。有许多佛弟子心地清净、调柔，是为修行的上根利器。他们已于无量诸佛身边修行过深奥奇妙的佛道。今天，我就为这一类人讲说大乘经典，并为他们授记：来世必定成就无上佛道。原因在于，他们一直以虔诚之心敬念佛陀，严格修持戒律，他们听闻佛陀讲法，身心会充满无法形容的喜悦，佛陀知道他们的心理和修行，所以才为他们讲说大乘无上法门。无论是声闻行人，还是菩萨弟子，只要听了我此次的讲法，哪怕只听到一句偈颂，未来都可以成佛，确定无疑。十方所有佛土中只有一乘佛法，既没有大、小二乘之分，也没有声闻、缘觉、菩萨三乘之别，除过佛的各种权巧方便说法之外。佛的这些方便法门仅仅是以假借的名言概念来引导众生，令其逐渐了知佛的智慧。诸佛出现于世间，就是为了宣说这一佛乘，只有这件事是真实的，除此，二乘或三乘之分都非真实。诸佛终不会以小乘教法救度众生。佛陀自己住于大乘境界，正如他所证得的法门，佛陀以禅定和智慧之力作为装饰，来度化众生解脱。佛陀亲身证得大乘无上智慧的平等法门，如果我以小乘教法来度化他人，哪怕只度化了一个人，我也会堕落于吝啬贪著的深坑，这样的事情是绝对不可能出现的。如果有人相信并皈依佛陀，就会发现佛陀绝对不会欺骗他，也毫无吝啬嫉妒之心，佛陀已经断绝一切恶行和恶习。所以，在十方世界中，唯独佛陀泰然自在，无所畏惧。我释迦牟尼佛以三十二种殊妙之相庄严身躯，光明照耀世间，受到无量无边大众的尊崇，这都是因为我为他们讲解最本质、最真实的法理。

舍利弗当知，我本立誓愿，欲令一切众，如我等无异。
如我昔所愿，今者已满足，化一切众生，皆令入佛道。
若我遇众生，尽教以佛道。无智者错乱，迷惑不受教。
我知此众生，未曾修善本。坚著于五欲①，痴爱故生恼，
以诸欲因缘，坠堕三恶道。轮回六趣中，备受诸苦毒，
受胎之微形，世世常增长。薄德少福人，众苦所逼迫，
入邪见稠林，若有若无等，依止此诸见，具足六十二，
深著虚妄法，坚受不可舍。我慢自矜高，谄曲心不实，
于千万亿劫，不闻佛名字，亦不闻正法，如是人难度。

[注释]

①五欲，指染著色、声、香、味、触等五境所引起的五种欲望，使人迷恋而无厌足，障碍人对更高层次的追求。包括：一，色欲，指爱著于男女之端庄形貌及世间宝物等种种妙色。二，声欲，指爱著于娇媚妖词、淫声染语、丝竹弦管、环钏铃佩等声音。三，香欲，指爱著于气味芬芳之物，以及男女身体

之香。四，味欲，指爱著于酒肉珍肴、甘甜酸辣等美食。五，触欲，指爱著于冷暖细滑、轻重强软、名衣上服、男女身分等令触觉舒适之物。

[译文]

舍利弗，你应当知道，我在最初即立下根本誓言，发下大愿，要让一切众生成就与我完全等同的佛果。昔日的誓愿如今已经得到实现，即度化一切众生，引导他们进入佛道。我遇到众生，全都教给他们成佛之道。但是，那些没有智慧的众生却思想错乱，心中疑惑连连，因此不可能信奉。我了解这些众生，他们从未修过善行，没有种下善根，顽固地贪著于五欲享受，由愚痴爱恋而产生各种烦恼。他们由欲望牵引而造下诸多恶业，因此总是堕落在地狱、饿鬼、畜生等三恶道中，在六道轮回中受尽种种痛苦和毒罚。他们不断地进入母胎，形成微小之躯，渐次长成，而后命终再堕入新的轮回，如此生生世世，流转不停。这些德行浅薄、福报微小之人，被各种痛苦所逼迫，难以摆脱。他们深陷于邪见的密林之中，有的执著于"有"，有的执著于"无"，坚持这些错误的观念，共计有六十二种。这些教法虚妄不真，可他们却坚定信受，不愿舍弃。还有，他们傲慢自大，自以为了不起，善于谄媚奉承，心地不坦率、不诚实。这些人在千万亿的劫中都没听到过佛陀的名字，更没听到过真实的教法，所以，这样的人实在难以度化。

是故舍利弗，我为设方便，说诸尽苦道，示之以涅槃。
我虽说涅槃，是亦非真灭，诸法从本来，常自寂灭相。
佛子行道已，来世得作佛。我有方便力，开示三乘法。
一切诸世尊，皆说一乘道。今此诸大众，皆应除疑惑，
诸佛语无异，唯一无二乘。过去无数劫，无量灭度佛，
百千万亿种，其数不可量。如是诸世尊，种种缘譬喻，

无数方便力,演说诸法相。是诸世尊等,皆说一乘法,
化无量众生,令入于佛道。又诸大圣主,知一切世间,
天人群生类,深心之所欲,更以异方便,助显第一义。

[译文]

由于众生根性如此,所以,舍利弗,我为这些众生设立了方便法门,为他们讲授各种断绝苦难的方法,向他们显示清净自在的涅槃境界。我虽然为他们讲解涅槃的道理,但这只是方便说法,并非真正的寂灭。其实,一切法从来都是自然而然地处于寂灭的状态。佛弟子要勤奋修行佛的教法,未来必定成就佛果。我通过善巧方便之力,为众生讲授三乘教法。尽管有声闻、缘觉、菩萨三乘之分,但从根本而言,一切世界诸佛都只讲授一乘,即佛乘。所以,现在法会中的大众应当解除疑惑,要明白诸佛的教言没有区别,只有一佛乘而无二乘。过去无数劫中,无量的佛陀已经灭度,成千上亿,数量无法计算。这些佛陀根据种种不同因缘,用种种比喻,利用无数方便形式,演说各种教法,引导众生逐步体悟诸法实相。诸佛所教授的,都是一佛乘教法,相继度化了无量众生,引导他们最终证入佛道。另外,所有的大圣主——佛陀,知晓一切世间天人、人等各类众生内心深处的欲求,由此会以种种不同的方便法门辅助度化,藉此来彰显佛法的第一妙义。

若有众生类,值诸过去佛,若闻法布施,或持戒忍辱,
精进禅智等,种种修福慧,如是诸人等,皆已成佛道。
诸佛灭度后,若人善软心,如是诸众生,皆已成佛道。
诸佛灭度已,供养舍利者,起万亿种塔,金银及玻璃,
砗磲与玛瑙,玫瑰琉璃珠,清净广严饰,庄校于诸塔;
或有起石庙,栴檀及沉水,木櫁并余材,砖瓦泥土等;

若于旷野中，积土成佛庙；乃至童子戏，聚沙为佛塔，
如是诸人等，皆已成佛道。若人为佛故，建立诸形像，
刻雕成众相，皆已成佛道。或以七宝成，鍮石赤白铜，
白镴及铅锡，铁木及与泥，或以胶漆布，严饰作佛像，
如是诸人等，皆已成佛道。彩画作佛像，百福庄严相，
自作若使人，皆已成佛道。乃至童子戏，若草木及笔，
或以指爪甲，而画作佛像，如是诸人等，渐渐积功德，
具足大悲心，皆已成佛道，但化诸菩萨，度脱无量众。
若人于塔庙，宝像及画像，以华香幡盖，敬心而供养；
若使人作乐，击鼓吹角贝，箫笛琴箜篌，琵琶铙铜钹，
如是众妙音，尽持以供养；或以欢喜心，歌呗颂佛德，
乃至一小音，皆已成佛道。若人散乱心，乃至以一华，
供养于画像，渐见无数佛；或有人礼拜，或复但合掌；
乃至举一手，或复小低头，以此供养像，渐见无量佛；
自成无上道，广度无数众。入无余涅槃，如薪尽火灭。
若人散乱心，入于塔庙中，一称南无佛，皆已成佛道！

[译文]

　　如果有这样一类众生，他们在过去世中，曾遇到过许多佛陀，聆听诸佛教法，由此实践教诲广修布施，或者修持戒律、忍辱、精进、禅定、智慧等波罗蜜，如此修持六度万行，增长福德智慧，那么，这样的众生都已经成就了佛果。诸佛涅槃之后，如果有人以纯善调柔之心修持正法，这样的众生也都已经成就了佛果。诸佛涅槃之后，如果有人供养佛的舍利，修建起万亿种宝塔，用金、银、玻璃、砗磲、玛瑙、玫瑰、琉璃、珍珠等璀璨珍宝全面装饰，使宝塔清净而庄严；或者有人用石头修建起寺庙，用栴檀、沉水、木櫁、砖瓦、泥土等其他材料来

进行修建和装饰；或者有人在旷野中用泥土来建造佛庙；甚至小孩子们游戏玩耍时用沙子做成佛塔，如此等等，这样的众生都已经成就了佛果。如果有人要为佛建立各种形象，他们或绘画诸佛之像，或者雕刻诸佛之像，这样的人也已经成就了佛果。或者有人用七宝、鍮石、赤铜、白铜、白镴、铅、锡、铁、木、泥土等，或者以胶漆布来装饰制作佛像，这些众生也都已经成就了佛果。如果有人用彩色的画料来绘制百种福德庄严的佛像，无论是自己绘制还是请人绘制，他们也都已经成就了佛果。甚至是小孩子们做游戏时，用草、树枝、笔或者指头、指甲来画佛像，所有这些众生都是在逐步积累功德，圆满广大慈悲心，都已经成就了佛果。他们只是化身成各种菩萨，以度化无量众生助其得到解脱。如果有人在佛塔或佛庙内，用鲜花、诸香、宝幡、宝盖等物恭敬供养佛之庄严宝像或画像，或者请人以鼓、角、贝、箫、笛、琴、箜篌、琵琶、铙、铜钹等乐器进行演奏，用种种美妙的音乐来供养佛；或者满怀欢喜之心，歌咏梵呗来赞颂佛陀的功德，哪怕只吟唱了一小声，这样的众生也都已经成就了佛果。如果有人心常处于散乱，但哪怕只是用一朵花供养佛陀的画像，他也会逐渐得遇无数佛陀。如果有人礼拜，或者只是合掌，甚至仅是举起一只手，乃至只是稍微低一下头，以此来供养恭敬佛陀的画像，他也将逐渐见到无量的佛陀，功德渐增而最终成就无上佛果，广度无数众生，最后会像柴尽火灭般灭除烦恼，进入真实的涅槃。如果有人心境散乱进入佛塔佛庙中，只要称一声"皈依佛"，他们就都已经成就了佛果！

于诸过去佛，在世或灭后，若有闻是法，皆已成佛道。
未来诸世尊，其数无有量，是诸如来等，亦方便说法。

一切诸如来,以无量方便,度脱诸众生,入佛无漏智,
若有闻法者,无一不成佛。诸佛本誓愿,我所行佛道,
普欲令众生,亦同得此道。未来世诸佛,虽说百千亿,
无数诸法门,其实为一乘。诸佛两足尊,知法常无性,
佛种从缘起,是故说一乘。是法住法位,世间相常住,
于道场知已,导师方便说。天人所供养,现在十方佛,
其数如恒沙,出现于世间,安隐众生故,亦说如是法。
知第一寂灭,以方便力故,虽示种种道,其实为佛乘。
知众生诸行,深心之所念,过去所习业,欲性精进力,
及诸根利钝,以种种因缘,譬喻亦言辞,随应方便说。
今我亦如是,安隐众生故,以种种法门,宣示于佛道。
我以智慧力,知众生性欲,方便说诸法,皆令得欢喜。

[译文]

  如果有人在过去世中,不管是佛陀在世还是灭度,只要曾经听闻过这样的教法,他们就都已经成就了佛果。未来将有无量无数的佛陀出现于世间,他们也将善巧方便地讲说教法。任何时期、任何世界的如来都以无量方便法门度化众生得解脱,使他们逐步证得佛陀的无漏智慧。因此,凡是聆听教法的众生,没有一个不成佛的。诸佛最初发下的誓愿就是修行无上成佛之道,并欲使一切众生共同证得同样的佛果。未来世的一切佛陀,虽然也宣讲百千万亿无量的修行法门,但实际上只有一佛乘。诸佛是福德智慧都圆满的尊者,知晓一切法都非一成不变,成佛的种子是随着各种条件才产生的,所以宣讲一佛乘的教法。这样的法门住于法界,融于世间诸相之中。导师于道场中成就无上智慧之后,通晓这一道理,因而根据实际情况,用世间的种种方便法门来阐释这微妙的一乘佛法。受到天人所供养的、现在如恒河沙数那么多的、出现于世间十方世界的无数

佛陀，为了使众生获得安乐，也都在讲说这样的教法。佛陀通达无上寂灭之道，而对于这一实相妙理，众生难以理解信受，于是诸佛借由方便之力，向众生显示种种不同的修行道路，其实质则都是一佛乘的教法。佛陀知晓众生的种种行为，明白其内心深处的所思所想，知道他们前生的种种业果，了知他们的欲望、习性以及精进之力，还知道他们根器的利与钝，由此诸佛便以种种因缘、各种比喻和丰富的语言，随顺众生的不同根性、不同状况而应机教化。我也是这样，为了使众生获得安乐，采用种种法门来宣讲演示佛法。我以佛的无上智慧力，知晓众生的习性、欲望，由此善巧方便地为众生讲说教法，以使他们欢喜受益。

舍利弗当知，我以佛眼观，见六道众生，贫穷无福慧，
入生死险道，相续苦不断，深著于五欲，如犛牛爱尾，
以贪爱自蔽，盲瞑无所见。不求大势佛，及与断苦法，
深入诸邪见，以苦欲舍苦。为是众生故，而起大悲心。
我始坐道场，观树亦经行，于三七日中，思惟如是事。
我所得智慧，微妙最第一。众生诸根钝，著乐痴所盲，
如斯之等类，云何而可度？尔时诸梵王，及诸天帝释，
护世四天王，及大自在天，并余诸天众，眷属百千万，
恭敬合掌礼，请我转法轮。我即自思惟：若但赞佛乘，
众生没在苦，不能信是法，破法不信故，坠于三恶道。
我宁不说法，疾入于涅槃。寻念过去佛，所行方便力，
我今所得道，亦应说三乘。作是思惟时，十方佛皆现，
梵音慰喻我：善哉释迦文，第一之导师，得是无上法，
随诸一切佛，而用方便力。我等亦皆得，最妙第一法，

为诸众生类，分别说三乘。少智乐小法，不自信作佛，
是故以方便，分别说诸果。虽复说三乘，但为教菩萨。

[译文]

舍利弗，你应当知道，我以佛眼观察，看到六道所有众生不懂宇宙和人生的实相，不修正业，缺乏福德智慧，是真正的贫穷者。他们进入生死的危险道路中，生死相续痛苦不断，他们为无明所障，像犛牛喜爱自己的尾巴一样，深陷于对五欲的贪著，因为贪著爱恋而遮蔽了自己的眼睛，犹如盲人般什么也看不到。所以，他们不求助于具有威势、能除去一切苦的佛陀，不请求佛陀来指点断除痛苦的方法，却深信种种错误见解，步入以苦难和烦恼来摆脱痛苦的怪圈。看到众生苦海无涯，佛陀生起了大悲心，发愿救度受苦众生。于是佛陀坐于道场，一心观修并行经，思维了整整二十一天。佛陀所证得的智慧微妙难测，无与伦比。可是众生根器愚钝，执迷于五欲之乐，因愚痴而如同盲人般不见真理，这样的众生，怎样才能得到度化呢？那个时候，各位大梵天王以及各位欲界之主帝释天王、护持世间的四大天王、大自在天王和其他的无数天人大众以及他们的百千万眷属，都来到佛面前恭敬合掌致礼，恳请我讲说教法。当时我心中想到：如果只赞叹、宣讲佛乘，那么那些沉沦苦海、根性愚钝的众生是不会信受这样的教法的。而且，因为不相信，他们甚至会破坏佛法，反而造下极大罪过而堕落于三恶道。如果是这样，我宁肯不讲说教法立即进入涅槃。转念我又想到了过去诸佛所施行的方便之力，由此意识到，我现在证得佛果，也应该分为三乘讲说教法。这样想时，十方世界的佛陀一下子全部显现在我面前，用清净梵音安慰我说：善哉！释迦文佛！不愧为世间的第一导师，你得证这样的无上法门，并随顺一切佛的行为，用善巧方便之力教化众生。

我们也都证得了这样微妙的无上法门，为一切众生分别讲说三乘教法。缺乏智慧而喜欢小乘教法的人不相信自己可以成佛，所以，只能用权巧的方式分别讲说声闻乘果位、缘觉果位，直至成佛各个阶段的菩萨果位。虽然讲说的是三乘教法，但其实质都是为了教导菩萨修行终极的佛乘法门。

舍利弗当知，我闻圣师子，深净微妙音，喜称南无佛。
复作如是念：我出浊恶世，如诸佛所说，我亦随顺行。
思惟是事已，即趋波罗奈。诸法寂灭相，不可以言宣。
以方便力故，为五比丘①说。是名转法轮，便有涅槃音，
及以阿罗汉，法僧差别名。从久远劫来，赞是涅槃法，
生死苦永尽，我常如是说。舍利弗当知，我见佛子等，
志求佛道者，无量千万亿，咸以恭敬心，皆来至佛所，
曾从诸佛闻，方便所说法。我即作是念：如来所以出，
为说佛慧故，今正是其时。

[注释]

①五比丘：佛最初所度的五个比丘，即憍陈如、额鞞、跋提、十力迦叶、摩男俱利。

[译文]

舍利弗，你应当知道，当我听到十方世界诸佛圣尊清净悦耳的妙音时，立即欢喜地称声"皈依佛"。我又这样想到，我出现于五浊恶世，邪见与罪恶比比皆是。我应当仿照诸佛的说法方式，学习救度众生的行为。这样思考之后，即刻前往波罗奈国。在那里的鹿野苑，最初随我出家修行的五位侍者依然在那里苦修。一切法的实相都是寂灭的，无法用语言来讲说。于是我便采用方便之力为五比丘讲说四谛、八正道等权巧之法门，这就叫做转法轮。从此，世间便有了涅槃名称的存在，有

了阿罗汉之名，有了苦、集、灭、道等各种教法和须陀洹、斯陀含、阿那含、阿罗汉等各种僧的相互差别之名。从久远的劫以来，我就赞扬这样的涅槃法门，一直说如此修行可以永远断除生死诸苦。舍利弗，你应当知道，我见到有无量无数的佛弟子志求无上佛道，他们都怀着恭敬虔诚之心来到佛的处所。这些人往昔曾跟随诸佛聆听过各种方便教法。有鉴于此，我于是想到：如来之所以出现于世间，是为了讲说佛所证得的无上智慧。现在，正是说此教法的时候。

舍利弗当知，钝根小智人，著相憍慢者，不能信是法。
今我喜无畏，于诸菩萨中，正直舍方便，但说无上道。
菩萨闻是法，疑网皆已除，千二百罗汉，悉亦当作佛。
如三世诸佛，说法之仪式，我今亦如是，说无分别法。
诸佛兴出世，悬远值遇难，正使出于世，说是法复难，
无量无数劫，闻是法亦难，能听是法者，斯人亦复难。
譬如优昙花，一切皆爱乐，天人所稀有，时时乃一出。
闻法欢喜赞，乃至发一言，则为已供养，一切三世佛，
是人甚稀有，过于优昙花。汝等勿有疑，我为诸法王，
普告诸大众，但以一乘道，教化诸菩萨，无声闻弟子。

[译文]

舍利弗，你应当知道，那些根器愚钝缺乏智慧的人，以及执著于诸种外相而且自以为是的傲慢之人，是不能信受这样的教法的。现在，这些人都已离开法会，我不由得欢喜而无畏，因为在菩萨大众中，我可以舍弃种种权巧方便之法，直截了当地讲说无上佛道。菩萨们听到这样的教法后，他们心中所有的疑惑都会澄清，在场的一千二百多罗汉也将全部成就佛果。如同过去、现在、未来三世一切诸佛讲说教法的仪式一样，我现

在也这样讲说唯一佛乘而无余乘的无分别的微妙之法。诸佛出现于世间是非常难以遇到的，往往要经过极其久远的岁月才能得遇一佛出世；即使佛陀出现于世间，众生也难以得遇讲说这部《妙法莲华经》的机缘；即使经过无量无数的劫那么久远的时间，要听到这部无上妙法也是很难的；即使遇到了闻佛讲这部法的机会，而能够真正聆听者，还是极其难得的。就像优昙花，所有的众生都喜爱，但对于天神、人而言，此花是极其稀有的，数千年才会绽放一次。如果有人听到《妙法莲华经》的教法时，能够欢喜、赞叹，哪怕只是一句话，也相当于已经供养了十方三世一切诸佛，这样的人其稀有难得的程度超过了优昙花。所以你们切莫怀疑，我是一切法之王。今天，我就告诉会中所有大众，我只以一佛乘的教法来教化菩萨大众，没有教化声闻弟子的小乘之法。

汝等舍利弗，声闻及菩萨，当知是妙法，诸佛之秘要。
以五浊恶世，但乐著诸欲，如是等众生，终不求佛道。
当来世恶人，闻佛说一乘，迷惑不信受，破法堕恶道。
有惭愧清净，志求佛道者，当为如是等，广赞一乘道。
舍利弗当知，诸佛法如是，以万亿方便，随宜而说法。
其不习学者，不能晓了此。汝等既已知，诸佛世之师，
随宜方便事，无复诸疑惑，心生大欢喜，自知当作佛。

[译文]

　　舍利弗，你们这些佛弟子，无论是声闻众还是菩萨众，都应当知道，这部妙法是十方三世一切佛陀最核心的秘密法要。如今正值五浊恶世，邪见泛滥，贪欲横流。众生只知享乐，欲壑难填，终究是不会追求佛道的。未来世的邪恶之人，一旦听闻佛说只有一佛乘教法，一定会迷惑而不能信受，甚

至还会破坏佛法，从而导致未来堕入三恶道。但是，也存在这么一部分众生，他们具备惭愧心，在浊恶的世风中追寻清净，立志求得无上佛道。佛陀应当为他们宣讲并赞叹一佛乘的教法。舍利弗，你应当知道，诸佛的教法都是这样的。为适应时代特征和众生的根性，诸佛都以亿万种方便法门随机讲法，因材施教。如果不随佛学习，就不会明白这当中的道理。你们既然已经知道，诸佛是世间的导师，他们都在根据实际情况以方便之力随宜讲法，就不要再有什么疑惑了。你们应该生大欢喜心，生难遭遇想。你们也该明白，自己未来必将成佛。

卷第二

譬喻品第三

尔时，舍利弗踊跃欢喜，即起合掌，瞻仰尊颜，而白佛言："今从世尊闻此法音，心怀踊跃，得未曾有。所以者何？我昔从佛闻如是法，见诸菩萨授记作佛，而我等不预斯事，甚自感伤，失于如来无量知见。世尊，我常独处山林树下，若坐若行，每作是念，我等同入法性，云何如来以小乘法而见济度？是我等咎，非世尊也。所以者何？若我等待说所因，成就阿耨多罗三藐三菩提者，必以大乘而得度脱。然我等不解方便随宜所说，初闻佛法，遇便信受，思惟取证。

"世尊！我从昔来，终日竟夜，每自克责。而今从佛，闻所未闻、未曾有法，断诸疑悔，身意泰然，快得安隐。今日乃知真是佛子，从佛口生，从法化生，得佛法分。"

[译文]

这时，舍利弗欢喜雀跃，他立即站起身来，合掌致礼，仰视着佛陀的尊颜，对佛陀说道："今天，我们有幸聆听世尊讲说如此精妙的道理，个个心情振奋，这是从来没有过的感受。为什么这样说呢？我过去跟随佛陀曾聆听过这种法义，也见到您为诸位菩萨授记成佛，而我们这些声闻弟子却没有得到授记，由此感到非常伤心，自以为不会获得如来无量的深广智慧。世尊，我常常独自在山林树下，或静坐，或经行。那时，我每次都这样思考：我们这些人也同样体证了宇宙万法的本性，为什么如来以小乘教法来度化我们？现在知道是我们自己根性低劣、福慧浅薄，而非世尊对我们不慈悲。为什么这样说呢？如果我们等到您所说的成就无上圣智的因缘，就必然会修行大乘法门，从而得到解脱。然而，我们不懂得小乘教法是佛为引导众生而以方便来随宜说教，因此，最初聆听小乘教法，便相信接受，用心思惟，用功修行，得证果位。

"世尊！我从过去到现在一直坚持每天昼夜修行，时常自我反省，不敢放逸。而今从佛陀处听闻这从未听到过的、从未有过的妙法，断除了我内心所有的疑惑。此刻，我身心舒适，轻快愉悦。今天才知道自己是真正的佛陀弟子，是从佛口而出生，从佛法而化生，真正得到佛陀的真实教法。"

尔时，舍利弗欲重宣此义，而说偈言：
我闻是法音，得所未曾有，心怀大欢喜，疑网皆已除。
昔来蒙佛教，不失于大乘，佛音甚稀有，能除众生恼，
我已得漏尽，闻亦除忧恼。我处于山谷，或在林树下，
若坐若经行，常思惟是事，呜呼深自责，云何而自欺？
我等亦佛子，同入无漏法，不能于未来，演说无上道。
金色三十二[①]，十力诸解脱，同共一法中，而不得此事，
八十种妙好[②]，十八不共法[③]，如是等功德，而我皆已失，
我独经行时，见佛在大众，名闻满十方，广饶益众生。

自惟失此利，我为自欺诳。我常于日夜，每思惟是事，
欲以问世尊，为失为不失？我常见世尊，称赞诸菩萨，
以是于日夜，筹量如是事。今闻佛音声，随宜而说法，
无漏难思议，令众至道场。我本著邪见，为诸梵志师，
世尊知我心，拔邪说涅槃。我悉除邪见，于空法得证，
尔时心自谓，得至于灭度。而今乃自觉，非是实灭度。
若得作佛时，具三十二相，天人夜叉众，龙神等恭敬，
是时乃可谓，永尽灭无余。佛于大众中，说我当作佛，
闻如是法音，疑悔悉已除。初闻佛所说，心中大惊疑，
将非魔作佛，恼乱我心耶？佛以种种缘，譬喻巧言说，
其心安如海，我闻疑网断。佛说过去世，无量灭度佛，
安住方便中，亦皆说是法。现在未来佛，其数无有量，
亦以诸方便，演说如是法。如今者世尊，从生及出家，
得道转法轮，亦以方便说。世尊说实道，波旬无此事，
以是我定知，非是魔作佛。我堕疑网故，谓是魔所为。
闻佛柔软音，深远甚微妙，演畅清净法。我心大欢喜，
疑悔永已尽，安住实智中。我定当作佛，为天人所敬，
转无上法轮，教化诸菩萨。

[注释]

①三十二：又称三十二大人相，是佛陀所具有的三十二种形相特征。一足安平，二足千辐轮，三手指纤长，四手足柔软，五手足缦网，六足跟圆满，七足趺高好，八腨如鹿王，九手长过膝，十马阴藏，十一身纵广，十二毛孔青色，十三身毛上靡，十四身金光，十五常光一丈，十六皮肤细滑，十七七处平满，十八两腋满，十九身如师子，二十身端正，二十一肩圆满，二十二口四十齿，二十三齿白齐密，二十四四牙白净，二十五颊车如师子，二十六咽中津液得上味，二十七广长舌，二十八梵音清远，二十九眼色绀青，三十睫如牛王，三十一眉间白毫，三十二顶成肉髻。②八十种妙好：是佛陀除三十二种典型的

形相特征之外，还具备的八十种更为细微的殊胜外相。即：无见顶相、鼻高不现孔、眉如初月、耳轮垂埵、身坚实如那罗延、骨际如钩锁、身回旋如像王、行时足去地四寸而现印文、甲如赤铜色薄而润泽、膝骨坚而圆好、身清洁、身柔软、身不曲、指圆而纤细、指纹藏复、脉深不现、踝不现、身润泽、身自持不逶迤、身满足、容仪备足、容仪满足、住处安无能动者、威振一切、一切众生见之而乐、面不长大、正容貌而色不挠、面目满足、唇如频婆果之色、言音深远、脐深而圆好、毛右旋、手足满足、手足如意、手纹明直、手纹长、手纹不断、一切恶心之众生见者和悦、面广而殊好、面净满如月、随众生之意和悦与语、自毛孔出香气、自口出无上香、仪容如狮子、进止如象王、行相如鹅王、头如摩陀那果、一切之声分具足、四牙白利、舌色赤、舌薄、毛红色、毛软净、眼广长、死门之相具、手足赤白如莲花之色、脐不出、腹不现、细腹、身不倾动、身持重、其身大、身长、手足软净滑泽、四边之光长一丈、光照身而行、等视众生、不轻众生、随众生之音声不增不减、说法不著、随众生之语言而说法、发音应众生、次第以因缘说法、一切众生观相不能尽、观不厌足、发长好、发不乱、发旋好、发色如青珠、手足为有德之相。③十八不共法：限于佛而不共同于其他二乘以及菩萨大众的法门。依次为：一身无失，二口无失，三念无失，四无异想，五无不定心，六无不知己舍，七欲无减，八精进无减，九念无减，十慧无减，十一解脱无减，十二解脱知见无减，十三一切身业随智慧行，十四一切口业随智慧行，十五一切意业随智慧行，十六智慧知过去世无碍，十七智慧知未来世无碍，十八智慧知现在世无碍。

[译文]

　　这时，舍利弗为了重新阐明自己的想法，便以偈颂说道：

　　　　我听到佛陀清净微妙的法音之后，得到前所未有的感受，心中充满无比的欢喜，笼罩在心头的一切疑惑全都消除。多年来蒙佛教诲，总算没有错过这无上的大乘教法。佛陀的音声非常稀有难得，能够断除众生的一切烦恼。我虽然已经证得漏尽的罗汉果，听闻教法后，也断除了原来觉察不到的忧虑烦恼。

　　　　我常常在山谷中，抑或是在林中树下，或静坐禅修或经行，常常想及此事，不免感慨不已，我不停地责怪自己，为什么要自己欺骗自己呢？我们也是佛陀的弟子，一同入佛的清净法门，但却不能在未来为众生演说无上佛道，不能证得佛之金身以及佛所具备的三十二种瑞相，不能具备佛所证得的十力以及其他诸多解脱法门，我们同修一法却不能证得这样的道果。佛陀还具备八十种微妙身相和十八种不共他乘的微妙道法，这些唯佛具有的功德我们全都错失了。我独自在林间经行时，发现佛陀独尊于大众之中，他的名声传遍十方世界，给广大众生带来巨大的福利。而我却失去了蒙法受益的机会，我真是在自己欺骗自己，以为自己修行已经很好了。我经常日日夜夜地想着这个问题。今天，想要请教世尊，我到底还有没有这个机会？我常常见到世尊称赞各位菩萨，因此日夜都在琢磨这件事。

今天，又听闻到佛陀悦耳的讲法音声，明白了佛陀是随顺众生根性而演说妙法，佛陀的智慧难以思议，广开方便之门把众生皆安置于菩提道上。我本来秉持错误知见，是众位梵志的老师。世尊知道我的想法，破除了我内在的一切邪知邪见，为我讲说涅槃之道，我由此清除所有错误知见而证得空性。那个时候，我自以为可以得证寂灭境界，现在才知道，那不是真实的寂灭。如果真正成佛，一定具有三十二种瑞相，广受天人、人、夜叉、鬼神等一切众生的恭敬和供养。那时，才可以说永灭诸苦，得入真正的涅槃。今天，佛陀在大众中说我将来一定可以成佛，听到如是法音，我的疑惑和悔恨都完全清除。

最初听到佛陀说小乘行人不能成佛，我心中非常惊慌，充满疑惑，甚至想到：难道是天魔变化成佛的样子来扰乱我的心吗？佛陀利用种种因缘，以种种比喻再三解说教法。佛陀的心安静如大海，我聆听后消除了疑惑。佛陀说，在漫长的过去世中，已经灭度的无数佛陀在各自住世时期，也都是以方便法门为众生这样讲说教法。现在和未来的无量无数的佛陀，同样以种种权巧方便如此讲说教法。正如现在的世尊，自人间出生到出家修道，从证道成佛到说法教化，也是以各种方便法门随缘讲法，因根施教。世尊讲说的是真实道理，而魔王波旬从不会这样说法。因此，我可以肯定，并非魔王变作佛陀的样子来扰乱我，而是我自己堕落于疑惑之网，还误以为是魔王现前。

当下，我听着佛陀柔和悦耳的法音，是那么深远，又是那么微妙，由此法音徐徐演出清净的教法，令我心中充满喜悦。心中所有疑惑和悔恨彻底消除，我将安住在真实的智慧之中。我一定会成就佛果，为天、人等一切众生所恭敬，我将讲说无上微妙的教法，教导度化所有菩萨。

尔时，佛告舍利弗："吾今于天、人、沙门、婆罗门等大众中说，我昔曾于二万亿佛所，为无上道故，常教化汝，汝亦长夜随我受学。我以方便引导汝故，生我法中。舍利弗，我昔教汝志愿佛道，汝今悉忘，而便自谓，已得灭度。我今还欲令汝忆念本愿所行道故，为诸声闻说是大乘经，名《妙法莲华》，教菩萨法，佛所护念。"

[译文]

那时，释迦牟尼佛告诉舍利弗道："我今天当着天人、人、沙门、婆罗门等一切大众的面告诉你，我过去曾经在二万亿佛身边，为了修行无上的佛道而常常教导你，你也长时间地跟随我学习。我用种种善巧的方法引导你，使你在我的教法中成长。舍利弗，我过去教导你应该志求无上佛道，但你现在竟然全部忘记了，反而以为你自己已经证得寂灭。我现在为使你回忆起原来的誓愿和所修行的道路，所以为一切声闻大众讲说这部大乘经典，名称为《妙法莲华经》，这是教化菩萨的无上法门，为诸佛所护念。"

"舍利弗，汝于未来世，过无量无边、不可思议劫，供养若干千万亿佛，奉持正法，具足菩萨所行之道，当得作佛，号曰华光如来、应供、正遍知、明行足、善逝、世间解、无上士、调御丈夫、天人师、佛世尊。国名离垢，其土平正，清净严饰，安隐丰乐，天人炽盛。琉璃为地，有八交道，黄金为绳，以界其侧。其傍各有七宝行树，常有华果。华光如来亦以三乘教化众生。

"舍利弗，彼佛出时，虽非恶世，以本愿故，说三乘法。其劫名大宝庄严。何故名曰大宝庄严？其国中以菩萨为大宝故。彼诸菩萨，无量无边，不可思议，算数譬喻所不能及，非佛智力，无能知者。若欲行时，宝华承足。此诸菩萨，非初发意，皆久植德本，于无量百千万亿佛所，净修梵行，恒为诸佛之所称叹。常修佛慧，具大神通，善知一切诸法之门，质直无伪，志念坚固。如是菩萨，充满其国。

"舍利弗，华光佛寿十二小劫①，除为王子未作佛时。其国人民，寿八小劫。华光如来过十二小劫，授坚满菩萨阿耨多罗三藐三菩提记。告诸比丘：'是坚满菩萨，次当作佛，号曰华足安行多陀阿伽度、阿罗诃、三藐三佛陀，其佛国土，亦复如是。'

"舍利弗，是华光佛灭度之后，正法②住世，三十二小劫，像法③住世，亦三十二小劫。"

[注释]

①小劫：古印度的一个时间单位，人寿由最初的八万四千岁起，每过一百年减一岁，减至十岁止，再由十岁起每过一百年增一岁，增至原来的八万四千岁，这样一减一增，为一小劫。以数学方式来计算，一小劫等于一千六百七十九万八千年。②正法：即正法时期，佛虽灭度，法仪未改，有教，有行，有证果者。③像法：即像法时期，此时期有教有行，但证果的人已经很少。

[译文]

"舍利弗,你将在未来世,经无量无边不可思议数目的劫,将会供养千万亿位佛陀,一直奉持佛的正法,在圆满菩萨的各种德行之后,你将会成佛,名号是华光如来、应供、正遍知、明行足、善逝、世间解、无上士、调御丈夫、天人师、佛世尊。你的佛国名叫离垢,国土广阔平整,整洁而华美,社会稳定,人民丰衣足食,天上人间都繁荣昌盛。大地如琉璃一般平整光滑,道路四通八达,两边以黄金绳为界,路旁各有整齐成行的七宝装饰的树木,树上四季花果不断。华光如来也以三乘佛法教化众生。

"舍利弗,那位佛陀出现于世间时,虽非恶世,但因本愿之力,故此讲说三乘教法。那时的劫名称为大宝庄严。为什么称为大宝庄严呢?因为这个国中将菩萨尊为大宝。国中的菩萨多得无量无边,不可思议,无法计算,也无法用比喻来说明,除过佛陀的智慧,无人能知道到底有多少位菩萨。这些菩萨行走时,脚下自然有宝花生出。他们全都不是刚刚发起菩提心的菩萨,他们皆以久植善根,久已种下诸德之本,因为他们已在百千万亿无数无量的佛陀处培养德行,修清净行,生生世世,一直为诸佛所赞叹。他们常常修习佛的智慧,具有大神通,通达一切修行的法门,朴实正直而不矫揉造作,且志向坚定。这样的菩萨在该佛国处处可见。

"舍利弗,华光如来寿命长十二小劫,不包括他未成佛前作为王子的时间。离垢国的人民寿命长八小劫。华光如来在成佛十二小劫后,授记坚满菩萨将证得无上智慧,并告诉所有比丘大众说:'这位坚满菩萨继我之后将成佛,名号为华足安行、多陀阿伽度、阿罗诃、三藐三佛陀,该国的国土和华光佛的国土一样,清净庄严。'

"舍利弗,这位华光佛灭度后,正法住世三十二小劫,像法住世也是三十二小劫。"

尔时，世尊欲重宣此义，而说偈言：
舍利弗来世，成佛普智尊，号名曰华光，当度无量众。
供养无数佛，具足菩萨行，十力等功德，证于无上道。
过无量劫已，劫名大宝严，世界名离垢，清净无瑕秽。
以琉璃为地，金绳界其道，七宝杂色树，常有华果实。
彼国诸菩萨，志念常坚固，神通波罗蜜，皆已悉具足。
于无数佛所，善学菩萨道，如是等大士，华光佛所化。
佛为王子时，弃国舍世荣，于最末后身，出家成佛道。
华光佛住世，寿十二小劫，其国人民众，寿命八小劫。
佛灭度之后，正法住于世，三十二小劫，广度诸众生。
正法灭尽已，像法三十二，舍利广流布，天人普供养。
华光佛所为，其事皆如是，其两足圣尊，最胜无伦匹。
彼即是汝身，宜应自欣庆！

[译文]

这时，释迦牟尼佛为了再次强调上面所说，就以偈颂重复道：

　　舍利弗，你将在未来世成佛，成为具足一切智慧的尊者，名号为华光如来，将会度化无量的众生。你未来世将供养无数的佛陀，圆满菩萨的种种德行，证得十力、四无所畏等功德后，成就无上佛果。经过无量劫之后，你将于大宝庄严劫中成佛，那时的世界名为离垢，国土清净庄严，没有丝毫污秽和瑕疵。大地如同琉璃一般，道路两旁以黄金之绳为界，七宝装饰的各色树木沿路成行，四季鲜花常开，硕果累累。离垢国的菩萨们志向坚定，具足大神通和解脱智慧。他们都曾跟随过无数的佛陀学习菩萨之道，现在又全都为华光佛所教导。华光佛做王子时，舍弃了国王的权势和世间的一切荣华富贵，在这轮回中的最后一生中出家修行，最终成就无上佛果。

华光佛住世寿命为十二小劫，离垢国的民众寿命为八小劫。华光佛灭度后，正法住世三十二小劫，在此期间，无量众生得到救度。正法时代结束后，像法住世也长达三十二小劫。在此期间华光佛的舍利广泛流传，受到天神、人等众生的普遍供养。华光佛的事迹大略就是这样。他是福德智慧圆满的殊胜尊者，世间无与伦比。未来的华光佛就是现在的你，你应该欣喜欢庆！

尔时，四部众比丘、比丘尼、优婆塞、优婆夷，天、龙、夜叉、乾闼婆、阿修罗、迦楼罗、紧那罗、摩睺罗伽等大众，见舍利弗于佛前受阿耨多罗三藐三菩提记，心大欢喜，踊跃无量，各各脱身所著上衣，以供养佛。释提桓因、梵天王等，与无数天子，亦以天妙衣、天曼陀罗华、摩诃曼陀罗华等，供养于佛。所散天衣，住虚空中，而自回转。诸天伎乐，百千万种，于虚空中，一时俱作，雨众天华。而作是言："佛昔于波罗奈，初转法轮，今乃复转无上最大法轮。"

[译文]

这时，比丘、比丘尼、男居士、女居士等四众弟子，以及天人、龙、夜叉、香神、战神、金翅鸟神、乐神、蟒神等大众，见到舍利弗在释迦牟尼佛面前接受成就无上智慧的授记，个个欢欣鼓舞，内心激动不已，他们各自脱去自己所著的华服来供养佛陀。释提桓因、梵天王等，与无数的天子们也以各自胜妙无比的天衣以及天上的白团花、大白团花等供养佛陀。他们所供养的天衣在空中飘荡回旋，绚丽多彩。与此同时，百千万种的舞蹈和音乐，在虚空中同时开演，乐声响彻天地，天花如雨般飘落。他们说道："佛陀往昔在鹿野苑初转四谛法轮，今天则再次转动无上的最妙法轮。"

尔时，诸天子欲重宣此义，而说偈言：
昔于波罗奈，转四谛法轮，分别说诸法，五众①之生灭。
今复转最妙，无上大法轮，是法甚深奥，少有能信者。
我等从昔来，数闻世尊说，未曾闻如是，深妙之上法。
世尊说是法，我等皆随喜。大智舍利弗，今得受尊记，
我等亦如是，必当得作佛，于一切世间，最尊无有上。
佛道叵思议，方便随宜说。我所有福业，今世若过世，
及见佛功德，尽回向佛道！

[注释]

①五众：五蕴之旧译，即色、受、想、行、识五蕴。

[译文]

这时，天子们为了再次表达自己的情怀，而以偈颂说道：

往昔佛陀在鹿野苑初转四谛法轮讲说苦、集、灭、道之义，分别讲说色、受、想、行、识五蕴的生灭等各种法义。现在您又转动最妙的无上法轮，讲说无上的、最为殊胜的教法。这样的教法深奥微妙，很少有人能够相信。我们大众从过去就跟随着世尊修行，虽然聆听了多种教法，却从来没有听到过如此深奥微妙的无上教法。世尊讲说这样的教法，我们都十分乐意听闻。声闻弟子中智慧第一的舍利弗如今已蒙佛授记，将来一定成佛。按照这部妙法所讲，我们也和舍利弗一样，将来一定成佛，成为一切世间中最尊贵的圣者。无上的佛道的确不可思议，可是佛以方便之力，随众生的根性而应机说法，逐步引导众生入佛道。我们诸天的所有福德善业，包括今世和过去世的，以及有幸得见佛陀所积累的所有功德，今天一概回向于无上佛道，不求其他，只求成佛！

尔时，舍利弗白佛言："世尊，我今无复疑悔，亲于佛前，

得受阿耨多罗三藐三菩提记。是诸千二百心自在者，昔住学地，佛常教化，言：'我法能离生老病死，究竟涅槃。'是学无学人，亦各自以离我见①及有无见②等，谓得涅槃。而今于世尊前，闻所未闻，皆堕疑惑。善哉！世尊，愿为四众说其因缘，令离疑悔。"

[注释]

①我见：又名我执。一切众生的肉体和精神，都是因缘所生法，本无一个作为"我"的实体的存在，把这样一个不具实存性的"我"妄执为实有，叫做"我见"。②有无见：即有见和无见，都不是中道之正见。有见，也叫做常见，指固执身心为实有的邪见；无见，是指断见，即固执身心为断灭的邪见。佛教认为，一切邪见都可以归纳于此二见之中，由此二见而生出其他一切邪见。

[译文]

这时，舍利弗向释迦牟尼佛禀道："世尊，听了您所说的妙法，我现在不再有任何疑惑和悔恨了，我已亲身在佛陀面前得到授记，将来一定成就无上智慧。但是在座还有一千二百位心性已得完全自在的阿罗汉，他们往昔在修学阶段，佛陀常常教导说：'我的法门可以远离生、老、病、死诸苦，得到究竟涅槃。'这些正在修学的处于声闻乘前三果位的佛弟子和已经得自在的阿罗汉弟子们也都各自以为，超越我见以及有无见等就是得到了涅槃。而现今，他们在世尊面前听到了从未听过的教法，都产生了疑惑。世尊啊，请您慈悲，为四众弟子讲说其中的道理，解除他们的疑惑。"

尔时，佛告舍利弗："我先不言，诸佛世尊，以种种因缘，譬喻言辞，方便说法，皆为阿耨多罗三藐三菩提耶？是诸所说，皆为化菩萨故。然舍利弗，今当复以譬喻，更明此义，诸有智者，以譬喻得解。

"舍利弗，若国邑聚落，有大长者。其年衰迈，财富无量，多有田宅及诸僮仆。其家广大，唯有一门，多诸人众，一百、二百，乃至五百人，止住其中。堂阁朽故，墙壁隤落，柱根腐败，梁栋倾危。周匝俱时，欻然火起，焚烧舍宅。长者诸子，若十、二十，或至三十，在此宅中。长者见是大火从四面起，即大惊怖，而作是念：'我虽能于此所烧之门安隐得出，而诸子等，于火宅内乐著嬉戏，不觉不知，不惊不怖，火来逼身，苦痛切己，心不厌患，无求出意。'"

[译文]

这时，佛对舍利弗说："我先前不是说过，一切佛陀世尊都是根据种种不同的因缘，用种种比喻及巧妙言辞，方便说法，教导众生，之所以这样说法，不都是为了传授无上智慧吗？采取诸多的说法方式，都是为了教化各位菩萨。尽管如此，舍利弗，现在我还是再用一个比喻来重新说明这个道理，诸位有智慧的弟子就可以依靠这些譬喻来领会其中的奥妙。

"舍利弗，比如，在一个国家的某一个城镇附近有一个村落，村中有位德高望重的长者。他年事已高，财富无量，拥有大片的田地、众多的宅舍和大量的仆人。他所居住的宅院非常大，但只有一道院门可以进出。家中人口众多，常住有一二百人，有时多达五百多人住在这里。由于年久失修，堂屋阁楼已经腐朽，墙壁开始倒塌，柱子根部腐烂，梁和栋已经倾斜，房子岌岌可危。一天，院子四周忽然同时起火，整个宅院陷入火海之中。长者的子女约有一二十个，或者有三十多个当时正好都在家中。长者见到家中大火从四面燃起，顿时大惊失色，心想：'我虽然能够从这燃烧的门中安全逃出，但孩子们还在火宅中，沉迷于游玩嬉戏。他们没有觉察到大火已经逼近，大难就要来临，因而毫不惊惧，根本没有要离开火宅的意思。'

"舍利弗，是长者作是思惟：'我身手有力，当以衣裓，若以几案，从舍出之。'复更思惟：'是舍，唯有一门，而复狭小。诸子幼稚，未有所识，恋著戏处，或当堕落，为火所烧。我当为说怖畏之事，此舍已烧，宜时疾出，勿令为火之所烧害。'作是念已，如所思惟，具告诸子：'汝等速出！'父虽怜愍，善言诱喻，而诸子等乐著嬉戏，不肯信受，不惊不畏，了无出心。亦复不知何者是火，何者为舍，云何为失，但东西走戏，视父而已。"

[译文]

"舍利弗，这位长者转念又想：'我身手有力，可以依靠衣服、桌椅从火宅中逃出。'他又进一步想到：'这座火宅只有一道门，而且还很狭窄，我的子女们还小，他们可能找不到门，现在又正贪于玩耍游戏，不愿离开，要是落入火中，就可能被烧死。我必须告诉他们形势的可怕，告诉他们这座宅子已经起火，必须立刻离开，不要被火烧死。'想到这里，长者就如实告诉子女们，并喊道：'你们赶紧出去！'老父虽然怜悯自己的子女，而且善于讲说和诱导，但子女们只顾玩耍游戏，把父亲的疾呼只当做耳旁风。他们不惊不惧，压根没有出去的意思。当然了，他们也不知道什么是火，什么是房屋，什么是灾难。他们只是四处乱跑，打闹嬉戏，若无其事地望望父亲而已。"

"尔时，长者即作是念：'此舍已为大火所烧，我及诸子若不时出，必为所焚。我今当设方便，令诸子等得免斯害。'父知诸子，先心各有所好，种种珍玩奇异之物，情必乐著。而告之言：'汝等所可玩好，稀有难得，汝若不取，后必忧悔！如此种种羊车、鹿车、牛车，今在门外，可以游戏。汝等于此火宅，宜速出来，随汝所欲，皆当与汝。'尔时，诸子闻父所说珍玩之物，适其愿故，心各勇锐，互相推排，竞共驰走，争出火宅。

"是时，长者见诸子等安隐得出，皆于四衢道中，露地而坐，无复障碍，其心泰然，欢喜踊跃。时诸子等各白父言：'父先所许玩好之具，羊车、鹿车、牛车，愿时赐与。'

"舍利弗，尔时，长者各赐诸子等一大车。其车高广，众宝庄校，周匝栏楯，四面悬铃。又于其上，张设幰盖，亦以珍奇杂宝而严饰之，宝绳交络，垂诸华缨，重敷婉筵，安置丹枕。驾以白牛，肤色充洁，形体姝好，有大筋力，行步平正，其疾如风。又多仆从，而侍卫之。所以者何？是大长者，财富无量，种种诸藏，悉皆充溢。而作是念：'我财物无极，不应以下劣小车与诸子等。今此幼童，皆是吾子，爱无偏党。我有如是七宝大车，其数无量，应当等心，各各与之，不宜差别。所以者何？以我此物，周给一国，犹尚不匮，何况诸子？'是时，诸子各乘大车，得未曾有，非本所望。"

[译文]

"鉴于孩子们的无知，长者又想道：'这所院子已为大火所烧，我和子女们如果不及时离开，一定会被烧死。我现在应该想个妙计，使子女们免于灾难。'老父亲知道各子女的喜好，知道哪些珍玩奇物他们一定喜欢，于是告诉他们：'我有一些你们所喜欢的玩具，十分稀有难得。你们要是不来取，以后一定会后悔！现在各种好玩的羊车、鹿车和牛车就在大门外，可以尽情玩耍。你们应该赶快出来，离开这所着火的院子！到时候，你们想要什么，我就给你们什么。'那时，孩子们听到父亲说会给自己珍贵玩物，正合其心愿，于是兴奋不已，他们互相拉扯着，争先恐后地跑出火宅。

"之后，长者看到子女们都从火宅安全逃出，在大街上席地而坐，不再有生命危险，心中安然，十分欣慰。这时，孩子们对父亲说：'父亲您先前所答应的好玩的东西，羊车、鹿车、牛车等，请现在就给我们吧！'

"舍利弗，于是，长者分别给予各个子女一辆大车。此车高大宽敞，上面装饰有各种珍宝，周围有栏杆环绕，四面都悬有响铃。车顶上装有幡盖，也以各种奇珍异宝装饰，饰有珍宝的绳子纵横交织，垂挂着各色的花朵和缨子。车内层层叠叠地铺着豪华的垫子，安放着红色的靠枕。驾车的是白牛，其牛皮毛光滑整洁，形体健壮，四肢有力，步伐平稳，奔跑迅如疾风。另外，又有很多的仆从侍卫在四周。为什么给这么华丽的车子呢？因为这位长者拥有无数财富，各种各样的宝藏多到难以储藏，所以他想：'我的财物无量无数，不应该给孩子们低劣的小车。这些孩子们都是我的子女，我对他们的爱没有偏私，都是一样的。我既然有这般华丽的七宝装饰的大车，而且数量之多无法计数，就应该以平等心公平地给予他们。为什么呢？用我的财物来供给一个国家也不会感到匮乏，更何况只是这么几个子女？'这时，长者的子女们各自坐上自己的豪华大车，莫不兴奋异常。这是他们从来没有见过也没乘坐过的，远远超出了原有的期望。"

"舍利弗，于汝意云何？是长者，等与诸子珍宝大车，宁有虚妄否？"

舍利弗言："不也，世尊。是长者，但令诸子得免火难，全其躯命，非为虚妄。何以故？若全身命，便为已得玩好之具，况复方便，于彼火宅而拔济之？世尊，若是长者，乃至不与最小一车，犹不虚妄。何以故？是长者先作是意：'我以方便，令子得出。'以是因缘，无虚妄也。何况长者自知财富无量，欲饶益诸子，等与大车？"

[译文]

"舍利弗，你怎么认为呢？这位长者许诺平等地给予各位子女珍宝装饰的大车，是否属于欺妄之举呢？"

舍利弗回答道："不是的，世尊。这位长者只是为了使子女们免于火灾，保全他们的性命，这不是欺妄。为什么呢？能够保全性命，便是得到了最好的玩具，何况是用巧妙方便的方法把他们从火宅中救出来？世尊，即使这位长者不给子女们一辆最小的车，也不能算作是说假话，为什么呢？这位长者最初是这样想的：'我得用巧妙方便之法使子女们离开火宅。'因为是出自这个动机，这就不能算作是说假话。何况是长者知道自己有无数的财富，想要让子女们得到一些益处，平等地给予他们大车呢？"

佛告舍利弗："善哉！善哉！如汝所言。舍利弗，如来亦复如是，则为一切世间之父。于诸怖畏、衰恼、忧患、无明暗蔽，永尽无余，而悉成就无量知见、力、无所畏，有大神力及智慧力，具足方便、智慧波罗蜜，大慈大悲，常无懈倦，恒求善事，利益一切。而生三界朽故火宅，为度众生，生老病死，忧悲苦恼，愚痴暗蔽，三毒之火，教化令得阿耨多罗三藐三菩提。

"见诸众生为生老病死、忧悲、苦恼，之所烧煮，亦以五欲财利故，受种种苦；又以贪著追求故，现受众苦，后受地狱、畜生、饿鬼之苦；若生天上，及在人间，贫穷困苦、爱别离苦、怨憎会苦，如是等种种诸苦。众生没在其中，欢喜游戏，不觉不知，不惊不怖，亦不生厌，不求解脱。于此三界火宅，东西驰走，虽遭大苦，不以为患。

"舍利弗，佛见此已，便作是念：'我为众生之父，应拔其苦难，与无量无边佛智慧乐，令其游戏。'"

[译文]

释迦牟尼佛告诉舍利弗道："好啊！好啊！正如你所说，舍利弗，如来也是这样。如来是一切世间的所有众生之父，对于各种恐怖畏惧、衰败烦恼、忧患、无明障碍等，如来已经彻底地永远消除，没有丝毫剩余。如来完全成就佛之无量知见、十力、四无所畏，具有大神通之力以及大智慧之力，具足种种善巧方便、解脱智慧，大慈大悲，从不懈怠、毫不疲倦、永不停息地广行善事，利益一切众生。如来下生在此欲界、色界、无色界构成的这座腐朽的三界火宅之中，就是为了帮助众生解脱生、老、病、死、忧愁、悲伤、苦恼、愚痴、偏见以及贪、嗔、痴三毒之火，教化他们证得无上智慧。

"如来看到众生被生、老、病、死、忧愁、悲伤、苦恼所困扰，也因为贪求色、声、香、味、触等五欲享受以及执著于财物利益而遭受种种苦难。正是由于贪婪于追求五欲财利，众生不但现世受到种种痛苦，后世也会受到地狱、畜生、饿鬼三恶道之煎熬，即便后世转生在天上或者人间，也会遭受贫穷困苦、爱别离苦、怨憎会苦等各种苦难。众生沉迷于苦海，却高兴地游戏于其中，对于苦难和苦难之因不觉不知，亦不惊不怖，毫无厌倦，不求解脱。他们在这三界火宅中东奔西走，虽受种种大苦，也不以为患。

"舍利弗，佛陀见到这种情况，不由得思考：'我是众生之父，应该消除他们的苦难，给予他们无量无边的佛之智慧和安乐，以让他们尽情地在其中欢乐游戏。'"

"舍利弗，如来复作是念：'若我但以神力及智慧力，舍于方便，为诸众生赞如来知见、力、无所畏者，众生不能以是得度。'所以者何？是诸众生，未免生老病死、忧悲、苦恼，而为三界火宅所烧，何由能解佛之智慧？

"舍利弗，如彼长者，虽复身手有力，而不用之，但以殷勤方便，勉济诸子火宅之难，然后各与珍宝大车。如来亦复如是，虽有力、无所畏，而不用之，但以智慧方便，于三界火宅，拔济众生，为说三乘：声闻、辟支佛、佛乘，而作是言：'汝等莫得乐住三界火宅，勿贪粗敝，色声香味触也。若贪著生爱，则为所烧。汝速出三界，当得三乘：声闻、辟支佛、佛乘，我今为汝保任此事，终不虚也！汝等但当勤修精进。'如来以是方便，诱进众生。复作是言：'汝等当知此三乘法，皆是圣所称叹，自在无系，无所依求。乘是三乘，以无漏根①、力、觉②、道③、禅④、定⑤、解脱⑥、三昧等，而自娱乐，便得无量安隐快乐。'"

［注释］

①无漏根：根，取自草木之根有增上之力，能生枝干的含义。无漏根在此指三种不受染污、不起烦恼的无漏根，属二十二根的后三根。此三无漏根，是以意、乐、喜、舍、信、勤、念、定、慧等九根为体而立，以其有增上之力用，能产生无漏清净之圣法，故称为根。分别为：一，未知当知根，属见道位，此位之人未曾闻四谛真理，于修习地前方便解行。二，已知根，又作欲知未知根。属修道位，即已知四谛真理，并已断除迷理之惑，但为断除迷事之惑，进而观四谛之理，清楚了知四谛之境。三，具知根，指具有洞知四谛理的无学位境界，其人已断诸种烦恼，一切所作具办。②觉：指七觉支。一，择法觉支，以智慧简择法的真伪；二，精进觉支，以勇猛之心离邪行行真法；三，喜觉支，心得善法即生欢喜；四，轻安觉支，断除身心粗重烦恼，使身心轻利安适；五，念觉支，常明记定慧而不忘，使定慧在自身中均等呈现；六，定觉支，使心住于一境而不散乱；七，行舍觉支，舍去各种妄谬，舍一切法，平心坦怀，更不追忆。③道：八正道，又名八圣道，即八条圣者的道法。一，正见，即正确的知见；二，正思惟，即正确的思考；三，正语，即正当的言语；四，正业，即正当的行为、语言乃至意识；五，正命，即正当的职业或生活；六，正精进，即正当的努力；七，正念，即正确的观念；八，正定，即正确的

禅定。④禅：又作四禅定、四静虑，指用以治惑、生诸功德的四种根本禅定，即色界中的初禅、二禅、三禅、四禅，故又称色界定。⑤定：八定，色界的四禅定与无色界的四空定的总称。⑥解脱：脱离束缚而得自在的意思，亦即涅槃的别名。空、无相、无愿三种禅定是得证涅槃的必经境界。

[译文]

"舍利弗，如来又这样想道：'如果我只是依靠自己的神通之力和智慧之力，舍弃各种善巧方便之门，为一切众生赞叹如来的知见、十力、四无所畏，众生是不能因此而得到度化的。'为什么这么说呢？这些众生还未超越生、老、病、死、忧愁、悲伤以及苦恼的困扰，由此而在三界火宅中为火所烧，怎么能够理解佛的智慧呢？

"舍利弗，就如那位长者，他虽然身手有力，却不用，但以恳切之言与方便之法，尽力救护子女们免于宅中大火之难，然后再给他们每人一辆珍宝装饰的大车。如来也是如此，如来虽然具有十力、四无所畏，但舍弃不用，只是依靠智慧的善巧方便，在三界火宅中救度众生，为他们讲说三乘教法：声闻乘、辟支佛乘、佛乘。如来这样对他们说：'你们切莫乐居于三界火宅，不要贪图粗陋的色、声、香、味、触五欲享受。如果对这些生起贪爱，你们就会被欲火焚烧。你们应该迅速离开三界，到时，你们就能够成就三乘果位：声闻乘、辟支佛乘、佛乘。我现在向你们保证，若依法修行，必能证果，绝非虚妄。你们但且一心勤奋修行。'如来用这种权宜之法，诱导众生进入修行之道。之后如来进一步开示说：'你们应该知道，这三乘教法，都为十方三世一切诸佛所称赞，是自在而没有束缚、不需任何依赖、没有任何贪求的解脱之道。乘坐此三乘大车，依靠无漏的五根、五力、七觉支、八正道、四禅、八定、解脱门、三昧等法门，以清静的妙法自娱自乐，便可以得到无量的安稳和快乐。'"

"舍利弗，若有众生，内有智性，从佛世尊闻法信受，殷勤精进，欲速出三界，自求涅槃，是名声闻乘，如彼诸子为求羊车，出于火宅。若有众生，从佛世尊闻法信受，殷勤精进，求自然慧，乐独善寂，深知诸法因缘，是名辟支佛乘，如彼诸子为求鹿车，出于火宅。若有众生，从佛世尊闻法信受，勤修精进，求一切智、佛智、自然智、无师智、如来知见、力、无所畏，愍念安乐无量众生，利益天人，度脱一切，是名大乘。菩萨求此乘故，名为摩诃萨，如彼诸子为求牛车，出于火宅。

"舍利弗，如彼长者，见诸子等安隐得出火宅，到无畏处，自惟财富无量，等以大车而赐诸子。如来亦复如是，为一切众生之父，若见无量亿千众生，以佛教门，出三界苦，怖畏险道，得涅槃乐。如来尔时便作是念：'我有无量无边智慧、力、无畏等诸佛法藏，是诸众生，皆是我子，等与大乘，不令有人独得灭度，皆以如来灭度而灭度之。是诸众生脱三界者，悉与诸佛禅定、解脱等娱乐之具，皆是一相、一种，圣所称叹，能生净妙第一之乐。'

"舍利弗，如彼长者，初以三车诱引诸子，然后但与大车，宝物庄严，安隐第一，然彼长者无虚妄之咎。如来亦复如是，无有虚妄，初说三乘，引导众生，然后但以大乘而度脱之。何以故？如来有无量智慧、力、无所畏，诸法之藏，能与一切众生大乘之法，但不尽能受。舍利弗，以是因缘，当知诸佛方便力故，于一佛乘，分别说三。"

[译文]

"舍利弗，如果有这样一类众生，他们内心具有一定智慧，听到佛陀世尊讲法，便相信奉持，勤奋修行，希望迅速脱离三界，希求自我得证涅槃。以自入涅槃为目的的修行就称为声闻乘,犹如那些为了得到羊车而离开火宅的长者子女。如果有这样一类众生,他们听到佛陀世尊讲法,便相信奉持,勤奋修行,追求本然智慧的开显,喜欢独居于寂静之所修行,深知诸法因缘合和之道。这种修行就称为辟支佛乘,就如那些为了得到鹿车而离开火宅的长者子女。如果有这样一类众生,他们听到佛陀世尊讲法,便相信奉持,勤奋修行,追求一切智、佛智、自然本有智、无师自知智、如来知见、十力、四无所畏等佛的智慧和功德,发大慈悲心,怜悯无量众生,并使他们得到安乐,利益天、人等一切众生,度他们得到解脱。这样的修行就称为大乘,菩萨追求大乘所以称为摩诃萨,即大菩萨,就如那些为了牛车而离开火宅的长者子女。

"舍利弗,正如长者见到子女们都安全离开火宅,到了没有危险的地方,想到自己财富无数,就平等赐给子女各种大车。如来也是这样,如来是一切众生之父,见到无量的众生,就教给他们佛的修行法门,使他们由此出离三界之苦和险恶之道,最终得到涅槃快乐。如来见到众生已经出离三界苦海,便这样想道:'我有无量无边的智慧、十力、四无所畏等诸佛修行法门的宝藏,这些众生都是我的子女,我当平等一如地教给他们大乘法门,不希望有人只得到自我灭度的小乘涅槃,他们都应以如来的究竟方式而涅槃。这些众生中能够于三界解脱者,佛陀都平等给予他们诸佛的禅定、解脱等能够获得安乐的法门。这些法门实相相同,本质一样,都为诸佛所常赞叹,能够生出清净微妙的至善至美的快乐。'

"舍利弗,佛与那位长者一样。那位长者最初用羊、鹿、牛三种车子诱导子女出离火宅,而后却给了他们前所未见过的大车,车不仅由各种珍宝装饰得豪华舒适,而且无比安全和平稳。这里,长者并没有任何虚妄的过错。如来也是这样,没有虚妄之处。佛最初讲说三乘的教法引导众生,而后却以大乘教法度化使他们得解脱。

为什么呢？如来有无量的智慧、十力、四无所畏等各种修行法门的宝藏，能够给予一切众生大乘的教法，但并非所有众生都能一开始就完全接受这些内容。舍利弗，你应该明白，正是由于这个缘故，诸佛才用方便之力将一佛乘教法分别讲说，从而有了三乘的教法。"

佛欲重宣此义，而说偈言：
譬如长者，有一大宅，其宅久故，而复顿敝，
堂舍高危，柱根摧朽，梁栋倾斜，基陛隤毁，
墙壁圮坼，泥涂褫落，覆苫乱坠，椽梠差脱，
周障屈曲，杂秽充遍。有五百人，止住其中。
鸱枭雕鹫，乌鹊鸠鸽，蚖蛇蝮蝎，蜈蚣蚰蜒，
守宫百足，狖狸鼷鼠，诸恶虫辈，交横驰走。
屎尿臭处，不净流溢，蜣螂诸虫，而集其上。
狐狼野干，咀嚼践蹋，龁啮死尸，骨肉狼藉。
由是群狗，竞来搏撮，饥羸惶悚，处处求食。
斗诤龇掣，嘊喍嗥吠。其舍恐怖，变状如是。
处处皆有，魑魅魍魉，夜叉恶鬼，食啖人肉。
毒虫之属，诸恶禽兽，孚乳产生，各自藏护。
夜叉竞来，争取食之，食之既饱，恶心转炽，
斗诤之声，甚可怖畏。鸠槃荼鬼，蹲踞土埵，
或时离地，一尺二尺，往返游行，纵逸嬉戏，
捉狗两足，扑令失声，以脚加颈，怖狗自乐。
复有诸鬼，其身长大，裸形黑瘦，常住其中，
发大恶声，叫呼求食。复有诸鬼，其咽如针。
复有诸鬼，首如牛头，或食人肉，或复啖狗，
头发蓬乱，残害凶险，饥渴所逼，叫唤驰走。

夜叉饿鬼，诸恶鸟兽，饥急四向，窥看窗牖，
如是诸难，恐畏无量。

[译文]

这时，佛陀为了重新阐明以上道理，便以偈颂说道：

好比一位德高望重的长者，他有一所深宅大院。宅院年久失修，破败不堪，堂舍高大充满危险，柱子根部腐朽，梁栋已经倾斜，屋基、台阶塌陷，墙壁四处裂缝，墙皮片片脱落，覆盖的草苫四处飘落，椽子错位，野草丛生，断墙处处，污秽垃圾遍地都是。约有五百人住在院子中，还有各种飞禽走兽杂居其内，鸱、枭、雕、鹫、乌鸦、喜鹊、斑鸠、鸽子等各种飞禽飞来飞去，蚖、蛇、蝮、蝎子、蜈蚣、蚰蜒、守宫、百足、狖、狸、鼷鼠等各种毒虫恶兽跑来跑去。园中多处屎尿遍地，臭不可闻，蜣螂等各种虫子聚集其上。狐狸、豺狼、野干等野兽啃着死尸，乱踩乱踏，一片骨肉狼藉的景象。一群饿狗也跑来争抢食物，它们个个瘦骨嶙峋，张皇失措，到处找食，互相争斗，龇牙吠叫。这所宅子就是这样一幅恐怖景象。

此外，这所宅院还遍布魑、魅、魍、魉以及夜叉、恶鬼吃食人肉。毒虫之类、恶兽恶禽之流，或孵化或胎生不断繁衍，各自躲藏掩护。夜叉们互相争抢着觅食，吃饱之后，邪恶之心更加炽盛，相互斗争的声音极其可怕。鸠槃茶鬼蹲在土堆上，有时离地一二尺，它们来来往往到处游走，纵情玩耍。有时它们捉住狗的双足，把狗扑倒在地使它发不出声音，再把脚踩在狗的脖子上，以恐吓狗来取乐。又有许多恶鬼，它们身形庞大，赤裸身体，又黑又瘦，常常出没宅院，四处嚎叫寻觅食物，一些咽喉如针一样细的饿鬼也夹杂其中。又有恶鬼，头如牛头般大，有时吃人肉，有时吃狗，它们蓬头垢面，凶恶残忍，为饥饿所逼，呼喊着到处乱跑。宅院中所有的夜叉饿鬼、

凶禽猛兽个个饥饿难耐，急于求食，四处乱跑，偷偷地向窗户内张望。这所宅子中像这样的各种恐怖、灾祸多到无法计算。

是朽故宅，属于一人。其人近出，未久之间，
于后舍宅，忽然火起，四面一时，其炎俱炽。
栋梁椽柱，爆声震裂，摧折堕落，墙壁崩倒。
诸鬼神等，扬声大叫。雕鹫诸鸟，鸠槃荼等，
周章惶怖，不能自出。恶兽毒虫，藏窜孔穴。
毗舍阇鬼，亦住其中。薄福德故，为火所逼，
共相残害，饮血啖肉。野干之属，并已前死，
诸大恶兽，竞来食啖，臭烟熢㶿，四面充塞。
蜈蚣蚰蜒，毒蛇之类，为火所烧，争走出穴，
鸠槃荼鬼，随取而食。又诸饿鬼，头上火燃，
饥渴热恼，周章闷走。其宅如是，甚可怖畏，
毒害火灾，众难非一。

[译文]

这所腐朽的老宅属于一人所有，此人近来外出不在家。时隔不长，宅子后院一天忽然起火，一时间，大火四面蔓延，火焰冲天。房中的栋、梁、椽子、柱子燃烧的爆裂声震人耳膜，纷纷断折，落于地上，墙壁随之倒塌。院内各种鬼神都大声号叫，雕、鹫等鸟禽，鸠槃荼等鬼怪惶惶不安，无法逃出。恶兽毒虫四处逃窜，纷纷藏入孔穴。毗舍阇鬼也住在其中，由于这种鬼福少德薄，一被大火所逼，就互相残害，饮血吃肉。野干之类的禽兽最早被火烧死，那些较大的恶兽争着来食，带着恶臭的烟弥漫在四周。蜈蚣、蚰蜒、毒蛇之类的爬虫被大火所烧，争相爬出洞穴，鸠槃荼鬼一见抓起就吃。所有饿鬼头上都有火在燃烧，它们饥渴燥热恼乱难忍，四处乱跑。这所宅子变

得就是如此险恶，充斥着各种毒害、火灾等等灾难，多得难以述说。

是时宅主，在门外立，闻有人言：汝诸子等，
先因游戏，来入此宅，稚小无知，欢娱乐著。
长者闻已，惊入火宅，方宜救济，令无烧害。
告喻诸子，说众患难，恶鬼毒虫，灾火蔓延，
众苦次第，相续不绝。毒蛇蚖蝮，及诸夜叉，
鸠槃茶鬼，野干狐狗，雕鹫鸱枭，百足之属，
饥渴恼急，甚可怖畏，此苦难处，况复大火！
诸子无知，虽闻父诲，犹故乐著，嬉戏不已。
是时长者，而作是念：诸子如此，益我愁恼。
今此舍宅，无一可乐，而诸子等，耽湎嬉戏，
不受我教，将为火害。即便思惟，设诸方便，
告诸子等：我有种种，珍玩之具，妙宝好车，
羊车鹿车，大牛之车，今在门外。汝等出来，
吾为汝等，造作此车，随意所乐，可以游戏。
诸子闻说，如此诸车，即时奔竞，驰走而出，
到于空地，离诸苦难。长者见子，得出火宅，
住于四衢，坐师子座，而自庆言：我今快乐。
此诸子等，生育甚难，愚小无知，而入险宅。
多诸毒虫，魑魅可畏，大火猛炎，四面俱起，
而此诸子，贪乐嬉戏。我已救之，令得脱难。
是故诸人，我今快乐。尔时诸子，知父安坐，
皆诣父所，而白父言：愿赐我等，三种宝车，
如前所许，诸子出来，当以三车，随汝所欲，

今正是时，惟垂给与。长者大富，库藏众多，
金银琉璃，砗磲玛瑙，以众宝物，造诸大车。
庄校严饰，周匝栏楯，四面悬铃，金绳交络。
真珠罗网，张施其上，金华诸璎，处处垂下，
众彩杂饰，周匝围绕，柔软缯纩，以为茵蓐。
上妙细氎，价值千亿，鲜白净洁，以覆其上。
有大白牛，肥壮多力，形体姝好，以驾宝车。
多诸傧从，而侍卫之。以是妙车，等赐诸子。
诸子是时，欢喜踊跃，乘是宝车，游于四方，
嬉戏快乐，自在无碍。

[译文]

　　就在这时，宅子的主人正好回到在门外，有人对他说：你的子女们早前玩游戏，进入这所宅子，他们年幼无知，在里面玩得高兴，不知道出来！长者一听，大惊失色，立即冲入火宅，赶去救子女们，以免他们遭受火烧之难。

　　长者告诉子女们宅院中的各种危险，说明不仅有各种恶鬼、毒虫，而且大火正在蔓延，各种苦难将接踵而来，相续不断，毒蛇、蚖、蝮、夜叉、鸠槃荼鬼、野干、狐、狗、雕、鹫、鸱、枭、百足之类饥渴难耐，凶恶残忍令人畏惧，而除了这些危险，何况更有大火逼身！但是孩子们很无知，他们虽然听到父亲的教诲，却毫不理会，依旧沉迷于游戏玩耍。在此紧要关头，长者如此动念：孩子们这样无知，我更加忧愁烦恼。如今这所宅院已经没有一点儿可爱之处，而孩子们却沉迷于游戏玩耍。他们不听我的教导，必将被火烧死。不得已，他灵机一动想出一个好办法，他告诉子女们说：我有各种稀有好玩的东西，有珍宝装饰的大车。羊车、鹿车、牛车现在就在门外，你们快出来看看！我专门为你们制造了这样的大车，你们可以

随意玩耍游戏。

孩子们听到有这样华丽的大车,立即争着跑出火宅到了外面的空地,从而远离了危险和灾难。长者见到子女们全部安全逃离火宅,四散坐于街道,他才安心地坐在狮子座上,庆幸地自言自语道:我现在可以安心了。孩子们的成长和养育都很不容易,他们年幼无知,进入危险的宅子。那里多毒虫和鬼怪,非常可怕,再加上四面大火,这些孩子们却只顾着玩耍游戏。幸亏我救出了他们,他们也已经脱离了危险。所以,我现在很快乐。

这时,孩子们得知父亲安然坐在附近,就都来见父亲,要求道:希望您能够赐给我们三种珍宝装饰的大车。如先前您许诺的那样:我们离开火宅,您就赐给我们三种大车,都是我们各自所喜欢的。现在正是时候,恳请您赐给我们。长者有很多财富,宝库中藏有众多的金、银、琉璃、砗磲、玛瑙等珍宝。于是长者就命人用各种宝物制造大车,大车极尽装饰,四周设置有栏杆,四面悬挂有铃铛,黄金编织的绳子相互交错,珍珠串成的罗网盖在车上,处处垂下彩花璎珞。车子周身挂满五彩装饰,车内铺着用柔软丝织物或丝绵做成的垫褥,褥上盖着价值千亿的鲜白洁净的上好细氎。驾着宝车的是健壮有力、形体健硕的大白牛,又有众多的仆从侍卫在车的四周。长老将如此宝车平等赐给所有子女,他们个个非常高兴,欢呼跳跃,乘坐着这种美妙无比的宝车四处游玩,欢乐嬉戏,自由自在。

告舍利弗,我亦如是。众圣中尊,世间之父。
一切众生,皆是吾子,深著世乐,无有慧心。
三界无安,犹如火宅,众苦充满,甚可怖畏。
常有生老,病死忧患,如是等火,炽燃不息。

譬喻品第三

如来已离，三界火宅，寂然闲居，安处林野。
今此三界，皆是我有，其中众生，悉是吾子。
而今此处，多诸患难，唯我一人，能为救护。
虽复教诏，而不信受，于诸欲染，贪著深故。
以是方便，为说三乘，令诸众生，知三界苦，
开示演说，出世间道。是诸子等，若心决定，
具足三明①，及六神通②，有得缘觉，不退菩萨。

[注释]

①三明：指证智的境界显了分明的意思。包括：一，宿命明，了知自己及众生过去世的生死命运；二，天眼明，了知自己及众生未来世的生死命运；三，漏尽明，了知现在人生诸苦，具有断除一切烦恼的智慧。②六神通：修行人常会出现的六种特异功能，具体指：一，天眼通，能见六道一切众生的苦乐境界以及投生状况；二，天耳通，能听到六道一切众生的话语和其他所有种种音声；三，知他心通，能了知六道众生心中所念之事；四，宿命通，能了知自身以及六道一切众生一世、二世、三世乃至百千万世的宿命，及所做之事；五，身如意通，指身能飞行，山海无碍，随意穿行，大小身形能够随意变现；六，漏尽通，指阿罗汉果位所得的一种能力，断除见、思二惑，不受三界生死。三界，指欲界、色界、无色界。见、思二惑，指意根对法尘起诸分别，曰见惑；眼耳鼻舌身五根对色声香味触五尘，起诸贪爱，曰思惑。

[译文]

　　佛对舍利弗说：我也是这样。我是一切圣贤中之尊者，一切世间众生的父亲。一切众生都是我的子女，他们深深沉迷于世间的快乐，没有智慧之心。可是，众生居住的三界之中没有真实的安乐，就像一栋起火的大宅，充满各种苦难，非常可怕。生、老、病、死等忧患像大火一样炽燃猛烈，永不会熄灭。如来已经脱离三界火宅，寂静安闲而居，安然于林野之中。可这三界都为如来所有，其中的所有众生都是如来之子。如今三界之中灾难重重，只有如来我一人才能够救护他们。可

是尽管我再三教导告诫众生要出离三界火宅,但是没有人相信。他们乃是太过贪著、沉迷于各种欲望之中。因此我以方便法,为众生讲说三乘教法,令一切众生先认识到三界之苦难,然后再为他们开示出离三界的道路。这些如我子女一般的众生,若能下定决心修行,便可具足罗汉的三明、六神通,将能得到缘觉果位,乃至成就八地不退转的菩萨果位。

汝舍利弗,我为众生,以此譬喻,说一佛乘。
汝等若能,信受是语,一切皆当,成得佛道。
是乘微妙,清净第一,于诸世间,为无有上,
佛所悦可。一切众生,所应称赞,供养礼拜。
无量亿千,诸力解脱,禅定智慧,及佛余法,
得如是乘。令诸子等,日夜劫数,常得游戏,
与诸菩萨,及声闻众,乘此宝乘,直至道场。
以是因缘,十方谛求,更无余乘,除佛方便。
告舍利弗,汝诸人等,皆是吾子,我则是父。
汝等累劫,众苦所烧,我皆济拔,令出三界。
我虽先说,汝等灭度,但尽生死,而实不灭,
今所应作,唯佛智慧。若有菩萨,于是众中,
能一心听,诸佛实法,诸佛世尊,虽以方便,
所化众生,皆是菩萨。若人小智,深著爱欲,
为此等故,说于苦谛。众生心喜,得未曾有,
佛说苦谛,真实无异。若有众生,不知苦本,
深著苦因,不能暂舍,为是等故,方便说道,
诸苦所因,贪欲为本,若灭贪欲,无所依止,
灭尽诸苦,名第三谛。为灭谛故,修行于道,

离诸苦缚，名得解脱。是人于何，而得解脱？
但离虚妄，名为解脱，其实未得，一切解脱。
佛说是人，未实灭度，斯人未得，无上道故。
我意不欲，令至灭度。

[译文]

　　舍利弗，我借助这个比喻为众生来讲说一佛乘的教法。你们如果能够相信并以此修行，就一定都可以成就无上佛道。这一佛乘的教法微妙清净，世间第一，无论是在哪个世间，都是至高无上的。这一教法为诸佛所认可和喜欢，一切众生都应该称赞、供养和礼拜。经由修行无量种类的力、解脱、禅定、智慧以及其他种种佛陀教法，即可得到这样的佛乘。这一乘教法能够让一切众生日日夜夜乃至经无数劫都时常处于欢乐游戏之中，得以与所有菩萨大众、声闻大众一起共乘此宝船而直至佛果。由于这个原因，除了佛以权巧方便显示佛乘外，即使遍在十方世界寻找，也找不到如此殊胜高深的教法。

　　舍利弗，再告知你，你们大众都是我的子女，我就是你们的父亲。你们在无数劫中一直被各种痛苦所煎熬，我一直都在救助你们，拔除你们所有的痛苦，使你们都脱离三界苦海。虽然我曾经说过，你们已经得度，但断尽生死并非真正的灭度。你们现在应该做的是，一心求证佛的无上智慧。如果在大众中有菩萨能够专心聆听诸佛的真实教法，即使是诸佛权巧方便教化的众生，也都堪为菩萨。

　　如果有众生智慧浅薄，沉迷于爱欲，佛便为他们讲说世间苦谛，让他们知道三界即苦。众生听后，心中欢喜，生起从来未曾有过的感受，认为佛说的苦谛之理是真实不虚的。如果有众生不懂得苦的根源，而沉迷于引起诸苦的各种东西，一时一刻都不能舍弃，佛便为他们巧妙解说，告知他们一切苦痛，究其原因,都是以贪欲为根本,此为集谛。如果清除贪欲,没有了根源,各种苦就灭尽了,这便称为第三谛——灭谛。为得灭谛,就必须专心修行佛道,清除一切苦的缠缚,此即我平日向你们讲的解脱,是为第四谛——道谛。这些人在哪些方面得到了解脱呢?实际情况是,他们只是远离了各种错误的执著和观念,名义上叫做得到解脱,实际上没有在所有方面得到真正的、彻底的解脱。佛认为这样的人并没有真正灭度,因为他们没有得证无上佛道,所以佛不希望他们得到这样不彻底的灭度。

我为法王,于法自在,安隐众生,故现于世。
汝舍利弗,我此法印,为欲利益,世间故说。
在所游方,勿妄宣传。若有闻者,随喜顶受,
当知是人,阿鞞跋致①。若有信受,此经法者,
是人已曾,见过去佛,恭敬供养,亦闻是法。
若人有能,信汝所说,则为见我,亦见于汝,
及比丘僧,并诸菩萨。斯法华经,为深智说,
浅识闻之,迷惑不解,一切声闻,及辟支佛,
于此经中,力所不及。汝舍利弗,尚于此经,
以信得入,况余声闻?其余声闻,信佛语故,
随顺此经,非己智分。又舍利弗,憍慢懈怠,
计我见者,莫说此经。凡夫浅识,深著五欲,
闻不能解,亦勿为说。若人不信,毁谤此经,
则断一切,世间佛种。或复颦蹙,而怀疑惑,
汝当听说,此人罪报。

[注释]

①阿鞞跋致:意译为不退转,是一个菩萨阶位的名称。不退转有三义:

一,入空位不退;二,入假行不退;三,入中念不退。

[译文]

　　我是诸法之王,通达一切法,得大自在。为了使众生得到彻底的安宁和快乐,所以才出现于世间。舍利弗,我的这个实相法印,是为了利益世间的众生才讲说的,不能随便在所游历之处妄自宣讲。如果有人听闻此经后,心生随喜并相信受持,当知此人已经得到不退转的菩萨境界。如果有人能够信受这部经典,当知此人在过去无数生中肯定曾经见到过无量尊佛陀,并恭敬地广行过供养,也从诸佛处听到过这部经典。如果有人能够相信你所讲说本经法义,那么,他就等于面见了我,面见了你以及一切比丘大众和菩萨。

　　这部《妙法莲华经》是以智慧高深的人为对象而讲说的,智慧浅薄之人听到后会迷惑不解。一切拘泥于声闻、辟支佛二乘者,因智慧所限而很难领会此经妙理。舍利弗,你是声闻弟子中最有智慧者,尚且要靠信力才能接受,何况是其他的声闻呢?他们只是因为信仰佛陀的教诲,才相信这部经典,从而逐步领会经义,这也都不是以智慧来理解和接受的。

　　另外,舍利弗,对于傲慢之人、懈怠之人以及执著于自己见解者,不要讲这部经典。凡夫俗子见识浅薄,深深沉迷于五欲之中,即使听到也不能理解相信,所以也不要对他们讲这部经典。如果有人不相信并诋毁诽谤这部经典,就会断除他在世间一切成佛的种子。如果有人听到这部经典后皱起眉头,心中怀疑,你应该听我讲说这些人将有多么大的罪业和果报。

若佛在世,若灭度后,其有诽谤,如斯经典,
见有读诵,书持经者,轻贱憎嫉,而怀结恨。
此人罪报,汝今复听。其人命终,入阿鼻狱①,

具足一劫，劫尽更生，如是展转，至无数劫。
从地狱出，当堕畜生，若狗野干，其影𩑺瘦，
黧黮疥癞，人所触娆。又复为人，之所恶贱，
常困饥渴，骨肉枯竭，生受楚毒，死被瓦石。
断佛种故，受斯罪报。若作骆驼，或生驴中，
身常负重，加诸杖捶，但念水草，余无所知。
谤斯经故，获罪如是。有作野干，来入聚落，
身体疥癞，又无一目，为诸童子，之所打掷，
受诸苦痛，或时致死。于此死已，更受蟒身，
其形长大，五百由旬②，聋騃无足，宛转腹行，
为诸小虫，之所唼食，昼夜受苦，无有休息。
谤斯经故，获罪如是。若得为人，诸根暗钝，
矬陋挛躄，盲聋背伛，有所言说，人不信受，
口气常臭，鬼魅所著，贫穷下贱，为人所使，
多病痟瘦，无所依怙，虽亲附人，人不在意，
若有所得，寻复忘失。若修医道，顺方治病，
更增他疾，或复致死。若自有病，无人救疗，
设服良药，而复增剧。若他反逆，抄劫窃盗，
如是等罪，横罹其殃。如斯罪人，永不见佛，
众圣之王，说法教化，如斯罪人，常生难处，
狂聋心乱，永不闻法。于无数劫，如恒河沙，
生辄聋哑，诸根不具，常处地狱，如游园观，
在余恶道，如己舍宅，驼驴猪狗，是其行处。
谤斯经故，获罪如是。若得为人，聋盲喑哑，
贫穷诸衰，以自庄严，水肿干痟，疥癞痈疽，
如是等病，以为衣服。身常臭处，垢秽不净，

深著我见，增益瞋恚，淫欲炽盛，不择禽兽，
谤斯经故，获罪如是。

[注释]

①阿鼻狱：即阿鼻地狱，是八大地狱之一，又名无间地狱，专指受苦无间断的地狱，也是造极重罪的人死后所堕落的地方。②由旬：古印度计里程之数目，指帝王一日行军之里程，分为三种，上由旬为六十里，中由旬为五十里，下由旬相当于四十里。

[译文]

无论是佛在世时还是佛灭度后，诽谤这部经典之人，他们见到读诵、书写、受持此经典者，便表现出蔑视、憎恨或嫉妒，甚至怀恨在心。这些人的罪业果报如何，你今天再听一听。此人命终后，会堕入阿鼻地狱，要受尽整整一个劫的种种煎熬之后，又再次于阿鼻地狱中出生，就这样辗转不停，历经无数劫，才可以结束地狱之苦。之后当投生畜生道，诸如做狗或做野干之类，其形又黑又瘦，丑陋无比，而且满身疥癞，人见人厌。之后又当投生为人，为人们所厌恶和轻贱，他们往往生活困顿，饥渴难耐，骨瘦如柴，活着时遭受各种痛苦的折磨，死后被瓦石所掩盖。这都是由于他们诽谤《妙法莲华经》而断除了自身的佛种，所以才受到这样的罪报。此人有时也投生骆驼，有时生为驴子，他们常常得身背重物，挨鞭打是家常便饭。他们整天只想着喝水吃草，除此之外，一无所知，如此罪报都是缘自其人当初对《妙法莲华经》的诽谤。这些人有时投生野干，进入村落中，由于身上满是疥癞，又瞎了一只眼睛，所以常被小孩子们用石头或棍子追着打，各种痛苦齐聚一身，最终痛楚而死。死后又投生为大蟒，体形硕大，长五百由旬，既聋又没有足，靠腹部扭动前进，浑身被各种小虫子所啃咬，日夜痛苦，没有间断。如此罪报也都是缘自其人当初对

《妙法莲华经》的诽谤。

如果谤经者生为人身,此人必将六根不全,反应迟钝;必然身材矮小,相貌丑陋,或脊柱变形,或双足弯曲,又瘸又跛,或眼盲耳聋,弯腰驼背。其人所说之话无人相信,且口中常出臭气,鬼怪经常附身,贫穷下贱,被人呼来喝去,多有病痛,身体消瘦,无依无靠。他即使亲热待人乃至奉承谄媚,对方也不加理会。他即使得到什么东西,也会很快忘记而丢失。如果他从事医道,按照医方为人治病,却会使病人病情加重,甚至致死。如果他自己有病,没有人为他救治,即使服用的药物对症,也会使病痛加重。如果遇到时局动乱,其家或遭查抄,或遭抢劫,或遭盗窃。如此罪报都会落在他的头上。这样的罪人永远见不到佛陀,听不到圣中之王法之教化。这样的罪人常常转生在危难险恶之地,他狂妄无知,耳聋心乱,永远不能听闻佛法。在如恒河沙般无数的劫中,这样的谤经者一经转生,就是非聋即哑等六根不全之相,他们常常转生在地狱之中,就像游公园一样,频繁往来。他们投生于其他恶道就像回家一样平常,骆驼、驴子、猪及狗就是他常行之处。如此罪报都是缘自其人当初对《妙法莲华经》的诽谤。如果他脱离恶道投生为人,一定是聋、盲、喑、哑,或者贫穷下贱,这些衰败之象犹如装饰一样伴随其人生命始终,而且他还百病缠身,或水肿,或干瘦,或体生疥癞、痈疽等,这样的病苦如同衣服一样一直跟随着他。其身体常常发出阵阵恶臭,肮脏不堪。其人顽固地坚持偏见,嫉妒瞋恨之心增盛,淫欲旺盛,甚至与禽兽相交。这一切罪报都是缘自其人当初对《妙法莲华经》的诽谤。

告舍利弗,谤斯经者,若说其罪,穷劫不尽。

以是因缘，我故语汝，无智人中，莫说此经。
若有利根，智慧明了，多闻强识，求佛道者，
如是之人，乃可为说。若人曾见，亿百千佛，
植诸善本，深心坚固，如是之人，乃可为说。
若人精进，常修慈心，不惜身命，乃可为说。
若人恭敬，无有异心，离诸凡愚，独处山泽，
如是之人，乃可为说。又舍利弗，若见有人，
舍恶知识，亲近善友，如是之人，乃可为说。
若见佛子，持戒清洁，如净明珠，求大乘经，
如是之人，乃可为说。若人无瞋，质直柔软，
常愍一切，恭敬诸佛，如是之人，乃可为说。
复有佛子，于大众中，以清净心，种种因缘，
譬喻言辞，说法无碍，如是之人，乃可为说。
若有比丘，为一切智，四方求法，合掌顶受，
但乐受持，大乘经典，乃至不受，余经一偈，
如是之人，乃可为说。如人至心，求佛舍利，
如是求经，得已顶受，其人不复，志求余经，
亦未曾念，外道典籍，如是之人，乃可为说。
告舍利弗，我说是相，求佛道者，穷劫不尽，
如是等人，则能信解，汝当为说，妙法华经。

[译文]

　　佛对舍利弗说：诽谤《妙法莲华经》的人，若要详述其罪过，穷尽一劫也说不完。正是这个原因，我现在告诉你，对于缺乏智慧的人不要讲说这部经典。如果遇到根器锐利、智慧高深、明了事理、见多识广、追求佛道的人，才可以为他们讲说《妙法莲华经》。如果有人在过去世曾经见到百千万亿的佛陀，

培植下各种善根，对佛道意志坚定，像这样的人，也可以为他讲说《妙法莲华经》。如果有人精进不懈，常修慈悲心，甚至不惜生命，像这样的人，就可以为他们讲此经典。如果有人恭敬虔诚，于正道无有二心，远离诸凡夫愚人，独居于山间水畔，像这样的人，就可以为他讲说此经。另外，舍利弗，如果有人舍弃谬误之师，亲近善友，像这样的人，可以为他讲说此经。如果见到佛弟子持戒清净，像寻求明净的宝珠一般志求大乘经典，像这样的人，可以为他讲说此经。如果有人毫无瞋恨之心，直率朴实，脾气柔和，常怀怜悯一切众生之心，一切时处恭敬供养诸佛，像这样的人，可以为他讲说此经。又有佛弟子，他们在大众中以清净心运用种种因缘、种种比喻以及美妙言辞广宣佛法，毫无障碍，像这样的人，可以为他讲说此经。如果有比丘，为了得到佛的一切智而四处求法，合掌顶礼，他们只乐于受持大乘经典，对于其他教言甚至一句也不接受，像这样的人，可以为他讲说此经。如果有人像至心祈求得佛舍利一般至诚祈请以得《妙法莲华经》，且得到后顶礼受持，之后他们便不再追求其他经典，也未曾学过外道典籍，这样的人，可以为他讲说此经。

佛告诉舍利弗，我所说的这些追求佛道之人，尽此一劫也不会穷尽。这些人一定能够相信并理解无上妙法，因此，你应当为他们讲说《妙法莲华经》。

信解品第四

尔时，慧命须菩提、摩诃迦旃延、摩诃迦叶、摩诃目犍连，从佛所闻未曾有法，世尊授舍利弗阿耨多罗三藐三菩提记，发稀有心，欢喜踊跃。即从座起，整衣服，偏袒右肩，右膝着地，一心合掌，屈躬恭敬，瞻仰尊颜，而白佛言："我等居僧之首，年并朽迈，自谓已得涅槃，无所堪任，不复进求阿耨多罗三藐三菩提。世尊往昔说法既久，我时在座，身体疲懈，但念空、无相、无作，于菩萨法，游戏神通，净佛国土，成就众生，心不喜乐。所以者何？世尊令我等出于三界，得涅槃证，又今我等年已朽迈，于佛教化菩萨阿耨多罗三藐三菩提，不生一念好乐之心。我等今于佛前，闻授声闻阿耨多罗三藐三菩提记，心甚欢喜，得未曾有，不谓于今，忽然得闻稀有之法，深自庆幸，获大善利，无量珍宝，不求自得！"

[译文]

这时，慧命须菩提、摩诃迦旃延、摩诃迦叶和摩诃目犍连等大弟子们，听到释迦牟尼佛讲说了从未听过的教法，并且看到世尊授记舍利弗将来一定成就无上佛果，这些跟随释迦牟尼佛多年修习方便法门的声闻行人不由发起向往大乘的稀有之心，他们内心充满欢喜，禁不住欢呼雀跃。他们即刻从座位上站起，整理好衣服，偏袒右肩，右膝着地，专心合掌，弯腰致礼，而后虔诚地瞻仰着佛陀的尊颜，对佛说道："我们是世尊僧众中的上首弟子，如今都年事已高，也都自以为已经证得涅槃，再也不堪任何重担，不再进取追求无上智慧。世尊从过去到现在讲经说法的时间相当长了，我们作为上首弟子，大多时候都在座听法，慢慢身体开始疲倦，精神也日益懈怠。我们只是一心常念空、无相、无作三解脱门，认为这就是最高的解脱境界，对于菩萨的游戏神通、清净诸佛国土以及成就众生等大乘法门，心中没有一点喜乐之感。为什么呢？因为世尊过去说法教化，曾让我们离开三界苦宅，证涅槃妙乐。而我们因为年迈老朽，对于佛陀教导的无上智慧没有一点希求之心。如今，我们有幸在佛面前亲耳听授记声闻将来会成就无上智慧，心中非常欢喜，这可是前所未有的稀有之法啊！我们万万没想到，今天忽然听到如此稀有难得的教法，深深庆幸得到巨大的大乘善法利益，这可真是不求而自得无量珍宝啊！"

"世尊，我等今者乐说譬喻，以明斯义。譬若有人，年既幼稚，舍父逃逝，久住他国，或十、二十，至五十岁，年既长大，加复穷困，驰骋四方，以求衣食，渐渐游行，遇向本国。其父先来，求子不得，中止一城。其家大富，财宝无量，金、银、琉璃、珊瑚、琥珀、玻璃、珠等，其诸仓库，悉皆盈溢，多有僮仆、臣佐、吏民，象马、车乘、牛羊无数，出入息利，乃遍他国，商估贾客，亦甚众多。时，贫穷子游诸聚落，经历国邑，遂到其父所止之城。父母念子，与子离别五十余年，而未曾向人说如此事，但自思惟，心怀悔恨，自念老朽，多有财物，金银珍宝，仓库盈溢，无有子息，一旦终没，财物散失，无所委付。是以殷勤，每忆其子，复作是念：'我若得子，委付财物，坦然快乐，无复忧虑。'"

[译文]

"世尊，我们今天很乐意用一个譬喻来说明这个道理以及我们的感受。比如有个人年幼时离开父亲，长期住在别的国家，或十年、二十年乃至五十年。随着年龄渐增，其人却更加穷困，不得不四处漂泊，设法谋生，最终辗转流浪回到了本国。他的父亲自从失去儿子后，一直四处寻找，却始终没有找到，后来便在途经的一个城中落户安家。他是一方富豪，拥有无量的财宝，黄金、白银、琉璃、珊瑚、琥珀、玻璃、珍珠等宝物充满了各个仓库，又有许多的僮仆、臣佐、吏民以供使唤。他家拥有的大象、骏马、车乘、牛、羊更是数不清，生意赢利遍及许多国家，买卖商铺也非常多。就在其父富甲一方之时，那位潦倒贫穷的儿子四处流浪，经过了许多村庄和城镇之后,刚好来到其父居住的城市。其父母多年来一直在思念自己的儿子,与儿子离别五十多年,但从来没有对外人说过这件事,只是每每暗自思念,心中怅悔不已,想到自身年老体衰,虽然拥有这么多的财物,金银珍宝充满仓库,却没有儿子,一旦离世,所有的财物都将散失,没有人可以托付。所以他们日夜都在想念儿子,并且期盼:'如果我们能找到儿子,就可以把所有的财物托付给他,那该是多么安然快乐,再也不会有后顾之忧。'"

"世尊,尔时穷子,佣赁展转,遇到父舍,住立门侧。遥见其父,踞师子床,宝几承足,诸婆罗门、刹利、居士皆恭敬围绕,以真珠璎珞,价值千万,庄严其身,吏民僮仆,手执白拂,侍立左右。覆以宝帐,垂诸华幡,香水洒地,散众名华,罗列宝物,出内取与。有如是等种种严饰,威德特尊。穷子见父有大力势,即怀恐怖,悔来至此。窃作是念:'此或是王,或是王等。非我佣力得物之处,不如往至贫里,肆力有地,衣食易得,若久住此,或见逼迫,强使我作。'作是念已,疾走而去。

"时,富长者于师子座,见子便识,心大欢喜,即作是念:'我财物库藏,今有所付,我常思念此子,无由见之,而忽自来,甚适我愿,我虽年朽,犹故贪惜。'即遣傍人,急追将还。尔时,使者疾走往捉。穷子惊愕,称怨大唤:'我不相犯,何为见捉?'使者执之愈急,强牵将还。

"于时,穷子自念无罪,而被囚执,此必定死,转更惶怖,闷绝躄地。父遥见之,而语使言:'不需此人,勿强将来,以冷水洒面,令得醒悟,莫复与语。'所以者何?父知其子,志意下劣,自知豪贵,为子所难,审知是子,而以方便,不语他人,云是我子。使者语之:'我今放汝,随意所趋。'穷子欢喜,得未曾有，从地而起，往至贫里，以求衣食。"

[译文]

"世尊，那时，这位贫穷的游子为人做雇工，辗转来到其父的房前。他站在门侧，远远看见父亲坐于狮子床，双脚放在有珍宝装饰的案几之上。许多婆罗门、刹帝利和居士都恭敬地围绕在四周。其父身上装饰有珍珠、璎珞等宝物，价值千万。仆人手拿白色拂尘侍立左右。狮子床上面是华丽的宝帐，垂下条条绚丽的彩条、彩花，地上洒有香水，摆放着各种名贵的鲜花，还罗列有各种珍宝，时有人进出，取来珍宝放置于此。有这样的种种装饰和拱卫，其父显得特别威严和尊贵。游子见到其父气势宏大，不由心生畏惧，后悔来到这里。他心中暗想：'这人或者是国王，或者是与国王地位相当的人。这里不是我做雇工养活自己的地方，不如去穷人区，那里有的是地方卖力气，容易赚到衣食。如果久留此地，或许会受到压迫，逼着我劳作。'想到这里，游子赶紧就离开了。

"这时，大富长者在狮子座上一眼就认出了自己的儿子。他非常高兴，当即想道：'这下我的财物和库存宝物可有人托付了。我日夜思念儿子，一直未能找到，现在他忽然自己来了，这简直是天遂人愿。我尽管年老体衰，还是一样爱怜我的儿子。'于是，大富长者立即派人去追游子，使者听命快速冲上前去捉住了游子。游子非常惊慌，一边挣扎，一边大声喊冤，嚷嚷着：'我又没有侵犯你，为什么捉我？'越是想逃脱，使者越是把他抓得更紧，最终强行将他拉了回去。

"游子想到自己无罪被抓，凶多吉少必死无疑。于是更加惊慌害怕，以至于昏迷倒地。其父远远看见这种情况，便对使者说：'不需要此人了，不要强抓他来。'遂命人用冷水洒面，使穷子清醒过来，其父也不再与他说什么话。为什么呢？父亲知道自己的儿子志向低劣，非常自卑，对于自己的豪富尊贵一下子是很难接受的。

经仔细分析,父亲决定采用缓兵之计,先不告诉别人说这是自己的儿子,而是派人对游子说:'我现在放你走,你愿意去哪里就去哪里吧。'游子一听,自然高兴异常,连忙从地上爬起来,到穷人住的地方去谋求衣食了。"

"尔时,长者将欲诱引其子,而设方便,密遣二人,形色憔悴、无威德者:'汝可诣彼,徐语穷子,此有作处,倍与汝直。穷子若许,将来使作。若言欲何所作,便可语之:雇汝除粪,我等二人,亦共汝作。'时,二使人即求穷子,既已得之,具陈上事。尔时,穷子先取其价,寻与除粪。其父见子,愍而怪之。又以他日,于窗牖中,遥见子身,羸瘦憔悴,粪土尘坌,污秽不净。即脱璎珞、细软上服、严饰之具,更著粗弊垢腻之衣,尘土坌身,右手执持除粪之器,状有所畏,语诸作人:'汝等勤作,勿得懈息!'以方便故,得近其子。

"后复告言:'咄,男子!汝常此作,勿复余去,当加汝价。诸有所需,盆器、米面、盐醋之属,莫自疑难,亦有老弊使人,需者相给,好自安意。我如汝父,勿复忧虑。所以者何?我年老大,而汝少壮,汝常作时,无有欺怠、瞋恨怨言,都不见汝有此诸恶,如余作人。自今已后,如所生子。'即时长者更与作字,名之为儿。尔时,穷子虽欣此遇,犹故自谓,客作贱人。由是之故,于二十年中,常令除粪。过是已后,心相体信,入出无难,然其所止,犹在本处。"

[译文]

"那时,长者为了诱导儿子回来而设计了一套循序渐进的巧妙计划。他秘密派两个形容憔悴没有威严气势的人去找他的儿子,嘱咐他们道:'你们到那里后,慢慢告诉那位游子,说这里有地方做雇工，给的是加倍的工钱。如果游子同意，就带他来劳作。如果他问做什么，就说雇他挑粪，我们两人也同你一起做。'被派遣的二人很快找到了游子，按照长者的嘱托逐渐接近后告诉了游子做雇工之事。游子欣然同意，于是他先拿了工钱，然后便与二人一起去挑粪。父亲见到儿子后，心中充满了怜悯与责怪之意。一天，他从窗口远望着儿子，只见儿子身体羸瘦憔悴，身上满是尘土粪污，肮脏不堪。长者立即脱去璎珞宝物装饰的华丽衣服和各种装饰物，换上粗陋污垢的衣服，满身灰尘，右手拿着除粪的工具，装作畏畏缩缩的样子，对做工的人说：'你们干活要勤快点，可别偷懒。'用这种巧妙的方法，他终于接近了自己的儿子。

"再后来，长者又借机找到儿子说：'喂！小伙子，你就长期在这里干活吧，就别去其他地方了，我会加倍给你工钱的。你有什么需要的，诸如各种盆、罐、米、面、油、盐、酱、醋等，不用担心，我会派人把你所缺的随时送来，你尽管安心。你可以把我当做你的父亲，就不要再为生计忧虑了。为什么呢？我已经一把年纪了，而你正是年轻力壮的时候。你平日劳动时，从不欺瞒偷懒，也没有瞋恨和怨言等，从没有见你有过这些其他雇工常有的恶习。从今以后，你就如同我的亲生儿子。'长者立刻为他改了名字，称他为儿子。那时，游子虽然很高兴有这样的待遇，但仍然像过去一样把自己看做是做工的下贱人。因此，在二十年当中，长者一直让他挑粪。此后，游子外表与内心都逐渐带有自信，进出大方，不过他的地位和住处仍没有什么变化。"

"世尊，尔时，长者有疾，自知将死不久。语穷子言：'我今多有金银珍宝，仓库盈溢，其中多少，所应取与，汝悉知之，我心如是，当体此意。所以者何？今我与汝，便为不异，宜加用心，无令漏失。'尔时，穷子即受教敕，领知众物，金银珍宝，及诸库藏,而无希取一餐之意。然其所止,故在本处,下劣之心,亦未能舍。

"复经少时,父知子意,渐已通泰,成就大志,自鄙先心。临欲终时,而命其子,并会亲族、国王、大臣、刹利、居士,皆悉已集,即自宣言:'诸君当知,此是我子,我之所生,于某城中,舍吾逃走,伶俜辛苦,五十余年,其本字某,我名某甲。昔在本城,怀忧推觅,忽于此间,遇会得之。此实我子,我实其父,今我所有一切财物,皆是子有,先所出内,是子所知。'世尊,是时,穷子闻父此言,即大欢喜,得未曾有,而作是念:'我本无心,有所希求,今此宝藏自然而至。'

"世尊,大富长者,则是如来,我等皆似佛子。如来常说,我等为子。"

[译文]

"世尊,有一天,长者不幸染病,自知不久即将离世,于是便找来游子说:'我现在有很多金银财宝,装满了仓库。到底有多少财物,这其中应该收取多少,应该偿付多少,你都知道。我的想法就是这样,你应该能体会到。为什么呢?现在,我把财产交付给你,便没有把你当外人,你应该更加用心管理,不要使财产有所损失。'游子即刻接受了父亲的教敕和嘱托,接收并清点了财产,包括金银珍宝以及所有库藏,直接管理长者的所有财富,再也没有为谋求一餐而工作的想法。然而,他仍然住在原来的地方,卑下之心还没有完全舍除。

"又经过了一段时间,父亲知道儿子心意通达,渐渐具备远大志向,原有的卑下之心已然摒弃。于是,长者临终时,命令儿子召集亲族、国王、大臣、刹帝利、居士等大众到跟前,亲自宣布:'诸位应当知道,这位男子是我的儿子,是我的亲生儿子。当年在某城中离开我出走他乡,孤苦伶仃,五十多年。他原来的名字是某某，我的名字是某甲。我以前四处寻找儿子才来到这座城中，几十年来我一直满怀忧愁，四下寻觅，不曾想忽然在这里遇到了他。他确实是我的儿子，我确实是他的父亲。从今以后，我的一切财物，都归我的儿子所有，此前家中的所有进出账目，我的儿子都知道。'世尊，这时游子一听父亲此言，顿时欢喜异常，生起从未有过的感受。他心中想道：'我本来没有刻意追求什么，现在这些宝藏竟自然归我所有。'

"世尊，这里的大富长者就是如来，我们就像是佛的儿子。如来也常说，我们是您的儿子。"

"世尊，我等以三苦①故，于生死中，受诸热恼，迷惑无知，乐著小法。今日世尊，令我等思惟蠲除诸法戏论之粪。我等于中勤加精进，得至涅槃一日之价。既得此已，心大欢喜，自以为足，便自谓言：'于佛法中勤精进故，所得弘多。'然，世尊先知我等心著弊欲，乐于小法，便见纵舍，不为分别，汝等当有如来知见宝藏之分。世尊以方便力，说如来智慧。我等从佛，得涅槃一日之价，以为大得，于此大乘，无有志求。我等又因如来智慧，为诸菩萨开示演说，而自于此无有志愿。所以者何？佛知我等心乐小法，以方便力随我等说，而我等不知真是佛子。

"今我等方知世尊于佛智慧，无所吝惜。所以者何？我等昔来真是佛子，而但乐小法，若我等有乐大之心，佛则为我说大乘法。于此经中，唯说一乘。而昔于菩萨前，毁呰声闻乐小法者，然佛实以大乘教化。是故，我等说：'本无心有所希求，今法王大宝自然而至，如佛子所应得者，皆已得之。'"

[注释]

①三苦：一，苦苦，因寒热饥渴等原因所产生的苦；二，坏苦，快乐境况消失时所产生的苦；三，行苦，因一切有为法无常变化产生的痛苦和烦恼。

[译文]

"世尊,我们因为三苦逼迫,在生生死死中受到种种烦恼的折磨,我们迷惑无知,乐于追求小乘教法。今天,世尊使我们在思想上抛弃了各种戏言的污秽。过去,我们在小乘道中勤奋精进,得到可以证得涅槃一日的利益。得此法益,心中便非常高兴,自以为满足,便自己认为:'我们在佛法中勤奋修行,得到的收获真是广大啊!'然而,世尊早已知道我们心中追求的是粗鄙的欲望,热衷于小乘教法,所以,便纵容我们舍大习小,不为我们讲说大乘小乘的区别,也不说我们都有如来的智慧功德宝藏。世尊以种种权巧方便之门解说如来智慧,我们跟随佛陀学习,得到证入涅槃一日的好处,对此小乘低级果位就以为获得巨大收获,而不再追求大乘佛果。我们又借助如来的智慧为菩萨们讲说,而自己却没有志向来求取。为什么呢?佛陀知道我们心中喜欢小乘教法,便以方便之门为我们讲说权宜教法,而我们却始终不知道自己也是真正的佛子。

"现在,我们才知道,世尊对于无上佛慧没有一点吝惜。为什么这样说呢?我们以前就是真正的佛子,可我们不知不觉,只热衷于小乘教法。如果我们有向往大乘之心,佛陀就会为我们讲说大乘教法。在今天这部经中,佛便随顺成熟的机缘,为我们宣说深奥的一乘教法。以前佛在菩萨面前批评乐求小乘教法的声闻乘人,是为了打消行人对大乘的排斥和怀疑,因为佛实际上是用大乘之法教化弟子的。所以我们说,我们本来无心追求大乘圣果,但今天法王的珍宝不求而自至,菩萨们应该得到的,我们也都已经得到了。"

尔时,摩诃迦叶欲重宣此义,而说偈言:
我等今日,闻佛音教,欢喜踊跃,得未曾有。
佛说声闻,当得作佛,无上宝聚,不求自得。
譬如童子,幼稚无识,舍父逃逝,远到他土,

周流诸国，五十余年。其父忧念，四方推求，
求之既疲，顿止一城，造立舍宅，五欲自娱。
其家巨富，多诸金银，砗磲玛瑙，珍珠琉璃，
象马牛羊，辇舆车乘，田业僮仆，人民众多，
出入息利，乃遍他国，商估贾人，无处不有。
千万亿众，围绕恭敬，常为王者，之所爱念。
群臣豪族，皆共宗重。以诸缘故，往来者众，
豪富如是，有大力势。而年朽迈，益忧念子，
夙夜惟念，死时将至，痴子舍我，五十余年，
库藏诸物，当如之何？

[译文]

那时，摩诃迦叶为了重新阐明其义，便用偈颂说道：

我等今日听闻佛陀教诲，无不欢喜，心潮澎湃，叹未曾有。佛陀说声闻也可以成佛，这真是无上的宝物不求而自得。比如有位小孩子，年幼无知，离开父亲，远走他乡，奔波在各国流浪五十余年。其父忧伤不已，奔走四方苦苦寻找，时间久了身心困乏，就留在一座城中定居下来，建起宅院，享用色、声、香、味、触五欲来自娱自乐。其父富甲一方，拥有许多金银、砗磲、玛瑙、珍珠、琉璃、象、马、牛、羊、辇舆、车乘、田业、僮仆等，雇工众多，出入赢利遍及许多国家，买卖商铺也无处不在。其父得到亿万大众的敬仰，无论到哪里都被人环绕在中心，不仅深得国王的喜爱和眷恋，百官群臣、豪门望族也都尊敬他。因此，与他往来的人极多，常常高朋满座。由此可见其父多么富有，又是多么有势力。但是，随着日益衰老，其父更加为儿子担忧，日夜思念着不知身处何方的儿子。想到自己已经土埋半截，不懂事的儿子离开也已经五十多年，仓库中大量的珍宝要如何处置呢？

尔时穷子，求索衣食，从邑至邑，从国至国，
或有所得，或无所得。饥饿羸瘦，体生疮癣，
渐次经历，到父住城，佣赁展转，遂至父舍。
尔时长者，于其门内，施大宝帐，处师子座，
眷属围绕，诸人侍卫，或有计算，金银宝物，
出内财产，注记券疏。穷子见父，豪贵尊严，
谓是国王，若国王等，惊怖自怪，何故至此。
复自念言，我若久住，或见逼迫，强驱使作。
思惟是已，驰走而去，借问贫里，欲往佣作。
长者是时，在师子座，遥见其子，默而识之，
即敕使者，追捉将来。穷子惊唤，迷闷躄地，
是人执我，必当见杀，何用衣食，使我至此？
长者知子，愚痴狭劣，不信我言，不信是父。
即以方便，更遣余人，眇目矬陋，无威德者，
汝可语之，云当相雇，除诸粪秽，倍与汝价。
穷子闻之，欢喜随来，为除粪秽，净诸房舍。
长者于牖，常见其子，念子愚劣，乐为鄙事。
于是长者，著弊垢衣，执除粪器，往到子所，
方便附近，语令勤作，既益汝价，并涂足油，
饮食充足，荐席厚暖，如是苦言，汝当勤作。
又以软语，若如我子。长者有智，渐令入出。
经二十年，执作家事，示其金银，真珠玻璃，
诸物出入，皆使令知。犹处门外，止宿草庵，
自念贫事，我无此物。父知子心，渐已广大，
欲与财物，即聚亲族，国王大臣，刹利居士。

于此大众，说是我子。舍我他行，经五十岁，
自见子来，已二十年。昔于某城，而失是子，
周行求索，遂来至此。凡我所有，舍宅人民，
悉以付之，恣其所用。子念昔贫，志意下劣，
今于父所，大获珍宝，并及舍宅，一切财物，
甚大欢喜，得未曾有。

[译文]

　　那时，贫穷的游子从一座城镇到另一座城镇，从一个国家到另一个国家，求衣索食，有时候有所得，有时候连一点儿也得不到。他终日饥饿不堪，身体羸瘦，身上长满疮和癣。后来，他渐渐流浪到父亲所安居的城市，辗转做雇工，一日刚好来到其父房前。那时长者安坐在宅门内大宝帐下的狮子座上，众多眷属们围绕着。侍奉左右的人中，有的在统计金银宝物，有的在登记出入财产，有的在记录账目。游子见到其父豪富尊贵，非常威严，以为是国王或者是与国王地位相当的人，非常害怕，责怪自己为什么走到这个地方。他还认为：如果我在这里久留，可能会被逼迫为人劳作。想到这里就迅速离开，向人打听穷人的住所，准备到那里去做雇工。就在那时，长者在狮子座上远远看到自己的儿子，一眼认出，立即派人去带他过来。游子突然受人追捕，吓得惊慌呼喊，昏迷倒地，想道：这人抓我，一定是想杀我。为了衣食，我竟使自己得到这样的下场！

　　长者知道儿子愚痴、心地狭劣，不会相信自己的话，也不会相信自己是他的父亲。于是他采用权宜之计，专门派了独目、身材矮小、面貌丑陋而且没有威严的人，去告诉游子说可以雇佣他来清除粪污，工钱加倍。游子听后非常高兴，就跟着来到长者家，干清除粪污打扫房舍的活。长者常常从窗户悄悄

注视自己的儿子,心疼儿子愚痴低俗,只喜欢干粗鄙的活。于是一天,长者穿上破衣烂裤,满身灰尘,手拿除粪工具,以这种方式接近儿子,来到了儿子的住所。他对儿子说:要好好劳动,我会给你增加工钱,并供给你油盐等,保证你衣食充足,还要给你厚厚的柔软暖和的被褥。如此这般劝告他勤劳工作之后,又柔和地告诉他:我把你看成我的儿子。长者很有智慧,渐渐引导儿子出入内房,逐步提高他的心境。如此经过二十年,长者一步一步地让儿子接管家中事务,告诉他金银、珍珠、玻璃等的出入账目,让他一一清楚。不过,长者的良苦用心儿子并不知道,他还一直住在门外的草房中,心中也只装着那些贫穷低微之事,仍然认为自己一贫如洗,没有任何财产。

当然,二十年来父亲的教诲令穷子长进不少。父亲知道儿子的心胸渐渐广大,就准备把财产交给他。于是他召集亲族、国王、大臣、刹帝利、居士等齐聚一处,当众宣布道:此人是我的亲生儿子,小时候离开我流落他乡,我们分离了整整有五十年。自从我重新见到儿子以来也已经二十年了。以前在某个城镇走失了我的儿子,此后我到处寻找才来到这里。现在,我要将所有的房宅、仆人和雇工等都交给他,任他随意支配。游子想起以前贫穷时志向下劣,现在从父亲这里获得大量珍宝和房子等一切财产,欢喜万分,前所未有地高兴。

佛亦如是,知我乐小,未曾说言,汝等作佛,
而说我等,得诸无漏,成就小乘,声闻弟子。
佛敕我等,说最上道,修习此者,当得成佛。
我承佛教,为大菩萨,以诸因缘,种种譬喻,
若干言辞,说无上道。诸佛子等,从我闻法,
日夜思惟,精勤修习。是时诸佛,即授其记,

汝于来世，当得作佛，一切诸佛，秘藏之法，
但为菩萨，演其实事，而不为我，说斯真要。
如彼穷子，得近其父，虽知诸物，心不希取。
我等虽说，佛法宝藏，自无志愿，亦复如是。
我等内灭，自谓为足，唯了此事，更无余事。
我等若闻，净佛国土，教化众生，都无欣乐。
所以者何？一切诸法，皆悉空寂，无生无灭，
无大无小，无漏无为，如是思惟，不生喜乐。
我等长夜，于佛智慧，无贪无著，无复志愿，
而自于法，谓是究竟。我等长夜，修习空法，
得脱三界，苦恼之患，住最后身，有余涅槃。
佛所教化，得道不虚，则为已得，报佛之恩。
我等虽为，诸佛子等，说菩萨法，以求佛道，
而于是法，永无愿乐。导师见舍，观我心故，
初不劝进，说有实利。如富长者，知子志劣，
以方便力，柔伏其心，然后乃付，一切财物。
佛亦如是，现稀有事，知乐小者，以方便力，
调伏其心，乃教大智。我等今日，得未曾有，
非先所望，而今自得，如彼穷子，得无量宝。

[译文]

　　佛陀也同这位长者一样，知道我们喜欢小乘教法，因而从未说过我们也可以成佛，只说我们是得证无漏成就小乘果位的声闻弟子。佛陀曾命我们演说至高无上的成佛法门，并说修习者都可以成佛。我们秉承佛陀教诲，为大菩萨们以种种因缘、种种比喻和种种言辞讲说无上佛道。诸佛弟子从我们这里听闻佛法后，日夜思维了悟，勤奋修行。这时诸佛就为之授记说：

你将在未来某世，必定成佛。一切诸佛的秘密宝藏教法，只在菩萨处得以展现并证实，却不为我等小乘修行者所吸纳和践行。就像那位游子，虽然能够接近自己的父亲，从而了解父亲的各种宝物，但其心中却不慕求。我们虽然也在讲解佛法宝藏，自己却没有追求的愿望，这与那位游子如出一辙。我们内心寂灭得入小乘涅槃，便自以为已经成就了，以为只要了结了此事，便再也没有其他追求了。我们如果听到庄严清净的佛国世界、教化众生等大乘菩萨法门，都不感兴趣。为什么呢？因为，在我们固有的观念中，总以为一切法本质上都是空、寂、无生、无灭、无大、无小、无漏、无为。基于这种认识，我们对大乘法生不起喜爱之心。我们在漫漫长夜中，对于佛的无上智慧既不贪著，也没有志求之心，以为自己对于一切法已经达到究竟。我们在长夜中修习一切法空，证得脱离三界的痛苦烦恼之患，得以住于轮回中最后身的有余涅槃。我们根据佛的教导去修行，真实不虚地证得了果位，以为这样就是报答了佛陀的恩德。我们虽然为佛子们讲说大乘菩萨法门，助他们追求无上佛道，但自己对于这些法却没有修行的愿望。

导师您了解我们的想法，因而暂时舍弃大乘教法不谈，先不鼓励我们上进以求佛道，而只是告诉我们修行的真实好处。就如大富的长者，知道儿子志向下劣，便先用权巧之法调柔其心，然后才将自己的一切财物交付给他。佛陀也是这样，展现出稀有难见的境界，知道我们喜欢小乘教法，便以方便法门先调伏我们的心，然后才教给我们大乘智慧，令入无上佛道。我们今天得到了前所未有的妙法，这是以前从来没敢奢望的，现在居然不求而自得，就如那位游子忽然得到无量财宝一般。

世尊我今，得道得果，于无漏法，得清净眼。

我等长夜，持佛净戒，始于今日，得其果报，
法王法中，久修梵行，今得无漏，无上大果。
我等今者，真是声闻，以佛道声，令一切闻。
我等今者，真阿罗汉，于诸世间，天人魔梵，
普于其中，应受供养。世尊大恩，以稀有事，
怜愍教化，利益我等，无量亿劫，谁能报者！
手足供给，头顶礼敬，一切供养，皆不能报！
若以顶戴，两肩荷负，于恒沙劫，尽心恭敬，
又以美膳，无量宝衣，及诸卧具，种种汤药，
牛头栴檀，及诸珍宝，以起塔庙，宝衣布地，
如斯等事，以用供养，于恒沙劫，亦不能报。
诸佛稀有，无量无边，不可思议，大神通力，
无漏无为，诸法之王，能为下劣，忍于斯事，
取相凡夫，随宜为说。诸佛于法，得最自在，
知诸众生，种种欲乐，及其志力，随所堪任，
以无量喻，而为说法，随诸众生，宿世善根，
又知成熟，未成熟者，种种筹量，分别知已，
于一乘道，随宜说三。

[译文]

　　世尊，我们今天才真正契入佛道，证得圣果，于无漏的无上佛法，得到清净的法眼。长久以来，我们在生死流转中严持佛所授的净戒，直到今天才获得这样的果报。我们长久以来，一直遵循法王的教法，修习清净之行，直到今天才真正得到无漏的无上妙果。我们今天才是真正的声闻弟子，即以佛道之声，令一切众生普闻。我们今天才是真正的阿罗汉，于一切世间的天、人、魔、梵之中，当普受供养。

世尊普施恩德，以稀有难得的种种方式，怜悯、教导、度化我们，使我们获得利益，佛陀的大恩大德，即使经过无量亿万劫之久，又有谁能够报答啊！即使是用手足来供养，用头顶礼致敬，一切一切的供养，都不能报答佛陀的恩德！即使是用头来顶戴，用双肩来扛负，经过恒河沙数劫漫长的岁月，尽心尽力地恭敬，并用各种美味佳肴、无量珍宝装饰的华服以及种种灵汤妙药来尽心供养，或者用牛头栴檀以及各种珍宝建庙起塔，并以华丽的布料铺地，如此种种供养，即使经过恒河沙数劫之久，也不能报答佛的恩德！

　　诸佛具有稀有难得，具足无量无边、不可思议的大神通力。诸佛殊胜无漏，清净无为，是一切妙法之王，甘与下劣的众生为伍，暂时舍去无上道法，能应机教化，为执著于事物外相的凡夫俗子们根据情况方便说法。诸佛对于一切法门都得到无上自在，任运自如。诸佛了知一切众生的各种欲望喜好及其愿望志求，由此能够根据众生所能接受的程度，以无量的比喻为他们开演佛法，并根据一切众生的宿世善根，分别了知善根成熟还是未成熟等种种情况，由此将一乘的佛道随众生之机宜分为三乘来讲说。

卷第三

药草喻品第五

尔时，世尊告摩诃迦叶及诸大弟子："善哉！善哉！迦叶善说如来真实功德！诚如所言，如来复有无量无边阿僧祇功德，汝等若于无量亿劫，说不能尽。迦叶当知，如来是诸法之王，若有所说，皆不虚也。于一切法，以智方便而演说之，其所说法，皆悉到于一切智地。如来观知一切诸法之所归趋，亦知一切众生深心所行，通达无碍，又于诸法究尽明了，示诸众生一切智慧。

"迦叶，譬如三千大千世界[①]，山川溪谷土地，所生卉木丛林及诸药草，种类若干，名色各异。密云弥布，遍覆三千大千世界，一时等澍，其泽普洽。卉木丛林及诸药草，小根小茎、小枝小叶，中根中茎、中枝中叶，大根大茎、大枝大叶，诸树大小，随上中下，各有所受。一云所雨，称其种性而得生长，华果敷实。虽一地所生，一雨所润，而诸草木，各有差别。

"迦叶，当知如来亦复如是，出现于世，如大云起，以大音声,普遍世界天、人、阿修罗,如彼大云遍覆三千大千国土。于大众中,而唱是言:'我是如来、应供、正遍知、明行足、善逝、世间解、无上士、调御丈夫、天人师、佛世尊,未度者令度,未解者令解,未安者令安,未涅槃者令得涅槃,今世后世,如实知之。我是一切知者、一切见者、知道者、开道者、说道者。汝等天、人、阿修罗众,皆应到此,为听法故。'"

[注释]

①三千大千世界:一日一月周遍所照的地方,称为一世界;一千个这样的世界,总称为小千世界;一千个小千世界,总称为中千世界;一千个中千世界,总名三千大千世界。

[译文]

这时,释迦牟尼佛告诉摩诃迦叶以及法会上诸位大弟子道:"很好,很好!迦叶善于讲说如来的真实功德!诚如迦叶所说,如来还有无量无边阿僧祇的功德,即使你们用无量亿劫的时间,不停地叙谈,也不能讲说完的。迦叶,你应当知道,如来是诸法之王,但凡如来有所说,都是真实不虚的。对于一切法,如来都依无上智慧而以权巧方便的形式演说给众生,这些法都旨归于佛之一切智的境地。如来由观察而了知一切法的归处,对一切众生内心世界也了如指掌,智慧通达一切,没有一丝障碍。如来穷尽明了一切法的细微之处,所以能开示众生遍知一切的智慧。

"迦叶,比如在遍三千大千世界的所有山川、溪谷、土地中,所生长的花卉、草木、丛林及各种药草等,种类繁多,其名称各不相同。有密云弥漫天空,遍遮整个三千大千世界。一时间各处同时下雨,雨水普润大地的每一寸土地。无论是花卉、草木、丛林,还是诸种药草,无论是小根小茎、小枝小叶、中根中茎、中枝中叶,还是大根大茎、大枝大叶等,植物无论大小,都随各自高中低的不同而受到雨水的润泽。雨虽为同一片云所下,却适应各种植物的品种特性促使它们生长、开花并结果。然而，尽管是一地所生、一雨所润，各种草木的生长却各有差别。

"迦叶，你应该知道，如来也是这样。如来出现于世间，就像密云弥漫天空。如来以宏大音声普闻于所有世界的天、人、阿修罗等众生当中，犹如密云覆盖三千大千世界的一切国土。如来对一切众生宣说：'我是如来、应供、正遍知、明行足、善逝、世间解、无上士、调御丈夫、天人师、佛世尊。众生当中，凡是没有得度的，我将让他得度；凡是没有解脱的，我将让他解脱；凡是没有得到安乐的，我将让他得到安乐；凡是没有得到涅槃的，我将让他得到涅槃。一切众生的今生后世，我都如实了知。我是明了一切的智者，见到一切的明者，是明白真谛者、开示真谛者、讲说真谛者。你们一切天、人、阿修罗等大众都应该到这里来听我讲经说法。'"

"尔时，无数千万亿种众生，来至佛所，而听法。如来于时，观是众生诸根利钝，精进懈怠，随其所堪，而为说法，种种无量，皆令欢喜，快得善利。是诸众生，闻是法已，现世安隐，后生善处，以道受乐，亦得闻法。既闻法已，离诸障碍，于诸法中，任力所能，渐得入道。如彼大云，雨于一切卉木丛林，及诸药草，如其种性，具足蒙润，各得生长。

"如来说法，一相一味①，所谓解脱相②、离相③、灭相④，究竟至于一切种智。其有众生，闻如来法，若持读诵，如说修行，所得功德，不自觉知。所以者何？唯有如来，知此众生种相体性，念何事，思何事，修何事，云何念，云何思，云何修，以何法念，以何法思，以何法修，以何法得何法。众生住于种种之地，唯有如来，如实见之，明了无碍。如彼卉木丛林、诸药草等，而不自知上中下性，如来知是一相一味之法，所谓解脱相、离相、灭相，究竟涅槃，常寂灭相，终归于空。佛知是已，观众生心欲,而将护之,是故不即为说一切种智。

"汝等迦叶,甚为稀有,能知如来随宜说法,能信能受。所以者何?诸佛世尊,随宜说法,难解难知。"

[注释]

①一相一味:一相,指众生的心体,此心体就是一实真如;一味,指如来的教法,此教法就是说明一实的真理。②解脱相:三相之一,是无生死之相。③离相:三相之一,是无涅槃之相。④灭相:三相之一,是无生死涅槃之无相,连无相也无,即非有非无的中道妙理。

[译文]

"那个时候,无数千万亿种众生,来到佛陀面前聆听教法。如来当即观察这些众生的各种根性,看其是锐利还是愚钝,是精进还是懈怠,再根据他们所能接受的程度而分别宣说无量种教法,令他们欢喜,迅速得到利益。这些众生聆听法义之后,现世便得安闲舒适,后世会降生在天道或人间富贵之处,并以修行为快乐,仍有机会听闻佛法。聆听佛法之后,他们即可渐渐远离各种烦恼障碍,对于各种修行法门,众生根据各自的能力渐渐步入正道。这就如覆盖三千大千世界的密云一样,降下雨水滋润一切花卉、草木、丛林以及各种药草,这些植物随各自种类吸收雨水,各得生长。

"如来讲法归根结底只有一种相状、一种宗旨,众生听闻各自理解修行,就形成了所谓的解脱相、离相、灭相等不同的相状,最终都可以证得佛的一切种智。有的众生听闻如来讲说的教法后,奉持或者读诵,依法修行,得到的功德自己是不能觉察的。为什么呢?因为只有如来才知道这些众生所有业力种子的相状和体性,知道他挂念何事、思考何事、修习何事;明白他为何挂念、为何思考、为何修习;知道他以何种方式挂念、以何种方式思考、以何种法修习以及以何法而得证何种法门。众生所处的种种境地,只有如来能毫无障碍地如实得见,如实明了。众生就像花卉、树木、丛林、药草等各种植物,并不知道各自的上、中、下根性情况。如来了知这唯一相状、唯一宗旨之法,即众生所理解的解脱相、离相、灭相以及究竟涅槃、常寂灭相,究其实质,这些法门最终归于空性。佛了知这一妙理,又观察了知众生的所有心念欲望,为了保护他们,不至于让他们无法承受,所以并不立即为所有众生讲说佛的一切种智。

"迦叶啊,你们这些弟子真是稀有难得,能够知道如来随众生情况而应机讲法,能够相信并接受如来的所有教法。为什么这样说呢?因为诸佛世尊随宜说法,一般众生是难以知道,难以理解的啊!"

尔时,世尊欲重宣此义,而说偈言:
破有法王,出现世间,随众生欲,种种说法。
如来尊重,智慧深远,久默斯要,不务速说。
有智若闻,则能信解,无智疑悔,则为永失。
是故迦叶,随力为说,以种种缘,令得正见。
迦叶当知,譬如大云,起于世间,遍覆一切,
慧云含润,电光晃曜,雷声远震,令众悦豫。
日光掩蔽,地上清凉,叆叇垂布,如可承揽。
其雨普等,四方俱下,流澍无量,率土充洽。
山川险谷,幽邃所生,卉木药草,大小诸树,
百谷苗稼,甘蔗葡萄,雨之所润,无不丰足,
干地普洽,药木并茂,其云所出,一味之水,
草木丛林,随分受润。一切诸树,上中下等,
称其大小,各得生长,根茎枝叶,华果光色,
一雨所及,皆得鲜泽。如其体相,性分大小,

所润是一，而各滋茂。

[译文]

讲完这个道理，释迦牟尼佛为了重新宣说这一理义，又用偈颂说道：

破除固持实有观念的法中之王如来佛出现于世间，随顺众生的各种喜好讲说种种不同的教法。如来佛尊贵无比，智慧深厚而广博，他将最上的教法长久地藏在心中，始终不急于宣讲。因为有智之人听了，能够相信并领会；无智之人听了就会怀疑诽谤，从而永远失去解脱的机会。所以，迦叶，如来佛根据众生的能力而讲说教法，用种种因缘善巧说法而使众生逐步得到正确的见解。

迦叶，你应当知道，正如密云从世间生起遍覆世间万物一样，佛的智慧可以滋润一切众生。正法之电光闪耀，雷声隆隆，使众生欢喜受益。密云遮住日光，大地一片清凉，浓云低垂，似乎伸手可及。一时间，瑞雨在四方同时降下，水量充溢，整个大地都得到充分灌溉。生长在山川、险谷、深洞中的所有花木药草、大小树木、各种庄稼、甘蔗葡萄等，在雨水的滋润下，无不茂盛。干涸的大地霎时一派生机，药草树木欣欣向荣。这片密云所降下的是一样的雨水，一切草木丛林莫不各随自身情况而受到滋润。一切树木，无论高、中、低，都随其大小，各自生长。其根茎、枝叶、花果等，被雨水浇灌后，都分外的鲜艳润泽。花草树木的体相、根性大小不同，在相同的雨水滋润下，却各自获得不同程度的茁壮生长和茂盛。

佛亦如是，出现于世，譬如大云，普覆一切。
既出于世，为诸众生，分别演说，诸法之实。
大圣世尊，于诸天人，一切众中，而宣是言：

我为如来，两足之尊，出于世间，犹如大云，
充润一切，枯槁众生，皆令离苦，得安隐乐，
世间之乐，及涅槃乐。诸天人众，一心善听，
皆应到此，觐无上尊。我为世尊，无能及者，
安隐众生，故现于世，为大众说，甘露净法。
其法一味，解脱涅槃，以一妙音，演畅斯义，
常为大乘，而作因缘。我观一切，普皆平等，
无有彼此，爱憎之心。我无贪著，亦无限碍，
恒为一切，平等说法，如为一人，众多亦然。
常演说法，曾无他事，去来坐立，终不疲厌，
充足世间，如雨普润。贵贱上下，持戒毁戒，
威仪具足，及不具足，正见邪见，利根钝根，
等雨法雨，而无懈倦。一切众生，闻我法者，
随力所受，住于诸地。或处人天，转轮圣王①，
释梵诸王，是小药草。知无漏法，能得涅槃，
起六神通②，及得三明，独处山林，常行禅定，
得缘觉证，是中药草。求世尊处，我当作佛，
行精进定，是上药草。又诸佛子，专心佛道，
常行慈悲，自知作佛，决定无疑，是名小树。
安住神通，转不退轮，度无量亿，百千众生，
如是菩萨，名为大树。

[注释]

①转轮圣王：简称转轮王，或轮王，是世间第一有福之人，出现在人寿八万四千岁时，统辖四天下。转轮王有四种福报：一，大富；二，形貌庄严端正，具有三十二相；三，身体健康无病，安稳快乐；四，寿命长远，天下第一。②六神通：指一，天眼通；二，天耳通；三，知他心通；四，宿命通；五，身如意通；六，漏尽通。

[译文]

佛也是这样,出现于世间,就如覆盖世间一切的密云,为一切众生分别演说诸法的真谛。世尊是无上的圣者,他在一切天、人等大众中宣说:

我是如来,是福德和智慧圆满的尊者。我出现于世间,就如同滋润一切的密云一样,使得一切枯槁众生都能够远离痛苦,得到安稳和快乐。这种快乐不仅包括世间之乐,还包括出世间的涅槃之乐。天、人等一切喜欢听法的大众,都应该到这里来瞻仰、礼拜无上的尊者如来佛。我是世间的至尊,没有人能够超过我。为了使众生得到安乐,我才出现于世间,为大众讲说如甘露一般清净的教法。这些法只有一个宗旨,就是引导大众解脱涅槃。如来佛以同一种清净妙音演说教法,流畅通达,并常常为讲说大乘教法创造机缘。我观所有众生都是平等的,没有厚此薄彼、爱此恨彼的分别心。我没有任何贪求与执著,也没有任何障碍,我恒久不息地为一切众生平等讲说教法。我对一人这样说法,我对大众也是如此说法。我恒常讲法,再无其他琐事,无论是来是去,是坐是立,始终不觉厌倦。我的教法充满世间,就如同雨水滋润天下。众生无论贵贱高低、持戒还是毁戒、威仪具足还是不具足、持正见还是持邪见、根性锐利还是愚钝,我都平等地施于他们佛法之雨,从不停止,从不厌倦。

凡是听闻过我讲法的众生,都会根据各自的能力而接受相应教法,处在各自不同的境地。有的处于人、天境地,如人间的转轮圣王,天界的帝释天王、梵天王等,这些众生如同小小的药草。有的众生懂得修习无漏佛法可以得到涅槃、生起六种神通、得到三明,于是独自住在山林之中,常常修行禅定,最终能够证得缘觉的果位,这些众生如同中等的药草。还有众生来到世尊面前发愿誓求佛果,并为此勤奋修持禅定,这些众生如同上等的药草。有佛弟子,专心修行佛道,常怀慈悲之心,知道自己将来必定成佛,这样的众生如同小树一般。有菩萨安住于神通境界,转不退之法轮,度化无量百千亿的众生,这样的菩萨如同大树一般。

佛平等说,如一味雨,随众生性,所受不同,
如彼草木,所禀各异。佛以此喻,方便开示,
种种言辞,演说一法,于佛智慧,如海一滴。
我雨法雨,充满世间,一味之法,随力修行,
如彼丛林,药草诸树,随其大小,渐增茂好。
诸佛之法,常以一味,令诸世间,普得具足,
渐次修行,皆得道果。声闻缘觉,处于山林,
住最后身,闻法得果,是名药草,各得增长。
若诸菩萨,智慧坚固,了达三界,求最上乘,
是名小树,而得增长。复有住禅,得神通力,
闻诸法空,心大欢喜,放无数光,度诸众生,
是名大树,而得增长。如是迦叶,佛所说法,
譬如大云,以一味雨,润于人华,各得成实。
迦叶当知,以诸因缘,种种譬喻,开示佛道,
是我方便,诸佛亦然。今为汝等,说最实事,
诸声闻众,皆非灭度,汝等所行,是菩萨道,
渐渐修学,悉当成佛!

[译文]

佛陀平等说法,正如一片云所降的雨水只有一种;众生随各自的根器大小,理解接受的程度各不相同,就如药草树木一

样,同得一种雨水滋润,生长状况各异。佛以此为喻方便开示,运用种种言辞来演说同一宗旨的教法。这些教法在佛的智慧当中,仅如沧海之一粟。

佛陀所施法雨充满整个世间。同一宗旨的教法,众生听闻后随各自能力进行不同层次的法门修行,就如那些丛林、药草、树木一样各随其大小接受雨水的滋润,各自逐渐生长繁茂。诸佛的教法,常常以同一宗旨使世间一切众生都得到满足。众生各自相应依法修行,都能得到相应的果位。声闻、缘觉乘行人处于山林间,住于轮回中的最后一身,他们听到教法后证得阿罗汉果位。他们就如同生长繁茂的药草一般,经雨水滋润后逐渐生长壮大。菩萨们智慧坚固,了悟三界,志求最上佛果,他们就如同得雨而生长繁茂的小树一般。还有菩萨常住于禅定,具有大神通力,他们听闻一切法空之理后,心中非常欢喜,身放无量光明,度化无量众生,他们就正如同得雨而生长繁茂的大树一般。

迦叶,就是这样。佛陀讲法恰如遍布天空的密云,施以同一种雨水滋润众生之花,从而使众生各得成长,终受法益。迦叶,你应该知道,根据种种不同因缘、用种种譬喻来开示佛法,是佛的权巧方便之力,诸佛也都是这样度人的。今天,我为你们讲说了最真实的情况,一切声闻大众都没有获得真正的灭度,你们所修行的,也是大乘菩萨道,只要渐次修学,未来一定都可以成佛!

授记品第六

尔时,世尊说是偈已,告诸大众,唱如是言:"我此弟子摩诃迦叶，于未来世，当得奉觐三百万亿诸佛世尊，供养恭敬，尊重赞叹，广宣诸佛无量大法。于最后身，得成为佛，名曰：光明如来、应供、正遍知、明行足、善逝、世间解、无上士、调御丈夫、天人师、佛世尊。国名光德，劫名大庄严。佛寿十二小劫，正法住世二十小劫，像法亦住二十小劫。国界严饰，无诸秽恶、瓦砾荆棘、便利不净。其土平正，无有高下、坑坎堆阜。琉璃为地，宝树行列，黄金为绳，以界道侧，散诸宝华，周遍清净。其国菩萨，无量千亿，诸声闻众，亦复无数，无有魔事，虽有魔及魔民，皆护佛法。"

[译文]

这时，释迦牟尼佛说完如上偈语之后，对法会中的大众宣说道："我的这位弟子摩诃迦叶，将在未来的某一世亲见三百万亿的佛陀世尊，并会悉心供养、恭敬、尊重，乃至赞叹诸佛，广泛宣传诸佛的无量大法。他在最后的轮回之身成就佛果，名称为：光明如来、应供、正遍知、明行足、善逝、世间解、无上士、调御丈夫、天人师、佛世尊。国土名称为光德，所处之劫的名称为大庄严。光明如来的寿命是十二小劫，正法住世二十小劫，像法住世也是二十小劫。光明如来的佛国清净庄严，没有污秽恶浊，也没有瓦砾和荆棘，地上没有大小便等各种排泄物。整个国土广阔平整，没有高低不平之处，也没有沟沟坎坎以及丘陵和山谷。整个大地状如琉璃，宝树整齐成行，黄金为绳交错道旁而成路界，处处鲜花盛开，珍宝闪闪，国土一派清净庄严。国中有菩萨无量无数，一切声闻大众的数目也是无量无数。这里没有魔来扰乱。虽然也存在天魔以及魔民，但他们都接受佛法，并且护持佛法。"

尔时，世尊欲重宣此义，而说偈言：

告诸比丘，我以佛眼，见是迦叶。于未来世，

过无数劫，当得作佛。而于来世，供养奉觐，
三百万亿，诸佛世尊，为佛智慧，净修梵行。
供养最上，二足尊已，修习一切，无上之慧，
于最后身，得成为佛。其土清净，琉璃为地，
多诸宝树，行列道侧，金绳界道，见者欢喜。
常出好香，散众名华，种种奇妙，以为庄严。
其地平正，无有丘坑。诸菩萨众，不可称计，
其心调柔，逮大神通，奉持诸佛，大乘经典。
诸声闻众，无漏后身，法王之子，亦不可计，
乃以天眼，不能数知。其佛当寿，十二小劫，
正法住世，二十小劫，像法亦住，二十小劫。
光明世尊，其事如是。

[译文]

随后，释迦牟尼佛为了重新宣说这一授记，便用偈颂说道：

诸位比丘，我以佛眼观到：佛弟子迦叶在未来世过无数劫之后将会成佛。在他证果前的整个未来世当中，他将会亲见并供养三百万亿的诸佛，还将为获得佛的无上智慧而修清净梵行。在供养无上的福慧具足圆满的如来佛之后，他将修习一切无上智慧，于最后一生轮回果报身时，成就佛果。他的佛国清净庄严，琉璃为地，宝树众多，整齐成行，位于路边；黄金作绳交错道旁为路界。凡是看到迦叶佛国者，无不心生喜悦。这里常常散发出芬芳的香味，天空降下种种美丽的鲜花，种种珍奇妙宝使这一佛国净土更加庄严。整个佛国大地平整广阔，没有丘陵沟壑。国中菩萨大众多得不可计数，他们心地调柔，都具有大神通，一心奉持诸佛所说的大乘经典。一切声闻大众都住于无漏的最后之轮回果报身，他们是法王之子，数量同样多得不可计数，即使用天眼也无法测算。这位佛陀的寿命长十二

小劫，正法住世二十小劫，像法住世也是二十小劫。佛陀名号为光明如来，他的情况就是这样。

尔时，大目犍连、须菩提、摩诃迦旃延等，皆悉悚栗，一心合掌，瞻仰尊颜，目不暂舍，即共同声而说偈言：
大雄①猛世尊，诸释之法王，哀愍我等故，而赐佛音声。
若知我深心，见为授记者，如以甘露洒，除热得清凉。
如从饥国来，忽遇大王膳，心犹怀疑惧，未敢即便食，
若复得王教，然后乃敢食。我等亦如是，每惟小乘过，
不知当云何，得佛无上慧。虽闻佛音声，言我等作佛，
心尚怀忧惧，如未敢便食，若蒙佛授记，尔乃快安乐。
大雄猛世尊，常欲安世间，愿赐我等记，如饥需教食！

[注释]

①大雄：佛的德号，因佛具足大力，能降伏四魔，故称之。

[译文]

这时，大目犍连、须菩提、摩诃迦旃延等所有在座的弟子都深感震惊，身体颤抖，双手合掌，目不转睛地瞻仰着佛陀的尊颜，异口同声地以偈颂说道：

勇猛的大雄世尊，您是一切佛子们的法王，恳请您慈悲怜悯我们，赐给我们佛陀的清净妙音！您可知我们内心的想法，亲见摩诃迦叶蒙佛授记，就如佛以甘露洒到我等身上，消除一切烦恼，得到清凉自在。好比某人从饥荒之国沿途乞讨而来，忽然得赐大王御用的美食，但心中怀疑惊惧，不敢立即食用，只有得到国王的许可，然后才敢享用。我们也是这样，经常思维小乘修行的过患，却不知道如何才能得到佛的无上智慧。虽然亲耳听到佛说我们可以成就佛果，心中还是怀有担心和疑虑，正如饥饿者遇到国王赐饭而不敢当下享用一样。我们如果

能得到佛的授记，才能够快乐而心安。勇猛的大雄世尊，您一直希望世间众生得到安乐，恳请您赐予我们成佛的预记，我们就如同饥饿的人需要教导后才敢食用佳肴一样！

尔时，世尊知诸大弟子心之所念，告诸比丘："是须菩提，于当来世，奉觐三百万亿那由他①佛，供养恭敬，尊重赞叹，常修梵行，具菩萨道。于最后身，得成为佛，号曰：名相如来、应供、正遍知、明行足、善逝、世间解、无上士、调御丈夫、天人师、佛世尊。劫名有宝，国名宝生。其土平正，玻璃为地，宝树庄严，无诸丘坑、沙砾、荆棘、便利之秽，宝华覆地，周遍清净。其土人民，皆处宝台、珍妙楼阁。声闻弟子，无量无边，算数譬喻所不能知。诸菩萨众，无数千万亿那由他。佛寿十二小劫，正法住世二十小劫，像法亦住二十小劫。其佛常处虚空，为众说法，度脱无量菩萨及声闻众。"

[注释]

①那由他：古印度数目名称，相等于今天的亿数，也有说为千亿的，各说不同。

[译文]

这时，世尊知道各位大弟子们心中所想，于是告诉比丘大众道："这位须菩提，在未来世将会亲见三百万亿那由他尊佛陀，他会广行供养、尊重、赞叹，时刻勤修清净梵行，具足菩萨六度万行。他将在最后一生轮回果报身时成就佛果，名号为：名相如来、应供、正遍知、明行足、善逝、世间解、无上士、调御丈夫、天人师、佛世尊。成佛时劫名曰有宝，国名为宝生。该佛国土平整广阔，以玻璃为大地，各种宝树庄严其国，没有丘陵、沟壑、沙砾、荆棘，乃至排泄污秽等，美丽的鲜花处处盛开，全国一片清净庄严。该国人民都居住在珍宝装饰的高台和美妙楼阁之上。国中声闻弟子数目无量无边，即使用比喻也无法计数。菩萨大众有无数千万亿那由他之多。名相佛的寿命是十二小劫，正法住世二十小劫，像法住世也是二十小劫。名相佛常常在虚空中为大众讲说教法，度化了无量菩萨以及声闻弟子。"

尔时，世尊欲重宣此义，而说偈言：
诸比丘众，今告汝等，皆当一心，听我所说。
我大弟子，须菩提者，当得作佛，号曰名相。
当供无数，万亿诸佛，随佛所行，渐具大道。
最后身得，三十二相，端正姝妙，犹如宝山。
其佛国土，严净第一，众生见者，无不爱乐，
佛于其中，度无量众。其佛法中，多诸菩萨，
皆悉利根，转不退轮。彼国常以，菩萨庄严。
诸声闻众，不可称数，皆得三明①，具六神通，
住八解脱②，有大威德。其佛说法，现于无量，
神通变化，不可思议。诸天人民，数如恒沙，
皆共合掌，听受佛语。其佛当寿，十二小劫，
正法住世，二十小劫，像法亦住，二十小劫。

[注释]

①三明：此处指三种修证境界，宿命明、天眼明、漏尽明。宿命明是明白自己或他人一切宿世的事；天眼明是明白自己或他人一切未来世的事；漏尽明是以圣智断尽一切烦恼。以上三者，在阿罗汉叫做三明，在佛则叫做三达。

②八解脱：又名八背舍，即八种训练去除贪著的禅定，依次为：一，内有色想观外色解脱；二，内无色想观外色解脱；三，净解脱身作证具足住；四，空无边处解脱；五，识无边处解脱；六，无所有处解脱；七，非想非非想处解脱；八，灭受想定身作证具足住。

[译文]

这时，佛陀为了重新宣说这一授记，便用偈颂说道：

各位比丘，我现在告诉你们，你们都应专心听我讲说。

我的大弟子须菩提，将来会成就佛果，名号是名相如来。他将会供养无数万亿诸佛，并跟随诸佛修行，由此渐具大乘种性。他的最后一世轮回身具有三十二种瑞相，端正殊胜，犹如宝山一样微妙无比。名相佛的国土最为庄严清净，众生见后，无不喜爱。名相佛在其国度化了无量大众。在名相佛的教法中，跟随有很多菩萨，他们个个根性锐利，人人常转大乘不退转之法轮，该国因此由菩萨而来庄严。跟随名相佛修学的声闻大众多得不可计数，他们都已证得三明，具有六种神通，住在八解脱的境界中，具有很大的威势和功德。名相佛讲法时，能显现出无量不可思议的神通变化。一切天、人等多如恒河沙的众生都合掌恭敬，一心听佛讲法。名相佛的寿命是十二小劫，正法住世二十小劫，像法住世也是二十小劫。

尔时，世尊复告诸比丘众："我今语汝，是大迦旃延，于当来世，以诸供具，供养奉事八千亿佛，恭敬尊重。诸佛灭后，各起塔庙，高千由旬，纵广正等五百由旬，皆以金、银、琉璃、砗磲、玛瑙、真珠、玫瑰七宝合成，众华、璎珞、涂香、末香、烧香、缯盖、幢幡，供养塔庙。过是已后，当复供养二万亿佛，亦复如是。供养是诸佛已，具菩萨道，当得作佛，号曰：阎浮那提金光如来、应供、正遍知、明行足、善逝、世间解、无上士、调御丈夫、天人师、佛世尊。其土平正，玻璃为地，宝树庄严，黄金为绳，以界道侧，妙华覆地，周遍清净，见者欢喜。无四恶道，地狱、饿鬼、畜生、阿修罗道。多有天、人、诸声闻众，及诸菩萨，无量万亿，庄严其国。佛寿十二小劫，正法住世二十小劫，像法亦住二十小劫。"

[译文]

这时,世尊又对比丘大众宣告道:"我现在告诉你们,我的弟子大迦旃延,在未来世将会用各种供养之物供养、侍奉、恭敬、尊重八千亿位佛陀。诸佛涅槃后,他一一建造塔庙供养舍利。每一塔庙高上千由旬,长宽相等,均为五百由旬,都用黄金、白银、琉璃、砗磲、玛瑙、珍珠、玫瑰等七宝装饰而成,塔庙还用各种香花、璎珞、涂香、末香、烧香、宝缯、宝盖、宝幢、宝幡来庄严和供养。此后,大迦旃延还将供养二万亿尊佛,供养方式与供养前面诸佛一样。供养这些佛陀之后,他将具足菩萨功德,最终成就佛果,名号为:阎浮那提金光如来、应供、正遍知、明行足、善逝、世间解、无上士、调御丈夫、天人师、佛世尊。该佛国平整广阔,以玻璃为大地,有各种宝树庄严其国,以黄金编织的绳子作为道路的界标,各色鲜花铺满大地,整个国土清净庄严,见到之人无不心生喜悦。这里没有地狱、饿鬼、畜生、阿修罗等四恶道,只有许多天、人、声闻大众以及无数万亿的菩萨大众来庄严国土。阎浮那提金光佛的寿命是十二小劫,佛的正法住世二十小劫,像法住世也是二十小劫。"

尔时,世尊欲重宣此义,而说偈言:
诸比丘众,皆一心听,如我所说,真实无异!
是迦旃延,当以种种,妙好供具,供养诸佛。
诸佛灭后,起七宝塔,亦以华香,供养舍利。
其最后身,得佛智慧,成等正觉。国土清净,
度脱无量,万亿众生,皆为十方,之所供养。
佛之光明,无能胜者。其佛号曰,阎浮金光。
菩萨声闻,断一切有,无量无数,庄严其国。

[译文]

这时,佛陀为了重新阐明这一授记,便又用偈颂说道:

各位比丘大众,你们都专心听着,我所说的情况,是真实不虚的!

我的弟子迦栴延,将来会用种种微妙上好的供品来供养诸佛。诸佛涅槃之后,他将建立宝塔,用各种花、香来供养诸佛舍利。他在最后一生的轮回果报身将证得佛的无上智慧,成就佛果。他的国土清净庄严,经他度化得解脱的众生有无量万亿,所以该佛受到十方世界一切众生的共同供养。该佛的光明普照有情世间,没有比此更殊胜的。该佛的名号为阎浮金光如来。在他的国土中,有无量无数已断除一切生死相续的菩萨和声闻大众,他们修行各种清净的法门庄严这一佛国净土。

尔时,世尊复告大众:"我今语汝,是大目犍连,当以种种供具供养八千诸佛,恭敬尊重。诸佛灭后,各起塔庙,高千由旬,纵广正等五百由旬,皆以金、银、琉璃、砗磲、玛瑙、真珠、玫瑰七宝合成,众华、璎珞、涂香、末香、烧香、缯盖、幢幡,以用供养。过是已后,当复供养二百万亿诸佛,亦复如是。当得成佛,号曰:多摩罗跋栴檀香如来、应供、正遍知、明行足、善逝、世间解、无上士、调御丈夫、天人师、佛世尊。劫名喜满,国名意乐。其土平正,玻璃为地,宝树庄严,散真珠华,周遍清净,见者欢喜。多诸天、人、菩萨、声闻,其数无量。佛寿二十四小劫,正法住世四十小劫,像法亦住四十小劫。"

[译文]

这时,释迦牟尼佛又告诉大众说:"我今天告诉你们,我的弟子大目犍连,将来会用各种供养之物悉心供养、恭敬、尊重八千位佛陀。诸佛涅槃后,他将一一建造塔庙供养舍利。这些塔庙,高上千由旬，长宽相等，均为五百由旬，都用黄金、白银、琉璃、砗磲、玛瑙、珍珠、玫瑰等七宝装饰而成。塔庙内还用各种香花、璎珞、涂香、末香、烧香、宝缯、宝盖、宝幢、宝幡来庄严和供养。此后，大目犍连还将供养二百万亿位佛陀，供养方式与前面一样。之后他将成就佛果，名号为：多摩罗跋栴檀香如来、应供、正遍知、明行足、善逝、世间解、无上士、调御丈夫、天人师、佛世尊。成佛时劫的名称为喜满，国家名称为意乐。该佛国国土平整广阔，以玻璃为大地，宝树处处可见，庄严其国，空中飘散着种种珍珠般晶莹闪亮的鲜花，整个国土清净庄严。但凡见到者，莫不心生喜悦。国中有众多的天、人、菩萨、声闻等，数目多到无量。多摩罗跋栴檀香佛的寿命有二十四小劫，他的正法住世长达四十小劫，像法住世也长达四十小劫。"

尔时，世尊欲重宣此义，而说偈言：
我此弟子，大目犍连，舍是身已，得见八千，
二百万亿，诸佛世尊。为佛道故，供养恭敬。
于诸佛所，常修梵行，于无量劫，奉持佛法。
诸佛灭后，起七宝塔，长表金刹，华香伎乐，
而以供养，诸佛塔庙。渐渐具足，菩萨道已，
于意乐国，而得作佛，号多摩罗，栴檀之香。
其佛寿命，二十四劫，常为天人，演说佛道。
声闻无量，如恒河沙，三明六通，有大威德。
菩萨无数，志固精进，于佛智慧，皆不退转。
佛灭度后，正法当住，四十小劫，像法亦尔。
我诸弟子，威德具足，其数五百，皆当授记。
于未来世，咸得成佛。我及汝等，宿世因缘，
吾今当说，汝等善听！

[译文]

这时,佛陀为了重新宣说这一授记,便用偈颂说道:

我的这位弟子,大目犍连在舍弃此身之后,将先亲见八千位佛,而后又值遇二百万亿的佛陀世尊。为了证得无上佛道,大目犍连虔诚地恭敬供养每一位佛,并跟随诸佛修习种种清净梵行,在无量劫中奉行受持诸佛的教法。诸佛涅槃之后,他一一建立用七宝装饰的宝塔,宝塔有着长长的黄金制成的表刹,还用各种花、香、音乐等来供养诸佛塔庙,由此大目犍连渐渐具足菩萨的功德,之后将在意乐国成就佛果,名号是多摩罗跋栴檀香如来。该佛的寿命是二十四小劫。他常常为天、人等大众演说佛道。他的声闻弟子多如恒河沙般无量,都已证得三明、六种神通,有很大的威德。他还有无数的菩萨弟子,个个志向坚定,勤奋修行,志求无上佛道,不再退转。多摩罗跋栴檀香如来涅槃后,正法住世四十小劫,像法住世也是四十小劫。

我的诸位大弟子中,具足威德者,总数有五百人。他们都获得授记:在未来世都将成就无上佛果。我和你们有宿世因缘,我今天将为你们讲说,你们要仔细听讲!

化城喻品第七

佛告诸比丘:"乃往过去无量无边不可思议阿僧祇劫,尔时有佛,名大通智胜如来、应供、正遍知、明行足、善逝、世间解、无上士、调御丈夫、天人师、佛世尊,其国名好城,劫名大相。

"诸比丘,彼佛灭度已来,甚大久远,譬如三千大千世界所有地种,假使有人,磨以为墨,过于东方千国土,乃下一点,大如微尘,又过千国土,复下一点,如是展转尽地种墨。于汝等意云何?是诸国土,若算师,若算师弟子,能得边际,知其数否?"

"不也,世尊。"

"诸比丘,是人所经国土,若点不点,尽抹为尘,一尘一劫,彼佛灭度已来,复过是数无量无边百千万亿阿僧祇劫,我以如来知见力故,观彼久远,犹若今日。"

[译文]

释迦牟尼佛告诉比丘大众道:"在过去无量无边不可思议的阿僧祇劫以前,有位佛陀出世,名号是大通智胜如来、应供、正遍知、明行足、善逝、世间解、无上士、调御丈夫、天人师、佛世尊。当时的国名为好城,劫名大相。

"各位比丘,此佛涅槃以来已经过了非常久远的时间。譬如有人将三千大千世界的所有土地都取来研磨成墨,向东经过一千个国土,才洒下如微尘一样大小的一点墨,再经过一千个国家,再洒下微尘大的一点墨。一直按照这样的方式辗转前进,将墨洒完。你们认为国土多不多呢?所有经过的国土,即使是计算师或者计算师的弟子能够计算出来得到确切的数字吗?"

"不能,世尊。"

"各位比丘,如果把此人所经过的国土,无论是洒有墨的还是没有洒的,都全部再研磨成微尘,一粒微尘代表一劫,那位佛陀涅槃以来,就已经经过了这么多的无量无边百千万亿阿僧祇劫之久。我以如来特有的知见之力,能看到那么久远的事情,就如同看到今天的一切一样。"

尔时,世尊欲重宣此义,而说偈言:

我念过去世，无量无边劫，有佛两足尊，名大通智胜。
如人以力磨，三千大千土，尽此诸地种，皆悉以为墨，
过于千国土，乃下一尘点，如是展转点，尽此诸尘墨。
如是诸国土，点与不点等，复尽抹为尘，一尘为一劫。
此诸微尘数，其劫复过是，彼佛灭度来，如是无量劫。
如来无碍智，知彼佛灭度，及声闻菩萨，如见今灭度。
诸比丘当知，佛智净微妙，无漏无所碍，通达无量劫。

[译文]

这时，释迦牟尼佛为了重新宣说这一法义，便用偈颂说道：

我想起在过去世无量无边阿僧祇劫前，有位福德智慧圆满的两足尊者，名号为大通智胜如来。如果有人耗力将三千大千世界的所有土地研磨成墨，经过一千个国家才洒下如微尘大小的一点墨，这样辗转前进，直到洒完所有的墨。再将这所有国土无论是否洒有墨，都研磨成微尘，一粒微尘代表一劫，有多少数目的微尘就有多少数量的劫。大通智胜佛涅槃以来，所经过的劫数比此数目还多。

如来具有无碍智慧，能够知道大通智胜佛灭度之事，也知道他的声闻、菩萨弟子的情况，就像看到今天的事情一样清楚。诸位比丘，你们应该知道，佛之智慧清净微妙、无所不包、无任何障碍，可以通达无量之劫。

佛告诸比丘："大通智胜佛，寿五百四十万亿那由他劫。其佛本坐道场，破魔军已，垂得阿耨多罗三藐三菩提，而诸佛法不现在前，如是一小劫乃至十小劫，结跏趺坐，身心不动，而诸佛法犹不在前。

"尔时，忉利诸天，先为彼佛，于菩提树下，敷师子座，高一由旬。佛于此座，当得阿耨多罗三藐三菩提。适坐此座，时诸

梵天王，雨众天华，面百由旬，香风时来，吹去萎华，更雨新者，如是不绝，满十小劫供养于佛，乃至灭度，常雨此华。四王诸天，为供养佛，常击天鼓，其余诸天、作天伎乐，满十小劫，至于灭度，亦复如是。

"诸比丘，大通智胜佛过十小劫，诸佛之法，乃现在前，成阿耨多罗三藐三菩提。"

[译文]

释迦牟尼佛告诉各位比丘道："大通智胜佛的寿命长达五百四十万亿那由他劫。本来，该佛坐在道场中，破除了一切天魔军队的扰乱，即将证得佛之无上智慧，然而诸佛的智慧法门还没有现前。就这样过了一个又一个小劫，一直过了十个小劫，大通智胜佛始终结跏趺坐，身心凝然不动，但仍然没有证得无上佛果。

"那时，忉利天的天神们先在菩提树下为大通智胜佛铺设了高大的狮子座，座高一由旬。大通智胜佛将在这个座位上证得无上的佛之智慧。大通智胜佛刚坐上此座，各位梵天天王如雨般撒下天花，方圆一百由旬。不时地有香风吹来，吹去枯萎的花朵，又如雨般撒下新的花朵。就这样连续不断，整整经过了十个小劫，诸梵天王以此来供养大通智胜佛，乃至一直到佛灭度，他们都常常如雨般撒下天花。与此同时，四大天王等诸天神为了供养大通智胜佛，常常敲击天鼓奏乐，其余诸天神则伴以跳舞唱歌来供养该佛，如此整整经过了十个小劫，一直到佛灭度，都常有歌乐供养。

"诸位比丘，大通智胜佛经过十个小劫，诸佛的无上法门才现前，由此证得佛之无上智慧。"

"其佛未出家时，有十六子，其第一者，名曰智积。诸子各有种种珍异玩好之具，闻父得成阿耨多罗三藐三菩提，皆舍所珍，往诣佛所。诸母涕泣而随送之。其祖转轮圣王，与一百大

化城喻品第七　135

臣,及余百千万亿人民,皆共围绕,随至道场。咸欲亲近大通智胜如来,供养恭敬,尊重赞叹。到已,头面礼足,绕佛毕已,一心合掌,瞻仰世尊,以偈颂曰:

大威德世尊,为度众生故,于无量亿劫,尔乃得成佛,
诸愿已具足,善哉吉无上。世尊甚稀有,一坐十小劫,
身体及手足,静然安不动。其心常澹泊,未曾有散乱,
究竟永寂灭,安住无漏法。今者见世尊,安隐成佛道,
我等得善利,称庆大欢喜。众生常苦恼,盲瞑无导师,
不识苦尽道,不知求解脱。长夜增恶趣,减损诸天众,
从冥入于冥,永不闻佛名。今佛得最上,安隐无漏道,
我等及天人,为得最大利,是故咸稽首,归命无上尊!

[译文]

"大通智胜佛未出家时有十六个儿子,第一个儿子名叫智积。每个儿子都拥有种种珍奇罕见的珍玩之物。他们听说父亲已经证得佛之无上智慧,纷纷舍弃所有奇珍异宝,前往大通智胜佛处。他们的母亲哭着跟随去送别。他们的祖父转轮圣王,带领一百名大臣和百千万亿的人民,簇拥着十六个孙儿一同前往道场。他们都想亲近、供养、恭敬、尊重、赞叹大通智胜如来。来到道场后,他们全都五体投地礼拜大通智胜佛,右绕三圈后一心合掌,瞻仰着佛陀,齐以偈颂说道:

具有大威德的世尊,您为度化众生不惜于无量亿劫中勤奋修行,而今终于成就佛果。您以前所发下的誓愿如今都得圆满,这是最好最为吉祥的事情。世尊真是稀有,一入禅定就是十个小劫,身体、手足都安住不动。您心中远离一切颠倒错误的见解,没有任何散乱。您已获得最为究竟的永远寂灭之境,安住于至纯至净的佛法中。

今天见到世尊安稳地成就无上佛道,我们都得到巨大利

益,所以我们相互庆贺欢喜异常。我们这些众生常常处在痛苦和烦恼当中,如同盲人一般在黑暗中苦苦挣扎,没有可以指引我们的导师,我们既不认识摆脱痛苦的道路,也不知道去求取解脱。在漫漫的轮回长夜中,我们糊里糊涂地不断造下恶业,从而恶趣众生不断增多,天人善道的众生不断减少。为无明所遮盖的众生从黑暗之地走向更为黑暗之所,永远也听不到佛陀的名字。现在佛陀证得至高无上的、安稳清净的佛道,我们和一切天人大众如同黑夜中突见明灯。为了得到最大的利益,我们全都向您礼拜,愿将我们的生命皈依于无上的尊者!"

"尔时,十六王子偈赞佛已,劝请世尊转于法轮,咸作是言:'世尊说法,多所安隐、怜愍、饶益诸天人民。'重说偈言:
世雄无等伦,百福自庄严,得无上智慧。愿为世间说,
度脱于我等,及诸众生类,为分别显示,令得是智慧。
若我等得佛,众生亦复然。世尊知众生,深心之所念,
亦知所行道,又知智慧力,欲乐及修福,宿命所行业。
世尊悉知已,当转无上轮。"

[译文]

"那个时候,十六个王子以偈颂赞颂大通智胜佛之后,又劝请佛讲说教法,他们共同祈请道:'世尊啊!请您为我们演说教法,令一切众生得到安稳,所有的天人和人间百姓都将得到您的怜悯和利益。'接着,他们又用偈颂重新劝请:

您是世间的大雄,无与伦比,百种福德庄严自身,现前证得无上智慧。恳请您为世间演说妙法,度化我们在场大众以及世间的一切众生。恳请您分别为众生演说教法,普令众生得到智慧。如果我们能够成佛,世间众生也能成佛。世尊清楚了知众生内心深处所思所想,也知道众生各自的修行道路,还知道

众生的智慧高低以及他们的喜好、欲望、所修之福德、宿命，乃至所有的善恶业等。世尊了知众生的一切，恳请您为我们转动无上的妙法之轮吧！"

佛告诸比丘："大通智胜佛，得阿耨多罗三藐三菩提时，十方各五百万亿诸佛世界，六种震动。其国中间幽冥之处，日月威光所不能照，而皆大明。其中众生，各得相见，咸作是言：'此中云何忽生众生？'又其国界，诸天宫殿，乃至梵宫，六种震动，大光普照，遍满世界，胜诸天光？

"尔时，东方五百万亿诸国土中，梵天宫殿，光明照曜，倍于常明。诸梵天王，各作是念：'今者宫殿光明，昔所未有。以何因缘，而现此相？'是时，诸梵天王，即各相诣，共议此事。时彼众中，有一大梵天王，名救一切，为诸梵众而说偈言：

我等诸宫殿，光明昔未有，此是何因缘？宜各共求之。
为大德天生？为佛出世间？而此大光明，遍照于十方。"

[译文]

释迦牟尼佛告诉各位比丘道："大通智胜佛证得无上智慧之时，十方之内各有五百万亿的佛国世界同时发生六种震动。这些国土中有一些深邃幽暗的地方，平时就连太阳、月亮的光也无法照到，当时都变得非常明亮。那里的众生也各得相见，他们纷纷惊讶地相互打听：'这里为什么忽然出现这么多的众生？'另外，这些国土中诸天的宫殿乃至梵天的宫殿也发生六种震动，光明普照着每一个世界的每一个角落，胜过了日月以及诸天神的光明。

"那时，在东方的五百万亿国土中，梵天宫殿在光明的照耀下比往常更加耀目。各位梵天王纷纷在想：'今天宫殿中的这种光明前所未有，究竟是什么原因而出现此等瑞相？'于是，诸梵天王聚会一处，共同商谈这件事。当时大众中有一位名叫救一切的梵天

王,他对其他梵天王说出一首偈语:

> 我们的宫殿出现前所未有的光明。这是什么原因?我们应该共同寻求这光明的来源。这种光明遍及十方世界,是因为具大福德之圣人出世,还是因为有佛陀出现于世?"

"尔时,五百万亿国土诸梵天王,与宫殿俱,各以衣裓盛诸天华,共诣西方,推寻是相。见大通智胜如来处于道场菩提树下,坐师子座,诸天、龙王、乾闼婆、紧那罗、摩睺罗伽、人非人等,恭敬围绕,及见十六王子,请佛转法轮。

"即时,诸梵天王头面礼佛,绕百千匝,即以天华而散佛上。其所散华如须弥山①,并以供养佛菩提树,其菩提树,高十由旬。华供养已,各以宫殿奉上彼佛,而作是言:'惟见哀愍,饶益我等!所献宫殿,愿垂纳受!'时,诸梵天王,即于佛前,一心同声,以偈颂曰:

世尊甚稀有,难可得值遇,具无量功德,能救护一切。

天人之大师,哀愍于世间,十方诸众生,普皆蒙饶益。

我等所从来,五百万亿国,舍深禅定乐,为供养佛故。

我等先世福,宫殿甚严饰,今以奉世尊,惟愿哀纳受!

"尔时,诸梵天王偈赞佛已,各作是言:'惟愿世尊转于法轮,度脱众生,开涅槃道。'时,诸梵天王一心同声,而说偈言:

世雄两足尊,惟愿演说法,

以大慈悲力,度苦恼众生。

"尔时,大通智胜如来,默然许之。"

[注释]

①须弥山:译为妙高山,此山是由金、银、琉璃、水晶四宝所成,所以

称"妙";其他各山不能与之比高,所以称"高";山高有八万四千由旬,宽有八万四千由旬,是诸山之王,故得名"妙高"。此山为一个小世界的中心,山形上下皆大,中央独小,四王天居于山腰四面,忉利天在山顶。山根有七重金山、七重香水海环绕,在金山之外有咸海,咸海之外有大铁围山,四大部洲即在咸海的四方。

[译文]

"此时,东方五百万亿国土的梵天王们带上各自的宫殿,并用衣物装满盛开的天花,一同向西方飞去,一路追寻这种光明的来源。他们最终见到大通智胜如来正坐在道场菩提树下的狮子座上,众天神、龙王、香神、乐神、蟒神、八部鬼神等大众恭敬地围绕在周围,他们还看到了十六个王子正在恳请佛陀讲说教法。

"见到这种情况,这些梵天王们立即五体投地礼拜大通智胜如来,右绕百千周之后,把所带的天花撒于佛身。所撒的天花多如须弥山,他们同时以此供养佛身边的菩提树。这棵菩提树高十由旬。他们用天花供养毕,又各自将自己的宫殿奉献给大通智胜佛,并齐声恳请说道:'唯愿佛陀怜悯我们,利益我们!恳请您接受我们所献上的宫殿!'随后,各位梵天王就全都跪在大通智胜佛的面前,同心同声颂出一偈:

世尊啊!您是世间最为稀有的圣者,难得有机缘得遇您!您具足无量功德,能够救护一切众生!您是一切诸天和人类的伟大导师,哀悯十方世界的所有众生,普令他们蒙受广大利益。我们来自东方的五百万亿国土,我们都舍弃深入禅定之乐,就是为了供养佛陀。我们承接前世所积累的福报,得以享用庄严华丽的宫殿。现在,我们就以此奉献给世尊,唯愿您怜悯我们的一片苦心,接受我们的供养!

"那时,众梵天王以偈颂赞颂大通智胜佛之后,又纷纷各自说道:'恳请世尊讲说教法,度化众生,开显涅槃之道。'随后,他们

又同心同声颂出一偈:

　　世尊啊！您是世间的大雄，是福德智慧圆满的尊者！恳请您演说教法，以大慈大悲之力救度苦恼的众生。

"此时，大通智胜如来默许了他们的要求。"

"又诸比丘，东南方五百万亿国土，诸大梵王，各自见宫殿光明照曜，昔所未有，欢喜踊跃，生稀有心，即各相诣，共议此事。时彼众中，有一大梵天王，名曰大悲，为诸梵众而说偈言：

是事何因缘，而现如此相？我等诸宫殿，光明昔未有。
为大德天生？为佛出世间？未曾见此相，当共一心求。
过千万亿土，寻光共推之。多是佛出世，度脱苦众生。"

[译文]

"还有，各位比丘，在东南方五百万亿国土之中，所有梵天王各自见到自己的宫殿光明照耀，前所未有地耀目，个个欢欣鼓舞，叹此稀有景象。于是，他们汇集一处，共同商议此事。这时，他们当中有位名叫大悲的大梵天王，对其他梵天王说出一首偈颂：

　　究竟是什么因缘而出现如此瑞相？我们的宫殿前所未有地如此光明。是因为有大德人出生，还是因为有佛出现于世间？我们从来没有见过这样殊胜的景象，应该共同探寻当中的原因。即使经过千万亿的国土，我们也要循着光明去寻求。很有可能是有佛陀出世，来度化苦海中的众生。"

"尔时，五百万亿诸梵天王，与宫殿俱，各以衣祴盛诸天华，共诣西北方，推寻是相。见大通智胜如来处于道场菩提树下，坐师子座。诸天、龙王、乾达婆、紧那罗、摩睺罗伽、人非人等，恭敬围绕，及见十六王子，请佛转法轮。

"时，诸梵天王头面礼佛，绕百千匝，即以天华而散佛上。

所散之华如须弥山,并以供养佛菩提树。华供养已,各以宫殿奉上彼佛,而作是言:'惟见哀愍,饶益我等!所献宫殿,愿垂纳受!'尔时,诸梵天王,即于佛前,一心同声,以偈颂曰:

圣主天中王,迦陵频伽①声!哀愍众生者,我等今敬礼!
世尊甚稀有,久远乃一现。一百八十劫,空过无有佛,
三恶道充满,诸天众减少。今佛出于世,为众生作眼!
世间所归趋,救护于一切。为众生之父,哀愍饶益者。
我等宿福庆,今得值世尊!

"尔时,诸梵天王偈赞佛已,各作是言:'惟愿世尊哀愍一切,转于法轮,度脱众生!'时,诸梵天王一心同声,而说偈言:

大圣转法轮,显示诸法相,度苦恼众生,令得大欢喜。
众生闻此法,得道若生天,诸恶道减少,忍善者增益。

"尔时,大通智胜如来默然许之。"

[注释]

①迦陵频伽:鸟名,以鸣声美妙和雅而著称。

[译文]

"此时,五百万亿国土的梵天王们带上各自的宫殿,用衣物装满盛开的天花,一同向西北方飞去,一路寻找光明的来源。他们最终见到大通智胜如来坐在道场菩提树下的狮子座上,众天神、龙王、香神、乐神、蟒神、八部鬼神等大众恭敬地围绕在周围,他们还见到了十六个王子正在恳请佛陀讲说教法。

"见到如此情景,这些梵天王五体投地礼拜大通智胜如来,右绕佛百千周之后,他们把所带的天花撒在佛的身上。所撒的天花多如须弥山一般高,他们同时以此供养佛身边的菩提树。用天花供养毕,这些梵天王又各自将宫殿奉献给大通智胜佛,并异口同声道:'恳请佛陀怜悯我们,利益我们!恳请您接受我们所献上的宫殿!'

随后，各位梵天王在大通智胜佛的面前，同心同声以偈颂说道：

世尊啊！您是圣中之主，天中之王，具有如同迦陵频伽鸟般美妙的声音！您是哀悯十方世界众生的大慈悲者，我们五百亿梵天王向您致敬！世尊啊！您是世间稀有难见者，久远的时间才出现于世。过去的一百八十劫中，都没有佛出世，众生得不到教化。三恶道因此充满众生，善道的天众则不断减少。现在佛陀出现于世间，成为如盲人般众生的眼睛！您是世间一切众生的皈依之处，能够救护一切众生。您就是众生的慈父，只有您才能哀悯众生，带给众生无比利益。我们应当庆贺，只因具有宿世积累的福德，我们才能在今天幸运地遇到世尊！

"那时，众梵天王以偈颂赞叹大通智胜佛之后，又纷纷说道：'恳请世尊怜悯一切众生，转无上法轮讲说教法，度化众生！'随后，他们又同心同声以偈颂说道：

世尊啊！您是世间的大圣，恳请您转动那无上的法轮，为我们显示宇宙万法的实相，以救度苦恼缠缚的众生，使他们得到欢喜和安乐。众生若有幸听到您的教法，依此修行，就可以升至天道，由此恶道中的众生将会不断减少，修善法的众生则会不断增加。

"此时，大通智胜如来默许了他们的请求。"

"又，诸比丘，南方五百万亿国土，诸大梵王各自见宫殿光明照曜，昔所未有。欢喜踊跃，生稀有心，即各相诣，共议此事：'以何因缘，我等宫殿，有此光曜？'时彼众中，有一大梵天王，名曰妙法，为诸梵众而说偈言：

我等诸宫殿，光明甚威曜，此非无因缘，是相宜求之。
过于百千劫，未曾见是相，为大德天生？为佛出世间？"

化城喻品第七　143

[译文]

"此外,各位比丘,在南方五百万亿国土中,诸大梵天王见到自己的宫殿为前所未有的光明所照耀,非常高兴欢喜。他们认定这是稀有的瑞相,于是汇集一处,共同商谈这件事:'为什么我们的宫殿出现前所未有的光明?这究竟是什么原因呢?'这时大众中有位名叫妙法的大梵天王,他以偈颂对其他梵天王说道:

我们的宫殿出现前所未有的光明,一定事出有因。我们应该好好寻找一下这种瑞相的缘由。在过去百千劫中,我们都从未曾见过这种景象,这不是有大福德的人出生,就是有佛出现于世间啊!"

"尔时,五百万亿诸梵天王,与宫殿俱,各以衣裓盛诸天华,共诣北方,推寻是相。见大通智胜如来,处于道场菩提树下,坐师子座,诸天、龙王、乾达婆、紧那罗、摩睺罗伽、人非人等,恭敬围绕,及见十六王子请佛转法轮。

"时,诸梵天王头面礼佛,绕百千匝,即以天华而散佛上。所散之华如须弥山,并以供养佛菩提树。华供养已,各以宫殿,奉上彼佛,而作是言:'惟见哀愍,饶益我等!所献宫殿,愿垂纳受!'尔时,诸梵天王即于佛前,一心同声,以偈颂曰:

世尊甚难见,破诸烦恼者。过百三十劫,今乃得一见!
诸饥渴众生,以法雨充满。昔所未曾睹,无量智慧者,
如优昙钵华,今日乃值遇!我等诸宫殿,蒙光故严饰。
世尊大慈愍,惟愿垂纳受!

"尔时,诸梵天王偈赞佛已,各作是言:'惟愿世尊转于法轮,令一切世间诸天、魔、梵、沙门、婆罗门,皆获安隐,而得度脱!'时,诸梵天王一心同声,以偈颂曰:

惟愿天人尊，转无上法轮，击于大法鼓，而吹大法螺，普雨大法雨，度无量众生。我等咸归请，当演深远音！

"尔时，大通智胜如来默然许之。"

[译文]

"此时，五百万亿国土的梵天王们带上各自的宫殿，用衣物装满盛开的天花，一同向北方飞去，一路追寻这种光明的来源。他们最终见到大通智胜如来坐在道场菩提树下的狮子座上，诸天神、龙王、香神、乐神、蟒神、人非人等大众恭敬地围绕在周围，他们还见到了十六个王子正在恳请佛陀讲说教法。

"看到这种情景，这些梵天王们走上前，五体投地礼拜大通智胜如来，右绕如来百千周之后，他们把所带的天花撒于佛身。所撒的天花多如须弥山一样高，他们同时以此供养佛身边的菩提树。用天花供养毕，梵天王又各自将宫殿奉献给大通智胜佛，并异口同声道：'恳请佛陀怜悯我们，利益我们！恳请您接受我们所献上的宫殿！'随后，诸梵天王在大通智胜佛的面前同心同声以偈颂说道：

世尊啊！见到您实在是太难得了。您是破除一切烦恼的尊者。我们经过了一百三十劫，直到今天才第一次见到您！

您将稀有的教法像雨水一样洒下，滋润了我们这些饥渴中的众生。过去我们没有见到过具有无量智慧的佛陀，您就如优昙钵花一般难得一现，我们今天终于遇到了！因为有您之光明的照耀，我们的宫殿显得无比庄严华丽。恳请世尊大发慈悲心，接受我们的供养吧！

"众梵天王以偈颂赞叹大通智胜佛之后，又齐声说道：'恳请世尊讲说教法，使一切世间天神、魔、梵、沙门、婆罗门等，都能获得安稳快乐，并得到解脱！'然后，他们又同心同声以偈颂说道：

恳请普受一切天神和人所尊敬的佛陀转动无上的妙法之轮，击响大法鼓奏出大法音，吹起大法螺奏起大法乐，普洒大法之雨,来度化无量的众生。我们诸天王都恳请您演说出深远的大法音!

"此时,大通智胜如来默许了他们的请求。"

"西南方,乃至下方,亦复如是。

"尔时,上方五百万亿国土诸大梵王,皆悉自睹所止宫殿,光明威曜,昔所未有。欢喜踊跃,生稀有心,即各相诣,共议此事:'以何因缘,我等宫殿,有斯光明?'时彼众中,有一大梵天王,名曰尸弃,为诸梵众而说偈言:

今以何因缘,我等诸宫殿,威德光明曜,严饰未曾有?
如是之妙相,昔所未闻见,为大德天生?为佛出世间?"

[译文]

"在西南方,以及其他各方——西方、西北方、北方、东北方乃至下方世界也都发生同样的事情,上方世界也是如此。

"那个时候,在上方世界的五百万亿国土中,所有梵天王见到自己的宫殿为光明所照耀,前所未有地炫目,都非常高兴欢喜。他们认定这是稀有的瑞相,于是汇集一处,共同商谈这件事:'我们的宫殿出现前所未有的光明,这究竟是什么原因呢?'这时,大众中有位名叫尸弃的大梵天王,以一偈颂对其他梵天王说道:

我们的宫殿出现前所未有的、具有无比威德的光明,显得非同寻常的庄严,这究竟是什么原因呢?如此殊胜的美妙景象过去从未听说过,也从未见到过,这不是有大福德的人降生,就是有佛出现于世间!"

"尔时,五百万亿诸梵天王与宫殿俱,各以衣裓盛诸天华,共诣下方,推寻是相。见大通智胜如来,处于道场菩提树下,坐师子座,诸天、龙王、乾达婆、紧那罗、摩睺罗伽、人非人等,恭敬围绕,及见十六王子请佛转法轮。

"时,诸梵天王头面礼佛,绕百千匝,即以天华而散佛上。所散之华如须弥山,并以供养佛菩提树。华供养已,各以宫殿,奉上彼佛,而作是言:'惟见哀愍,饶益我等!所献宫殿,愿垂纳受!'时,诸梵天王即于佛前,一心同声,以偈颂曰:

善哉见诸佛,救世之圣尊,能于三界狱,勉出诸众生!
普智天人尊,哀愍群萌类,能开甘露门,广度于一切。
于昔无量劫,空过无有佛,世尊未出时,十方常暗冥。
三恶道增长,阿修罗亦盛,诸天众转减,死多堕恶道。
不从佛闻法,常行不善事,色力及智慧,斯等皆减少。
罪业因缘故,失乐及乐想,住于邪见法,不识善仪则。
不蒙佛所化,常堕于恶道。佛为世间眼,久远时乃出,
哀愍诸众生,故现于世间。超出成正觉,我等甚欣庆,
及余一切众,喜叹未曾有。我等诸宫殿,蒙光故严饰,
今以奉世尊,惟垂哀纳受!愿以此功德,普及于一切,
我等与众生,皆共成佛道!"

[译文]

"此时,五百万亿国土的梵天王们各自带上宫殿,用衣物装满盛开的天花,一同飞向下方,一路寻找这种光明的来源。最终他们见到大通智胜如来坐在道场菩提树下的狮子座上,诸天神、龙王、香神、乐神、蟒神、八部鬼神等大众恭敬地围绕在周围,又见到了十六个王子正在恳请佛陀讲说教法。

"此时,这些梵天王们五体投地礼拜大通智胜如来,右绕如来百千周之后,他们把所带的天花撒在佛身上。所撒的天花多如须弥山一般,他们同时以此供养佛身边的菩提树。用天花供养毕,这些梵天王又各自将宫殿奉献给大通智胜佛,并异口同声道:'恳请佛

陀怜悯我们，利益我们！恳请您能接受我们所献上的宫殿！'之后，各位梵天王就在大通智胜佛的面前同心同声以偈颂说道：

诸佛是救护世间众生的圣中之尊，能够勉励众生出离三界的牢狱。能够见到诸佛，我们真是太幸运了！

佛陀具足一切智慧，是一切天神和人类中之至尊者。您哀愍所有有情众生，打开甘露之门，度化他们。在过去的无量劫中，我们都白白空过，因为没有世尊出现在世间，十方世界一直处于黑暗之中，众生于无明长夜中苦苦挣扎。没有导师的教诲，堕入三恶道的众生不断增多，多怒好斗的阿修罗众也日益兴旺，与此同时，善道中的诸天众却日益减少，许多死后也纷纷堕入恶道。众生没有机会听佛讲法，长期以来不行善事，无论是体力还是智慧都与日俱减。由于造下种种恶业，众生失去本有的各种快乐，甚至不再追求快乐，他们沉溺于错误见解，分不清善的标准和行为。总之，得不到佛陀的教化，众生由此生生世世轮回于三恶道中。

佛陀啊！您是世间一切众生的眼睛，久远才出现于世一次。也正是因为佛陀哀愍这些身处黑暗中的众生，才出现在世间。佛陀尽管身现于世，却超越三界牢狱而成就无上圣智，我们梵天大众都非常欢欣和庆幸，其他一切众生也都感到从来都没有过的喜悦。承蒙您的光明照耀，我们的宫殿前所未有地庄严雄伟。现在，我们就将这些奉献给世尊，唯愿您慈悲接受我们的供养。希望以这样的供养功德，能够遍及一切众生，使我们与所有的众生，最终都能够成就无上佛道！"

"尔时，五百万亿诸梵天王偈赞佛已，各白佛言：'惟愿世尊转于法轮，多所安隐，多所度脱！'时，诸梵天王而说偈言：
世尊转法轮，击甘露法鼓，度苦恼众生，开示涅槃道。

惟愿受我请，以大微妙音，哀愍而敷演，无量劫集法。"

[译文]

"此时，各位梵天王以偈颂赞叹大通智胜佛之后，又齐声说道：'恳请世尊转动妙法之轮讲说教法，使众生获得安稳快乐，得令更多的众生获得解脱！'然后，他们又同心同声以偈颂说道：

恳请世尊讲说无上教法，击响那甘露的法鼓，度化一切苦恼中的众生，为我们开示通向涅槃解脱的无上道路。恳请世尊接受我们的请求，怜悯我们这些为苦难所逼的众生，用那微妙而洪亮的音声演说无量劫以来所结集的教法。"

"尔时，大通智胜如来，受十方诸梵天王及十六王子请，即时三转十二行法轮。若沙门、婆罗门，若天、魔、梵及余世间所不能转，谓是苦、是苦集、是苦灭、是苦灭道。及广说十二因缘法，无明缘行，行缘识，识缘名色，名色缘六入，六入缘触，触缘受，受缘爱，爱缘取，取缘有，有缘生，生缘老死忧悲苦恼。无明灭，则行灭；行灭，则识灭；识灭，则名色灭；名色灭，则六入灭；六入灭，则触灭；触灭，则受灭；受灭，则爱灭；爱灭，则取灭；取灭，则有灭；有灭，则生灭；生灭，则老死忧悲苦恼灭。

"佛于天人大众之中，说是法时，六百万亿那由他人，以不受一切法故，而于诸漏，心得解脱，皆得深妙禅定，三明、六通，具八解脱。第二、第三、第四说法时，千万亿恒河沙那由他等众生，亦以不受一切法故，而于诸漏，心得解脱。从是已后，诸声闻众，无量无边，不可称数。"

[译文]

"此时，大通智胜如来受十方世界所有梵天王以及十六位王子的劝请，开始分三次从不同层次分别讲说苦、集、灭、道四谛教法，即称作三转十二行法轮。这是一切沙门、婆罗门、天神、魔、梵天以及世间其他众生所无法讲说的。内容为：三界诸苦、苦之原因、苦灭之后的境界以及灭苦之道。此外，佛还广泛地讲说了十二因缘之法，这就是：无明缘行，行缘识，识缘名色，名色缘六入，六入缘触，触缘受，受缘爱，爱缘取，取缘有，有缘生，生缘老死忧悲苦恼。逆向则为解脱之道，那就是：无明灭，则行灭；行灭，则识灭；识灭，则名色灭；名色灭，则六入灭；六入灭，则触灭；触灭，则受灭；受灭，则爱灭；爱灭，则取灭；取灭，则有灭；有灭，则生灭；生灭，则老死忧悲苦恼灭。

"大通智胜佛在天、人大众中讲说这些教法之时，有六百万亿那由他的众生闻法开悟，由于知不执著一切而当场断除所有烦恼缠缚，心得解脱，纷纷得证甚深的妙禅定、三明以及六种神通，并具足八种解脱相。大通智胜如来第二次、第三次、第四次讲法之时，千万亿恒河沙般那由他的众生也由了知不执著一切的缘故，当场断除所有的烦恼缠缚，心得解脱。从此以后，得道的声闻弟子数目无量无边，无法计数。"

"尔时，十六王子皆以童子出家，而为沙弥，诸根通利，智慧明了，已曾供养百千万亿诸佛，净修梵行，求阿耨多罗三藐三菩提。俱白佛言：'世尊，是诸无量千万亿大德声闻，皆已成就！世尊，亦当为我等说阿耨多罗三藐三菩提法。我等闻已，皆共修学。世尊，我等志愿如来知见，深心所念，佛自证知。'

"尔时，转轮圣王所将众中，八万亿人见十六王子出家，亦求出家，王即听许。

"尔时，彼佛受沙弥请，过二万劫已，乃于四众之中，说是大乘经，名《妙法莲华》，教菩萨法，佛所护念。说是经已，十六沙弥为阿耨多罗三藐三菩提故，皆共受持，讽诵通利。说是经时，十六菩萨沙弥皆悉信受，声闻众中，亦有信解，其余众生，千万亿种，皆生疑惑。佛说是经，于八千劫，未曾休废，说此经已，即入静室，住于禅定，八万四千劫。

"是时，十六菩萨沙弥知佛入室，寂然禅定，各升法座，亦于八万四千劫为四部众广说分别《妙法华经》，一一皆度六百万亿那由他恒河沙等众生，示教利喜，令发阿耨多罗三藐三菩提心。

"大通智胜佛过八万四千劫已，从三昧起，往诣法座，安详而坐，普告大众：'是十六菩萨沙弥，甚为稀有！诸根通利，智慧明了，已曾供养无量千万亿数诸佛。于诸佛所，常修梵行，受持佛智，开示众生，令入其中。汝等皆当数数亲近而供养之。所以者何？若声闻、辟支佛及诸菩萨，能信是十六菩萨所说经法，受持不毁者，是人皆当得阿耨多罗三藐三菩提，如来之慧！'"

[译文]

"那时，十六位王子都以童子之身份出家成为沙弥。他们根性通达锐利，智慧深厚，明了道理，都是于过去世中曾供养过百千万亿的诸佛，并一直遵从诸佛教诲修习清净梵行，志求无上佛慧。他们一同对大通智胜佛说道：'世尊，这些无量千万亿的声闻大德们都已经成就圣果，世尊也应该为我们讲说证得大乘无上智慧的法门。我们听到后，一定都会好好修习。世尊，我们志求如来的知见，这是我们内心深处的强烈愿望，您一定知道。'

"与此同时，转轮圣王所带领的大众中，有八万亿人见到十六位王子集体出家，也都要求出家，转轮圣王随即允诺。

"那时，大通智胜佛应众沙弥的劝请，于二万劫之后，才在四众弟子中讲说这部大乘经典，名为《妙法莲华经》，这是教授菩萨的法门，为诸佛所护持和关怀。佛讲完这部经之后，十六位沙弥为证得佛之无上智慧一心受持，读诵领会直至通达。在大通智胜佛讲说此经时，十六位发菩萨心的沙弥都完全相信并受持于心，声闻大众中也有部分能够相信和理解，而其余的千万亿众生却都对此经内容有所疑惑。大通智胜佛在长达八千劫的时间里，不曾间断地讲说这部经典，讲完之后，随即进入静室，住于禅定长达八万四千劫。

"那时，十六位发菩萨心的沙弥知道大通智胜佛已于静室入甚深禅定，于是各升法座，在佛入定的八万四千劫中，为四众弟子广泛讲说《妙法莲华经》。他们分别度化六百万亿那由他恒河沙般多的众生，给予他们开示和教导，令他们得到利益和欢喜，并帮助他们发起志求无上智慧的菩提心。

"经过八万四千劫之后，大通智胜佛从三昧中出定，来到法座，安详而坐。他告诉所有与会大众道：'这十六位发菩萨心的沙弥非常稀有难得！他们根性通达锐利，智慧深厚，明了道理，都曾供养过无量千万亿的诸佛，并跟随诸佛常修清净行，受持佛的智慧，并为一切众生开示，使其也能够了悟佛之智慧。你们都应该多多亲近他们，供养他们。为什么呢？因为，如果有声闻、辟支佛或者菩萨相信这十六位菩萨所说的经典教法，依其修行而不诽谤，那么，这些人都会证得佛的无上智慧！'"

佛告诸比丘："是十六菩萨，常乐说是《妙法莲华经》。一一菩萨，所化六百万亿那由他恒河沙等众生，世世所生，与菩萨俱，从其闻法，悉皆信解。以此因缘，得值四百万亿诸佛世尊，于今不尽。

"诸比丘，我今语汝，彼佛弟子十六沙弥，今皆得阿耨多罗三藐三菩提，于十方国土，现在说法，有无量百千万亿菩萨、声闻，以为眷属。其二沙弥，东方作佛，一名阿閦，在欢喜国，二名须弥顶。东南方二佛，一名师子音，二名师子相。南方二佛，一名虚空住，二名常灭。西南方二佛，一名帝相，二名梵相。西方二佛，一名阿弥陀，二名度一切世间苦恼。西北方二佛，一名多摩罗跋栴檀香神通，二名须弥相。北方二佛，一名云自在，二名云自在王。东北方佛，名坏一切世间怖畏，第十六，我释迦牟尼佛，于娑婆国土，成阿耨多罗三藐三菩提。"

[译文]

释迦牟尼佛接着告诉各位比丘道："这十六位菩萨长期以来一直热衷于讲说这部《妙法莲华经》。他们每一位所度化的六百万亿那由他恒河沙般多的众生，生生世世都追随这些菩萨聆听法义，并且都能够相信和理解。正是出于这个原因，这些众生得以遇到四百万亿位诸佛世尊，直到今天还在延续这一福德。

"各位比丘，我现在告诉你们，大通智胜佛的十六位沙弥弟子现在都已经证得了佛的无上智慧，他们如今在十方国土中正在讲法，有无量百千万亿的菩萨、声闻大众作为他们的眷属。其中两位沙弥在东方世界成佛，一位名号为阿閦佛，在欢喜国土；另一位名号为须弥顶佛。有两位在东南方成佛，一位名号为师子音佛，另一位名号为师子相佛。南方也有两位成佛，一位名号为虚空住佛，另一位名号为常灭佛。西南有两位成佛，一位名号为帝相佛，另一位名号为梵相佛。西方有两位成佛，一位名号为阿弥陀佛，另一位名号为度一切世间苦恼佛。西北方有两位成佛，一位名号为多摩罗跋栴檀香神通佛，另一位名号为须弥相佛。北方有两位成佛，一位名号为云自在佛，另一位名号为云自在王佛。东北方有一位成佛，名号为坏一切世间怖畏佛。第十六位就是我释迦牟尼佛，在娑婆国土成就佛的无上智慧。"

"诸比丘，我等为沙弥时，各各教化无量百千万亿恒河沙等众生，从我闻法，为阿耨多罗三藐三菩提。此诸众生，于今有住声闻地者，我常教化阿耨多罗三藐三菩提。是诸人等，应以是法渐入佛道。所以者何？如来智慧，难信难解。尔时，所化无量恒河沙等众生者，汝等诸比丘及我灭度后未来世中声闻弟子是也。

"我灭度后，复有弟子不闻是经，不知不觉菩萨所行，自于所得功德，生灭度想，当入涅槃。我于余国作佛，更有异名，是人虽生灭度之想，入于涅槃，而于彼土求佛智慧，得闻是经。惟以佛乘而得灭度，更无余乘，除诸如来方便说法。

"诸比丘，若如来自知涅槃时到，众又清净，信解坚固，了达空法，深入禅定，便集诸菩萨及声闻众，为说是经。世间无有二乘而得灭度，惟一佛乘得灭度耳！"

[译文]

"各位比丘，我们十六位王子做沙弥时，各自教化了无量百千万亿恒河沙数之多的众生，他们从我们这里听闻佛法之后，便一心志求佛的无上智慧。这些众生中，有的今天处于声闻乘修行道上，我常教化他们向着无上佛智继续修行。这些人应该通过这样的法门渐渐进入佛道的修行。为什么这样说呢？因为如来的智慧深不可测，众生难以相信，也难以理解。那时，我所教化的无量恒河沙数的众生，就是你们这些比丘以及我灭度后未来世中的声闻弟子们。

"在我灭度后，还会有一些弟子没有听闻这部经典，也就无从了解和觉悟大乘菩萨行。他们执著于小乘法门，对于自己已经证得的功德，便认为已经超越生死轮回可以进入涅槃了。届时，我将在其他国土作佛，也将另有其他名号。这些人虽然认为自己已经超越生死轮回进入涅槃，但在那个国土中会求取佛的智慧，从而能够听到这部经典。总之，只有通过唯一的佛乘才能获得真实的灭度，除此之外，再没有其他乘的教法能获得真正灭度。当然，除过如来权巧方便的教法。如前所说，那只是权宜之说，并非究竟。

"各位比丘，如果如来知道自己涅槃的时间即将来临，了知众人心地清净、信心坚固、了解通达一切法空的道理，并能够深入禅定之时，就会召集诸位菩萨和声闻弟子，为大众讲说这部经典。世间一切众生没有依靠二乘教法而得到灭度的，唯有一佛乘可以得到真实灭度！"

"比丘当知，如来方便，深入众生之性，如其志乐小法，深著五欲，为是等故，说于涅槃。是人若闻，则便信受。

"譬如五百由旬险难恶道，旷绝无人，怖畏之处，若有多众。欲过此道，至珍宝处。有一导师，聪慧明达，善知险道通塞之相，将导众人欲过此难。所将人众中路懈退，白导师言：'我等疲极，而复怖畏，不能复进，前路犹远，今欲退还。'导师多诸方便，而作是念：'此等可愍，云何舍大珍宝而退还？'作是念已，以方便力，于险道中，过三百由旬，化作一城。告众人言：'汝等勿怖，莫得退还。今此大城，可于中止，随意所作。若入是城，快得安隐。若能前至宝所，亦可得去。'是时，疲极之众心大欢喜，叹未曾有：'我等今者，免斯恶道，快得安隐！'于是，众人前入化城，生已度想，生安隐想。尔时，导师知此人众既得止息，无复疲倦，即灭化城，语众人言：'汝等去来，宝处在近。向者大城，我所化作，为止息耳。'"

[译文]

"比丘们，你们应该知道，如来度人多采用方便法门。如来详知众生心性，如果众生志向和兴趣在于小乘教法，或深深沉迷于五欲之中，如来就为他们讲说小乘涅槃之道，这些人听后就会相信，并随教起修。

"比如有条长五百由旬充满艰难危险的恶道，沿途旷绝无人，充满险恶，恐怖至极。但此路通向的却是埋藏一切珍宝之处，因此有许多人想要通过这条道路。有一位导师,非常聪明且明达事理,他了解险道的具体情况,发心引导众人通过这条危机四伏的艰险路途。他所带领的人走到中途却因疲倦而想退回不再前进了。他们对导师说:'我们都疲惫不堪,又十分害怕,不能再前进了。前面的路还很远,我们想要退回去。'这位导师具有很多方便法门,他想道:'这些人真可怜,为什么要舍弃无量的珍宝而要退转回去呢?'于是,他就运用方便力量,在险道前方三百由旬处幻化出一座城市,然后对众人说:'你们不要害怕,更不要退回去。你们看,前方有座大城,可以在那里停下来休息,想做什么就做什么。如果到达这座城市,就可以立即安稳下来。休整好了,如果想要继续前进到藏宝之处,也是可以的。'这时,极度疲惫的大众不由得欢喜异常,他们连连感叹:'这是从未见过的景象,我们终于可以避开恶道的辛苦,迅速得到安稳和快乐了。'于是,众人继续前进,一鼓作气,很快便进入这座幻化之城。他们都以为这样就是已经得到灭度,得到永久的安稳和快乐。之后,导师知道众人已经得到充分休息,不再疲倦,于是灭去幻化之城,对众人说道:'你们要继续随我前进,藏宝之地离此不远。以前的那座城市是我所幻化的,只是为了能让你们休息一下以能继续前进而已。'"

"诸比丘,如来亦复如是,今为汝等作大导师,知诸生死烦恼恶道,险难长远,应去应度。

"若众生但闻一佛乘者,则不欲见佛,不欲亲近,便作是念:'佛道长远,久受勤苦,乃可得成。'佛知是心,怯弱下劣,以方便力,而于中道为止息故,说二涅槃。若众生住于二地,如来尔时即便为说:'汝等所作未办,汝所住地,近于佛慧,当观察筹量所得涅槃,非真实也。但是如来方便之力,于一佛乘,分别说三。'如彼导师,为止息故,化作大城。既知息已,而告之言:'宝处在近,此城非实,我化作耳。'"

[译文]

"各位比丘,如来也是这样,现在是你们的大导师,知道生死烦恼恶道的种种危险和艰难,了知路途的远近以及最终要到达的目标和得度的方法。

"众生如果只听到一佛乘的教法,就会望而却步不愿见佛,也不愿亲近佛。他们会这样想:'成佛的道路这么久远,要经过长久的勤苦修行才能够成就。'佛知道他们这种畏难、不求上进之心,便像刚才譬喻故事中的导师采用方便神通力在途中设立休息的地方一样,为众生权宜讲说小乘的有余涅槃,以使他们不离成佛之道。如果众生停止于小乘境界,如来那时就会对他们开示:'你们所要做的尚未完成,你们所住之境已经接近佛的智慧了。你们应当去仔细观察和思考,你们所得涅槃并非真实。这只是如来用权巧之法将一佛乘的教法分成声闻、缘觉、菩萨三个次第来讲而已。'正如上述故事中的那位导师,他为了让众人休息而在中途幻化出一座城市。当看到众人休整完毕,导师就告诉他们:'藏宝之地就在附近,而这座城市并非真实,只是我所变化而成的虚幻之城。'"

尔时,世尊欲重宣此义,而说偈言:
大通智胜佛,十劫坐道场,佛法不现前,不得成佛道。
诸天神龙王,阿修罗众等,常雨于天华,以供养彼佛。
诸天击天鼓,并作众伎乐,香风吹萎华,更雨新好者。
过十小劫已,乃得成佛道。诸天及世人,心皆怀踊跃。
彼佛十六子,皆与其眷属,千万亿围绕,俱行至佛所,
头面礼佛足,而请转法轮。圣师子法雨,充我及一切!
世尊甚难值,久远时一现,为觉悟群生,震动于一切!
东方诸世界,五百万亿国,梵宫殿光曜,昔所未曾有。

诸梵见此相，寻来至佛所，散华以供养，并奉上宫殿，
请佛转法轮，以偈而赞叹。佛知时未至，受请默然坐。
三方及四维，上下亦复尔，散华奉宫殿，请佛转法轮：
世尊甚难值，愿以大慈悲，广开甘露门，转无上法轮！

[译文]

此时，释迦牟尼佛为了重新阐明这一法要，就用偈颂说道：

大通智胜佛于道场中静坐入定十小劫，无上真理一直没有现前，未能成就佛道。那时，一切天神、龙王、阿修罗等大众聚集在道场，不停地如雨般撒下天花来供养大通智胜佛，诸天众还敲打天鼓奏起天乐跳起舞蹈。有香风阵阵吹来，吹走枯萎的花朵，如雨般又撒下无数的鲜花。就这样又经过十个小劫，大通智胜佛终于成就无上佛果。一切天神以及世间人类等众生皆兴奋鼓舞，欢喜跳跃。大通智胜佛的十六位王子各自带领眷属，在千万亿人的围绕下，一同来到佛的道场。他们五体投地向佛致礼，恳请佛陀讲说教法。他们说：世尊是人中的狮子！恳请您用法之雨水滋润我们及一切众生吧！世尊出现在世间极为稀有，难得遇到，极其久远的时间才会出现一次。您出世是为唤醒无明的众生，引导众生走向觉悟，您的教法将会令世间一切发生震动！

东方世界有五百万亿个国土，受佛光照耀，所有这些国土的梵天宫殿显得前所未有的耀目，光芒万丈。诸位梵天王见到这种瑞相后，都一路寻找来到大通智胜佛的道场。他们撒下各种天花来供养佛，并将各自的宫殿奉献给佛。他们纷纷恳请佛陀讲说教法，并以偈颂赞叹。大通智胜佛知道讲法的时机还未成熟，只是接受请求却仍旧默然而坐。南方、西方、北方其余三方以及东南、西南、西北、东北四维，还有上方、下方共十方世界，各有五百万亿佛土，所有的梵天王宫殿也都出现了相

同的情况。十方世界的所有梵天王齐聚大通智胜佛的道场，他们撒下天花并奉献宫殿供养佛陀，齐请佛转动法轮：世尊出现于世间非常稀有，恳请您以广大的慈悲，广开甘露之门，转动无上法轮！

无量慧世尊，受彼众人请，为宣种种法，四谛十二缘，
无明至老死，皆从生缘有。如是众过患，汝等应当知。
宣畅是法时，六百万亿姟，得尽诸苦际，皆成阿罗汉。
第二说法时，千万恒沙众，于诸法不受，亦得阿罗汉。
从是后得道，其数无有量，万亿劫算数，不能得其边。
时十六王子，出家作沙弥，皆共请彼佛，演说大乘法。
我等及营从，皆当成佛道，愿得如世尊，慧眼第一净。
佛知童子心，宿世之所行，以无量因缘，种种诸譬喻，
说六波罗蜜，及诸神通事。分别真实法，菩萨所行道，
说是法华经，如恒河沙偈。彼佛说经已，静室入禅定，
一心一处坐，八万四千劫。

[译文]

具有无量智慧的世尊，大通智胜佛，应众人的请求，随顺因缘而为大众宣讲种种教法，包括苦、集、灭、道四圣谛法，以及从无明至老死环环相扣的十二因缘法。这些道理都是说明此世的有之业力导致了来世的生，因此世世牵引轮回无期，从而导致无穷的过患。对此，你们应该知道。

大通智胜佛宣讲这些教法时，有六百万亿的大众清除所有痛苦烦恼而成就阿罗汉果。第二次讲法之时，有千万恒河沙般众多的大众不再于一切法执著，也证得阿罗汉。从此之后，受大通智胜佛教化证得果位的大众数目无边无际，经万亿劫也无法计算出具体数量。

化城喻品第七　159

当时，十六王子在大通智胜佛前发心出家，成为沙弥。他们共同恳请大通智胜佛讲说大乘法门：我们以及我们的随从都发愿成就无上佛果，希望能够像世尊一样，得证第一清净的慧眼。佛知道这些童子的愿心以及他们宿世的种种善行，便用无量因缘，以种种比喻为他们广说布施、持戒、忍辱、禅定、精进、般若等六波罗蜜以及种种神通妙用之事，并为众生指明何为真实的佛乘教法以及菩萨的种种修行道路。佛所讲说的这部《妙法莲华经》内容丰富，含有如恒河沙般多的偈颂。大通智胜佛讲经完毕后，进入静室入于甚深禅定，身心不动，一直坐了八万四千劫。

是诸沙弥等，知佛禅未出，为无量亿众，说佛无上慧，
各各坐法座，说是大乘经，于佛宴寂后，宣扬助法化。
一一沙弥等，所度诸众生，有六百万亿，恒河沙等众。
彼佛灭度后，是诸闻法者，在在诸佛土，常与师俱生。
是十六沙弥，具足行佛道，今现在十方，各得成正觉。
尔时闻法者，各在诸佛所，其有住声闻，渐教以佛道。
我在十六数，曾亦为汝说，是故以方便，引汝趋佛慧。
以是本因缘，今说法华经，令汝入佛道，慎勿怀惊惧。

[译文]

  这十六位沙弥知道大通智胜佛入于禅定，于是，他们发心为无量亿的众生讲说佛之无上圣慧。他们各登法座，讲说这部大乘经典，在佛陀静坐禅定期间，助佛宣扬大乘教法，教化众生。其中，每一位沙弥所度化的众生都有六百万亿恒河沙数目一样多。大通智胜佛灭度以后，这些跟随十六沙弥听法的众生，未来常生于各个佛土，并世世都与自己的导师在一起。这十六位沙弥，最终具足各种佛道的修行，觉行圆满，现在分别

在十方世界各自成就无上佛果。当时跟随他们听闻佛法的大众，如今又都跟随各自的佛陀修学，他们有的已得证声闻果位，佛正在引领他们渐渐趋向大乘佛道。

我前世就是这十六沙弥之一，过去我也曾为你们讲说教法，所以现在采用种种方便法门来引导你们趋于佛的智慧。正是出于这个本已存在的因缘，我今天才为你们讲说《妙法莲华经》，以引导你们进入佛道。你们千万不要怀疑，也无须惊慌和害怕。

譬如险恶道，迥绝多毒兽，又复无水草，人所怖畏处。
无数千万众，欲过此险道，其路甚旷远，经五百由旬。
时有一导师，强识有智慧，明了心决定，在险济众难。
众人皆疲倦，而白导师言，我等今顿乏，于此欲退还。
导师作是念，此辈甚可愍，如何欲退还，而失大珍宝。
寻时思方便，当设神通力，化作大城郭，庄严诸舍宅。
周匝有园林，渠流及浴池，重门高楼阁，男女皆充满。
即作是化已，慰众言勿惧，汝等入此城，各可随所乐。
诸人既入城，心皆大欢喜，皆生安隐想，自谓已得度。
导师知息已，集众而告言，汝等当前进，此是化城耳。
我见汝疲极，中路欲退还，故以方便力，权化作此城，
汝今勤精进，当共至宝所。

[译文]

比如有条充满危险的道路，不仅路途曲折，荒无人烟，而且有许多毒虫和野兽出没，沿路又没有一点水源和绿草，是个令人知而生畏的地方。有超过千万的无数大众想要通过这条险道，但因其空旷而遥远，长达五百由旬，让人无法成行。当时大众中有位导师，他见多识广且有智慧，了解险道中的各种情

况,于是下定决心来帮助众人克服所有困难平安通过险道。走到中途,众人疲惫不堪,他们对导师说:我们困乏至极,不愿前进了,想要退回去。导师听后想道:这些大众真值得怜悯,路程过半却要退回去,白白丧失得到大珍宝的机会。于是,他设法运用神通,变化出一座规模雄伟的城郭。城中有各种华丽的房屋,环绕有各式园林、小溪和浴池等,四处层层门第高楼重阁,又有男女老少各种人群遍布其内。幻化出这所城镇之后,导师安慰众人道:你们不要担心,可以进入前面那座城镇,随心所欲,好好休息。众人于是继续前行进入这座大城,既入城已,众人都非常高兴,不由得产生在此安稳生活的想法,并自认为已经通过险道,获得永久的安乐。导师看到众人得到充分休息之后,召集起大家说:你们应该继续前进,这里只是一座幻化之城。我见你们疲惫不堪,想要中途退回,所以用神通暂时幻化出这座城镇。你们现在还应勤奋精进,将来共同到达藏宝之地。

我亦复如是,为一切导师。见诸求道者,中路而懈废,
不能度生死,烦恼诸险道。故以方便力,为息说涅槃,
言汝等苦灭,所作皆已办。既知到涅槃,皆得阿罗汉,
尔乃集大众,为说真实法。
诸佛方便力,分别说三乘,唯有一佛乘,息处故说二。
今为汝说实,汝所得非灭,为佛一切智,当发大精进。
汝证一切智,十力等佛法,具三十二相,乃是真实灭。
诸佛之导师,为息说涅槃,既知是息已,引入于佛慧!

[译文]

我也是如此。作为一切众生的导师,我见到有许多求道之人中途懈怠而前功尽弃,丧失通过生死苦海和烦恼险道的机

会。由此，佛采用方便之门，为让众生有所休整而讲说小乘涅槃之道，告诉他们说：你们灭除烦恼，所有应做之事圆满完成时，就是得证涅槃。等到众生证得有余涅槃，都得到阿罗汉果位之后，佛再次召集大众，为其讲说真实的教法。

　　三世诸佛都这样，以其方便之力，分别讲说三乘的教法，但必须明白，佛的真实教法其实只有一佛乘，为了让一些众生在修行道上得到休息，才讲说了其他二乘。现在为你们说明真实的情况，你们所得到的涅槃，并不是真正的寂灭。要想得到佛的一切种智，你们应当发心更加努力修行。当你们证得一切种智的时候，就会具有与佛等同的十力等智慧和能力，具足三十二种瑞相以及八十随形好，那才是真实的寂灭。诸佛就如那位导师一样，只是为了让大众得以暂时休息，才演说小乘的涅槃之法。得知大众业已休息好，就引导他们进入佛之智慧！

卷第四

五百弟子受记品第八

尔时,富楼那弥多罗尼子,从佛闻是智慧方便,随宜说法,又闻授诸大弟子阿耨多罗三藐三菩提记,复闻宿世因缘之事,复闻诸佛有大自在神通之力,得未曾有,心净踊跃。即从座起,到于佛前,头面礼足,却住一面,瞻仰尊颜,目不暂舍。而作是念:"世尊甚奇特,所为稀有。随顺世间若干种性,以方便知见,而为说法,拔出众生处处贪著。我等于佛功德,言不能宣,惟佛世尊能知我等深心本愿!"

[译文]

那个时候,佛弟子富楼那弥多罗尼子听到释迦牟尼佛讲说诸佛以智慧方便应机说法的情况,又亲闻佛陀为诸大弟子授记将会成就无上智慧,再听到佛讲说宿世的因缘,得知自己世世随佛闻法修行,还听到诸佛具有随缘自在、不可思议的神通之力,所有这些都是他闻所未闻,见所未见过的。他心生欢喜,异常清净,即刻从座位上站起来,来到佛面前,五体投地向佛敬礼,然后退立一旁,目不转睛地注视着佛的尊颜,心中想:"世尊真是奇特,所作所为更是稀有。世尊可以随世间众生的各种品性,用权巧之法化导众生,为他们讲说教法,把众生从各种贪著中救拔出来。我们对于佛的功德,无法用语言来表达。唯有世尊才能够知道我们内心深处求取佛道的愿心!"

尔时,佛告诸比丘:"汝等见是富楼那弥多罗尼子否?我常称其于说法人中,最为第一。亦常叹其种种功德,精勤护持,助宣我法,能于四众,示教利喜,具足解释佛之正法,而大饶益同梵行者。自舍如来,无能尽其言论之辩!

"汝等勿谓富楼那但能护持助宣我法,亦于过去九十亿诸佛所,护持助宣佛之正法,于彼说法人中,亦最第一。又于诸佛所说空法,明了通达,得四无碍智①,常能审谛清净说法,无有疑惑,具足菩萨神通之力。随其寿命,常修梵行。彼佛世人,咸皆谓之实是声闻。而富楼那以斯方便,饶益无量百千众生,又化无量阿僧祇人,令立阿耨多罗三藐三菩提。为净佛土故,常作佛事,教化众生。"

[注释]

①四无碍智:指法无碍智、义无碍智、词无碍智、乐说无碍智。法无碍智是通达诸法的名字,分别无滞;义无碍智是了知一切法的道理,通达无碍;词无碍智是通晓各种言语,能随意演说;乐说无碍智是辩说法义,圆融无滞,为众生乐说自在。

[译文]

这时,释迦牟尼佛告诉各位比丘道:"你们看到我的这位弟子富楼那弥多罗尼子了吗?我常常称赞他的讲法能力,说他是众弟子中讲法的第一人。我也常常赞叹他的种种功德,比如修行精进,勤奋护持佛法，帮助佛宣扬教法；善于对四众弟子显示教法的利益，从而使他们乐于修学，获得利益和法喜；具足深厚的智慧，能够为大众解释佛之正确教法，由此对同修清净行的道友有很大帮助。除了如来以外，没有人能够在语言方面有富楼那弥多罗尼子这样的无碍辩才。

"你们不要以为富楼那只能帮助我宣扬教法，他在过去的九十亿尊佛那里就曾护持并帮助宣扬佛之正法，是为每一尊佛住世之时佛弟子中善于讲法的第一人。他对于诸佛所讲说的空性法要明了通达，得到四种无碍智慧，他能正确审辨和思维清净教法，从未有疑惑，他具足菩萨的各种神通之力。过去世的每一生中，他都一直毕生修清净梵行。而和他生活在同一时期的众人，都认为他是一位声闻弟子。实则不然，富楼那外现声闻相而内实菩萨行，他是借这种方法广开方便之门来利益无量百千的众生。他度化了无量阿僧祇的人众，使他们发起求取无上菩提之心。为了佛的国土更加清净，他常常做各种佛教事业，教化众生。"

"诸比丘，富楼那亦于七佛[①]说法人中，而得第一；今于我所说法人中，亦为第一；于贤劫[②]中当来诸佛说法人中，亦复第一，而皆护持，助宣佛法。亦于未来，护持助宣无量无边诸佛之法，教化饶益无量众生，令立阿耨多罗三藐三菩提。为净佛土故，常勤精进，教化众生，渐渐具足菩萨之道。

"过无量阿僧祇劫，当于此土，得阿耨多罗三藐三菩提，号曰：法明如来、应供、正遍知、明行足、善逝、世间解、无上士、调御丈夫、天人师、佛世尊。其佛以恒河沙等三千大千世界，为一佛土，七宝为地，地平如掌，无有山陵、溪涧、沟壑，七宝台观，充满其中。诸天宫殿，近处虚空，人天交接，两得相见。无诸恶道，亦无女人，一切众生，皆以化生[③]，无有淫欲。

得大神通,身出光明,飞行自在,志念坚固,精进智慧,普皆金色,三十二相,而自庄严。其国众生,常以二食,一者,法喜食;二者,禅悦食。有无量阿僧祇千万亿那由他诸菩萨众,得大神通、四无碍智,善能教化众生之类。其声闻众,算数校计所不能知,皆得具足六通、三明及八解脱。

"其佛国土,有如是等无量功德庄严成就。劫名宝明,国名善净。其佛寿命无量阿僧祇劫,法住甚久。佛灭度后,起七宝塔,遍满其国。"

[注释]

①七佛:指过去的七佛,依次为毗婆尸佛、尸弃佛、毗舍浮佛、拘留孙佛、拘那含牟尼佛、迦叶佛、释迦牟尼佛。②贤劫:过去的大劫叫庄严劫,未来的大劫叫星宿劫。贤劫即现在的大劫,因在此大劫中,会有一千尊佛出世而名贤劫。③化生:四生之一,是说出生之时没有依托之处,忽然而生,如天界、地狱以及劫初的人等。

[译文]

"各位比丘,过去七佛在世时,富楼那也是在众弟子中讲法名列第一者;如今在我释迦牟尼佛这里,他在众弟子中仍是讲法第一;在贤劫中未来将出世的诸佛座下,他在众弟子中仍将是讲法第一。在所有这些诸佛世界中,富楼那都能一直护持并帮助诸佛宣扬教法。在未来世无量无边的诸佛那里,他同样会护持并帮助诸佛弘扬教法,教化众生,令他们蒙受法益发起志求无上菩提之心。为了佛的国土更加清净,富楼那始终一心精进修行,教化众生,由此渐渐具足菩萨的各种功德。

"再经过无量阿僧祇劫,富楼那将在这个国土证得佛之无上智慧。他成佛的名号是:法明如来、应供、正遍知、明行足、善逝、世间解、无上士、调御丈夫、天人师、佛世尊。法明佛以恒河沙数之多的三千大千世界为自己度化的佛土,佛国大地以金、银、琉璃等七种珍宝铺成，地面平整如掌，没有山陵、溪涧、沟壑，处处都有七宝装饰的楼台，众天神的宫殿耸立在离地面很近的虚空中，人间与天界相接，互相能够看得见。法明如来的佛土中，没有地狱、饿鬼、畜生等三恶道，也没有女人，一切众生都来自化生，因此众生都没有淫欲，他们个个能够得到大神通，身放光明，还可以自由自在地飞行。他们志求佛果，信心坚固，修行精进，智慧广大，身皆成金色，具足三十二种非凡之相，外相一如佛陀般庄严。该佛国众生以两种食物为食，一是以修法的喜悦，二是禅定的喜悦。国中有无量阿僧祇千万亿那由他那么多的菩萨大众，他们个个证得大神通，具有四无碍智，善于教化各类众生。国土中的声闻弟子数量同样多得无法计算，他们都具足六种神通、三明以及八种解脱。

"总之，法明佛的佛土拥有这样的无量功德、无比的庄严和成就。法明佛住世时期的劫名为宝明，国土名叫善净。法明佛的寿命有无量阿僧祇劫，正法住世非常久远。法明佛灭度后，众生为供养他的舍利而建立的宝塔遍布全国。"

尔时，世尊欲重宣此义，而说偈言：
诸比丘谛听，佛子所行道，善学方便故，不可得思议。
知众乐小法，而畏于大智，是故诸菩萨，作声闻缘觉，
以无数方便，化诸众生类。自说是声闻，去佛道甚远，
度脱无量众，皆悉得成就，虽小欲懈怠，渐当令作佛。
内秘菩萨行，外现是声闻，少欲厌生死，实自净佛土。
示众有三毒，又现邪见相，我弟子如是，方便度众生。
若我具足说，种种现化事，众生闻是者，心则怀疑惑。

[译文]
此时，释迦牟尼佛为了重新宣说这一法义，便用偈颂说道：
诸位比丘，你们仔细倾听！菩萨们善于学习佛的各种智慧

方便，因此他们的修行之道不可思议。他们知道众生喜欢小乘教法而畏惧大乘的智慧法门，所以显现成声闻或缘觉的外相，用无数方便门来度化各类众生。他们自称是小乘声闻弟子，距离无上佛道还很遥远，以此方法度化了无量的众生，令众生全部得到真实的解脱。尽管这些众生只求小乘果位，不愿努力精进，但也在他们的教导下，渐渐走上成佛之道。他们内为秘密菩萨行，外现声闻之相，所以看似勤于小乘诸法，清心寡欲、厌离生死轮回，而实则志求佛道，一直广行菩萨道以庄严佛国、清净佛土。他们给众生显示有贪嗔痴三毒以及其他各种邪见外相，但实际上，他们毫无染著，只是通过这种能够让众生理解和接受的方便之法，来应机施教，引导众生迈向佛道。我的这些弟子用种种方便法门度化众生的诸多事迹，我今天如果详细说明，众生听到后，心中会产生疑惑。

今此富楼那，于昔千亿佛，勤修所行道，宣护诸佛法。
为求无上慧，而于诸佛所，现居弟子上。多闻有智慧，
所说无所畏，能令众欢喜，未曾有疲倦，而以助佛事。
已度大神通，具四无碍智，知诸根利钝，常说清净法，
演畅如是义，教诸千亿众，令住大乘法，而自净佛土。
未来亦供养，无量无数佛，护助宣正法，亦自净佛土。
常以诸方便，说法无所畏，度不可计众，成就一切智。
供养诸如来，护持法宝藏，其后得成佛，号名曰法明。
其国名善净，七宝所合成，劫名为宝明。菩萨众甚多，
其数无量亿，皆度大神通，威德力具足，充满其国土。
声闻亦无数，三明八解脱，得四无碍智，以是等为僧。
其国诸众生，淫欲皆已断，纯一变化生，具相庄严身。
法喜禅悦食，更无余食想。无有诸女人，亦无诸恶道。

富楼那比丘,功德悉成满,当得斯净土,贤圣众甚多。
如是无量事,我今但略说。

[译文]

我的这位弟子富楼那,过去曾经跟随千万亿尊佛陀,勤奋修行成佛之道,宣扬护持诸佛的教法。他为了追求无上智慧,追随诸佛听闻教法,现在于众弟子中说法能力居为上首。他广闻博学,智慧深厚,宣说教法通达无碍,能够使众生法喜充满。他一直不知疲倦地帮助诸佛宣扬教法,他已经度脱生死,得到大神通,具有四无碍智。他了知众生的根性利钝,恒常讲说清净教法,由此教化千万亿的众生,并令他们安住于大乘佛法。富楼那就是以此来清净、庄严诸佛国土的。他在未来世,也将供养无量无数的诸佛,生生世世护持正法,帮助诸佛宣扬正教,以此清净、庄严诸佛国土。他常采用各种善巧方便之法,无所畏惧地讲说教法,度化众生不可计数,令他们都能成就一切种智。

在供养无量的如来护持诸佛的法藏之后,富楼那将成就无上佛果,名号曰法明如来。他的国土名称为善净,由七宝合成。他成佛时的劫名为宝明。法明佛的国土中菩萨众多,成千万亿不可计数,他们都已证得大神通,具有各种威德之力,遍及整个国土。声闻弟子也多得不可计数,他们皆证得三明、八解脱、四无碍智,由这些小乘行者构成佛国中的僧众。法明佛的国土中,一切众生都已断除淫欲,无一不是化生的,个个具足种种庄严之相。他们以修法之喜和禅定之乐为食,再无其他食欲。该国没有女人,也没有各种恶道。富楼那比丘的所有功德都将圆满,故能获得如此清净庄严的佛土,具有如此众多的贤圣。

关于富楼那比丘的无量功德事业,我现在只是简略地说一说。

尔时，千二百阿罗汉心自在者，作是念："我等欢喜，得未曾有，若世尊各见授记，如余大弟子者，不亦快乎？"

佛知此等心之所念，告摩诃迦叶："是千二百阿罗汉，我今当现前次第与授阿耨多罗三藐三菩提记。于此众中，我大弟子憍陈如比丘，当供养六万二千亿佛，然后得成为佛，号曰：普明如来、应供、正遍知、明行足、善逝、世间解、无上士、调御丈夫、天人师、佛世尊。其五百阿罗汉，优楼频螺迦叶、伽耶迦叶、那提迦叶、迦留陀夷、优陀夷、阿㝹楼驮、离婆多、劫宾那、薄拘罗、周陀、莎伽陀等，皆当得阿耨多罗三藐三菩提，尽同一号，名曰普明。"

[译文]

这时，法会中在座的一千二百位已断尽烦恼、心得自在的阿罗汉，听完释迦牟尼佛的讲述和授记，不禁心中想道："我们真是高兴啊！得闻从未闻过的法义。如果我们也能得到像世尊给予这些大弟子的授记，不是更快乐的事吗？"

释迦牟尼佛知道他们的想法，于是就告诉摩诃迦叶道："这一千二百名阿罗汉，我今天就当场为他们依次授予成就无上智慧的预记。在这些大众中，我的大弟子憍陈如比丘，将会在未来供养六万二千亿的佛，然后证果成佛，名号是：普明如来、应供、正遍知、明行足、善逝、世间解、无上士、调御丈夫、天人师、佛世尊。其他五百阿罗汉像优楼频螺迦叶、伽耶迦叶、那提迦叶、迦留陀夷、优陀夷、阿㝹楼驮、离婆多、劫宾那、薄拘罗、周陀、莎伽陀等，都将证得佛之无上智慧。他们未来成佛都是同一个名号，曰普明如来。"

尔时，世尊欲重宣此义，而说偈言：

憍陈如比丘，当见无量佛，过阿僧祇劫，乃成等正觉。
常放大光明，具足诸神通，名闻遍十方，一切之所敬。
常说无上道，故号为普明。其国土清净，菩萨皆勇猛，
咸升妙楼阁，游诸十方国，以无上供具，奉献于诸佛。
作是供养已，心怀大欢喜，须臾还本国，有如是神力。
佛寿六万劫，正法住倍寿，像法复倍是，法灭天人忧。
其五百比丘，次第当作佛，同号曰普明，转次而授记。
我灭度之后，某甲当作佛，其所化世间，亦如我今日。
国土之严净，及诸神通力，菩萨声闻众，正法及像法，
寿命劫多少，皆如上所说。迦叶汝已知，五百自在者，
余诸声闻众，亦当复如是。其不在此会，汝当为宣说。

[译文]

此时，释迦牟尼佛为了重新宣明这一法义，就用偈颂说道：

我的大弟子憍陈如比丘，将会得见无量诸佛，经无量阿僧祇劫后，终将成就无上佛果。此佛常放出无比的光明，具足各种无漏神通，名称遍及十方世界，为一切众生所敬仰。此佛常讲无上成佛妙法，故名号为普明如来。他的国土清净庄严，菩萨大众全都勇猛精进，他们都坐在高大雄伟的楼阁中，遍游十方佛土，把无上殊妙的供具奉献给诸佛。做完这些供养，菩萨们满心欢喜，顷刻就又回返本国，他们就具有这样不可思议的神通之力。普明佛的寿命有六万小劫，他的正法住世十二万小劫，像法住世二十四万小劫。佛法消失之后，天神以及人类都将陷入忧虑中。

五百罗汉比丘，也将会依次成佛，他们的名号皆为普明如来。他们将依次辗转授记：我灭度之后，某某将成就佛果，他所教化的世间与我所教化的世间一样。他们国土的清净庄严程度、各自的神通变化力、菩萨和声闻大众的情况、正法与像法

的住世时间、寿命长短等情况，皆如前面所说。

迦叶，你现在已经知道，这五百已得自在的阿罗汉，以及其余声闻大众都必将成佛，情况就是这样。今天不在会场的人，就由你为他们宣说吧。

尔时，五百阿罗汉于佛前得授记已，欢喜踊跃，即从座起，到于佛前，头面礼足，悔过自责："世尊，我等常作是念，自谓已得究竟灭度，今乃知之，如无智者。所以者何？我等应得如来智慧，而便自以小智为足。

"世尊，譬如有人至亲友家，醉酒而卧。是时亲友官事当行，以无价宝珠系其衣里，与之而去。其人醉卧，都不觉知。起已游行，到于他国。为衣食故，勤力求索，甚大艰难，若少有所得，便以为足。于后，亲友会遇见之，而作是言：'咄哉！丈夫，何为衣食乃至如是？我昔欲令汝得安乐，五欲自恣，于某年日月，以无价宝珠系汝衣里。今故现在，而汝不知，勤苦忧恼，以求自活，甚为痴也！汝今可以此宝，贸易所需，常可如意，无所乏短。'

"佛亦如是，为菩萨时，教化我等，令发一切智心。而寻废忘，不知不觉。既得阿罗汉道，自谓灭度，资生艰难，得少为足。一切智愿，犹在不失。今者，世尊觉悟我等，作如是言：'诸比丘，汝等所得，非究竟灭。我久令汝等种佛善根，以方便故，示涅槃相，而汝谓为实得灭度。'

"世尊，我今乃知实是菩萨！得受阿耨多罗三藐三菩提记，以是因缘，甚大欢喜，得未曾有！"

[译文]

这时，五百罗汉在释迦牟尼佛前得到授记之后，高兴万分，欢喜异常。他们立即从座位上站起来，走到佛面前，五体投地礼拜佛陀，忏悔过错，自责道："世尊！我们过去常有这样的想法，自认为已经得到究竟灭度。今天，才知道我们是如此无知。为什么这样说呢？我们的目标应该是得到如来的无上智慧，但却以获得小智慧为满足。

"世尊，比如有人到亲友家中做客，喝醉酒后卧床休息。在此期间，亲友刚好因公需要外出，离开前将一颗无价珍宝悄悄放入他的衣内。而那人因为醉酒未醒对此毫无觉知，他起来之后，便又辗转到其他国家。在那里，他为了温饱而勤苦劳作，生活得非常艰辛，只要有些许收获，就非常满足。后来，有一天那位亲友偶然遇见他，看到他的窘迫状况，不由责怪道：'怎么会这样？你怎么会为了生存而狼狈至此？我以前为了让你生活安乐，尽享五欲之福，在某年某月某日，将无价珍宝系在你的内衣里，现在还在，而你却不知道，居然为了生计而如此辛苦艰难，真是太愚蠢了！你现在可以用此珍宝来换取各项所需，以后将一切如意，物质上不会再有任何匮乏。'

"佛陀也是如此，您在做菩萨时就教化我们，让我们发起志求一切种智的决心，可是我们很快就荒废淡忘了，对此竟然不知不觉。我们得到小乘的阿罗汉果，便自以为那就是终极涅槃，如同那位生活穷困的人，得到一点就很满足。幸亏以前接受菩萨教化志求一切种智的愿望还在内心没有忘失。今天，世尊为了让我们觉悟，而如此开导我们：'诸位比丘，你们所证得的涅槃并非究竟的灭度。我长久以来教导你们，为了帮助你们种下成佛的善根，采用权巧之法显示涅槃之相，但你们却以为是得到真正的灭度。'

"世尊，我们今天才知道我们实际上都是真正的菩萨！能够得到授予成就无上智慧的预记，我们都非常高兴，叹为前所未有之幸事！"

尔时,阿若憍陈如等,欲重宣此义,而说偈言:
我等闻无上,安隐授记声,欢喜未曾有,礼无量智佛!
今于世尊前,自悔诸过咎,于无量佛宝,得少涅槃分,
如无智愚人,便自以为足。譬如贫穷人,往至亲友家,
其家甚大富,具设诸肴膳。以无价宝珠,系著内衣里,
默与而舍去,时卧不觉知。是人既已起,游行诣他国,
求衣食自济,资生甚艰难,得少便为足,更不愿好者。
不觉内衣里,有无价宝珠。与珠之亲友,后见此贫人,
苦切责之已,示以所系珠。贫人见此珠,其心大欢喜,
富有诸财物,五欲而自恣。
我等亦如是,世尊于长夜,常愍见教化,令种无上愿。
我等无智故,不觉亦不知,得少涅槃分,自足不求余。
今佛觉悟我,言非实灭度,得佛无上慧,尔乃为真灭。
我今从佛闻,授记庄严事,乃转次受决,身心遍欢喜。

[译文]

此时,阿若憍陈如等人为了重新说明自身感受,而用偈颂说道:

我们听到世尊授予我们成就无上智慧预记之声,都感到前所未有的高兴。我们向具有无量智慧的佛陀至诚敬礼!

今天就让我们在世尊的面前忏悔以往过错。我们于无量尊佛那里证得小乘涅槃,就像无智慧的愚人一样自以为足了。好比有位贫穷之人到亲友家做客,这位亲友非常富有,不仅设宴用各种美味佳肴款待穷人,还把无价宝珠悄悄系在他的内衣里,之后因事离开穷人。而此穷人因为醉酒卧倒在床,对这一切毫不知情。他醒来后,至别国游历,在那里觅衣食为满足基

本温饱而历尽艰辛,有一点收获就十分满足,不再追求更好的东西。他一直没有察觉自己衣服里面有颗无价宝珠。后来,送他宝珠的亲友偶然遇见他,把他狠狠地责备了一番,给他指出内衣里的宝珠。穷人见到宝珠,非常高兴,从此拥有各种财物,尽享五欲之乐。

我们就像那位穷人一样。世尊在黑暗长夜中,因怜悯而教化我们,令我们发起求得无上智慧的愿心。可我们因为没有智慧,故对此一无所知,证得一点涅槃就自以为足,不再上进。今天,佛陀令我们觉悟,指出我们证得的境界并不是真正的灭度,只有证得佛的无上智慧才是真正的灭度。我们今天随佛闻法,亲闻佛为我们授记成佛以及开示辗转授记依次成佛的情况,身心充满无比的喜悦。

授学无学人记品第九

尔时,阿难、罗睺罗而作是念:"我等每自思惟,设得授记,不亦快乎?"即从座起,到于佛前,头面礼足,俱白佛言:"世尊,我等于此,亦应有分。惟有如来,我等所归。又,我等为一切世间天、人、阿修罗所见知识:阿难常为侍者,护持法藏;罗睺罗是佛之子。若佛见授阿耨多罗三藐三菩提记者,我愿既满,众望亦足。"

尔时,学无学声闻弟子二千人,皆从座起,偏袒右肩,到于佛前,一心合掌,瞻仰世尊,如阿难、罗睺罗所愿,住立一面。

尔时,佛告阿难:"汝于来世,当得作佛,号山海慧自在通王如来、应供、正遍知、明行足、善逝、世间解、无上士、调御丈夫、天人师、佛世尊。当供养六十二亿诸佛,护持法藏,然后得阿耨多罗三藐三菩提。教化二十千万亿恒河沙诸菩萨等,令成阿耨多罗三藐三菩提。国名常立胜幡,其土清净,琉璃为地。劫名妙音遍满。其佛寿命无量千万亿阿僧祇劫,若人于千万亿无量阿僧祇劫中,算数校计,不能得知。正法住世,倍于寿命,像法住世,复倍正法。阿难,是山海慧自在通王佛,为十方无量千万亿恒河沙等诸佛如来,所共赞叹,称其功德。"

[译文]

这时,阿难、罗睺罗心中不由想道:"我们自己心中也常常想,如果能蒙佛授记,不也是非常快乐的事情吗?"于是,二人立即从座位上站起来,走到释迦牟尼佛的面前,五体投地向佛顶礼,一起对佛说道:"世尊,我们也应该得到您的授记。一直以来,如来是我们唯一皈依之处。另外,我们为一切世间天神、人、阿修罗所共见的良师益友:阿难常为您的侍者,护持教法宝藏,功德无量;罗睺罗是佛出家前的儿子。如果得到佛授予成就无上智慧的预记,不但我们俩的心愿得到满足,与会大众中两千多位有所证果的声闻行人的愿望也将得到满足。"

话音未落,法会中正在修学的和已经证得无学位的声闻弟子两千人,他们也都从座位上站起来,偏袒右肩,来到释迦牟尼佛的面前,一心合掌,瞻仰着佛陀。他们和阿难、罗睺罗所愿一样,都静静地站立在一旁。

这时,释迦牟尼佛告诉阿难:"你将于未来世成佛,名号是山海慧自在通王如来、应供、正遍知、明行足、善逝、世间解、无上士、调御丈夫、天人师、佛世尊。你将供养六十二亿尊诸佛,并尽心护持诸佛的教法宝藏,然后即可证得佛的无上智慧。成佛之后,你将教化二十千万亿恒河沙数之多的菩萨,普令他们成就无上佛智。你成佛的国土名称是常立胜幡。该国大地非常清净,由琉璃铺成。你成佛时的劫名叫妙音遍满。此佛的寿命长达无量千万亿阿僧祇劫，假使有人耗费千万亿无量阿僧祇劫的时间来计算，也无法测知。该佛灭度后，正法住世时间是寿命的二倍，像法住世时间是寿命的四倍。阿难，这位山海慧自在通王佛，广受十方世界无量千万亿恒河沙数诸佛如来的共同称赞，他们都会颂扬他的功德。"

尔时，世尊欲重宣此义，而说偈言：
我今僧中说，阿难持法者，当供养诸佛，然后成正觉，
号曰山海慧，自在通王佛。其国土清净，名常立胜幡，
教化诸菩萨，其数如恒沙。佛有大威德，名闻满十方。
寿命无有量，以愍众生故。正法倍寿命，像法复倍是。
如恒河沙等，无数诸众生，于此佛法中，种佛道因缘。

[译文]

此时，释迦牟尼佛为了重新宣明此义而用偈颂说道：
　　我今天当着所有的僧众宣布，阿难是诸佛教法的护持者，他将供养无量诸佛，然后成就佛果，名号是山海慧自在通王佛。该佛的国土非常清净，名叫常立胜幡。该佛教化的菩萨多如恒河之沙。他拥有极大的威德，名称在十方世界广为传扬。他因为悲愍众生，而长久住世，寿命长达无量阿僧祇劫。该佛正法住世时间是寿命的二倍，像法住世时间又是寿命的四倍。如恒河沙一般无数的众生，在该佛的教法中种下成佛的因缘。

尔时，会中新发意菩萨八千人，咸作是念："我等尚不闻诸大菩萨得如是记，有何因缘，而诸声闻得如是决？"

尔时，世尊知诸菩萨心之所念，而告之曰："诸善男子，我与阿难等，于空王佛所，同时发阿耨多罗三藐三菩提心。阿难常乐多闻，我常勤精进。是故，我已得成阿耨多罗三藐三菩提，而阿难护持我法，亦护将来诸佛法藏，教化成就诸菩萨众。其本愿

如是,故获斯记。"

阿难面于佛前,自闻授记,及国土庄严,所愿具足,心大欢喜,得未曾有。即时忆念过去无量千万亿诸佛法藏,通达无碍,如今所闻,亦识本愿。尔时,阿难而说偈言:

世尊甚稀有,令我念过去,无量诸佛法,如今日所闻。
我今无复疑,安住于佛道,方便为侍者,护持诸佛法。

[译文]

那个时候,法会中有八千位刚刚发心修菩萨道的弟子,他们心中产生同样的想法:"我们尚未听到诸大菩萨得到佛的授记,为什么这些声闻弟子却得到了成佛的授记呢?"

这时,释迦牟尼佛了知这些初发心修菩萨道弟子的想法,于是告诉他们道:"诸位善男子,我与阿难等声闻大众,过去在空王佛面前同时发起志求无上菩提之心。阿难喜欢多闻佛法,我则常常勤修佛道,所以我如今成就无上智慧,而阿难则继续护持我的教法,并将护持未来诸佛的教法宝藏。阿难在诸佛度化时期,一直教化菩萨,普令他们成就佛果。阿难早就发下成佛的大愿了,所以他今天获得这样的授记。"

阿难在释迦牟尼佛面前亲耳听到这样的授记以及国土的庄严情况,自己的愿望得到满足,心中欢喜,感到前所未有的快乐。当时,他就回忆起过去无量千万亿诸佛的一切法藏,与现在听到的教法没有区别,他一概能领会通达,毫无障碍。同时,他也回忆起自己很久以前发下的宏大誓愿。于是,阿难满怀激动,用偈颂说道:

世尊啊!您真是世间稀有的圣者,您帮助我回忆起过去无量诸佛的教法,这些法藏与我今天听到的没有任何区别。因此,我现在再也没有任何疑问,我将一心安住于成佛之道,为方便度化众生而为佛的侍者,来护持诸佛的教法!

尔时，佛告罗睺罗："汝于来世，当得作佛，号蹈七宝华如来、应供、正遍知、明行足、善逝、世间解、无上士、调御丈夫、天人师、佛世尊。当供养十世界微尘等数诸佛如来，常为诸佛而作长子，犹如今也。是蹈七宝华佛，国土庄严，寿命劫数，所化弟子，正法、像法，亦如山海慧自在通王如来无异，亦为此佛而作长子。过是已后，当得阿耨多罗三藐三菩提。"

尔时，世尊欲重宣此义，而说偈言：

我为太子时，罗睺为长子，我今成佛道，受法为法子。
于未来世中，见无量亿佛，皆为其长子，一心求佛道。
罗睺罗密行，惟我能知之，现为我长子，以示诸众生。
无量亿千万，功德不可数，安住于佛法，以求无上道。

[译文]

此时，释迦牟尼佛又对罗睺罗说道："你在来世将会成佛，名号是蹈七宝华如来、应供、正遍知、明行足、善逝、世间解、无上士、调御丈夫、天人师、佛世尊。在未来的久远岁月中，你将会供养十个世界的微尘数那么多的诸佛如来，并且总是作为诸佛的长子，就像此生作为我的长子一样。这位蹈七宝华佛的国土非常庄严，他的寿长、所教化的弟子情况、正法和像法住世的时间等，都与山海慧自在通王如来一样。并且，你也将为山海慧自在通王佛做长子。在此之后，你将会成就无上智慧。"

此时，释迦牟尼佛为了重新说明授记内容，而用偈颂说道：

我未出家修道前尚为太子时，罗睺罗是我的长子。我现已成就佛道，他又受我法教而成为法太子。在他未来诸世，他将得见到无量千万亿的诸佛，并逐一作为诸佛的长子一心志求无上佛道。罗睺罗的秘密修行之道，只有我才能了知。他现身为我的长子，也是为给众生显示。他累积的功德成千万亿，无量无数。他一心一意安住于佛法的修持，以求证得无上的佛道。

尔时,世尊见学、无学二千人,其意柔软,寂然清净,一心观佛。佛告阿难:"汝见是学、无学二千人否?"

"唯然,已见。"

"阿难,是诸人等,当供养五十世界微尘数诸佛如来,恭敬尊重,护持法藏。末后,同时于十方国,各得成佛,皆同一号,名曰宝相如来、应供、正遍知、明行足、善逝、世间解、无上士、调御丈夫、天人师、佛世尊。寿命一劫。国土庄严,声闻菩萨,正法像法,皆悉同等。"

尔时,世尊重宣此义,而说偈言:
是二千声闻,今于我前住,悉皆与授记,未来当成佛。
所供养诸佛,如上说尘数,护持其法藏,后当成正觉。
各于十方国,悉同一名号,俱时坐道场,以证无上慧,
皆名为宝相。国土及弟子,正法与像法,悉等无有异。
咸以诸神通,度十方众生,名闻普周遍,渐入于涅槃。
尔时,学无学二千人,闻佛授记,欢喜踊跃,而说偈言:
世尊慧灯明,我闻授记音。
心欢喜充满,如甘露见灌!

[译文]

这时,释迦牟尼佛观到正在修学的和已经证得无学位的两千位声闻弟子个个心意调柔,心地清净,全都目不转睛地注视着自己。于是佛对阿难说道:"你看到那些正在修学的和已证得无学位的两千声闻大众了吗?"

"是的,我看到了。"

"阿难,这些人,将会供养五十个世界微尘数那么多的诸佛如来。他们恭敬虔诚,一心向佛,并护持诸佛的教法宝藏。之后,他

们将同时在十方世界各自成就佛果,且都同一名号,为宝相如来、应供、正遍知、明行足、善逝、世间解、无上士、调御丈夫、天人师、佛世尊。他们的寿命都是一劫,国土的庄严程度、声闻和菩萨弟子的状况、正法和像法的住世时间等情况也都完全一样。"

这时,佛为了重新说明这一授记,又用偈颂说道:

> 这两千声闻弟子,现在安静地坐在我的面前,我都为他们授记,他们将来定会成就佛果。他们在未来世将会供养的诸佛有五十世界微尘数之多,他们一直护持诸佛法藏,之后,将成就无上佛果。他们各自在十方世界,以同一名号,同时安坐于道场,证得无上智慧,号曰宝相如来。他们的佛土、弟子、正法住世、像法住世等情况一概相同。他们都以各种神通方便度化十方世界的众生,名称广为传颂。随后,他们都将渐渐进入涅槃。

这时,这两千位有学和无学位上的声闻弟子听到释迦牟尼佛为他们的授记,非常高兴,欢呼跳跃,他们异口同声用偈颂说道:

> 世尊啊!您的智慧如明灯般照亮我们的心田,我们听到您为我们授记的音声,心中充满喜悦,就像得到甘露灌顶一般!

法师品第十

尔时,世尊因药王菩萨告八万大士:"药王,汝见是大众中,无量诸天、龙王、夜叉、乾闼婆、阿修罗、迦楼罗、紧那罗、摩睺罗伽、人与非人,及比丘、比丘尼、优婆塞、优婆夷、求声闻者、求辟支佛者、求佛道者,如是等类,咸于佛前,闻《妙法华经》一偈一句,乃至一念随喜者,我皆与授记,当得阿耨多罗三藐三菩提。"

佛告药王："又如来灭度之后，若有人闻《妙法华经》，乃至一偈一句，一念随喜者，我亦与授阿耨多罗三藐三菩提记。若复有人，受持、读诵、解说、书写《妙法华经》，乃至一偈，于此经卷，敬视如佛，种种供养，华、香、璎珞、末香、涂香、烧香、缯盖、幢幡、衣服、伎乐，乃至合掌恭敬。药王，当知是诸人等，已曾供养十万亿佛，于诸佛所，成就大愿，愍众生故，生此人间。"

[译文]

这时，释迦牟尼佛借对药王菩萨开示之机，对八万菩萨讲说道："药王，你看参加这次法会的大众中，有无量的天神、龙王、夜叉、香神、战神、金翅鸟神、乐神、蟒神、人及非人等，以及比丘、比丘尼、男居士、女居士，求声闻果众、求辟支佛果众、求成佛果众等，这么多不同种类的众生都在佛面前听受《妙法莲华经》。他们当中，只要听得一句话或者一句偈子，甚至只是在闻法过程中产生一念随喜者，我都给他们授记，他们都会成就无上智慧。"

佛告诉药王菩萨道："另外，在如来灭度之后，如果有人听到《妙法莲华经》，哪怕只是其中一首偈或一句话，或者一念之间生起随喜心，我都会授记他将成就无上智慧。如果有人受持、读诵、解说、书写《妙法莲华经》，哪怕只是其中的一首偈颂，或者有人对这部经典尊敬如佛，用各种花、香、璎珞、末香、涂香、烧香、缯盖、幢幡、衣服、歌舞等来供养，或甚至只是合掌恭敬。药王，你应当知道，这些人过去生中已经供养了十万亿尊佛陀，并在这些佛面前成就其大愿，只因为悲悯众生，他们才转生在这人间。"

"药王，若有人问：'何等众生，于未来世，当得作佛？'应示：是诸人等，于未来世，必得作佛。何以故？若善男子、善女人，于《法华经》乃至一句，受持、读诵、解说、书写，种种供养经卷，华、香、璎珞，末香、涂香、烧香，缯盖、幢幡，衣服、伎乐，合掌恭敬，是人一切世间所应瞻奉，应以如来供养而供养之。当知此人是大菩萨，成就阿耨多罗三藐三菩提，哀愍众生，愿生此间，广演分别《妙法华经》。何况尽能受持，种种供养者？药王，当知是人，自舍清净业报，于我灭度后，愍众生故，生于恶世，广演此经。若是善男子、善女人，我灭度后，能窃为一人说《法华经》，乃至一句，当知是人，则如来使，如来所遣，行如来事。何况于大众中，广为人说？"

[译文]

"药王，如果有人问：'什么样的众生在未来将会成佛？'你就应当给他们指出，前面所说的这些人在未来世必定成佛。为什么这样说呢？因为如果善男子、善女人受持、读诵、解说、书写这部《妙法莲华经》，哪怕仅是其中的一句，或者用各种花、香、璎珞、末香、涂香、烧香、缯盖、幢幡、衣服、歌舞等来供养这部经卷，在经前合掌恭敬，那么，此人应当受到世间一切众生的尊重恭敬，大家应该像供养如来一样供养他。应该知道，这样的人就是大菩萨，他们本已成就无上智慧，只因同情怜悯众生而发愿生在这世间，广泛为众生分别演说《妙法莲华经》。奉持一句尚且如此，更何况能够受持整部经并做种种供养的人呢？药王，你应该知道，这样的人都是自愿舍弃自己的清净业报，发愿在我灭度后怜悯受苦众生，故自愿投生于这五浊恶世，广泛地演说这部《妙法莲华经》。如果这些善男子、善女人在我灭度后，能够私下里为一个人讲说《妙法莲华经》，哪怕只讲一句，你应当知道，这样的人是奉如来的使命、如来的派遣来做如来的事业的。讲经中一句尚且如此，更何况在大众中广为宣讲呢？"

"药王，若有恶人，以不善心，于一劫中，现于佛前，常毁骂佛，其罪尚轻。若人以一恶言，毁訾在家、出家读诵《法华经》者，其罪甚重！

"药王，其有读诵《法华经》者，当知是人以佛庄严而自庄严，则为如来肩所荷担。其所至方，应随向礼，一心合掌，恭敬供养，尊重赞叹，华、香、璎珞、末香、涂香、烧香、缯盖、幢幡、衣服、肴馔，作诸伎乐，人中上供而供养之，应持天宝，而以散之，天上宝聚，应以奉献。所以者何？是人欢喜说法，须臾闻之，即得究竟阿耨多罗三藐三菩提故。"

[译文]

"药王，如果有恶人，以不善之心于一个劫中都现身佛前，经常毁谤辱骂佛陀，他由此招致的罪过还要轻些。可是，如果有人用一句恶言诋毁读诵《妙法莲华经》的出家人或在家人，那他的罪过与此相比可就更为严重！

"药王，如果有人读诵《妙法莲华经》，你应该知道，此人是在用佛的庄严来庄严自身，就如同如来佛荷担在肩上。因此凡他所到之处，大众都应该向他敬礼、一心合掌、恭敬供养、尊重赞叹，并用各种花、香、璎珞、末香、涂香、烧香、缯盖、幢幡、衣服、肴馔、歌舞等世间的上等供具来供养他，还应用天界的宝花撒在他身上，聚集天界的宝物来奉献给他。为什么呢？因为此人喜欢讲法，众生从他处闻法即使只有很短的时间，将来即可证得究竟的无上智慧。"

尔时，世尊欲重宣此义，而说偈言：
若欲住佛道，成就自然智，常当勤供养，受持法华者。
其有欲疾得，一切种智慧，当受持是经，并供养持者。
若有能受持，妙法华经者，当知佛所使，愍念诸众生。
诸有能受持，妙法华经者，舍于清净土，愍众故生此。

当知如是人，自在所欲生，能于此恶世，广说无上法。
应以天华香，及天宝衣服，天上妙宝聚，供养说法者。
吾灭后恶世，能持是经者，当合掌礼敬，如供养世尊，
上馔众甘美，及种种衣服，供养是佛子，冀得须臾闻。
若能于后世，受持是经者，我遣在人中，行于如来事。

[译文]

此时，释迦牟尼佛为了重新阐明并强调其道理，就又用偈颂说道：

若想安住于佛道，成就佛的本然智慧，就应积极供养受持《妙法莲华经》的人。若想迅速证得一切种智，就应当受持这部经典，依经起修并供养受持读诵《妙法莲华经》的人。凡是能够受持《妙法莲华经》者，当知他们都是应佛陀的差遣来悲悯关怀受苦众生的。这些能够受持《妙法莲华经》者，当知他们都是舍弃自己清净佛土的业报，出于怜悯众生而自愿转生于这个世间的。你应该知道，这些人已得成就，可以自在地随己意愿而出生于任何佛土，但他们却自愿来到这五浊恶世，为众生广泛讲说无上教法。因此众生应该用各种天界的花、香、衣服、奇珍妙宝来供养这些讲法者。我灭度之后，于此五浊恶世之中，如果有人能够受持这部经，一切众生都应该合掌向他敬礼，像供养如来一样，用各种上等美味佳肴以及各种华服来供养这位菩萨，以能够听到他讲法，哪怕只有很短的时间。在后世，如果有人能够受持这部经典，他就是我释迦佛所派遣的人，在众生中做如来的事业。

若于一劫中，常怀不善心，作色而骂佛，获无量重罪。
其有读诵持，是法华经者，须臾加恶言，其罪复过彼！
有人求佛道，而于一劫中，合掌在我前，以无数偈赞。

由是赞佛故，得无量功德，叹美持经者，其福复过彼！
于八十亿劫，以最妙色声，及与香味触，供养持经者，
如是供养已，若得须臾闻，则应自欣庆，我今获大利。
药王今告汝，我所说诸经，而于此经中，法华最第一！

[译文]

　　如果有人历时一劫，常怀邪恶之心毁谤辱骂佛陀，此人造下的重罪是为无量。可是，如果有人读诵、受持这部《妙法莲华经》，哪怕只是在须臾间被人辱骂，辱骂者所获的罪过比前者还要重！如果有人一心志求无上佛道，在一劫当中合掌在我的面前恭敬而立，用无数偈颂来赞颂我，此人将因如此赞颂佛陀而获得无量的功德。可是，如果有人赞叹、受持《妙法莲华经》者，此人获得的福报功德比前者还要大！如果有人在八十亿劫之中，用最好的色、声、香、味、触五欲妙供来供养受持这部经典的人，并在这样供养之后，能够哪怕在须臾间听到是人宣讲《妙法莲华经》，也当深感庆幸，庆幸自己获得了很大的利益。药王，我今天告诉你，在我所讲说的所有经典之中，《妙法莲华经》无与伦比，是为最上！

　　尔时，佛复告药王菩萨摩诃萨："我所说经典，无量千万亿，已说、今说、当说，而于其中，此《法华经》，最为难信难解。

　　"药王，此经是诸佛秘要之藏，不可分布，妄授与人，诸佛世尊之所守护，从昔已来，未曾显说。而此经者，如来现在，犹多怨嫉，况灭度后！

　　"药王，当知如来灭后，其能书、持、读、诵、供养，为他人说者，如来则为以衣覆之，又为他方现在诸佛之所护念。是人

有大信力,及志愿力、诸善根力①,当知是人,与如来共宿,则为如来手摩其头。

"药王,在在处处,若说、若读、若诵、若书,若经卷所住处,皆应起七宝塔,极令高广严饰,不需复安舍利。所以者何?此中已有如来全身,此塔应以一切华、香、璎珞、缯盖、幢幡、伎乐、歌颂,供养恭敬,尊重赞叹。若有人得见此塔,礼拜供养,当知是等,皆近阿耨多罗三藐三菩提。

"药王,多有人,在家出家行菩萨道,若不能得见、闻、读、诵、书、持、供养是《法华经》者,当知是人未善行菩萨道。若有得闻是经典者,乃能善行菩萨之道。其有众生,求佛道者,若见若闻是《法华经》,闻已,信解受持者,当知是人,得近阿耨多罗三藐三菩提。"

[注释]

①根力,即五根五力。五根为:一,信根,信三宝四谛;二,精进根,勇猛修善法;三,念根,忆念正法;四,定根,使心止于一境而不散失;五,慧根,思维真理。这五法为能生其他一切善法之本,由此名为五根。信、精进、念、定、慧等五根增长,有对治五障之力:一,信力,信根增长,破诸邪信;二,精进力,精进根增长,能破身之懈怠;三,念力,念根增长,能破诸邪念;四,定力,定根增长,能破诸乱想;五,慧力,慧根增长,能破三界诸惑。

[译文]

此时,释迦牟尼佛又告诉药王大菩萨道:"我所讲说的经典有无量千万亿之多,无论是已经说过的、现在正说的,还是将来要说的,这其中唯有《妙法莲华经》是最令人难以相信、难以理解的。

"药王,这部经典是十方诸佛最为重要的秘密宝藏,是不可以随便向外传布、随便授予他人的。诸佛世尊过去就一直守护着这部经典,从未广泛宣说。这部经典,如来现今出现于世亲自讲说,都招致许多怨恨嫉妒，何况在如来灭度之后！

"药王，你应当知道，如来灭度之后，若有能够书写、受持、读诵、供养并为他人讲说这部《妙法莲华经》者，如来会用衣服披于其身，他会得到十方世界诸佛的关心和护持。这样的人有很大的信心之力、志愿之力以及各种善根之力。他们往昔广修福德，精进佛道，得于昼夜跟随如来。他们与如来一同相处时，如来会用手为其摩顶，给予加持。

"药王，无论何时，无论何处，但凡在讲说、读诵、书写《妙法莲华经》之处，或者这部经所放置之所，都应该建立起七宝装饰的高塔，设法令塔极尽高大庄严，无须再安放舍利。为什么呢？因为塔内供奉有《妙法莲华经》，就等于安放了如来的全身，所以大众应该用各种花、香、璎珞、缯盖、幢幡、乐舞等来赞颂、供养，一心恭敬并尊重、赞叹宝塔。如果有人能够见到这样的塔，并进行礼拜和供养，你应该知道，这些人都距离成就无上智慧不远了。

"药王，有很多修行菩萨道的在家众和出家众，他们如果未能见到、听到、读诵、书写、受持、供养这部《妙法莲华经》，你应该知道，这些人没有好好地行菩萨之道。如果有人能听到这部经，那么，他必定善于修行菩萨之道。那些志求佛道的众生，如果能够见到或听到这部经，听闻后能够相信，不但领纳于心，而且依经精进修行，应该知道，这样的人距离成就无上智慧已经很近了。"

"药王，譬如有人，渴乏须水，于彼高原，穿凿求之，犹见干土，知水尚远，施功不已，转见湿土，遂渐至泥，其心决定，知水必近。菩萨亦复如是，若未闻、未解、未能修习是《法华经》者，当知是人，去阿耨多罗三藐三菩提尚远。若得闻、解、思惟、修习，必知得近阿耨多罗三藐三菩提。所以者何？一切菩萨阿耨多罗三藐三菩提，皆属此经。此经开方便门，示真实相。是《法华经》藏，深固幽远，无人能到，今佛教化成就菩萨，而为开示。

"药王，若有菩萨闻是《法华经》，惊疑怖畏，当知是为新发意菩萨；若声闻人闻是经，惊疑怖畏，当知是为增上慢者。"

[译文]

"药王，比如有人又渴又乏，急需要水。于是在一座高原上挖井求水。挖出的土仍是干土时，他知道离水尚远。他继续不停地挖，渐渐出现湿土，又逐渐见到泥浆，这时他心中确信，水就要出来了。菩萨也是这样，如果没有听到、没有理解、没有修习这部《妙法莲华经》，应该知道这样的行道之人距离无上智慧还很遥远。如果能够听到、理解、思维、修习这部经典，可以确定，这样的行道之人距离无上智慧必定很近了。为什么呢？因为一切大乘菩萨教法以及无上智慧都包含在《妙法莲华经》之中。这部经打开了一切方便之门，显示了万法的真正实相。这部《法华经》藏，义理深奥而坚固，幽隐且博大，没有人能够领悟。现在，佛为了教化菩萨和成就菩萨才进行开示。

"药王，如果有菩萨听到这部《妙法莲华经》，感到惊讶、疑惑和恐惧，应该知道他们都是刚刚发心修行的菩萨。如果有声闻修习者听到这部经典，感到惊讶、疑惑和恐惧，应该知道他们都是傲慢虚伪之人。"

"药王，若有善男子、善女人，如来灭后，欲为四众说是《法华经》者，云何应说？是善男子、善女人，入如来室，着如来衣，坐如来座，尔乃应为四众广说斯经。如来室者，一切众生中，大慈悲心是；如来衣者，柔和忍辱心是；如来座者，一切法空是。安住是中，然后以不懈怠心，为诸菩萨及四众，广说是

《法华经》。

"药王,我于余国遣化人,为其集听法众,亦遣化比丘、比丘尼、优婆塞、优婆夷,听其说法。是诸化人,闻法信受,随顺不逆。若说法者在空闲处,我时广遣天龙、鬼神、乾闼婆、阿修罗等,听其说法。我虽在异国,时时令说法者得见我身。若于此经忘失句读,我还为说,令得具足。"

[译文]

"药王,如果有善男子、善女人在如来灭度后,想为四众弟子讲说这部《妙法莲华经》,应该怎样讲说呢?这些善男子、善女人必须住于如来室,穿上如来法衣,坐于如来的法座,这样才可以为四众弟子广泛地讲说这部经典。所谓如来室,就是对一切众生心怀大慈大悲之心;所谓如来衣,就是具足柔和忍辱之心;所谓如来座,就是体悟一切法之空性。善男子、善女人满足这三项条件之后,再以不懈怠心为菩萨以及四众弟子广泛讲说这部《妙法莲华经》。

"药王,我在其他国土,会派遣化身为他召集参加法会的听法大众,也会派遣我的化身比丘、比丘尼、男居士、女居士等人听他讲法。我所变化的这些人在听闻他讲法之后,便随顺法理而不违逆。如果讲法的人身处空旷偏僻之地,我会派遣众多的天、龙、鬼神、香神、战神等来听他讲法。我虽然在他方国土,但也会时时让讲法之人得见我的真身。如果他忘记了经中的某些内容,我会为他讲说,以使他没有遗漏,完整地为大众讲说此经。"

尔时,世尊欲重宣此义,而说偈言:
欲舍诸懈怠,应当听此经。是经难得闻,信受者亦难。
如人渴须水,穿凿于高原。犹见干燥土,知去水尚远,
渐见湿土泥,决定知近水。药王汝当知,如是诸人等,

不闻法华经，去佛智甚远。若闻是深经，决了声闻法。
是诸经之王，闻已谛思惟，当知此人等，近于佛智慧。
若人说此经，应入如来室，着于如来衣，而坐如来座，
处众无所畏，广为分别说。大慈悲为室，柔和忍辱衣，
诸法空为座，处此为说法。若说此经时，有人恶口骂，
加刀杖瓦石，念佛故应忍。我千万亿土，现净坚固身，
于无量亿劫，为众生说法。若我灭度后，能说此经者，
我遣化四众，比丘比丘尼，及清信士女，供养于法师，
引导诸众生，集之令听法。若人欲加恶，刀杖及瓦石，
则遣变化人，为之作卫护。若说法之人，独在空闲处，
寂寞无人声，读诵此经典，我尔时为现，清净光明身。
若忘失章句，为说令通利。若人具是德，或为四众说，
空处读诵经，皆得见我身。若人在空闲，我遣天龙王、
夜叉鬼神等，为作听法众。是人乐说法，分别无罣碍。
诸佛护念故，能令大众喜。若亲近法师，速得菩萨道。
随顺是师学，得见恒沙佛！

[译文]

此时，释迦牟尼佛为了重新宣明法要，便用偈颂说道：

　　要想克服诸种懈怠，就应该来听这部《妙法莲华经》。这部经典难得听到，也很难理解和接受。就像有人干渴急需喝水，他在高原上挖井求水。当挖出的一直是干土时，他知道离水还很远。渐渐地，土变得潮湿，继续挖又出现了泥浆，他确定水已经很近了。

　　药王，你应该知道，那些没有听到《妙法莲华经》的人，距离佛的智慧还很遥远。如果学习过这部深奥的经典，就必定会超越声闻的小乘法门，步入成佛之道。《妙法莲华经》是经

中之王，若能在听闻之后深入思维，其人就接近佛的智慧了。如果有人欲讲说这部经典，就应该进入如来之室，穿上如来法衣，坐于如来法座，在大众中严整威仪心无所惧，广泛地为大众分别讲说。所谓如来之室，即大慈大悲，如来法衣即柔和忍辱，如来法座即一切法体性为空。具备这三个条件，就可以为大众宣讲《妙法莲华经》。如果有人在宣讲此经之时，被人恶口辱骂，甚至受到刀、杖、瓦、石的伤害，他应该想到佛的教诲而忍耐这一切。

  我于千万亿佛土中，显现清净的金刚之身，于无量亿劫中，为众生讲说教法。如果有人在我灭度之后，讲说《妙法莲华经》，我会派遣我所变化的四众弟子比丘、比丘尼和居家修行的清净士与清净女，来供养法师，引导众生，召集他们来听这位法师讲法。如果有人要加害法师，用刀、杖、瓦、石来伤害他，我会派遣我的变化之人来保护他。如果说法之人身处空旷偏僻之所，四周寂寥无人，他一心读诵这部经典，我就会为他显现清净光明的报身。如果他忘记部分章节中的内容，我便会为他讲说，使他能够通顺完整地记起全部内容。如果有人具有如是功德，为四众弟子讲说《妙法莲华经》，或者在空旷无人之地读诵此部经，我都会加持令他们得见我的报身。如果有人在荒郊野岭讲说这部《妙法莲华经》，我会派遣天龙、夜叉、鬼神等作为他的听法大众。此人喜欢宣讲《妙法莲华经》，而且善于分辨法义，圆融义理而毫无障碍。他由此时时为诸佛所关心和保护，他的讲法亦能够普令大众充满法喜。如果亲近这样的法师，即可迅速走上菩萨的修行道路。随顺这样的法师学习，将来能够见到如恒河沙般无数的诸佛！

见宝塔品第十一

尔时，佛前有七宝塔，高五百由旬，纵广二百五十由旬，从地涌出，住在空中。种种宝物而庄校之，五千栏楯，龛室千万，无数幢幡以为严饰，垂宝、璎珞、宝铃，万亿而悬其上。四面皆出多摩罗跋栴檀之香，充遍世界。其诸幡盖，以金、银、琉璃、砗磲、玛瑙、真珠、玫瑰七宝合成，高至四天王宫。

三十三天，雨天曼陀罗华，供养宝塔。余诸天龙、夜叉、乾闼婆、阿修罗、迦楼罗、紧那罗、摩睺罗伽、人非人等，千万亿众，以一切华、香、璎珞、幡盖、伎乐，供养宝塔，恭敬、尊重、赞叹。

尔时，宝塔中出大音声，叹言："善哉！善哉！释迦牟尼世尊，能以平等大慧教菩萨法，佛所护念，《妙法华经》，为大众说。如是，如是！释迦牟尼世尊，如所说者，皆是真实！"

[译文]

这时，释迦牟尼佛面前出现一座七宝所成之塔。塔高五百由旬，长宽各二百五十由旬，慢慢从地下涌出，升起来停住于虚空之中。宝塔用各种宝物装饰着，华丽庄严。宝塔四周有五千栏杆和千万的佛龛，层层叠叠，又有无数的幢幡作为装饰。无数珍宝点缀的璎珞自塔上方垂下，万亿数的宝铃悬挂其上。宝塔向四周散发出多摩罗跋栴檀的香味，很快即充满整个世界。宝塔上悬挂的幡盖，都是用黄金、白银、琉璃、砗磲、玛瑙、珍珠、玫瑰这七种宝物合成，个个直耸云霄，直达四天王的宫殿。

三十三天神众如雨般撒下白团花来供养这座宝塔。其他所有天神、龙王、夜叉、香神、战神、金翅鸟神、乐神、蟒神、人非人等千万亿大众,都用各种宝花、妙香、璎珞、宝幡、宝盖、歌舞来供养这座宝塔,并恭敬礼拜,赞叹不已。

这时,从宝塔中传出洪亮的声音,赞叹说:"太好了,太好了!释迦牟尼佛,您能以佛之平等性智来教化菩萨成佛之法,为大众讲说十方三世诸佛所一致保护和忆念的《妙法莲华经》。是这样子的,是这样子的!释迦牟尼佛今日所说,都是真实不虚的!"

尔时,四众见大宝塔住在空中,又闻塔中所出音声,皆得法喜,怪未曾有,从座而起,恭敬合掌,却住一面。尔时,有菩萨摩诃萨,名大乐说,知一切世间天、人、阿修罗等心之所疑,而白佛言:"世尊,以何因缘,有此宝塔,从地涌出?又于其中发是音声?"

尔时,佛告大乐说菩萨:"此宝塔中,有如来全身,乃往过去,东方无量千万亿阿僧祇世界,国名宝净,彼中有佛,号曰多宝。其佛行菩萨道时,作大誓愿:'若我成佛,灭度之后,于十方国土,有说《法华经》处,我之塔庙,为听是经故,涌现其前,为作证明,赞言:善哉!'彼佛成道已,临灭度时,于天人大众中,告诸比丘:'我灭度后,欲供养我全身者,应起一大塔。'其佛以神通愿力,十方世界,在在处处,若有说《法华经》者,彼之宝塔,皆涌出其前,全身在于塔中,赞言:'善哉!善哉!'

"大乐说,今多宝如来塔,闻说《法华经》故,从地涌出,赞言:'善哉!善哉!'"

[译文]

这时,四众弟子皆见这座宏伟的宝塔停在空中,又听到从塔中

见宝塔品第十一 195

传出来声音，都产生得法之喜。大家从未见过如此奇妙之事，于是纷纷从座位上站起来，恭敬地双手合十，站在一旁。就在此时，有位名叫大乐说的大菩萨，明了一切世间天神、人、战神等众生心中的疑惑，于是向释迦牟尼佛问道："世尊，是什么缘故，会有这座宝塔从地下涌出？又为什么从塔中发出这样的声音？"

于是，释迦牟尼佛回答大乐说菩萨道："这座宝塔中有如来佛的全身，乃是过去世由此向东于无量千万亿阿僧祇世界之外的宝净国中，有位佛陀名号为多宝。多宝佛在成道前行菩萨道时，曾发下大誓愿：'若我能成佛，那么，在我灭度之后，十方世界中只要有讲说《妙法莲华经》的地方，我的塔庙将为了闻法而涌现在法会中，为讲法者做证明，称赞他并为他叫好！'多宝佛成佛后，在将要灭度之时，当着所有天、人大众之面对所有比丘们说：'我灭度之后，想要供养我全身者，应该建立一座大宝塔。'依靠多宝佛的神通之力，十方世界中，无论何时，无论何处，只要有人讲说《妙法莲华经》，这座宝塔都会涌现在讲法者的面前，多宝如来则置身塔中，称赞说：'好啊，真好啊！'

"大乐说，今天，多宝如来的宝塔因为听闻《妙法莲华经》的缘故，从地下涌出，并称赞说：'好啊，真好啊！'"

是时，大乐说菩萨，以如来神力故，白佛言："世尊，我等愿欲见此佛身。"

佛告大乐说菩萨摩诃萨："是多宝佛，有深重愿：'若我宝塔，为听《法华经》故，出于诸佛前时，其有欲以我身示四众者，彼佛分身诸佛，在于十方世界说法，尽还集一处，然后我身乃出现耳。'大乐说，我分身诸佛，在于十方世界说法者，今应当集。"

大乐说白佛言："世尊，我等亦愿欲见世尊分身诸佛，礼拜供养！"

尔时，佛放白毫一光，即见东方五百万亿那由他恒河沙等国土诸佛，彼诸国土，皆以玻璃为地，宝树宝衣，以为庄严，无数千万亿菩萨，充满其中。遍张宝幔，宝网罗上。彼国诸佛，以大妙音而说诸法，及见无量千万亿菩萨，遍满诸国，为众说法。南西北方、四维上下，白毫相光所照之处，亦复如是。

[译文]

此时，大乐说菩萨依靠如来神力的加持，而代表大众恳求释迦牟尼佛道："世尊啊！我们大众都希望能瞻仰多宝佛的全身宝相。"

佛告诉大乐菩萨说："这位多宝佛还曾发有一个深重誓愿：'如果我的宝塔为了听闻《妙法莲华经》而出现在诸佛面前时，哪位佛欲让我的全身显示给与会的四众弟子，这位佛就必须把他在十方世界讲法的分身诸佛全部汇集在一处，然后，我的全身才会出现于法会之中。'大乐说，我所有的分身诸佛都正在十方世界讲法，现在应该召集他们都到这里来。"

大乐说菩萨对释迦牟尼佛说："世尊啊！我们也希愿得见世尊的分身诸佛，来礼拜供养！"

这时，释迦牟尼佛放出一道白毫相光，法会中的大众立即见到东方五百万亿那由他恒河沙数目之多的国土中的诸佛。所有这些国土都是以玻璃为地，以各种宝树、宝衣作为严饰，无量千万亿之多的菩萨遍及国土，到处都张有宝幔，宝网层层布于其上。这些国土中，每一位如来分身佛正以洪亮微妙的音声宣讲诸法，同时还可见到无量千万亿的菩萨在全国各处为众生说法。南方、西方、北方、东南、西南、东北、西北、上方、下方，凡是释迦牟尼佛的白毫相光所照耀的地方，都是这样的景象。

尔时，十方诸佛各告众菩萨言："善男子，我今应往娑婆世界，释迦牟尼佛所，并供养多宝如来宝塔。"

时，娑婆世界即变清净：琉璃为地，宝树庄严，黄金为绳，以界八道，无诸聚落、村营、城邑、大海、江河、山川、林薮，烧大宝香，曼陀罗华，遍布其地。以宝网幔，罗覆其上，悬诸宝铃。惟留此会众，移诸天、人，置于他土。

是时，诸佛各将一大菩萨，以为侍者，至娑婆世界，各到宝树下。一一宝树，高五百由旬，枝、叶、华、果，次第庄严，诸宝树下，皆有师子之座，高五由旬，亦以大宝而校饰之。

尔时，诸佛各于此座结跏趺坐。如是展转遍满三千大千世界，而于释迦牟尼佛，一方所分之身，犹故未尽。

[译文]

这时，十方世界的一切佛各自对他们座下的菩萨大众说："善男子，我现在应该去娑婆世界的释迦牟尼佛那里，一并供养多宝如来的宝塔。"

当时，娑婆世界立即变得清净庄严，玻璃为地，各种宝树以为装饰，黄金编织的绳子作为道路的界栏。整个大地平整宽广，既没有房屋、村庄、城镇，也没有大海、江河、山川、林木，处处燃起巨大的宝香，遍地绽放着曼陀罗花。各式各样的宝网和宝幔在大地上空交织，上面挂满宝铃。释迦牟尼佛将一切天、人移至其他国土，只留下参加法华会的大众。与此同时，十方世界诸佛各带领一位大菩萨作为侍者，一同来到娑婆世界，止步于各自的宝树之下。这些宝树每棵都高五百由旬，棵棵枝叶茂密，花果繁盛。每棵树下都安置有狮子座，座高五由旬，也都用各种名贵珍宝装饰得熠熠生辉。

十方世界诸佛到了宝树下之后，便各自在狮子座上结跏趺坐，就这样宝树挨宝树，宝座接宝座，宝树和宝座遍满了整个三千大千世界。即使如此，释迦牟尼佛在一方世界的分身诸佛还没有完全落座，更不用说还有九方世界的分身诸佛了。

时，释迦牟尼佛欲容受所分身诸佛故，八方各更变二百万亿那由他国，皆令清净，无有地狱、饿鬼、畜生及阿修罗，又移诸天、人，置于他土。所化之国，亦以琉璃为地，宝树庄严，树高五百由旬，枝、叶、华、果，次第严饰，树下皆有宝师子座，高五由旬，种种诸宝以为庄校。亦无大海、江河，及目真邻陀山、摩诃目真邻陀山、铁围山、大铁围山、须弥山等诸山王，通为一佛国土。宝地平正，宝交露幔，遍覆其上，悬诸幡盖，烧大宝香，诸天宝华，遍布其地。

释迦牟尼佛为诸佛当来坐故，复于八方，各更变二百万亿那由他国，皆令清净，无有地狱、饿鬼、畜生及阿修罗，又移诸天、人，置于他土。所化之国，亦以琉璃为地，宝树庄严，树高五百由旬，枝、叶、华、果，次第庄严，树下皆有宝师子座，高五由旬，亦以大宝而校饰之。亦无大海、江河，及目真邻陀山、摩诃目真邻陀山、铁围山、大铁围山、须弥山等诸山王，通为一佛国土。宝地平正，宝交露幔，遍覆其上。悬诸幡盖，烧大宝香，诸天宝华，遍布其地。

[译文]
此时，为了容纳所有的分身诸佛，释迦牟尼佛便运用巨大的神通之力在八个方向分别变化出二百万亿那由他个国土，并使这些国土个个清净庄严，没有地狱、饿鬼、畜生以及阿修罗等四道众生，天神与人两道众生也被转移至其他国土。所有这些变化出来的国土也都以琉璃为大地，有各种宝树作为装饰。宝树个个高五百由旬，枝叶茂密，花果繁盛。每棵树下都有一狮子宝座，座高五由旬，有各种珍宝装饰其上，庄严华丽。所有国土皆平整宽广，没有大海、

江河以及目真邻陀山、大目真邻陀山、铁围山、大铁围山、须弥山等高山峻岭，整个大地连成一片，相通无阻，极其平坦。在无数珍宝装饰的大地上，各种宝网、宝幔在上空重重交织。此外，四处还悬挂着宝幡和宝盖，燃烧着巨大的宝香，来自天界的宝花更是遍及国土。

释迦牟尼佛为了让十方所有诸佛能够在法会就座，就又在八方各变化出二百万亿那由他个国土，并使这些国土个个清净庄严，没有地狱、饿鬼、畜生以及阿修罗等四道众生，天神及人两道众生也被转移至其他国土。所有这些变化出来的国土也都以琉璃为大地，有各种宝树作为装饰。宝树个个高五百由旬，枝叶茂密，花果繁盛。每棵树下都有狮子宝座，座高五由旬，也都用各种珍宝装饰其上，庄严华丽。所有国土皆平整宽广，没有大海、江河以及目真邻陀山、大目真邻陀山、铁围山、大铁围山、须弥山等高山峻岭，整个大地连成一片，相通无阻，极其平坦。在无数珍宝装饰的大地上，各种宝网、宝幔在上空交织，四处可见飘悬着宝幡和宝盖，巨大的宝香四处燃起，来自天界的宝花更是遍及国土。

尔时，东方释迦牟尼佛所分之身，百千万亿那由他恒河沙等国土中诸佛，各各说法，来集于此。如是次第，十方诸佛皆悉来集，坐于八方。尔时，一一方四百万亿那由他国土，诸佛如来遍满其中。

是时，诸佛各在宝树下坐师子座，皆遣侍者问讯释迦牟尼佛，各赍宝华满掬而告之言："善男子，汝往诣耆阇崛山释迦牟尼佛所，如我辞曰：'少病少恼？气力安乐？及菩萨、声闻众，悉安隐否？'以此宝华散佛供养，而作是言：'彼某甲佛，与欲开此宝塔。'"诸佛遣使，亦复如是。

[译文]

　　这时，在东方多如百千万亿那由他恒河之沙数的国土中，各自说法教化众生的释迦牟尼佛之分身诸佛一一辞别大众来到释迦牟尼这里。就这样，十方世界的无数诸佛都依次汇集于法华会场，分坐在八方。于是，遍布于十方的每一方的四百万亿那由他国土之中，一一国土都坐满了释迦牟尼佛的分身诸佛。

　　这时候，诸佛各自坐在宝树下的狮子座之上，都准备派遣侍者前去问候释迦牟尼佛。他们手捧宝花交给侍者，嘱咐道："善男子，你去耆阇崛山释迦牟尼佛的道场，代我这样问候：'世尊！身体健康吧？心情愉快吧？气力充沛，安稳舒适吧？您座下的菩萨、声闻弟子们都安好吧？'然后，就将这些宝花献给佛，作为供养，并对释迦牟尼佛说：'某某佛愿您打开这座宝塔，瞻仰多宝佛的德相。'"所有诸佛派遣侍者前去问候释迦牟尼佛的方式都是这样的。

　　尔时，释迦牟尼佛见所分身佛悉已来集，各各坐于师子之座，皆闻诸佛与欲同开宝塔，即从座起，住虚空中。一切四众，起立合掌，一心观佛。

　　于是，释迦牟尼佛以右指开七宝塔户，出大音声，如却关钥，开大城门。即时一切众会，皆见多宝如来于宝塔中坐师子座，全身不散，如入禅定。又闻其言："善哉！善哉！释迦牟尼佛，快说是《法华经》，我为听是经故，而来至此。"

　　尔时，四众等见过去无量千万亿劫灭度佛说如是言，叹未曾有，以天宝华聚散多宝佛及释迦牟尼佛上。尔时，多宝佛于宝塔中分半座与释迦牟尼佛，而作是言："释迦牟尼佛！可就此座。"即时，释迦牟尼佛入其塔中，坐其半座，结跏趺坐。

　　尔时，大众见二如来在七宝塔中师子座上结跏趺坐，各作是念："佛座高远，惟愿如来以神通力，令我等辈俱处虚空。"即时,释迦牟尼佛以神通力接诸大众皆在虚空,以大音声普告四众:"谁能于此娑婆国土,广说《妙法华经》,今正是时。如来不久当入涅槃,佛欲以此《妙法华经》付嘱有在。"

[译文]

这时,释迦牟尼佛见到自己的分身诸佛都汇集到这里,各自安坐于狮子宝座之上,也听到诸佛都想一同打开多宝佛塔的心声,就从座位上升起来,住立于虚空之中。随即所有四众弟子都站起来,恭敬合掌,一心注视着佛。

只见释迦牟尼佛用右指打开七宝塔的大门,一声巨响,犹如去掉关钥打开城门的声音一样。顿时,参加法华会的一切大众都见到多宝如来在宝塔中安坐于狮子宝座上,全身完整无缺,仿佛入于禅定一般,接着就听到多宝如来的话语声:"好啊!好啊!释迦牟尼佛,请快点讲说《妙法莲华经》,我正是为了听这部经才来到这里的。"

这时,四众弟子见到过去无量千万亿劫前已经灭度的多宝如来说出这样的话语,无不感叹这般景象的稀有难得,他们用天界的团团宝花撒在多宝佛以及释迦牟尼佛身上。这时,多宝佛在宝塔中让出半个座位请释迦牟尼佛入座,说道:"释迦牟尼佛!可以到这里来就坐。"于是释迦牟尼佛进入宝塔,在多宝佛的宝座一边结跏趺坐。

那时,大众见到两位如来在七宝塔内的狮子宝座上结跏趺坐,都产生这样的念头:"佛的座位又高又远,我们难以看清。唯愿如来用神通力让我们都能够住于虚空之中。"释迦牟尼佛了知众生的想法,于是即刻运用神通力使法会中的大众都升至虚空。他用洪亮的声音普告四众弟子道:"谁能在这娑婆世界广泛讲说《妙法莲华经》,现在正是时候。如来不久之后将入涅槃,希望将这部《妙法莲华经》托付给能承担重任之人,而使这微妙之法永远流传世间!"

尔时，世尊欲重宣此义，而说偈言：

圣主世尊，虽久灭度，在宝塔中，尚为法来。
诸人云何，不勤为法？此佛灭度，无央数劫，
处处听法，以难遇故。彼佛本愿，我灭度后，
在在所往，常为听法。又我分身，无量诸佛，
如恒沙等，来欲听法。及见灭度，多宝如来。
各舍妙土，及弟子众，天人龙神，诸供养事，
令法久住，故来至此。为坐诸佛，以神通力，
移无量众，令国清净。诸佛各各，诣宝树下，
如清净池，莲华庄严。其宝树下，诸师子座，
佛坐其上，光明严饰，如夜暗中，燃大炬火，
身出妙香，遍十方国。众生蒙熏，喜不自胜，
譬如大风，吹小树枝。以是方便，令法久住。
告诸大众，我灭度后，谁能护持，读说斯经，
今于佛前，自说誓言。其多宝佛，虽久灭度，
以大誓愿，而师子吼。多宝如来，及与我身，
所集化佛，当知此意。诸佛子等，谁能护法，
当发大愿，令得久住。其有能护，此经法者，
则为供养，我及多宝。此多宝佛，处于宝塔，
常游十方，为是经故。亦复供养，诸来化佛，
庄严光饰，诸世界者。若说此经，则为见我，
多宝如来，及诸化佛。诸善男子，各谛思惟，
此为难事，宜发大愿。

[译文]

此时，释迦牟尼佛为了重新宣明法要，就用偈颂说道：

多宝如来是众圣之主世间最可贵者，他自灭度至今尽管已经过了久远的时间，全身安住于塔之中，尚且为了听这部《妙法莲华经》来到法华会场，在场的大众又能有什么理由不勤奋修法呢？多宝佛灭度后，在过去的无数劫当中，只要有讲说《妙法莲华经》的法会，无论远在何方，他都出现听法。为什么呢？只因为这部经太难遇到，所以多宝佛往昔曾发下宏大誓愿：我灭度后，无论在何处讲说《妙法莲华经》，我都会出现在法会中听法。

另外，我在十方世界有无数分身诸佛，数量多如恒河沙数，他们都想来这里听法，并瞻仰久已灭度的多宝如来。他们舍弃各自的清净国土、弟子大众、天、人、龙神等的各种供养，来到这里，为的是能令教法长久住世。为了让诸佛安坐于此，我释迦牟尼佛运用神通之力将无量众生转移到其他国土，使得这娑婆世界显得分外清净庄严。诸佛各至宝树下，有如清净的池水中生长的莲花一般庄严。在一一宝树下的狮子宝座之上，诸佛各得安坐，光明照耀十方，犹如黑夜中燃烧着的熊熊火炬。诸佛身上皆发出奇妙香味，遍及十方国土。众生闻到后，都喜不自胜，心向佛道，这就像小树枝为大风吹动一般。诸佛就是用这种方便之法使佛之正法长久住世。

我现在告诉你们，我灭度以后，谁能够护持这部《妙法莲华经》，读诵并讲说这部经，今天就当在诸佛面前发下誓言。这位多宝佛虽然久已灭度，但仍因往昔大愿而于宝塔中作狮子吼。你们今天发愿，多宝佛和我以及汇集于此来自十方世界我的分身诸佛都会知道你们所发誓言，并会护持你们。诸位佛弟子！谁能护持佛法，就应当发下宏大誓愿，令《妙法莲华经》之教法久住于世。如果有人能够护持这部《妙法莲华经》，就等于是供养我和多宝佛。多宝佛坐在这座宝塔中，常常于十方世界游历，就是为了听闻此经并为之作证。护持此经，也等于供养十方世界我的分身诸佛，等于庄严一切世界，以光明照耀一切世界。如果讲说这部《妙法莲华经》，就能见到我的真身，见到多宝如来，见到我的一切分身诸佛。

善男子，请你们仔细思考，受持、讲说《妙法莲华经》并非易事，你们应该发下宏大誓愿去承担和完成。

诸余经典，数如恒沙，虽说此等，未足为难。
若接须弥，掷置他方，无数佛土，亦未为难；
若以足指，动大千界，远掷他国，亦未为难；
若立有顶①，为众演说，无量余经，亦未为难；
若佛灭后，于恶世中，能说此经，是则为难。
假使有人，手把虚空，而以游行，亦未为难；
于我灭后，若自书持，若使人书，是则为难。
若以大地，置足甲上，升于梵天，亦未为难；
佛灭度后，于恶世中，暂读此经，是则为难。
假使劫烧，担负干草，入中不烧，亦未为难；
我灭度后，若持此经，为一人说，是则为难。
若持八万，四千法藏，十二部经②，为人演说，
令诸听者，得六神通，虽能如是，亦未为难；
于我灭后，听受此经，问其义趣，是则为难。
若人说法，令千万亿，无量无数，恒沙众生，
得阿罗汉，具六神通，虽有是益，亦未为难；
于我灭后，若能奉持，如斯经典，是则为难。
我为佛道，于无量土，从始至今，广说诸经，
而于其中，此经第一。若有能持，则持佛身。

诸善男子，于我灭后，谁能受持，读诵此经，
今于佛前，自说誓言。此经难持，若暂持者，
我则欢喜，诸佛亦然。如是之人，诸佛所叹，
是则勇猛，是则精进，是名持戒，行头陀者，
则为疾得，无上佛道。能于来世，读持此经，
是真佛子，住淳善地。佛灭度后，能解其义，
是诸天人，世间之眼。于恐畏世，能须臾说，
一切天人，皆应供养。

[注释]

①有顶：指色界之第四处，本名色究竟天。该天在有形世界之最顶，故称有顶。②十二部经：按照经文体裁和所载的事相不同，将佛所说一切法分为十二类，依次为：一，长行，以散文直说法相，不限定字句，因行类长，故称长行。二，重颂，在前面已经宣说，后文又以偈颂形式再次总结，有重宣之意，起强调作用。三，孤起颂，不依前面长行文的内容和意义，单独发起的偈颂。四，因缘，述说见佛闻法，或佛说法教化的因缘。五，本事，是载佛说各弟子过去世因缘的经文。六，本生，是载佛说其自身过去世因缘的经文。七，未曾有，记述佛现种种神力不思议事的经文。八，譬喻，佛说种种譬喻以令众生容易理解深奥理义的经文。九，论议，指以法理论议问答的经文。十，无问自说，系无人发问而佛自说的经文，如《阿弥陀经》。十一，方广，指佛说方正广大之真理的经文。十二，记别或授记，是记载佛为菩萨或声闻授成佛时名号的记别。在以上十二部中，只有长行、重颂与孤起颂是经文的格式，其余九种都是依照经文中所载之别事而立名。

[译文]

其余的经典数量多如恒河之沙，即使讲说这么多经典，也不算一件难事。假使能举起须弥山，将其抛到相隔无数世界的另一国土，这也不算是一件难事；假使用脚趾头挪动三千大千世界，将其抛到别的国土，这也不算困难；假使站在三界之中位置最高的有顶天，为众生演说其他无数经典，这也不算难

事。如果佛灭度后，有人要在五浊恶世中为众生讲说这部经典，则是一件极为困难的事。假使有人能够手抓虚空四处游行，这样的行为也不算困难；可是如果有人在我灭度后，自己书写并受持这部经典，或者教他人书写，与之相比，则是极为困难之事。假使有人将大地放在脚趾甲上，随后升到大梵天，这也不算困难；可是如果有人在佛灭度后，在五浊恶世中能够短暂地读诵这部经典，则是极为困难的。假使在火劫之中，有人背一担干柴进入烈火中，干柴却不使燃烧，这不算困难；可是如果有人在我灭度后，能够受持这部经，并为另一个人讲说，此举则极为困难。假使有人受持八万四千法藏，将所有的十二部经广泛为人讲说，并使所有听法者都证得六种神通，能够做到这些，也不算困难；可是在我灭度后，如果有人能够听闻并受持这部经，还探询其中的义理，则至为困难。如果有人讲法，可以让千万亿无量无数恒河沙数之多的众生证得阿罗汉果位，并个个具有六种神通能力，虽有难以估算的巨大功德，可这还不算是难事；而如果有人能在我灭度之后奉持《妙法莲华经》，这才是一件难以做到的事。

我释迦牟尼佛为了弘扬无上佛道，在无量的国土中，从开始到现在广说的经典数目无量，在所有这些经典当中，《妙法莲华经》是第一殊胜。如果能够受持这部经，就是受持佛的真身！善男子！在我灭度后，谁能受持、读诵这部《妙法莲华经》，今天就应当在佛面前自己发下誓言。这部经很难受持，如果有人能暂时受持，我也会欢喜，诸佛也会欢喜。这样的人，诸佛都会赞叹他："如是行为就是勇猛，就是精进，就是持戒，就是行头陀苦行，这样的人必将迅速证得无上佛道！"若有人能够在未来世中读诵、受持这部经，那么，此人就是真正的佛弟子，住于淳善之地。在佛灭度后，能够理解《妙法莲华经》义理之人，就是一切天神、人等世间众生的眼睛。在令人恐怖畏惧的后世，能够在须臾之间讲说《妙法莲华经》者，一切天神和人民都应当供养他。

提婆达多品第十二

尔时，佛告诸菩萨及天人四众："吾于过去无量劫中，求《法华经》无有懈倦。于多劫中常作国王，发愿求于无上菩提①，心不退转。为欲满足六波罗蜜，勤行布施，心无吝惜，象、马、七珍、国、城、妻、子、奴婢、仆从，头、目、髓、脑、身、肉、手、足，不惜躯命。

"时世人民寿命无量。为于法故，捐舍国位，委政太子，击鼓宣令四方求法：'谁能为我说大乘者，吾当终身供给走使。'时，有仙人来白王言：'我有大乘，名《妙法莲华经》，若不违我，当为宣说。'王闻仙言，欢喜踊跃，即随仙人，供给所需，采果汲水，拾薪设食，乃至以身而为床座，身心无倦。于时奉事，经于千岁，为于法故，精勤给侍，令无所乏。"

[注释]

①菩提：觉悟的意思。通常所说的觉悟的境界有理和事两种，从理来讲指涅槃，断除烦恼障证得涅槃的一切智，是声闻、缘觉、菩萨三乘共通的；从事来讲指一切有为之法，断除所知障而了知诸法的一切种智，是只有佛才证得的菩提。佛的菩提理事皆通，所以称之为大菩提。

[译文]

这时，释迦牟尼佛告诉各位菩萨、天神、人以及四众弟子道："我在过去无量劫中，为求取《妙法莲华经》，从未产生过厌倦之心，也不曾懈怠过。在许多劫中，我常常转世为人间的国王，但我不曾陷于世俗之欲,唯发愿求证无上菩提,这一志向从未改变过。为了圆满具足菩萨的六度法门,我勤行布施,心无一丝吝惜,诸如大象、骏马、七宝、国家、城镇,乃至妻子、儿女、奴婢、仆从,更甚之,头、目、髓、脑、身、肉、手、足等,凡众生有所需,我都曾经布施过,从不吝惜身体与生命。

"当时,那个世界的人民寿命无量。我为了追求正法而舍弃王位,将国政大权交付太子,然后击鼓聚众宣布命令,向四方大众求取佛法:'谁能为我讲说大乘佛法,我将终身为他做仆从,满足一切所需,供他驱使。'那时,有一位仙人来对我说:'我有一部大乘经典,名为《妙法莲华经》,如果你听命于我,我就为你讲说。'时为国王的我一听此言,高兴万分,立即追随仙人,供给他一切所需,为他采果子、取水、拾柴、做饭,甚至将自己的身体当做仙人的床和座位,从未有感到身体疲倦或者心中厌倦。就这样经过了上千年,我为了得到大乘佛法,勤勤恳恳地侍奉仙人,使他丰衣足食,物质上毫无匮乏。"

尔时,世尊欲重宣此义,而说偈言:
我念过去劫,为求大法故,虽作世国王,不贪五欲乐。
椎钟告四方:谁有大法者,若为我解说,身当为奴仆。
时有阿私仙,来白于大王:我有微妙法,世间所希有,
若能修行者,吾当为汝说。时王闻仙言,心生大喜悦,
即便随仙人,供给于所需。采薪及果蓏,随时恭敬与。
情存妙法故,身心无懈倦。普为诸众生,勤求于大法,
亦不为己身,及以五欲乐。故为大国王,勤求获此法,
遂致得成佛,今故为汝说。

[译文]
此时,释迦牟尼佛为了重新宣明此义,便用偈颂说道:

我想起在过去无数劫中，为了求得无上大法，我虽然身为国王，却无心于五欲之乐。我用椎击钟，普告四方民众：如果谁持有大乘佛法，能够为我讲说，我愿做他的奴仆，供他驱使。当时，有位相貌无比端正的仙人来对我说：我有一部精微奥妙的法，世间稀有。如果你能够依我言教修行，我就为你讲说。我一听，心中充满喜悦，立即跟随仙人而去，供给仙人各种所需，为他采集瓜果与柴薪，随时随地恭敬地侍奉他。因为一心追求精妙之法，我故而身无懈怠，心无厌倦。我精勤求法，是为了普度一切众生，并非为了自身利益，也不是为了要获得五欲之乐。因此，即使我身为国王，却依然辛勤求法，由此终于获得这部无上妙法，从而成就佛果。正因为此法通向成佛之果，所以，我今天特意为你们宣说。

佛告诸比丘："尔时王者，则我身是。时仙人者，今提婆达多是。由提婆达多善知识故，令我具足六波罗蜜、慈悲喜舍①、三十二相、八十种好、紫磨金色、十力②、四无所畏③、四摄法④、十八不共⑤、神通道力，成等正觉，广度众生，皆因提婆达多善知识故。"

告诸四众："提婆达多却后过无量劫，当得成佛，号曰天王如来、应供、正遍知、明行足、善逝、世间解、无上士、调御丈夫、天人师、佛世尊，世界名天道。时，天王佛住世二十中劫⑥，广为众生说于妙法，恒河沙众生得阿罗汉果，无量众生发缘觉心，恒河沙众生发无上道心，得无生忍⑦，至不退转。时，天王佛般涅槃后，正法住世二十中劫。全身舍利起七宝塔，高六十由旬，纵广四十由旬，诸天人民，悉以杂华、末香、烧香、涂香、衣服、璎珞、幢幡、宝盖、伎乐、歌颂、礼拜、供养七宝妙塔。无量众生得阿罗汉果，无量众生悟辟支佛，不可思议众生发菩提心，至不退转。"

佛告诸比丘："未来世中，若有善男子、善女人闻《妙法华经·提婆达多品》，净心信敬，不生疑惑者，不堕地狱、饿鬼、畜生，生十方佛前。所生之处，常闻此经。若生人天中，受胜妙乐。若在佛前，莲华化生。"

[注释]

①慈悲喜舍：即四无量心，是十二种禅定中的四种禅。一慈无量心，能给予快乐之心；二悲无量心，能拔济苦难之心；三喜无量心，见人离苦得乐而生庆悦之心；四舍无量心，舍去如上三心从而心不存任何执著，怨亲平等，舍怨舍亲，即为舍无量心。②十力：指佛所具足的十种智力，依次为：一，处非处智力，即辨别正确之道理与非道理的智力；二，业异熟智力，即如实地了知众生善恶业及其报果的智力；三，静虑、解脱、等持、等至智力，即体证熟谙四禅、八解脱、三三昧（空、无相、无愿）、八等至等各种禅定的智力；四，根上下智力，即如实了知众生根器之高下优劣等智力；五，种种胜解智力，即如实了知众生种种意欲倾向的智力；六，种种界智力，即如实了知众生的世界与性类差异的智力；七，遍趣行智力，即如实了知依据何种修行就可进入何种境界的智力；八，宿住随念智力，即正确了知众生过去世命运的智力，这是佛的宿命通；九，死生智力，即正确了知众生未来世命运的智力，这是佛的天眼通；十，漏尽智力，即一切烦恼障碍都消除净尽而开悟成佛的智力，这是佛的漏尽通。③四无所畏：简称四无畏。指佛陀对其他任何人都具有绝对的自信，对任何人的问答论难，都决不害怕，包括：一，一切智无畏，即佛自信是一切智者；二，漏尽无畏，即自信一切烦恼障碍都断尽；三，说障道无畏，即佛说烦恼与业障碍诸法时都具足自信；四，说尽苦道无畏，即佛说这种消除烦恼与苦的戒、定、慧三学的修道时都具足自信。④四摄法：指大乘佛教提倡以四种行为摄受众生，使众生产生亲近感和欢喜心，从而皈依佛教。具体为：一，布施摄，在此又分为法施和财施。自然而然地向别人讲授自己所闻知的佛法，是法施。财施，就是施舍财物。即若有众生喜欢财物，就给其提供财物；如果喜欢法，就给其宣讲佛法，自然会使众生生起亲近心。二，爱语摄，菩萨依据众

生的特点而善言抚慰。三，利行摄，从行为、语言、思想三方面做善事，利益众生。四，同事摄，亲近众生，和他们共同享受快乐，分担痛苦，并且以菩萨特有的智慧观察众生的根性而随其所好示现同类的形象，使其同沾利益。菩萨运用以上四法，可使众生心生欢喜，乐意跟随菩萨修学佛法。所以，菩萨济度众生必须先实践此四摄法，使众生爱我敬我信我，然后方能听从劝导修行佛道。⑤十八不共：十八种不共通之法。即不共通于声闻、缘觉，唯佛与菩萨特有之十八种功德法。十八不共法有两个系统。一为小乘佛教所说，另一为大乘佛教所说。此处专指后者。大乘的十八不共法，依据文献的不同，所列举的项目与顺序也不同。一般认为是：一，身无失，即行为没有过失；二，语无失，即语言没有过失；三，意无失，即不失正念、没有思想上的过失；四，无异想，即对一切众生都持平等心；五，无不定心，即不会有众生之散乱不定的心；六，无不知舍心，即没有不知众生与舍置众生的心。以上六项是由戒学而生起，是无住涅槃之必要条件。七，信无减，即对无住涅槃具有纯正不坏的净信心；八，欲无减，即对无住涅槃的志趣意念不减退；九，精进无减，即在所有的场合都精进而不懈怠；十，慧无减，即利益众生的智慧不退减；十一，解脱无减，即得到大乘解脱以后不会退减；十二，解脱知见无减，即使众生得无上涅槃的心志不退减。这六项是由定学而生起，是无住涅槃之缘；十三，身业随智慧行；十四，语业随智慧行；十五，意业随智慧行。这三者是指一切佛的身语意三业，恒常有智慧伴随、相应。十六，过去知见无著无碍；十七，未来知见无著无碍；十八，现在知见无著无碍。以上三者是说，关于过去、未来、现在的一切法，佛陀都能平等地知悉，破戏论相，即了知一切又不执著于一切。以上六项由慧学所生，是无住涅槃的当体本身。⑥中劫：二十个小劫，称为一中劫。⑦无生忍：指观察诸法无生无灭的道理而确信不疑，安住而不动心，称为无生法忍，简称无生忍。

[译文]

释迦牟尼佛对比丘大众说道："那时的国王，就是我的前身。那时的仙人，就是今天的提婆达多。正是提婆达多这位善知识，使我得以圆满完成菩萨的六度之法，具足慈悲喜舍四无量心；具有佛的三十二种殊妙身相和八十种非凡的细微特征，身体放出最为殊胜的紫磨金色光芒；具足了十力、四无所畏、四摄法、十八不共法以及各种神通之力，成就无上正觉，从而广度有缘众生。所有这一切，都是因为当初跟随提婆达多这位善知识精勤习法的缘故。

佛告诉在座的四众弟子："提婆达多在无量劫之后将会成佛，名号是天王如来、应供、正遍知、明行足、善逝、世间解、无上士、调御丈夫、天人师、佛世尊，教化的世界名为天道。天王佛那时将住世二十个中劫，他在此期间将广为众生宣说无上妙法，将有恒河沙一样多的众生受教证得阿罗汉果，无量众生发下求得缘觉果位的决心，还有恒河沙一样多的众生发心求证无上佛道，证得无生法忍，达到不退转的八地菩萨境界。天王佛涅槃之后，正法将住世二十个中劫。弟子们建立宝塔来安放天王佛的全身舍利安放。宝塔高六十由旬，长宽各四十由旬。所有天神和人民以五彩花朵、末香、烧香、涂香，以及各种衣服、璎珞、宝幢、宝幡、宝盖、歌舞来歌颂、礼拜、供养七宝妙塔。由此，又有无量众生证得阿罗汉果，无量众生证悟辟支佛果位，还有不可思议数目的众生发大愿心志求无上菩提，不再退转。"

佛接着告诉各位比丘道："在未来世中，如果有善男子、善女人听到《妙法莲华经·提婆达多品》时，心中清净，恭敬信受，不产生丝毫的疑惑，那么他将不会转生于地狱、饿鬼、畜生三恶道中，而是常常出生在十方世界佛的面前。他在所出生的地方也能常闻此经。如果其人转生于人间或天界，他会享受到各种殊胜而微妙的快乐。如果是出生在佛的面前，那他必将是从莲花化生而来。"

于时，下方多宝世尊所从菩萨，名曰智积，白多宝佛："当还本土。"释迦牟尼佛告智积曰："善男子，且待须臾！此有菩萨，名文殊师利，可与相见，论说妙法，可还本土。"

尔时，文殊师利坐千叶莲华，大如车轮，俱来菩萨亦坐宝莲华,从于大海娑竭罗龙宫自然涌出,住虚空中,诣灵鹫山。从莲华下,至于佛所,头面敬礼二世尊足。修敬已毕,往智积所,共相慰问,却坐一面。

智积菩萨问文殊师利:"仁往龙宫,所化众生,其数几何?"

文殊师利言:"其数无量,不可称计,非口所宣,非心所测,且待须臾,自当证知。"

所言未竟,无数菩萨坐宝莲华,从海涌出,诣灵鹫山,住在虚空。此诸菩萨皆是文殊师利之所化度,具菩萨行,皆共论说六波罗蜜。本声闻人,在虚空中说声闻行,今皆修行大乘空义。文殊师利谓智积曰:"于海教化,其事如是。"

尔时,智积菩萨以偈赞曰:

大智德勇健,化度无量众,今此诸大会,及我皆已见。

演畅实相义,开阐一乘法,广导诸众生,令速成菩提。

[译文]

就在这时,来自下方世界的多宝世尊的一位随侍名叫智积的菩萨对多宝佛说:"我该返回本土了。"释迦牟尼佛对智积菩萨说道:"善男子,再等片刻!这里有位菩萨,名叫文殊师利,你可以与他见面,讨论佛法妙理,之后再回去吧!"

这时,文殊师利菩萨坐在一朵大如车轮的千叶莲花之上,随他一起前来的众菩萨也坐在宝莲上面,他们从大海中的娑竭罗龙宫自然升起,浮于虚空之中。来到灵鹫山法华会场,他们从莲花上下来,走到佛的面前,以头触地向两位世尊的双足敬礼。行此大礼之后,他们走到智积菩萨面前,互相问候,然后退坐在一旁。

智积菩萨向文殊师利菩萨问道:"尊敬的大德!您前往龙宫,教化的众生有多少?"

文殊师利菩萨回答道:"我在那里教化的众生数目无量,非口能说出,非心能算清,请等片刻,您自然会证知。"

话音未落，有无量无数的菩萨坐在宝莲花之上，自大海中涌现，直奔灵鹫山，停浮于虚空之中。这些菩萨都是由文殊师利菩萨在大海龙宫中教诲度化的。他们个个具足菩萨德行，一起讨论大乘教法的六度法门。他们原本都是修行小乘的声闻弟子，在虚空中讨论声闻的修行方法。可是，他们现在都已开始修行大乘的空性法门。文殊师利菩萨对智积菩萨说道："我在大海中的教化成果就是这样。"

这时，智积菩萨用偈颂来赞扬文殊师利菩萨道：

尊敬的文殊菩萨，您不愧是一位智慧广大、德行深厚、具有无比力量的尊者，您度化了无量的众生。今天，参加法会的大众以及我自己都亲眼目睹了您的教化成果。您能通畅地演说实相义理，开示阐明一乘妙法，广泛引导教化一切众生，使他们迅速成就无上智慧！

文殊师利言："我于海中，惟常宣说《妙法华经》。"

智积问文殊师利言："此经甚深微妙，诸经中宝，世所希有。颇有众生，勤加精进，修行此经，速得佛不？"

文殊师利言："有娑竭罗龙王女，年始八岁，智慧利根，善知众生诸根行业，得陀罗尼。诸佛所说甚深秘藏，悉能受持。深入禅定，了达诸法，于刹那顷发菩提心，得不退转，辩才无碍。慈念众生犹如赤子，功德具足。心念口演，微妙广大，慈悲仁让，志意和雅，能至菩提。"

智积菩萨言："我见释迦如来，于无量劫难行苦行，积功累德，求菩提道，未曾止息。观三千大千世界，乃至无有如芥子许，非是菩萨舍身命处，为众生故，然后乃得成菩提道。不信此女于须臾顷便成正觉。"

言论未讫，时，龙王女忽现于前，头面礼敬，却住一面，以偈赞曰：

深达罪福相，遍照于十方，微妙净法身，具相三十二，
以八十种好，用庄严法身。天人所戴仰，龙神咸恭敬，
一切众生类，无不宗奉者。又闻成菩提，唯佛当证知，
我阐大乘教，度脱苦众生。

[译文]

文殊师利菩萨说道："我在大海中，常常只讲说《妙法莲华经》。"

智积菩萨问文殊师利菩萨道："这部经典义理极为深奥微妙，是一切经中的珍宝，世间稀有难得！如果有众生勤奋精进地依据这部经来修行，能否迅速证得佛果呢？"

文殊师利菩萨回答道："娑竭罗龙王有位女儿，年仅八岁，却智慧深厚，根性锐利。她善了知众生的六根行为和业果，具有持善不失、持恶不生的智慧。她对于诸佛所讲说的极为深奥的秘密宝藏，都能够接受而不忘失。她能够深入各种禅定，了知并通达各种法要。她在一刹那间发下菩提心，证得永不退转境界，辩才无碍。她慈悲关心一切众生就如母亲关心自己的子女。她具足一切功德，心中思维的、口中演说的，都是各种微妙广大的法要。她给予众生快乐，救济众生苦难，仁和谦让，心地柔和，志向高雅，能够成就无上菩提。"

智积菩萨说道："我见释迦牟尼佛在无量劫的时间中承受各种困难艰苦之行，由此积累功德求取觉悟之道，从未停息。遍观三千大千世界，哪怕是芥子大小的地方，无一不是他为了众生曾经舍身弃命之所。经过这样的长期努力，释迦牟尼佛才得以成就无上菩提。所以，我不相信这位龙女在顷刻间就可以成就无上佛果。"

智积菩萨话音未落，这位龙王之女忽然出现在释迦牟尼佛的面前。她恭敬地以头触地向佛敬礼，之后退坐在一旁，用偈颂赞叹

佛道：

　　世尊您了知通达一切众生的福德罪业，您的光明遍照十方世界。您微妙清净的众法成就之身，具足三十二种瑞相，还另有八十种随形好庄严此清净法身。您被一切天神、人、龙王、鬼神等众生所顶戴、敬仰和恭敬，被所有众生尊奉为导师。听说成就无上觉悟，唯有佛陀能够证得。因此，我不断地弘扬大乘教法，度化一切有缘众生脱离苦海。

　　时，舍利弗语龙女言："汝谓不久得无上道，是事难信。所以者何？女身垢秽，非是法器，云何能得无上菩提？佛道悬旷，经无量劫勤苦积行，具修诸度，然后乃成。又，女人身犹有五障，一者不得作梵天王；二者帝释；三者魔王；四者转轮圣王；五者佛身。云何女身速得成佛？"

　　尔时，龙女有一宝珠，价直三千大千世界，持以上佛。佛即受之。龙女谓智积菩萨、尊者舍利弗言："我献宝珠，世尊纳受，是事疾否？"答言："甚疾。"女言："以汝神力观我成佛，复速于此！"

　　当时众会，皆见龙女忽然之间变成男子，具菩萨行，即往南方无垢世界，坐宝莲华，成等正觉，三十二相、八十种好，普为十方一切众生演说妙法。尔时，娑婆世界菩萨、声闻、天龙八部、人与非人，皆遥见彼龙女成佛，普为时会人天说法，心大欢喜，悉遥敬礼。无量众生闻法解悟，得不退转；无量众生得受道记。无垢世界六反震动。娑婆世界三千众生住不退地，三千众生发菩提心而得受记。

　　智积菩萨及舍利弗，一切众会，默然信受。

[译文]

　　这时，舍利弗对龙女说道："你说自己不久将会证得无上佛道，这也太令人难以置信了。为什么这样说呢？因为女身污垢不净，非承受佛法之器，怎么可能成就无上佛智呢？何况成佛之道艰险而遥远，需要经过无量劫的勤修苦行、积功累德，全面修行布施、持戒、忍辱、精进、禅定、般若等六度万行，所行圆满，才能够成就佛果。另外，女子之身还有五种障碍：一不可以做梵天王，二不可以做帝释，三不可以做魔王，四不可以做转轮圣王，五不可以做佛。所以怎么能说女身可以迅速成就佛果呢？"

这时，龙女拿出一颗价值超过三千大千世界的宝珠。她当下手持宝珠献给释迦牟尼佛，佛陀即刻接受了她的供养。龙女对智积菩萨和舍利弗说道："我献上宝珠，世尊接受供养，这件事是不是很快？"智积菩萨和舍利弗回答说："是的，很快。"龙女说道："请用你们的神通力来观察，我成佛的速度比这还要快！"

在场的会众旋即都看到龙女忽然之间就变成了男子之身，圆满具足菩萨的一切德行，随即前往南方无垢世界，坐在宝莲花之上，成就无上佛果，具足三十二种非凡身相，八十种随形妙相，广为十方世界一切众生演说无上妙法。这时，娑婆世界的所有菩萨、声闻、天龙八部、人与非人等大众，都远远看到这位龙女即身成佛，并普为当时法会中的天神和人讲法，心中都非常欢喜，向她遥相敬礼。有无量众生听闻龙女讲法后而领会开悟，证得不退转境界，又有无量众生得到成就无上佛道的授记。当时，无垢世界出现六次震动。娑婆世界中有三千众生得住于不退转境界，还有三千众生发下成就无上觉悟的决心而得到成佛授记。

智积菩萨和舍利弗等一切法会中的大众面对此殊胜景象，都相信了这一切，默然无语，不再有任何疑惑。

劝持品第十三

尔时，药王菩萨摩诃萨及大乐说菩萨摩诃萨，与二万菩萨眷属俱,皆于佛前作是誓言:"惟愿世尊不以为虑,我等于佛灭后,当奉持读诵,说此经典。后恶世众生,善根转少,多增上慢,贪利供养,增不善根,远离解脱。虽难可教化,我等当起大忍力,读诵此经,持说书写,种种供养,不惜身命。"

尔时,众中五百阿罗汉得受记者白佛言:"世尊,我等亦自誓愿,于异国土广说此经。"

复有学、无学八千人得授记者从座而起,合掌向佛,作是誓言:"世尊,我等亦当于他国土广说此经。所以者何?是娑婆国中,人多敝恶,怀增上慢,功德浅薄,瞋浊谄曲,心不实故。"

[译文]

这时,药王大菩萨、大乐说大菩萨与他们的二万菩萨眷属一同来到释迦牟尼佛面前,发下誓言,说:"恳请世尊不要为此事而担心,我们在佛灭度以后,当会奉持、读诵、讲说这部《妙法莲华经》。在未来的五浊恶世中,众生善根逐渐减少,傲慢逐渐增加。他们贪图供养和利益,不善的习性不断增长,离解脱越来越远。虽然他们很难教化,但我们将以巨大的忍耐力,读诵、受持、讲说、书写这部经典,并进行种种供养,乃至不惜奉献身命。"

那时,参加法会的大众中五百位刚得成佛授记的阿罗汉随即也向佛发下大愿:"世尊,我们也自愿发誓,将在其他国土中广泛讲说这部《妙法莲华经》。"

又有正在修学和已经证得无学位的八千位刚得到成佛授记的弟子也从座位上站起来,合掌向佛发下誓言:"世尊,我们也发愿在其他国土广泛讲说这部《妙法莲华经》。为什么呢?这些娑婆国土中的众生多有恶习,他们非常傲慢,功德浅薄,抑郁恼怒,污浊不堪,长于阿谀奉承和谎言欺骗,心不实在,实在是难以教化。"

尔时,佛姨母摩诃波阇波提比丘尼与学、无学比丘尼六千人俱，从座而起，一心合掌，瞻仰尊颜，目不暂舍。

于时，世尊告憍昙弥："何故忧色而视如来？汝心将无谓我不说汝名，授阿耨多罗三藐三菩提记耶？憍昙弥，我先总说一切声闻，皆已授记。今汝欲知记者，将来之世，当于六万八千亿诸佛法中为大法师，及六千学、无学比丘尼俱为法师。汝如是渐渐具菩萨道，当得作佛，号一切众生喜见如来、应供、正遍知、明行足、善逝、世间解、无上士、调御丈夫、天人师、佛世尊。憍昙弥，是一切众生喜见佛及六千菩萨，转次授记，得阿耨多罗三藐三菩提。"

尔时，罗睺罗母耶输陀罗比丘尼作是念："世尊于授记中，独不说我名。"

佛告耶输陀罗："汝于来世百千万亿诸佛法中修菩萨行，为大法师，渐具佛道。于善国中当得作佛，号具足千万光相如来、应供、正遍知、明行足、善逝、世间解、无上士、调御丈夫、天人师、佛世尊。佛寿无量阿僧祇劫。"

尔时，摩诃波阇波提比丘尼及耶输陀罗比丘尼并其眷属，皆大欢喜，得未曾有，即于佛前而说偈言：

世尊导师，安隐天人！

我等闻记，心安具足。

诸比丘尼说是偈已，白佛言："世尊，我等亦能于他方国土广宣此经。"

[译文]

这时，释迦牟尼佛的姨母摩诃波阇波提比丘尼，与小乘初果、二果、三果等有学位和已经证得无学位的比丘尼一共六千人，一起从座位上站起来，一心一意合掌致礼，目不转睛地注视着佛陀的尊颜。

于是，世尊对憍昙弥说道："你为什么面带忧愁看着如来？在你心中，是不是认为我没有说出你的名字，从而不会为你授无上圣智之记呢？憍昙弥，我先总说一切声闻，现在都已经为他们授记了。你现在想要知道关于你的授记，那我就告诉你。在未来世中，你会依次在六万八千亿诸佛的教法中做大法师，其他六千正在修学和已经证得无学位的比丘尼也都和你一样做法师。你就这样修行，渐渐圆满菩萨的功德，最终将会成佛，名号是一切众生喜见如来、应供、正遍知、明行足、善逝、世间解、无上士、调御丈夫、天人师、佛世尊。憍昙弥，这位一切众生喜见佛以及六千位菩萨辗转依次相互授记，依次获得至高无上的如来佛智。"

这时，罗睺罗的母亲耶输陀罗比丘尼心中想道："世尊为这么多的比丘、比丘尼授记，却唯独没提到我的名字。"

释迦牟尼佛告诉耶输陀罗："未来世中，你将会在百千万亿诸佛的教法中修菩萨行，做大法师，如此逐渐圆满佛道，最终在善国中成就佛果，名号是具足千万光相如来、应供、正遍知、明行足、善逝、世间解、无上士、调御丈夫、天人师、佛世尊。这位佛的寿命无量，长达阿僧祇劫。"

得到佛的亲授记，摩诃波阇波提比丘尼、耶输陀罗比丘尼以及她们的眷属都高兴万分，感受到从来没有过的喜悦。于是，她们在释迦牟尼佛面前用偈颂共同赞叹道：

世尊啊！您是无比的导师！您令天上的众生和人间的众生都得到安稳和快乐！我们得到您的授记，内心安稳，心满意足。

诸位比丘尼说完这个偈颂，又对释迦牟尼佛说道："世尊，我们也愿意在他方世界的国土之中广泛宣扬《妙法莲华经》。"

尔时，世尊视八十万亿那由他诸菩萨摩诃萨。是诸菩萨皆是阿惟越致①，转不退法轮，得诸陀罗尼。即从座起，至于佛前，一心合掌，而作是念：若世尊告敕我等持说此经者，当如佛教，广宣斯法。复作是念：佛今默然，不见告敕，我当云何？

时，诸菩萨敬顺佛意，并欲自满本愿，便于佛前作师子吼，而发誓言："世尊，我等于如来灭后，周旋往反十方世界，能令众生书写此经，受持读诵，解说其义，如法修行，正忆念，皆是佛之威力！惟愿世尊，在于他方遥见守护。"

[注释]

①阿惟越致：或作阿鞞跋致，意译为不退转，是菩萨的阶位名，要经过一大阿僧祇劫的修行，才能到达此位。

[译文]

此后，释迦牟尼佛的目光注视着八十万亿那由他数目的各位大菩萨。他们都是到达不退转境地的大菩萨，为众生讲说不退转的教法，业已证得诸多陀罗尼。他们即刻从座位上站起来，来到佛面前，一心合掌，心中想道：如果世尊要求我们受持并讲说这部《妙法莲华经》，我们一定遵从佛的教诲，广泛讲说这部经典的妙法义。他们转念又想道：佛现在沉默不语，没有任何法语，我们该怎么办呢？

于是，这些菩萨只好恭敬顺从佛的心意，同时也为了圆满自己原本发下的誓愿，就在佛的面前如狮子吼般地宣誓道："世尊，我们将在如来灭度以后，周旋往返于十方世界中，教化众生，令他们书写、受持、读诵《妙法莲华经》，并解说此经的义理，按照经中法义去修行，准确地记住经文义理而不忘失。所有这些，都将仰赖佛的威神之力！因此，恳请世尊在他方世界遥遥守护我们和一切众生。"

即时，诸菩萨俱同发声，而说偈言：

惟愿不为虑，于佛灭度后，恐怖恶世中，我等当广说。
有诸无智人，恶口骂詈等，及加刀杖者，我等皆当忍。
恶世中比丘，邪智心谄曲，未得谓为得，我慢心充满。
或有阿练若，纳衣①在空闲，自谓行真道，轻贱人间者。
贪著利养故，与白衣说法，为世所恭敬，如六通罗汉。
是人怀恶心，常念世俗事，假名阿练若，好出我等过，
而作如是言：此诸比丘等，为贪利养故，说外道②论议，
自作此经典，诳惑世间人，为求名闻故，分别于是经。
常在大众中，欲毁我等故，向国王大臣，婆罗门居士，
及余比丘众，诽谤说我恶，谓是邪见人，说外道论议。
我等敬佛故，悉忍是诸恶。为斯所轻言：汝等皆是佛。
如此轻慢言，皆当忍受之。浊劫恶世中，多有诸恐怖，
恶鬼入其身，骂詈毁辱我。我等敬信佛，当著忍辱铠，
为说是经故，忍此诸难事。我不爱身命，但惜无上道，
我等于来世，护持佛所嘱，世尊自当知。浊世恶比丘，
不知佛方便，随宜所说法，恶口而颦蹙，数数见摈出，
远离于塔寺。如是等众恶，念佛告敕故，皆当忍是事。
诸聚落城邑，其有求法者，我皆到其所，说佛所嘱法。
我是世尊使，处众无所畏，我当善说法，愿佛安隐住。
我于世尊前，诸来十方佛，发如是誓言，佛自知我心！

[注释]

①纳衣：又名粪扫衣，即拾取人家弃之不用的贱物来缝纳而成的法衣，在小乘佛教中为十二头陀行之一。②外道：指佛教以外的一切宗教。

[译文]

此时，这些菩萨齐声用偈颂诵道：

世尊，请您放心！佛灭度后，在恐怖邪恶的世间中，我们

将荷担如来家业广泛弘扬《妙法莲华经》。即使遇到愚痴之人对我们恶口谩骂，甚至刀杖相加，我们也当全都忍受，继续讲法。恶世中的比丘多心怀邪知邪见，善于谄媚，远离真实，未证得圣果却自称已得，心中充满狂妄傲慢。还有一类修阿练若行的比丘，他们住在寂静之地，穿着破衣烂服，清闲无事，自以为这就是修行真正的佛道，这两类比丘轻视在人间讲《妙法莲华经》之人。他们因为贪图利益和供养而对在家人讲法，如同证得六种神通的阿罗汉般为世人所恭敬。这些人常怀邪恶之心，挂念世间俗事，假借静修名义，时常编造我们的过错。他们到处对他人说："这些比丘贪图利益和供养而讲说外道言论。他们自己编造出这部《妙法莲华经》，以此来欺骗迷惑世人。他们是为了求得名声，才特意分别讲说这部伪经。"这类恶比丘总想在大众中诋毁我们，所以他们在国王、大臣、婆罗门、居士以及其他比丘大众面前诽谤我们，说我们是恶人，是执邪见者，称我们所宣讲的是外道言论。我们因为敬重佛陀，遵行佛陀的教诲而全部忍受这些恶意攻击。于是，他们又讥讽我们说："你们都是佛。"对于这样轻慢的言语，我们也都将忍受。

在未来的五浊恶世中，总会有各种各样的恐怖之事来扰乱我们，会有恶鬼附在人身上，肆意谩骂，极尽其能诋毁和侮辱我们。我们因为敬信佛陀，一定会穿上忍辱的铠甲。为了宣说《妙法莲华经》，我们愿意忍受所有这些攻击。我们不爱惜自己的身体和生命，只爱惜无上的佛道。

我们在未来世中，一定谨遵佛陀的嘱托，护持这部经典。世尊，您一定知道，五浊恶世的恶性比丘不知道佛所宣说的权巧方便之法门是为适应众生的习性而讲的。他们恶口相加，皱眉轻视，常常将我们赶出，迫使我们远离塔寺。面对如此种种恶行，我们因为遵从佛的告敕，全都忍受。在所有的村庄城镇中，只要有人求法，我们都会到他的面前，为他讲说这部《妙法莲华经》。我们是受世尊的派遣，处在任何大众中也不会有任何畏惧。我们将不遗余力地认真讲说法要，希愿佛安稳而住，不要担心《妙法莲华经》在后世的弘扬问题。我们今天在世尊以及十方世界诸佛面前发下这样的誓言，佛陀啊！您当知道我们的心愿！

卷第五

安乐行品第十四

尔时,文殊师利法王子菩萨摩诃萨白佛言:"世尊,是诸菩萨甚为难有!敬顺佛故,发大誓愿,于后恶世护持读说是《法华经》。世尊,菩萨摩诃萨,于后恶世,云何能说是经?"

佛告文殊师利:"若菩萨摩诃萨于后恶世欲说是经,当安住四法:一者,安住菩萨行处及亲近处,能为众生演说是经。

"文殊师利,云何名菩萨摩诃萨行处?若菩萨摩诃萨住忍辱地,柔和善顺而不卒暴,心亦不惊,又复于法无所行,而观诸法如实相,亦不行、不分别,是名菩萨摩诃萨行处。

"云何名菩萨摩诃萨亲近处?菩萨摩诃萨不亲近国王、王子、大臣、官长,不亲近诸外道梵志①、尼犍子②等,及造世俗文笔、赞咏外书,及路伽耶陀③、逆路伽耶陀④者,亦不亲近诸有凶戏、相叉相扑及那罗等种种变现之戏,又不亲近旃陀罗⑤,及畜猪羊鸡狗,畋猎渔捕,诸恶律仪。如是人等或时来者,则为说法,无所希望。又不亲近求声闻比丘、比丘尼、优婆塞、优婆夷,亦不问讯。若于房中,若经行处,若在讲堂中,不共住止。或时来者,随宜说法,无所希求。

"文殊师利,又菩萨摩诃萨不应于女人身取能生欲想相而为说法,亦不乐见。若入他家,不与小女、处女、寡女等共语。亦复不近五种不男⑥之人以为亲厚,不独入他家。若有因缘须独入时,但一心念佛。若为女人说法,不露齿笑,不现胸臆,乃至为法犹不亲厚,况复余事?不乐畜年少弟子、沙弥、小儿,亦不乐与同师。常好坐禅,在于闲处,修摄其心。文殊师利,是名初亲近处。"

[注释]

①梵志:指一切出家外道。②尼犍子:佛教认为的六大外道之一,特修裸形涂灰等苦行。③路伽耶陀:又作顺世派。为古印度婆罗门教之支派,主张随顺世俗,倡导唯物论之快乐主义。此派主张地、水、火、风等四元素合成人之身心,人若命终,四大亦随之离散,五官功能还归虚空,由此认为人死后一切归无,灵魂亦不存在。因此,此派否认轮回、业,复否认祭祀、供仪、布施之意义。此派还认为世间一切生物和无生物也都是由四大所构成;四大可分析至"极微"(即物质之最小单位),而于"极微"之外,世间即无任何余物。并进而论定:人虽有精神作用,但不过是物质结合所产生的状态而已,故人生之目的乃在于追求快乐。这种见解,于佛教所说"断"、"常"二邪见中,属于"常见"。④逆路伽耶陀:逆顺世外道,又叫左顺世外道,为顺世外道之分派,意指自顺世外道而陷于左道者。⑤旃陀罗:指以屠杀为职业者。⑥五种不男:一,生不男,谓人从生来,男根不满;二,犍不男,犍谓人以刀去其男根;三,妒不男,谓男根似无,见他行淫,因生妒心,遂或有根;四,变不男,谓根能变现也,遇男则变为女,遇女则变为男;五,半不男,谓半月能男,半月不能男。

[译文]

这时,法王子文殊师利大菩萨对释迦牟尼佛说道:"世尊,这些菩萨真是稀有难得！他们敬重顺从佛的教诲而发了如此宏大的誓愿，要在以后的五浊恶世中护持、读诵、讲说这部《妙法莲华经》。世尊，这些大菩萨在以后的五浊恶世中应该怎样做才能来讲说这部经呢？"

佛告诉文殊师利菩萨道："如果这些大菩萨想要在以后的五浊恶世讲说这部《妙法莲华经》，应当要遵从四种原则和规范。第一，是安住于菩萨修行之所和菩萨所应亲近之所，如此来为众生演说此经。

"文殊师利，什么是大菩萨的修行处所呢？如果大菩萨从事忍辱修行，柔和善顺而不暴躁，内心平稳而不惊惧，因而外现一切行而心中无一切行。看待一切法都不离真如实相，心中既没有执著，也没有分别，这就是大菩萨的行处。

"什么是大菩萨的亲近之处呢？大菩萨不去亲近国王、王子、大臣、官员，也不去亲近不属佛门的外道出家人如尼犍子等，也不编造低级趣味的世俗文学作品，不阅读赞叹外道的书籍，包括顺世外道和逆世外道的书籍，也不去参加和观看那些带有凶残、搏斗、竞技、幻变内容的游乐项目，也不去亲近专门从事屠宰之业的旃陀罗以及畜养猪羊鸡狗和打猎捕鱼的人，不亲近以各种邪恶不善的法则为行为规范之人。诸如此类者，如果他们偶尔来求教，那也可以为他们讲法，但心中不能有希求或攀缘之心。此外，也不可以去亲近修声闻乘教法的比丘、比丘尼、男居士、女居士，就是见了面，也不能双手合十问候。无论是在室内，还是在户外经行的地方，还是在讲经的法堂之中，都不与他们共处共行。如果偶尔有这样的人来求法，可以根据实际情况为他们讲法，但心中不可以有希求和攀缘之心。

"文殊师利，大菩萨不能出于对女性身体生起欲望而为之讲法，也不能乐于见到女性。如果进入世俗人家中，不能与幼女、姑娘、寡妇等单独相处谈话，也不应该接近五种是男非男之人，即生来无男根者、后天男根被除者、既妒忌男又妒忌女者、男不男女不女者、半月是男半月是女者，对于这些人，非但不能亲近，更不能深交厚结。为了避免嫌疑，大菩萨也不能单独一人到其家去。如果有特殊原因必须单独进入，就必须要专心念佛，不存杂念。如果为女人讲法，则不要露出牙齿而笑，不能法衣不整而袒胸露腹。像这样为了说法都不能亲近深交，更何况因为其他种种事情呢？大菩萨还不应随意蓄养年少弟子、小沙弥以及幼童，也不能乐意与他们一起随同老师学习。应该平常爱好打坐禅观，在寂静空闲之地收摄自心。文殊师利，以上所述就是大菩萨的第一类亲近之处。"

"复次，菩萨摩诃萨观一切法空，如实相，不颠倒、不动、不退、不转，如虚空，无所有性。一切语言道断，不生、不出、不起，无名、无相，实无所有，无量、无边、无碍、无障，但以因缘有，从颠倒生。故说常乐观如是法相，是名菩萨摩诃萨第二亲近处。"

[译文]

"其次，大菩萨观悟到一切法的空性，因此而体悟一切法的实相，从而离开颠倒的妄想执著，身心不动，不退不转，心如虚空，无所住，无所有性，一切语言无法形容，不生不灭，不出不入，不起不落，没有可以指代的名称，没有可以描绘的相状，没有实实在在的所有，没有数量，没有边际，没有阻碍，没有遮障。万事万物只是在一定条件下由诸多因素和合而成的假象，如果不明白观悟实相的般若圣智，就会妄生执见，认为万事万物实有，并由此而给予各种虚妄不实的说明。所以，经常乐于观察这样的法空之相，就是大菩萨的第二亲近处。"

尔时,世尊欲重宣此义而说偈言:
若有菩萨,于后恶世,无怖畏心,欲说是经,
应入行处,及亲近处。常离国王,及国王子,
大臣官长,凶险戏者,及旃陀罗,外道梵志。
亦不亲近,增上慢人,贪著小乘,三藏学者,
破戒比丘,名字罗汉,及比丘尼,好戏笑者。
深著五欲,求现灭度,诸优婆夷,皆勿亲近。
若是人等,以好心来,到菩萨所,为闻佛道,
菩萨则以,无所畏心,不怀希望,而为说法。
寡女处女,及诸不男,皆勿亲近,以为亲厚。
亦莫亲近,屠儿魁脍①,畋猎渔捕,为利杀害,
贩肉自活,炫卖女色,如是之人,皆勿亲近。
凶险相扑,种种嬉戏,诸淫女等,尽勿亲近。
莫独屏处,为女说法,若说法时,勿得戏笑。
入里乞食,将一比丘,若无比丘,一心念佛。
是则名为,行处近处,以此二处,能安乐说。

[注释]

①魁脍,监狱中专门执行死刑的人。

[译文]

这时,释迦牟尼佛为了重新宣说这一法要,就用偈颂说道:

如果有菩萨发愿在以后的五浊恶世中,以无所畏之心讲说《妙法莲华经》,就应该遵从菩萨的行为规范和菩萨所应亲近之处。他们当远离国王、王子、大臣以及官长,远离那些带有凶残、搏斗内容的演戏者,远离屠夫、外道、梵志,也不应亲近傲慢之人、破戒的比丘、自封的阿罗汉,以及好游戏谈笑的比丘尼。对于那些贪著于色、声、香、味、触或财、色、名、食、睡五欲的,只求今生今世能够灭度的女居士,也不能亲

近。如果这些人怀着善意来到菩萨的修行处，请求听闻佛法，菩萨应以无所畏惧和无所希求之心为他们讲法。菩萨不能亲近寡妇、姑娘以及五种是男非男者，更不可以与他们有所深交。菩萨不可以亲近屠夫、执行死刑之人、打猎捕鱼之人、为了获利而杀生之人、贩卖肉类为生之人，以及出卖色相的女人。以上这几类人菩萨都不能亲近，也不可以亲近从事凶残、危险的搏斗之人、各种杂耍嬉戏之人以及各种淫乱之人。不可以独自在僻静之地为女性讲法。在讲法之时，不可以游戏谈笑。进入人群乞食之时，应该偕同一位比丘同行；如果没有比丘为伴，乞食时则要专心念佛。以上即是修行菩萨道者的行处和亲近处。如果能遵从这两条，就可以安稳欣悦地为众生讲说《妙法莲华经》。

又复不行，上中下法，有为无为，实不实法，
亦不分别，是男是女，不得诸法，不知不见，
是则名为，菩萨行处。一切诸法，空无所有，
无有常住，亦无起灭，是名智者，所亲近处。
颠倒分别，诸法有无，是实非实，是生非生。
在于闲处，修摄其心，安住不动，如须弥山。
观一切法，皆无所有，犹如虚空，无有坚固，
不生不出，不动不退，常住一相，是名近处。
若有比丘，于我灭后，入是行处，及亲近处，
说斯经时，无有怯弱。菩萨有时，入于静室，
以正忆念，随义观法。从禅定起，为诸国王，
王子臣民，婆罗门等，开化演畅，说斯经典，
其心安隐，无有怯弱。文殊师利，是名菩萨，
安住初法，能于后世，说法华经。

[译文]

　　另外，修行菩萨道者也不修行上法、中法、下法，也不修行有为法和无为法，以及实法、不实法，也不去分别是男还是女。不认为自己得到了什么，不知、不见一切法相，这就是所谓的菩萨修行处。一切事物和现象从本质上看，都是空而无实有，不存在恒常不变的主体，所以也无起无灭。如此观悟万法，就是菩萨所应亲近之处。菩萨不可以用颠倒的妄念来分别一切法的有与无、实与虚、生与非生。他们应该在空闲幽静之处修习禅定，收摄心念，像须弥山一样安住不动。他们观悟万事万物都非实有，犹如虚空，不存在坚固常存的实体。诸法实相是不生不灭、不出不入、不动不静、不进不退，一直处于同一相状，这就是菩萨修行的亲近处。

　　如果有比丘在我灭度以后，遵从如是菩萨修行处及菩萨亲近处，演说《妙法莲华经》时，没有胆怯之心；或者若有菩萨入于静室，以正确的见地按照法义观察诸法，从禅定起来后为各位国王、王子、大臣、民众、婆罗门等讲说这部经，心中平稳安乐，无有恐惧。文殊师利，这就叫做菩萨安住的最初法门。他们若能如此修行，将来在末法时代，就能演说这部《妙法莲华经》。

　　"又，文殊师利，如来灭后，于末法中欲说是经，应住安乐行。若口宣说，若读经时，不乐说人，及经典过，亦不轻慢诸余法师，不说他人好恶长短。于声闻人，亦不称名说其过恶，亦不称名赞叹其美，又亦不生怨嫌之心。善修如是安乐心故，诸有听者，不逆其意。有所难问，不以小乘法答，但以大乘而为解说，令得一切种智。"

[译文]

"还有,文殊师利,如来灭度后,在末法时代,修菩萨行的大菩萨们要演说《妙法莲华经》,就应住于安乐行门。口中宣说或者读诵此经典时,不应该说他人以及经典的过错,也不应该轻视其他法师,不妄议论他人的好恶与长短。见到修行声闻教法的人,不要直呼其名数说他们的过失,也不要呼其名并称赞他们的优点,同时也不能对他们产生怨恨和嫌弃之心。正因为善于修这样的安乐之心,所以,菩萨行者对于所有前来听法的人,都不违逆其来意。对于请求解答疑问的人,不用小乘教法来回答,而应以大乘教法来为其解答,使他们最终证得一切种智。"

尔时,世尊欲重宣此义而说偈言:
菩萨常乐,安隐说法,于清净地,而施床座,
以油涂身,澡浴尘秽,着新净衣,内外俱净。
安处法座,随问为说。若有比丘,及比丘尼,
诸优婆塞,及优婆夷,国王王子,群臣士民,
以微妙义,和颜为说。若有难问,随义而答,
因缘譬喻,敷演分别,以是方便,皆使发心,
渐渐增益,入于佛道。除懒惰意,及懈怠想,
离诸忧恼,慈心说法。昼夜常说,无上道教,
以诸因缘,无量譬喻,开示众生,咸令欢喜。
衣服卧具,饮食医药,而于其中,无所希望。
但一心念,说法因缘,愿成佛道,令众亦尔,
是则大利,安乐供养。我灭度后,若有比丘,
能演说斯,妙法华经,心无嫉恚,诸恼障碍,
亦无忧愁,及骂詈者,又无怖畏,加刀杖等,

亦无摈出，安住忍故。智者如是，善修其心，
能住安乐。如我上说，其人功德，千万亿劫，
算数譬喻，说不能尽！

[译文]

这时，释迦牟尼佛为了重新宣明法要，便用偈颂说道：

　　菩萨们常乐于安稳地宣讲正法。他们当在清净之地，安置好法床和座位，用香油涂擦身体，洗浴全身净除尘土和污垢，穿上崭新干净的衣服，里里外外都十分洁净。然后他们安坐于法座上，随听众所问而讲说教法。如果在座的有比丘、比丘尼、男居士、女居士、国王、王子、大臣以及民众等类型各异的听众，菩萨们当和颜悦色地为他们讲说微妙义理。如果有人提出疑难问题，菩萨就按照义理来回答，并以各种因缘和各种比喻为他们进行演说和分析，借助这种权巧方便而使具德众生都发起大乘菩提心，并助其渐渐增长，逐渐进入佛道修行。菩萨应该戒除懒惰习气和懈怠思想，远离一切忧愁烦恼，心怀慈悲为他人讲法。菩萨会夜以继日地讲说无上教法，利用种种因缘、借助种种比喻来开示众生，令他们都生起欢喜。讲法之时，菩萨决不会对衣服、卧具、饮食、医药等供养有所希求。菩萨心中只有一个念头，那就是以说法的因缘和功德，希望自己能够成就佛道，也希望众生能成就佛道，这样才是具有最大利益的安乐供养。我灭度以后，如果有比丘能够演说这部《妙法莲华经》，心无嫉妒瞋恨等各种烦恼障碍，既不担忧别人的谩骂，也不畏惧刀杖的伤害，更不害怕被人赶出，安住于忍辱之境。能如此行事，就是智者，菩萨们就是这样修炼己心，而得以住在安乐之境。正如我前面所说，这种人的功德即使经过千万亿劫也算不出来，用尽各种比喻也说不完！

"又，文殊师利菩萨摩诃萨，于后末世，法欲灭时，受持读诵斯经典者，无怀嫉妒谄诳之心，亦勿轻骂学佛道者，求其长短。若比丘、比丘尼、优婆塞、优婆夷、求声闻者、求辟支佛者、求菩萨道者，无得恼之，令其疑悔，语其人言：'汝等去道甚远，终不能得一切种智，所以者何？汝是放逸之人，于道懈怠故。'又亦不应戏论诸法，有所诤竞。当于一切众生起大悲想，于诸如来起慈父想，于诸菩萨起大师想，于十方诸大菩萨，常应深心恭敬礼拜。于一切众生平等说法。以顺法故，不多不少，乃至深爱法者亦不为多说。

"文殊师利，是菩萨摩诃萨，于后末世法欲灭时，有成就是第三安乐行者。说是法时，无能恼乱，得好同学，共读诵是经，亦得大众而来听受，听已，能持；持已，能诵；诵已，能说；说已，能书。若使人书，供养经卷，恭敬、尊重、赞叹。"

[译文]

"另外，文殊师利大菩萨，在以后的末法时代，佛法将要消亡之时，受持并且读诵这部《妙法莲华经》之人，当没有嫉妒、谄媚、欺诳之心，也不轻视谩骂修学佛道者，不去议论别人的长短是非。他们无论是面对比丘、比丘尼、男居士、女居士，还是求声闻者、求辟支佛者、求菩萨道者，都不去扰乱而使其心生疑惑和猜测。他们不会对这些人说：'你们距离佛道还很遥远，最终是不能证得一切种智的。为什么这样说呢？你们看似修行实则是放纵自己贪图安逸，在修道方面太松懈了。'他们也不会以游戏心态讨论佛法，与人争论。他们将一切众生看做自己大悲救护的对象，将如来看做自己的慈父，将各位菩萨看做是自己的大师，他们在内心深处恭敬礼拜十方世界的诸大菩萨。他们等视一切众生，无分别地讲说教法，随顺法要并按照众生根器，恰如其分地说法，不多亦不少，即使遇到非常敬信佛法的人，也不为其过多讲说。

"文殊师利，这样的大菩萨，就是在以后的末法时代佛法将要消亡时成就第三种安乐行的人。在讲说这部《妙法莲华经》时，没有众生可以令他烦恼和错乱，他能遇到志同道合的同学共同读诵这部经，也能吸引大众前来听他讲法。大众听完后能够受持，受持之后又能够读诵，读诵之后又能够讲说，讲说之后又能够书写。他们会教人书写此经，并引导人供养、恭敬、尊重、赞叹这部经卷。"

尔时，世尊欲重宣此义而说偈言：
若欲说是经，当舍嫉恚慢，谄诳邪伪心，常修质直行，
不轻蔑于人，亦不戏论法，不令他疑悔，云汝不得佛。
是佛子说法，常柔和能忍，慈悲于一切，不生懈怠心。
十方大菩萨，愍众故行道，应生恭敬心，是则我大师。
于诸佛世尊，生无上父想，破于憍慢心，说法无障碍。
第三法如是，智者应守护，一心安乐行，无量众所敬。

[译文]

这时，释迦牟尼佛为了重新宣明所讲的法要，用偈颂说道：

如果想要讲说《妙法莲华经》，应当舍弃嫉妒、瞋恨、傲慢、谄媚、欺诳、邪恶、伪善之心，经常修行质朴、直率的心性，不轻蔑他人，也不戏论佛法，不扰乱他人使其对佛道产生疑惑和猜疑，不应对别人说："你不能成佛。"这样的菩萨讲法时常怀柔和之心，具足忍辱之行，慈悲对待一切众生，日夜讲法而不懈怠。十方世界诸大菩萨皆由悲愍众生而修菩萨大行，因此应该对他们生起恭敬心，视他们为自己的大师。应该将诸佛世尊看做是自己无上的慈父，以这种方法破除自己的傲慢心，讲法时才没有障碍，菩萨的第三安乐行法就是这样。有智慧之人应该好好守护并认真地遵从这样的安乐行，如此则必将会得到无量众生的尊敬。

"又,文殊师利菩萨摩诃萨,于后末世,法欲灭时,有持是《法华经》者,于在家出家人中,生大慈心;于非菩萨人中生大悲心,应作是念:'如是之人,则为大失。如来方便随宜说法,不闻不知不觉,不问不信不解,其人虽不问不信不解是经,我得阿耨多罗三藐三菩提时,随在何地,以神通力、智慧力引之,令得住是法中。'

"文殊师利,是菩萨摩诃萨,于如来灭后,有成就此第四法者,说是法时,无有过失,常为比丘、比丘尼、优婆塞、优婆夷、国王、王子、大臣、人民、婆罗门、居士等,供养、恭敬、尊重、赞叹。虚空诸天为听法故,亦常随侍。若在聚落、城邑、空闲林中,有人来欲难问者,诸天昼夜常为法故而卫护之,能令听者皆得欢喜。所以者何?此经是一切过去、未来、现在诸佛神力所护故!"

[译文]

"还有,文殊师利大菩萨,在以后的末法时代,佛法将要消亡之时,有受持这部《妙法莲华经》之人,他们对于在家和出家的学佛众人要生起给予他们快乐的慈心,对于没有学佛的众人生起救拔他们痛苦的悲心,他们当有这样的想法:'这些人没有学佛,是生命中最大的损失。如来权巧方便随顺众生的根性而讲说教法,他们却不听、不知、不觉、不问、不信、不解。然而,尽管他们不询问、不相信,也不理解这部经,在我证得无上智慧之时,无论身处何地,我都要用神通力和智慧力引导他们安住在此经所讲的正法之中。'

"文殊师利,这些菩萨们在如来灭度后,如果能够成就这第四种安乐行法,他们在讲说这部经时,不仅不会有丝毫过失,而且常常被比丘、比丘尼、男居士、女居士、国王、王子、大臣、人民、婆罗门、居士等众所供养、恭敬、尊重和赞叹。虚空中的各位天神为了聆听他所讲的妙法，也常常随侍在左右。无论是在村庄、城镇，还是在空闲的林中，如果有人来问法，天神们都会日夜护卫他，使听法的人都得到喜悦。为什么会这样呢？这是因为这部《妙法莲华经》受到过去、现在、未来三世一切诸佛之不可思议力量的护卫。"

"文殊师利，是《法华经》，于无量劫中乃至名字不可得闻，何况得见、受持、读诵？

"文殊师利，譬如强力转轮圣王，欲以威势降伏诸国，而诸小王不顺其命。时，转轮王起种种兵而往讨伐。王见兵众战有功者，即大欢喜，随功赏赐，或与田宅、聚落、城邑，或与衣服、严身之具，或与种种珍宝，金银、琉璃、砗磲、玛瑙、珊瑚、琥珀，象、马、车乘、奴婢、人民，惟髻中明珠不以与之。所以者何？独王顶上有此一珠，若以与之，王诸眷属必大惊怪。

"文殊师利，如来亦复如是，以禅定智慧力得法国土，王于三界，而诸魔王不肯顺伏。如来贤圣诸将，与之共战，其有功者，心亦欢喜，于四众中为说诸经，令其心悦，赐以禅定、解脱、无漏根力，诸法之财①。又复赐与涅槃之城，言得灭度，引导其心令皆欢喜，而不为说是《法华经》。

"文殊师利，如转轮王见诸兵众有大功者，心甚欢喜，以此难信之珠久在髻中，不妄与人，而今与之。如来亦复如是，于三界中为大法王，以法教化一切众生见贤圣军，与五阴魔②、烦恼魔、死魔共战，有大功勋，灭三毒，出三界，破魔网，尔时，如来亦大欢喜。此《法华经》，能令众生至一切智，一切世间多怨难信，先所未说，而今说之。

"文殊师利,此《法华经》,是诸如来第一之说,于诸说中最为甚深,末后赐与,如彼强力之王久护明珠,今乃与之。文殊师利,此《法华经》,诸佛如来秘密之藏,于诸经中最在其上,长夜守护,不妄宣说,始于今日乃与汝等而敷演之。"

[注释]

①诸法之财:即"法财",与"世财"对称,指佛法、教说等。佛法是宇宙人生的真谛,能滋润众生,为众生长养慧命资粮,犹如世间的财物能使众生拥有丰厚的物质生活,故喻称为法财。②五阴魔:五阴是指色、受、想、行、识,五阴与烦恼都是迷惑人的,所以叫做"魔"。

[译文]

"文殊师利,这部《妙法莲华经》,在过去无量无数的劫中,甚至连经的名字也听不到,何况是能够见到并受持、读诵呢?

"文殊师利,比如力量强大的转轮圣王,欲凭借威武势力降伏其他各国,而各小国之王并不听从他的命令,于是转轮圣王出动大军前去讨伐。转轮圣王若发现众兵之中有战功的人,便会非常高兴,根据其战功的大小而给予赏赐,如有的赏赐给田地房屋、村庄、城镇等,有的赏赐给衣服等各种装饰之物,有的给予各种珍宝,如金、银、琉璃、砗磲、玛瑙、珊瑚、琥珀等,以及象、马、车乘、奴婢、属民等。总之,转轮圣王什么都可拿出来赏赐,但唯有他发髻中的明珠从来不会给予别人。为什么呢?转轮圣王的顶髻中只有这样的一颗明珠,如果赏赐给人,转轮圣王的眷属们一定会非常惊讶。

"文殊师利,如来也是这样。如来以禅定智慧之力,得到一切正法之国土,在三界中称王,但一切魔王们不愿意顺伏。如来率领贤圣将帅与魔王们交战。见到有功之人,如来心中很高兴,便在四众弟子中为他讲说教法,使他心生喜悦,赐予他禅定、解脱、无漏的五根之力以及诸法的财宝,又赐予功臣涅槃之城,告诉他们获得了灭度解脱，引导其心，使之皆大欢喜。但是如来佛就是没有为他们讲说这部《妙法莲华经》。

"文殊师利，就像转轮圣王见到立下大功劳的兵将时，心中高兴万分，将那颗难以令人相信的、一直珍藏在发髻中从不示人的明珠，当下赐予有大功劳的兵将一样，如来也是这样做的。如来是三界中的大法王，他以佛法来教化一切众生，率领贤圣之军与五阴魔、烦恼魔、死魔作战，当见到灭除三毒、出离三界、破除魔网的功勋卓著的兵将之时，如来也会高兴万分。这部《妙法莲华经》是一部能使众生获得无上之智的经典，也是一部世人大多会抱怨其难以信奉的经典。所以如来以前从未讲说，现在才为众生讲说。

"文殊师利，这部《妙法莲华经》是一切如来所说的第一妙法，在一切法中最为深奥，所以，直到最后才赐予众生，就像那位力量强大的转轮圣王，长久地守护着顶髻中的明珠，到胜利时才赐给士兵一样。文殊师利啊，这部《妙法莲华经》，是诸佛如来的秘密宝藏，在所有的经典中，居于上首。在漫漫长夜中，如来仔细守护，从不轻易讲说，直到今天，才向你们演说。"

尔时，世尊欲重宣此义，而说偈言：
常行忍辱，哀愍一切，乃能演说，佛所赞经。
后末世时，持此经者，于家出家，及非菩萨，
应生慈悲，斯等不闻，不信是经，则为大失。
我得佛道，以诸方便，为说此法，令住其中。
譬如强力，转轮之王，兵战有功，赏赐诸物，
象马车乘，严身之具，及诸田宅，聚落城邑，
或与衣服，种种珍宝，奴婢财物，欢喜赐与。
如有勇健，能为难事，王解髻中，明珠赐之。
如来亦尔，为诸法王，忍辱大力，智慧宝藏，

以大慈悲,如法化世。见一切人,受诸苦恼,
欲求解脱,与诸魔战,为是众生,说种种法,
以大方便,说此诸经。既知众生,得其力已,
末后乃为,说是法华,如王解髻,明珠与之。
此经为尊,众经中上,我常守护,不妄开示,
今正是时,为汝等说。

[译文]

这时,释迦牟尼佛为了重新宣明所讲的法要,便用偈颂说道:

只有常常修行忍辱并且悲悯一切众生的菩萨,才能演说这部诸佛共同赞叹的《妙法莲华经》。在以后的末法时代,受持这部经的大菩萨,对于在家、出家以及没有学佛的大众当生起慈悲心,并且有这样的想法:"这些不闻不信这部经的人,损失实在太大了。我成就佛果后,一定要用各种权巧之法为他们讲说这部经,令他们安住于正法之中。"

比如强有力的转轮圣王,带领军队进行战斗,对于有功劳的兵将,转轮圣王或者赏赐象、马、车乘,或者赏赐各种装饰品,或者赏赐田地、房屋、村庄、城镇,或者赏赐衣服,乃至种种珍宝、奴婢和财物等。赏赐这些东西给有功将士,转轮圣王十分开怀。如果有特别勇敢善战的兵将,能够完成十分艰难的任务,转轮圣王就会解下自己顶髻中的明珠赐予健将。如来也是这样做的。如来是三界中的大法王,具有忍辱、神通力和智慧等诸多宝藏,以慈悲之心教给众生解脱之道。如来见到一切众生遭受种种痛苦和烦恼,希求解脱而与诸魔战斗。于是,如来便为这些众生讲说各种教法,广用方便法门开示诸经之理。当得知众生具有一定力量之后,最后才为他们讲说这部《妙法莲华经》。正如转轮圣王解下自己顶髻中的明珠赐予立有大功的部下一般,这部《妙法莲华经》在众经中为最尊,我长

期以来一直谨慎守护,从不轻易开示,现在正是为你们讲说这部经的时候!

我灭度后,求佛道者,欲得安隐,演说斯经,
应当亲近,如是四法。读是经者,常无忧恼,
又无病痛,颜色鲜白,不生贫穷,卑贱丑陋。
众生乐见,如慕贤圣,天诸童子,以为给使。
刀杖不加,毒不能害,若人恶骂,口则闭塞。
游行无畏,如师子王,智慧光明,如日之照。
若于梦中,但见妙事。见诸如来,坐师子座,
诸比丘众,围绕说法。又见龙神,阿修罗等,
数如恒沙,恭敬合掌,自见其身,而为说法。
又见诸佛,身相金色,放无量光,照于一切,
以梵音声,演说诸法。佛为四众,说无上法,
见身处中,合掌赞佛,闻法欢喜,而为供养,
得陀罗尼,证不退智。佛知其心,深入佛道,
即为授记,成最正觉:汝善男子,当于来世,
得无量智,佛之大道,国土严净,广大无比,
亦有四众,合掌听法。又见自身,在山林中,
修习善法,证诸实相,深入禅定,见十方佛。
诸佛身金色,百福相庄严。闻法为人说,常有是好梦。
又梦作国王,舍宫殿眷属,及上妙五欲,行诣于道场。
在菩提树下,而处师子座,求道过七日,得诸佛之智。
成无上道已,起而转法轮,为四众说法,经千万亿劫,
说无漏妙法,度无量众生。后当入涅槃,如烟尽灯灭。
若后恶世中,说是第一法,是人得大利,如上诸功德!

[译文]

  在我灭度后，志求无上佛道的大菩萨，要想安稳地演说这部《妙法莲华经》，应当遵从前面所讲的四种安乐行法。读诵此经之人，常无烦恼忧愁，也没有病痛折磨，皮肤白嫩，不会成为贫穷、下贱、丑陋的人。众生都喜欢见到他，就像仰慕圣贤一样，天界的童子也会供他驱使，刀杖不能落在他身上，毒药也不能伤害他。若有人想要恶口谩骂他，其口却总难张开。他四方游历，如狮中之王般毫无畏惧。他智慧的光芒，如太阳普照大地般明遍法界。

  即使在梦中，他也常见吉祥之相，比如见到诸佛坐在狮子宝座上，向环绕在四周的比丘大众讲说教法；或者见到如恒河沙一样多的龙神、阿修罗等恭敬合掌围绕在自己周围，而自己在为他们讲法；或者见到诸佛身体呈金色，放出无量光明，照耀大千世界，佛以清净音演说各种妙法；或者见到佛为四众弟子讲说无上教法时，自己也处在大众中，合掌赞叹佛，听法后法喜充满，供养佛陀，得到持善不失、持恶不生的功德，证得了不退转的智慧，佛知道自己已经深入佛道，于是授予成无上正觉的预记：你这位善男子，将会在未来世，证得无量智慧，成就佛果。你的国土庄严清净，广大无比，也有四众弟子合掌恭敬听闻教法。这样的菩萨还会梦见自己在寂静的山林中修习善法，证得诸法实相，深入禅定从而得见十方世界诸佛。

  诸佛身呈金色，有三十二种瑞相和八十种随形好庄严。听到佛法后常常为他人讲说，就会经常做这样的吉梦。其人还会梦见自己做了国王，却舍弃宫殿、眷属和上妙的五欲享受，前往道场，坐在菩提树下的狮子宝座上，求取佛道，经过七天的禅坐，证得诸佛的无上智慧。成就无上佛道之后，从座位上起来，开始转动佛法之轮，为四众弟子讲说各种教法，经过千万亿劫，讲说无量的无漏妙法，度化了无量的众生，之后进入涅槃，就如烟尽灯灭一般。在以后的五浊恶世中，如果有人讲说这一切佛法中的第一妙法，他将得到极大的利益，具足前面所说的一切功德！

从地涌出品第十五

尔时，他方国土诸来菩萨摩诃萨，过八恒河沙数，于大众中起，合掌作礼而白佛言："世尊，若听我等，于佛灭后，在此娑婆世界勤加精进，护持、读诵、书写、供养是经典者，当于此土而广说之。"

尔时，佛告诸菩萨摩诃萨众："止！善男子，不需汝等护持此经。所以者何？我娑婆世界自有六万恒河沙等菩萨摩诃萨，一一菩萨各有六万恒河沙眷属。是诸人等，能于我灭后护持、读诵、广说此经。"

佛说是时，娑婆世界三千大千国土地皆震裂，而于其中有无量千万亿菩萨摩诃萨同时涌出。是诸菩萨身皆金色，三十二相，无量光明。先尽在此娑婆世界之下，此界虚空中住。是诸菩萨闻释迦牟尼佛所说音声，从下发来。一一菩萨皆是大众唱导之首，各将六万恒河沙眷属，况将五万、四万、三万、二万、一万恒河沙等眷属者？况复乃至一恒河沙、半恒河沙、四分之一、乃至千万亿那由他分之一？况复千万亿那由他眷属？况复亿万眷属？况复千万、百万、乃至一万？况复一千、一百、乃至一十？况复将五、四、三、二、一弟子者？况复单己、乐远离行？如是等比，无量无边，算数譬喻所不能知。

[译文]

这时,从其他世界来的大菩萨们,其数量比八条恒河的沙粒总和之数还要多,他们从法会大众中站起来,合掌向释迦牟尼佛敬礼,对佛说道:"世尊,在佛灭度后,请您允许我们在这娑婆世界中勤奋精进地护持、读诵、书写、供养这部《妙法莲华经》,我们愿意在此国土中广泛地为众生讲说这部经典。"

听完他们的愿心,释迦牟尼佛对这些大菩萨们说道:"不用了!善男子,娑婆国土中不需要你们来护持这部经。为什么这样说呢?我这娑婆世界自有六万恒河沙数的大菩萨,每位菩萨又各有六万恒河沙数的眷属,这些菩萨以及他们的眷属能够在我灭度后护持、读诵并广泛地讲说这部《妙法莲华经》。"

释迦牟尼佛说完这句话,娑婆世界三千大千国土的大地全都震动裂开,有无量千万亿的大菩萨同时从地下涌出。这些菩萨身皆金色,具足三十二种瑞相,放无量光明。之前他们都住在这娑婆世界的下方,即住于下方世界的虚空中。这些菩萨听到释迦牟尼佛说法之声,便从下方涌出。这些菩萨,每一位都是引导大众的首领,他们各自领导六万恒河沙数之多的眷属,何况每位眷属菩萨又各自带领五万、四万、三万、二万、一万恒河沙数的眷属菩萨?何况这些眷属菩萨又各自带领一恒河沙数、半恒河沙数、四分之一甚至千万亿那由他分之一的眷属菩萨?何况他们的眷属菩萨又有千万亿那由他的眷属菩萨?何况这些眷属菩萨又带领亿万的眷属菩萨?何况这些菩萨又有千万、百万乃至一万的眷属菩萨?何况他们又有一千、一百乃至十个眷属菩萨?何况这些眷属菩萨又各自带领五个、四个、三个、二个乃至一个菩萨弟子?何况那些独自一人喜欢远离人群的菩萨?菩萨的数目就是这样多到无量无边,多到无法计算,即使用比喻也无法描述。

是诸菩萨从地出已,各诣虚空七宝妙塔多宝如来、释迦牟尼佛所。到已,向二世尊头面礼足,及至诸宝树下师子座上佛所,亦皆作礼,右绕三匝,合掌恭敬,以诸菩萨种种赞法而以赞叹,住在一面,欣乐瞻仰于二世尊。是诸菩萨摩诃萨,从初涌出,以诸菩萨种种赞法而赞于佛,如是时间经五十小劫。

是时,释迦牟尼佛默然而坐,及诸四众亦皆默然五十小劫,佛神力故,令诸大众谓如半日。尔时,四众亦以佛神力故,见诸菩萨遍满无量百千万亿国土虚空。

是菩萨众中有四导师,一名上行,二名无边行,三名净行,四名安立行。是四菩萨,于其众中最为上首唱导之师,在大众前各共合掌,观释迦牟尼佛而问讯言:"世尊!少病少恼,安乐行否?所应度者,受教易否?不令世尊生疲劳耶?"

尔时,四大菩萨而说偈言:

世尊安乐,少病少恼?教化众生,得无疲倦?
又诸众生,受化易否?不令世尊,生疲劳耶?

[译文]

这些菩萨们从地下涌出之后,都来到虚空中七宝妙塔多宝如来和释迦牟尼佛所在之处。抵达之后,他们一一向二位世尊以头触地敬礼,然后又到七宝树下狮子宝座上来自十方的分身诸佛面前,一一敬礼,右向绕佛三圈,双手合掌恭敬地用菩萨的各种赞叹之词赞叹诸佛。而后退立一旁,欢喜欣悦地瞻仰着二位世尊。这些大菩萨,从最初由地下涌出到用菩萨的各种赞叹方法赞叹诸佛,其间一共经过了五十小劫之久。

在此期间,释迦牟尼佛默默而坐,在场的四众弟子们也都默然而坐,就这样过了五十小劫。因为佛的神通之力,在场的大众感到只经过了半天的时间。与此同时,在场的四众弟子们也借助佛的神力,见到这些菩萨遍满无量百千万亿国土的虚空之中。

这些菩萨众中有四位导师:第一位名叫上行菩萨,第二位名叫无边行菩萨,第三位名叫净行菩萨,第四位名叫安立行菩萨。他们是这些菩萨中最受敬仰的统领大众的导师。他们站在大众前面,一起合掌注视着释迦牟尼佛,问候道:"世尊啊,您身体健康,没有烦恼吧?您安心快乐吧?应该受到度化的众生,都容易接受教化吧?他们没有让您疲劳厌倦吧?"

接着,四位大菩萨们共同用偈颂说道:

世尊安心快乐吧?身体健康,没有烦恼吧?教化众生没有感到疲倦吧?这些众生是否容易接受教化?他们没有让您感到劳累厌倦吧?

尔时,世尊于菩萨大众中而作是言:"如是!如是!诸善男子,如来安乐,少病少恼,诸众生等易可化度,无有疲劳。所以者何?是诸众生,世世已来,常受我化,亦于过去诸佛,恭敬尊重,种诸善根。此诸众生,始见我身,闻我所说,即皆信受,入如来慧。除先修习学小乘者,如是之人,我今亦令得闻是经,入于佛慧。"

尔时,诸大菩萨而说偈言:

善哉善哉!大雄世尊,诸众生等,易可化度。

能问诸佛,甚深智慧,闻已信行,我等随喜。

于时,世尊赞叹上首诸大菩萨:"善哉!善哉!善男子,汝等能于如来发随喜心。"

[译文]

这时,释迦牟尼佛在菩萨大众中说道:"是这样的!是这样的!各位善男子,如来安心快乐,身体健康,无忧无虑,所有众生也比较容易得到教化,我没有感觉到任何疲劳。为什么呢?因为这些众生生生世世以来就一直接受我的教化，他们在过去诸佛的身边也同样恭敬、尊重，种下了各种善根。所以，这些众生一见到我的身相，听到我的教法，便立即相信接受，从而进入对如来无上智慧的追求之道，除了那些原先修习小乘的众生。但，即使是这些众生，我今天也要让他们听到这部《妙法莲华经》，以便未来证入佛的智慧。"

这时，各位大菩萨异口同声用偈颂说道：

　　太好了！太好了！世尊啊，您是世间的大雄！诸众生在您的佑护下容易度化。

　　他们能够有幸请教和听闻诸佛非常深奥的智慧，并且能够完全领纳而依法修行。我们都随喜这样的功德。

这时，释迦牟尼佛赞叹上首的四位菩萨道："好啊！好啊！善男子，你们能够于如来的事业发随喜之心，真是可贵啊！"

尔时，弥勒菩萨及八千恒河沙诸菩萨众皆作是念："我等从昔已来，不见不闻如是大菩萨摩诃萨众，从地涌出，住世尊前，合掌供养，问讯如来。"时，弥勒菩萨摩诃萨知八千恒河沙诸菩萨等心之所念，并欲自决所疑，合掌向佛，以偈问曰：

无量千万亿，大众诸菩萨，昔所未曾见，愿两足尊说，
是从何所来，以何因缘集？巨身大神通，智慧巨思议，
其志念坚固，有大忍辱力。众生所乐见，为从何所来？
一一诸菩萨，所将诸眷属，其数无有量，如恒河沙等。
或有大菩萨，将六万恒沙，如是诸大众，一心求佛道。
是诸大师等，六万恒河沙，俱来供养佛，及护持是经。
将五万恒沙，其数过于是。四万及三万，二万至一万，
一千一百等，乃至一恒沙，半及三四分，亿万分之一，
千万那由他，万亿诸弟子，乃至于半亿，其数复过上。

百万至一万,一千及一百,五十与一十,乃至三二一,
单己无眷属,乐于独处者,俱来至佛所,其数转过上。
如是诸大众,若人行筹数,过于恒沙劫,犹不能尽知。

[译文]

　　这时,弥勒菩萨与八千恒河沙数那么多的菩萨都产生这样的念头:"我们从过去到现在,从来没有见过,也从来没有听说过这么多的大菩萨从地下涌出,全部站在世尊面前合掌敬礼,恭敬供养,向如来问候请安。"这时,弥勒大菩萨了知这八千恒河沙数那么多的菩萨心中的想法,并且他自己想要解决这些疑问。于是合掌,以一首偈颂向释迦牟尼佛请教道:

　　　　从地下涌出的无量千万亿之多的大菩萨,我们过去从来没有见到过。希望福德智慧圆满的世尊为我们解释一下,他们到底是从什么地方来的?以什么因缘聚集在这里?他们皆现巨身,有大神通,智慧更是高深得难以测度。他们志向坚固,有极大的忍辱之力。他们为众生所喜欢见到,他们究竟是来自什么地方?他们中的每一位菩萨所带领的眷属,数目都多如恒河之沙,无法计数,不可估量。其中有的大菩萨带领着六万恒河沙数那么多的一心追求佛道的眷属菩萨。这些大菩萨与他们多如六万恒河沙数的眷属们一同来供养佛,并护持这部《妙法莲华经》。有的眷属菩萨又带领五万恒河沙数的眷属,他们的数量又远远超过了前者。有的眷属菩萨带领的眷属又有四万、三万、二万、一万、一千、一百,一直到一恒河沙、半恒河沙、三分之一、四分之一……乃至亿万分之一、千万那由他分之一恒河沙数那么多。他们又带领了万亿甚至半亿的眷属,其总数量又远远超过了前者。这些眷属菩萨又带领了百万、一万、一千、一百、五十、一十,乃至三个、二个、一个眷属。还有那些独自一人没有眷属,喜欢独自居住的菩萨们,他们也都来到释迦牟尼佛的面前,其数量更多。以

上所说的菩萨之数目，即使有人借助各种工具来计算，经过恒河沙数的劫，也不能完全知道确切数字。

是诸大威德，精进菩萨众，谁为其说法，教化而成就？
从谁初发心，称扬何佛法？受持行谁经，修习何佛道？
如是诸菩萨，神通大智力，四方地震裂，皆从中涌出。
世尊我昔来，未曾见是事，愿说其所从，国土之名号。
我常游诸国，未曾见是众，我于此众中，乃不识一人，
忽然从地出，愿说其因缘。今此之大会，无量百千亿，
是诸菩萨等，皆欲知此事。是诸菩萨众，本末之因缘，
无量德世尊，惟愿决众疑。

[译文]

这些具有大威德、精进修行的菩萨们，是谁为他们讲法，教化他们成就如此功德的？他们最初是在谁面前发起菩提心，称赞何种佛教法门？他们受持哪一部佛典？修习哪一种成佛之道？这些菩萨神通广大，智慧无边，四面八方的大地因他们而震开，他们从地下一涌而出。世尊！我从过去以来，从未见过这种事情，请您为我们讲一下他们来自何方以及他们所在国土的名号。我常在各个国土游历，可从未见过这些菩萨大众。他们当中，我连一位都不认识，如今忽然就从地下涌出，恳请您讲说其中的因缘。今天在这里参加法会的大众，有无量百千万亿的菩萨，他们都想要了解这件事，想知道这些菩萨大众最初至最后的种种因缘。因此，恳请具有无量功德的世尊来消除大众的疑问。

尔时，释迦牟尼分身诸佛从无量千万亿他方国土来者，在于八方诸宝树下师子座上，结跏趺坐。其佛侍者，各各见是菩萨大

众,于三千大千世界四方从地涌出,住于虚空。各白其佛言:"世尊,此诸无量无边阿僧祇菩萨大众,从何所来?"

尔时,诸佛各告侍者:"诸善男子!且待须臾,有菩萨摩诃萨,名曰弥勒,释迦牟尼佛之所授记,次后作佛,已问斯事。佛今答之,汝等自当因是得闻。"

尔时,释迦牟尼佛告弥勒菩萨:"善哉!善哉!阿逸多①乃能问佛如是大事。汝等当共一心,被精进铠,发坚固意,如来今欲显发宣示诸佛智慧、诸佛自在神通之力、诸佛师子奋迅之力、诸佛威猛大势之力。"

尔时,世尊欲重宣此义,而说偈言:
当精进一心,我欲说此事,勿得有疑悔,佛智叵思议。
汝今出信力,住于忍善中,昔所未闻法,今皆当得闻。
我今安慰汝,勿得怀疑惧,佛无不实语,智慧不可量。
所得第一法,甚深叵分别。如是今当说,汝等一心听!

[注释]

①阿逸多,译曰无能胜,最胜之义。是弥勒菩萨的名字。

[译文]

这时,从无量千万亿其他世界来到这里的释迦牟尼佛的分身诸佛们,分别在遍及四面八方的各个七宝树下的狮子宝座上结跏趺而坐。这些佛的侍者也各自见到上述菩萨大众从三千大千世界四方的地下涌出并停于虚空中的景象。这些侍者们各自向其所侍奉的佛说道:"世尊,这些无量无边阿僧祇的菩萨大众从何而来?"

于是,诸佛分别告诉自己的侍者:"善男子,稍等片刻,有位大菩萨名叫弥勒,释迦牟尼佛曾经为他授记继释迦牟尼佛之后将成佛。他已经就此提问了,释迦牟尼佛现在就要答复他,你们自然会因此而听到佛的解答。"

这时,释迦牟尼佛告诉弥勒菩萨道:"很好!很好!阿逸多啊,你能够向佛问这么重要的问题。你们大众当一心一意，披上精进的铠甲，树立坚固的意志，认真听讲。如来现在要显发宣示诸佛之智慧、诸佛之自在神通之力、诸佛狮子般之奋迅之力以及诸佛威猛之大势之力。"

这时，释迦牟尼佛为了重新宣说此法要，便用偈颂说道：

诸位应当勇猛精进，专一其心，我将要说明此事，你们切勿有任何怀疑。佛的智慧不可思议。你们现在要拿出自己的信心和力量，修习忍辱之行，滋养诸善之根。过去，你们没有听过这种佛法，今天，你们就要听到了。我现在安慰你们，不要心怀疑惑和恐惧，佛所说的法，真实不虚，佛的智慧，不可思量。佛所获证的第一妙法，犹如大海，深不可测。这些，我现在就要给你们讲说，你们应当专心致志地来听！

尔时，世尊说此偈已，告弥勒菩萨："我今于此大众宣告汝等，阿逸多，是诸大菩萨摩诃萨，无量无数阿僧祇，从地涌出，汝等昔所未见者，我于是娑婆世界得阿耨多罗三藐三菩提已，教化示导是诸菩萨，调伏其心，令发道意。此诸菩萨，皆于是娑婆世界之下，此界虚空中住，于诸经典，读诵通利，思惟分别，正忆念。阿逸多！是诸善男子等，不乐在众，多有所说，常乐静处，勤行精进，未曾休息；亦不依止人天而住，常乐深智，无有障碍；亦常乐于诸佛之法，一心精进，求无上慧。"

[译文]

释迦牟尼佛说完这个偈颂后，又告诉弥勒菩萨道："我现在就对你们这些参加法华盛会的所有大众宣告。阿逸多啊，这些无量无数阿僧祇从地下一涌而出的、你们从未见过的大菩萨，是我在这个娑婆世界中证得无上智慧之后开始教化和引导的。那时，我调伏其心，令他们发起修学无上佛道的志向。这些菩萨都住在娑婆世界下方的虚空之中，他们能够通畅地读诵、思维、区别所有经典，并在此基础上，认真思索分析，正确地记忆和回味。阿逸多呀，这些菩萨不喜欢在大众中过多讲话，而喜欢在安静之所精进修行，一刻不停。他们既不在人间与人共居，也不在于天上与天神同住。他们总是喜欢深奥的智慧，不为任何障碍所难。他们喜欢一心精进地修行诸佛的法要，以求取无上智慧。"

尔时，世尊欲重宣此义，而说偈言：
阿逸汝当知，是诸大菩萨，从无数劫来，修习佛智慧，
悉是我所化，令发大道心。此等是我子，依止是世界，
常行头陀①事，志乐于静处，舍大众愦闹，不乐多所说。
如是诸子等，学习我道法，昼夜常精进，为求佛道故。
在娑婆世界，下方空中。志念力坚固，常勤求智慧，
说种种妙法，其心无所畏。我于伽耶城，菩提树下坐。
得成最正觉，转无上法轮。尔乃教化之，令初发道心，
今皆住不退，悉当得成佛。我今说实语，汝等一心信，
我从久远来，教化是等众。

[注释]

①行头陀：指修治身心，消除烦恼尘垢的清净修行方法，有十二种：一，在阿兰若处，即远离聚落，住空闲寂静处。二，常行乞食，即于所得之食不生好恶念头。三，次第乞食，即不择贫富，次第行步乞食。四，受一食法，即每日仅受一食，以免数食妨碍一心修道。五，节量食，即于一食中节制其量，若恣意饮啖，则会导致腹满气胀而妨损道业。六，中后不得饮浆，即过中午食后不饮浆，以防饮浆而心生乐著，以致不能一心修习善法。七，着弊衲衣物，指若贪新好衣，则容易损道行之追求。八，但三衣，指仅持安陀会、郁多罗僧、僧伽梨三衣，不多亦不少。九，冢间住，即住坟墓间，见死尸臭烂狼藉火烧鸟啄，修无常、苦、空之观，以厌离三界。十，树下止，指效佛所行，至树下思

维求道。十一，露地住，即坐露地，使心明利，以入空定。十二，但坐不卧，即常跏趺坐而不躺倒，因为若安卧，则易导致烦恼等修道障碍显现。

[译文]

这时，释迦牟尼佛为了重新宣明这一法义，而用偈颂说道：

阿逸多啊，你应该知道，这些大菩萨从无数劫以来就一直在修习佛的智慧。他们都是在我的教化下而发起求取无上菩提之道心。他们都是我的教法所培育出的子嗣，一直属于这个娑婆世界，常修各种头陀行。他们喜欢住在安静之地，远离大众的愦闹，不喜多说、闲谈。

这些弟子为了证得无上佛道，努力学习我传授的道法，日夜不间断地精进修行。他们一直住在此娑婆世界下方的虚空之中，具有坚固的信心和志向，勤奋修习以求佛智慧。他们随缘讲说各种玄妙教法，心中没有丝毫畏惧。我往昔在伽耶城的菩提树下禅坐，证得最上正等正觉，此后开始转无上法轮，弘扬无上教法，就是那个时候我教化了他们，使他们发起求证佛道之心愿。如今，他们都住于不退转的修行阶位，将来都会成就佛果。我今天所说的都真实不虚，你们要一心相信，不要有所怀疑，相信我从很久以前就一直在教化这些菩萨大众。

尔时，弥勒菩萨摩诃萨及无数诸菩萨等，心生疑惑，怪未曾有，而作是念："云何世尊于少时间教化如是无量无边阿僧祇诸大菩萨，令住阿耨多罗三藐三菩提？"即白佛言："世尊，如来为太子时，出于释宫，去伽耶城不远，坐于道场，得成阿耨多罗三藐三菩提，从是已来，始过四十余年。世尊，云何于此少时大作佛事，以佛势力，以佛功德，教化如是无量大菩萨众，当成阿耨多罗三藐三菩提？

[译文]

这时,弥勒大菩萨以及其他无数菩萨心中都不由地产生困惑,认为这件事很奇怪,从来没有听说过。他们心中想道:"为什么世尊能在这么短的时间里教化了这么多无量无边阿僧祇的大菩萨,并使他们都证得无上智慧?"于是弥勒菩萨向释迦牟尼佛问道:"世尊,您做太子的时候,从王宫出来,至距离伽耶城不远的地方,于道场的菩提树下发下大愿证得无上佛果。从那时到现在,也只经过了四十多年。世尊,您怎么能在这么短的时间里,做出这么大的佛教事业,运用佛的威势和佛的功德教化出如此众多无量无边的大菩萨,并使他们最终能够成就无上智慧呢?"

"世尊,此大菩萨众,假使有人于千万亿劫数不能尽,不得其边。斯等久远已来,于无量无边诸佛所植诸善根,成就菩萨道,常修梵行。世尊,如此之事,世所难信。譬如有人,色美发黑,年二十五,指百岁人言是我子,其百岁人亦指年少言是我父,生育我等,是事难信。佛亦如是,得道已来,其实未久,而此大众诸菩萨等,已于无量千万亿劫,为佛道故,勤行精进,善入、出、住无量百千万亿三昧,得大神通,久修梵行,善能次第习诸善法,巧于问答,人中之宝,一切世间甚为希有。今日世尊方云,得佛道时,初令发心,教化示导,令向阿耨多罗三藐三菩提。

"世尊得佛未久,乃能作此大功德事。我等虽复信佛随宜所说,佛所出言未曾虚妄,佛所知者皆悉通达,然诸新发意菩萨于佛灭后,若闻是语,或不信受而起破法罪业因缘。惟然,世尊,愿为解说,除我等疑,及未来世诸善男子,闻此事已,亦不生疑。"

[译文]

"世尊,这些大菩萨数量之多,即使有谁耗时千万亿劫来计算,也无法统计出个结果。这些菩萨都是久远以来就曾跟随无量无边的诸佛学习过,培植下各种善根,成就各项菩萨功德,一直勤修清净行。世尊啊,这等事情按世间常理实在是太令人难以置信了。这就如同有位头发黝黑、皮肤嫩白、年仅二十五岁的年轻人,竟指着一位百岁老人说那是他的儿子,而百岁老人也指着年轻人说这是生他养他的父亲。像这样的事情,的确太难以让人相信了。佛陀也是这样,从您证道到现在,时间并不是很长,而这些菩萨大众却已经为了成就无上佛道而勤奋精进地修行了无量千万亿劫,他们善于进入、出离和住留于无量百千万亿的三昧境界,得到了极大的神通。他们长久地勤修清净行,善于按照次第修习各种善法,能够巧妙回答各种问题。他们不愧是人中之最尊者,为一切世间所罕见。世尊却说,您证得无上佛果时,才使他们发起菩提愿心,才教化引导他们趋向于无上智慧。

"世尊成就佛果的时间还很短,却能够做出具有这么大功德的事业。我们虽然相信佛根据众生根机而随宜所说的佛法,我们也知道,佛所说的话从来都是真实不虚的,佛所知晓的事情绝对是通达无误的。然而,那些刚刚发心的菩萨们,在佛灭度后,如果听到这样的话,可能会既不相信也不接受,并因此做出破坏佛法的罪业因缘。正因为这样,世尊啊,恳请您为我们解说这件事,来消除我们的疑惑,也好让未来世中的善男子们听闻此事也不会产生疑惑。"

尔时,弥勒菩萨欲重宣此义,而说偈言:
佛昔从释种,出家近伽耶,坐于菩提树,尔来尚未久。
此诸佛子等,其数不可量,久已行佛道,住于神通力,
善学菩萨道,不染世间法,如莲华在水,从地而涌出,

皆起恭敬心，住于世尊前。是事难思议，云何而可信？
佛得道甚近，所成就甚多，愿为除众疑，如实分别说。
譬如少壮人，年始二十五，示人百岁子，发白而面皱，
是等我所生，子亦说是父，父少而子老，举世所不信。
世尊亦如是，得道来甚近。是诸菩萨等，志固无怯弱，
从无量劫来，而行菩萨道，巧于难问答，其心无所畏，
忍辱心决定，端正有威德，十方佛所赞，善能分别说，
不乐在人众，常好在禅定，为求佛道故，于下空中住。
我等从佛闻，于此事无疑，愿佛为未来，演说令开解。
若有于此经，生疑不信者，即当堕恶道。愿今为解说，
是无量菩萨，云何于少时，教化令发心，而住不退地？

[译文]

这时，弥勒菩萨为了重新宣明这一法义，就用偈颂说道：

　　世尊以前出生于释迦家族，后来离开王宫到伽耶城附近，坐在菩提树下证得无上智慧，从那时至今时间并不久远。而这些菩萨的数量多得无法计算，他们久远以来便在修行无上佛道，具有极大的神通力。他们善于学习菩萨道法，从不沾染世间的习气，恰如莲花般出淤泥而不染。他们如今从地下涌出，都以无比的恭敬心坐在世尊面前。这件事令人太难以思议，如何让人相信？

　　世尊证得无上佛道的时间很近，所教化成就的菩萨大众却这么多，恳请您来消除众人的疑惑，为我们讲说这其中的缘故。我试举例来说明大众的困惑，比如有位风华正茂的年轻人，年龄仅有二十五岁，却指着一位白发苍苍、皱纹满面的百岁老人说，这是他的亲生儿子，而这位百岁老人竟也指着这位年轻人说那是他的父亲。这种父少子老的情况，全世界的人都不会相信的。世尊也是这样，您证得无上佛道时间并不长，而这些菩萨志向坚固，心无胆怯，他们从无量劫以来就在修行菩萨道，能够巧妙回答各

种疑难问题，从不畏惧，具有坚定的忍辱心，而且个个仪表堂堂，德相庄严，为十方世界的诸佛所赞叹。他们善于分辩讲说各种教法，不喜在大众中闲谈，而喜好修习禅定。为了求取无上佛道，他们一直住在娑婆世界下方的虚空之中。

我们亲耳听佛讲说，对此事没有怀疑。但为了未来的初发心菩萨能够明白，恳请世尊讲说其中的奥妙。如果有人对于这部经产生怀疑而不相信，就会堕于三恶道，所以，恳请您现在解说这件事，这些无量的菩萨为什么在如此短的时间里受到您的教化而发起菩提心，从而住于不退转的修行阶位呢？

如来寿量品第十六

尔时，佛告诸菩萨及一切大众："诸善男子，汝等当信解如来诚谛之语。"复告大众："汝等当信解如来诚谛之语。"又复告诸大众："汝等当信解如来诚谛之语。"

是时，菩萨大众弥勒为首，合掌白佛言："世尊，惟愿说之，我等当信受佛语。"如是三白已，复言："惟愿说之，我等当信受佛语。"

尔时，世尊知诸菩萨三请不止，而告之言："汝等谛听，如来秘密神通之力，一切世间天、人及阿修罗，皆谓今释迦牟尼佛出释氏宫，去伽耶城不远，坐于道场，得阿耨多罗三藐三菩提。然，善男子，我实成佛已来，无量无边百千万亿那由他劫。譬如五百千万亿那由他阿僧祇三千大千世界，假使有人抹为微尘，过于东方五百千万亿那由他阿僧祇国乃下一尘，如是东行，尽是微尘。诸善男子，于意云何？是诸世界可得思惟校计，知其数否?"

弥勒菩萨等俱白佛言:"世尊,是诸世界无量无边,非算数所知,亦非心力所及,一切声闻、辟支佛,以无漏智,不能思惟知其限数,我等住阿惟越致地,于是事中亦所不达。世尊,如是诸世界无量无边!"

[译文]

这时,释迦牟尼佛告诉各位菩萨以及在场的所有其他听众道:"各位善男子,你们应该相信并理解如来的真理之语。"接着佛又告诉大众,说:"你们应当相信和理解如来佛的真理之语。"此后,佛又第三次告诉大众说:"你们应当相信和理解如来佛的真理之语。"

这时,菩萨大众以弥勒菩萨为首,双手合掌,恭敬地对释迦牟尼佛说:"世尊,希望您解说吧,我们一定相信、接受佛陀的一切言教。"这样三次恳请之后,佛依旧默然而坐。弥勒菩萨又对佛说:"恳请世尊解说,我们一定相信、接受您所说的一切。"

这时,释迦牟尼佛知道各位菩萨三次恳请之后还会继续恳请,于是告诉他们道:"你们都仔细听着,如来佛有秘密的神通之力。一切世间的天神、人以及阿修罗等都认为,今天的这位释迦牟尼佛是在离开释迦家族的王宫,到伽耶城附近,坐在道场的菩提树下,方证得无上智慧。然而,善男子,实际上从我成就佛果以来,已经过了无量无边百千万亿那由他劫的时间。打个比喻说吧,假如有五百千万亿那由他阿僧祇那么多的三千大千世界,有人将这么多的世界尽磨为微尘,每经东方五百千万亿那由他阿僧祇的国土才撒下一粒尘埃,就这样一直向东走,直到将微尘撒尽。善男子,你们认为,这样经过的世界的数量能够用思维来想象计算吗?"

弥勒菩萨等人同声对佛说道:"世尊,这些世界无量无边,无法计算出其数量,也非心力所能及。一切声闻乘和缘觉乘的修行者,以其断尽烦恼的清净智来思维,也无法知道这些世界的最终数目。我们这些菩萨乘的修行者虽然已达到不退转阶位,但对这些世界的数目也是不能完全了知的。世尊,这些世界之多实在是无量无边啊!"

尔时,佛告大菩萨众:"诸善男子,今当分明宣语汝等,是诸世界,若著微尘及不著者,尽以为尘,一尘一劫。我成佛已来,复过于此百千万亿那由他阿僧祇劫。自从是来,我常在此娑婆世界说法教化,亦于余处百千万亿那由他阿僧祇国导利众生。

"诸善男子,于是中间,我说燃灯佛等,又复言其入于涅槃,如是皆以方便分别。

"诸善男子,若有众生来至我所,我以佛眼观其信等诸根利钝,随所应度,处处自说,名字不同,年纪大小,亦复现言,当入涅槃,又以种种方便说微妙法,能令众生发欢喜心。

"诸善男子,如来见诸众生乐于小法,德薄垢重者,为是人说:'我少出家,得阿耨多罗三藐三菩提。'然,我实成佛已来久远若斯,但以方便教化众生,令入佛道,作如是说。"

[译文]

这时,释迦牟尼佛告诉诸菩萨大众道:"各位善男子,今天我向你们明确宣说,所有这些世界,包括撒下一粒尘埃的和没有撒下一粒尘埃的,将其全部都磨为尘埃。假若一粒尘埃代表一劫,那么,我成佛以来的时间,已经超过这个数目百千万亿那由他阿僧祇劫的久远时间。从成佛以来,我就常在这个娑婆世界讲说教法,教化众生,也在其他百千万亿那由他阿僧祇的国土之中教导、利益众生。

"各位善男子,从我成佛到现在这段极其漫长的年代中,我曾讲说燃灯佛等诸佛的事迹,还谈到他们入涅槃的情况,这些都是权巧方便的说法。

"各位善男子，如果有众生来到我的道场，我就用佛眼观察他的信心等根性的锐利和愚钝情况，然后，根据他们的具体情况，采取不同的方式教化他们。我在不同的地方，说自己的名字均不尽相同，表现出的年纪大小也不一样。我也曾说我将入涅槃，并用种种方便，讲说微妙的教法，使众生生起欢喜心。

"各位善男子，如来见到有些众生喜欢小乘教法，这些人福德浅薄且烦恼垢重，如来便对他们说：'我在年少的时候出家修道，今生证得了至高无上的佛智慧。'然而，实际上我成佛以来如前所说历时久远，只是以方便法门应机教化众生，引导他们进入佛道的修行，才这样说的。"

"诸善男子，如来所演经典，皆为度脱众生。或说己身，或说他身，或示己身，或示他身，或示己事，或示他事。诸所言说，皆实不虚。所以者何？如来如实知见三界之相，无有生死，若退若出，亦无在世，及灭度者，非实非虚，非如非异，不如三界，见于三界。如斯之事，如来明见，无有错谬。以诸众生有种种性、种种欲、种种行、种种忆想分别故，欲令生诸善根，以若干因缘、譬喻、言辞，种种说法，所作佛事，未曾暂废。如是，我成佛已来甚大久远，寿命无量阿僧祇劫，常住不灭。"

[译文]

"各位善男子，如来讲说的所有经典都是为了度化众生，令众生离苦得乐。佛陀教化众生时，有时说自己的身，有时说诸佛的身；有时显示自己之身，有时显示诸佛之身；有时讲说自己的事迹，有时讲说诸佛的事迹。佛所说的一切，都是真实不虚的。为什么呢？因为如来如实观察和了知三界之内的所有事相，既没有生，也没有死；既不退在内，也不出在外；既未住于世间，也没有灭度；既非实有，也非虚幻；既非一如，也非相异；既不随顺于三界众生，又出现在三界之中。诸如此类种种事相，如来都明明白白地观察到，没有任何差错。因为众生有种种不同的习性、欲望、行为、想法和分别等，如来为了使他们生起各种善根，便借用各种各样的因缘、比喻、言辞来演说各种各样的佛法，佛的教化事业从未停顿过一刻。情况就是这样，我成佛以来，已经过了非常久远的时间，我的寿命有无量阿僧祇劫那么长，我常住于世，并未灭度。"

"诸善男子，我本行菩萨道，所成寿命，今犹未尽，复倍上数。然今非实灭度，而便唱言，当取灭度。如来以是方便教化众生，所以者何？若佛久住于世，薄德之人不种善根，贫穷下贱，贪著五欲，入于忆想妄见网中。若见如来常在不灭，便起憍恣，而怀厌怠，不能生难遭之想、恭敬之心。是故，如来以方便说：'比丘当知，诸佛出世，难可值遇。'

"所以者何？诸薄德人过无量百千万亿劫，或有见佛，或不见者，以此事故，我作是言：'诸比丘，如来难可得见。'斯众生等闻如是语，必当生于难遭之想，心怀恋慕，渴仰于佛，便种善根。是故，如来虽不实灭，而言灭度。"

[译文]

"各位善男子，我最初修行菩萨道时所成就的寿命，直到现在还没有穷尽，比前面所说的寿命还要长数倍。我现在说要入涅槃，实则非也，而只是方便说法将要灭度，以此方便教化众生而已。为什么呢？如果佛长久住于世间，福德浅薄的人就会产生依赖心，由此不种善根。贫穷下贱的众生就会贪著于色、声、香、味、触等五欲享受，而陷入颠倒忆想和错误知见的罗网之中。如果他们看到如来一直住世，不入灭度，便会生起傲慢和放纵之心，从而感到厌倦，逐渐懈怠，对如来不能生起难以遇见的想法，也难以生起恭敬之心。所以，如来方便善巧应机而向大众宣说：'比丘们，你

们应该知道，诸佛出现于世间，是非常难以遇到的。'

"为什么这样说呢？因为一些福德浅薄的人，经过无量百千万亿劫之后，或许能够见到佛，或许不能见到佛，因此，我就这样说：'各位比丘，如来是非常难得一见的。'这些众生听到这样的话，必然会产生如来难以遇见的想法，于是心中对佛产生爱恋、敬慕之心，渴望瞻仰佛陀，由此而种下种种善根。所以，如来虽然不会真正灭度，却说自己将来要灭度。"

"又，善男子，诸佛如来法皆如是，为度众生，皆实不虚。譬如良医，智慧聪达，明练方药，善治众病。其人多诸子息，若十、二十，乃至百数。以有事缘，远至余国。诸子于后，饮他毒药，药发闷乱，宛转于地。是时，其父还来归家。诸子饮毒，或失本心，或不失者，遥见其父皆大欢喜，拜跪问讯：'善安隐归，我等愚痴，误服毒药，愿见救疗，更赐寿命。'父见子等苦恼如是，依诸经方，求好药草，色香美味皆悉具足，捣筛和合与子令服，而作是言：'此大良药，色香美味皆悉具足，汝等可服，速除苦恼，无复众患。'其诸子中不失心者，见此良药色香俱好，即便服之，病尽除愈。余失心者，见其父来，虽亦欢喜问讯，求索治病，然与其药而不肯服。所以者何？毒气深入，失本心故，于此好色香药而谓不美。

"父作是念：'此子可愍，为毒所中，心皆颠倒，虽见我喜，求索救疗，如是好药而不肯服，我今当设方便令服此药。'即作是言：'汝等当知，我今衰老，死时已至，是好良药，今留在此，汝可取服，勿忧不差。'"

[译文]

"另外，各位善男子，一切诸佛如来都是如是说法的。他们为了度化众生而说的法，都是真实不虚的。比如有位医术高超的医生，他智慧深厚，聪明练达，通晓各种药性和药方，善于医治各种疾病。该良医子女众多，比方说有十个、二十个或者甚至一百多个。有一次，良医因事远行他国。他走后，其子女们误服了其他毒药，药性发作，个个错乱烦闷，在地上翻来滚去。正在这时，良医回到家中，而子女们因为误服毒药，有的已经失去理智，有的头脑尚保持清醒。他们远远见到自己的父亲，都非常高兴，纷纷向父亲跪拜问候：'父亲，您平安回来了！身体还好吧！我们愚蠢无知，误服了毒药，恳请父亲救治，让我们能够活下去。'

"良医见到子女们如此痛苦不堪，便立即依据药方，寻找各种最对症的药草，既色泽好看，又味道甜美，可谓是色、香、味俱足，然后再将其捣碎过筛，再混合均匀拿给子女们服用，同时对他们说道：'这是特效药，色香味俱足，你们赶紧服用，能立刻解除痛苦，就不会再有任何危险了。'这些子女中，神智尚清醒的见到这色香味俱足的解药，立刻接过来服下，病痛即刻痊愈。其他中毒太深神智不清的子女见到父亲回来，虽然也高兴问候，恳求父亲为自己治病，然而却不肯服用父亲递过来的解药。为什么呢？因为毒药深入体内，使其失去原本清净的心识，认为这些色香味俱全的解药不好。

"于是，良医心想：'这些孩子真可悲，他们中毒太深，已经神智错乱了，虽然见到我之后也很高兴，求我治病，却不肯服用我精心配制的解药。看来，我现在只好采取方便权宜之法让他们服下这药。'于是，这位父亲就对孩子们说道：'你们要知道，我现在已经衰老不堪，离死不远了。这些上好良药留在这里，你们可以自己取来服用，不要担心这病不能治好。'"

"作是教已，复至他国，遣使还告：'汝父已死。'是时，诸子闻父背丧，心大忧恼，而作是念：'若父在者，慈愍我等，能见救护。今者，舍我远丧他国，自惟孤露，无复恃怙。'常怀悲感，心遂醒悟，乃知此药色味香美，即取服之，毒病皆愈。其父闻子悉已得差，寻便来归，咸使见之。诸善男子，于意云何，颇有人能说此良医虚妄罪否？"

"不也，世尊。"

佛言："我亦如是，成佛已来，无量无边百千万亿那由他阿僧祇劫，为众生故，以方便力言当灭度，亦无有能如法说我虚妄过者。"

[译文]

"留下这番话，这位父亲就又到了别的国家去了，不久即派遣使者回来告诉子女们说：'你们的父亲已经过世了。'这时，子女们听到父亲去世的消息，心中不由充满烦恼和忧愁。他们心想：'倘若父亲在世，他老人家会慈悲为怀，疼爱怜悯我们，能够救治我们。现在父亲舍弃了我们，在遥远的异国他乡去世，我们如今孤苦伶仃，无依无靠了。'这些子女由于心中满怀悲痛，反而逐渐清醒过来，恢复了理智，领悟到父亲所留之药不仅色香味俱全，而且是灵丹妙药，立刻取来服下，所中之毒当下祛除。良医听到子女们都已经痊愈，即刻从国外赶回家中，使孩子们又全都见到了自己的父亲。各位善男子，你们的想法是什么？是否有人认为这位良医有说谎的过错？"

"没有，世尊。"

释迦牟尼佛说道："我也是这样。我成佛以来，经过了无量无边百千万亿那由他阿僧祇劫久远的时间，为了度化众生，权巧方便地说未来要灭度，也同样没有人可以说我犯下妄语之过。"

尔时，世尊欲重宣此义，而说偈言：

自我得佛来，所经诸劫数，无量百千万，亿载阿僧祇，
常说法教化，无数亿众生，令入于佛道。尔来无量劫，
为度众生故，方便现涅槃，而实不灭度，常住此说法。
我常住于此，以诸神通力，令颠倒众生，虽近而不见。
众见我灭度，广供养舍利，咸皆怀恋慕，而生渴仰心。
众生既信伏，质直意柔软，一心欲见佛，不自惜身命。
时我及众僧，俱出灵鹫山，我时语众生，常在此不灭，
以方便力故，现有灭不灭。余国有众生，恭敬信乐者，
我复于彼中，为说无上法，汝等不闻此，但谓我灭度。

[译文]

这时，释迦牟尼佛为了重新宣明这一道理，遂又用偈颂说道：

自从我成佛以来，所经过的时间有无量百千万亿阿僧祇劫那么久远。在此期间，我讲法无辍，度化了无数亿众生，使他们都迈入无上佛道的修行。在过去的无量阿僧祇劫中，为了度化众生，我常常权巧方便地示现涅槃，但实际上并未灭度，而是常住于世间讲说教法。我虽然常在各种法会之处，以各种神通之力为众生说法，但愚痴颠倒的众生即使离得很近，却还是见不到我。众生见到我灭度了，就广大地供养我的舍利，普遍心怀仰慕之情，因而生起渴望瞻仰之意。众生信仰佛陀言教并得到调伏之后，个性变得直率而朴实，心意也变得温柔而顺服。他们一心想要再见到佛，甚至不惜舍弃自己的命。这时，我带领一切僧众一起出现于灵鹫山的法会中，对众生说：我一直在这里，常住不灭，只是为了教化众生而应机示现灭度或者不灭度。其他世界中有恭敬信仰佛法者，我便为他们讲说无上教法。你们不知道这些情况，只认为我已经灭度了。

我见诸众生，没在于苦恼，故不为现身，令其生渴仰。

因其心恋慕，乃出为说法。神通力如是，于阿僧祇劫，
常在灵鹫山，及余诸住处。众生见劫尽，大火所烧时，
我此土安隐，天人常充满。园林诸堂阁，种种宝庄严，
宝树多花果，众生所游乐。诸天击天鼓，常作众伎乐，
雨曼陀罗花，散佛及大众。我净土不毁，而众见烧尽，
忧怖诸苦恼，如是悉充满。是诸罪众生，以恶业因缘，
过阿僧祇劫，不闻三宝名。诸有修功德，柔和质直者，
则皆见我身，在此而说法。或时为此众，说佛寿无量，
久乃见佛者，为说佛难值。我智力如是，慧光照无量，
寿命无数劫，久修业所得。汝等有智者，勿于此生疑，
当断令永尽，佛语实不虚。如医善方便，为治狂子故，
实在而言死，无能说虚妄。我亦为世父，救诸苦患者，
为凡夫颠倒，实在而言灭。以常见我故，而生憍恣心，
放逸著五欲，堕于恶道中。我常知众生，行道不行道，
随所应可度，为说种种法。每自作是意，以何令众生，
得入无上慧，速成就佛身。

[译文]

　　我见到一切众生沉没于痛苦烦恼之海，特意先不为他们现身，使他们生起渴望和仰慕之情。众生心中对佛产生恋慕之心时，我即刻现身为他们讲法。我的神通力就是这样，在无量阿僧祇劫中我一直住在灵鹫山以及其他各处。众生见到劫尽之时，一切都被大火所烧，而佛所住的净土则安全稳固，天神和人充满其中，处处都是各种珍宝装饰的园林、殿堂、楼阁。宝树上开满鲜花，结满果实，众生游乐在其中。诸天神击响天鼓，歌舞游戏，如雨般撒下白团花，落在佛和大众的身上。

　　我的净土不会毁灭，而众生见到世间一切都被烧尽，由此

充满各种忧愁、恐怖等苦恼之情。因为这些众生罪业深重，出于往昔恶业的牵引，他们在无量阿僧祇劫中听不到佛、法、僧三宝的名号。而那些有修行功德、心性柔和质朴的人，则可以看到我之佛身在此讲法。有时，我为这些众生说佛的寿命无量无边，而对于很久才见到佛的众生，我为他们说佛难以遇到。我的智慧之力就是这样，智慧的光明遍照，无边无际，我的寿命也有无数的阿僧祇劫，这都是长久修行的业报所得。

你们都是有智慧的菩萨，切勿对此产生怀疑，你们应当将怀疑心断尽，相信佛语真实不虚。就好像那位良医，善于运用方便法门，为了救治发狂的子女，他虽然在世，却说自己已经死去，这不能说他的话虚妄不实。我是世间一切众生之父，欲救治他们的各种苦难忧患，却因为凡夫有种种颠倒妄想，所以，我虽然在世，却说已经灭度。因为众生如果一直能够见到我，就会生起傲慢放纵之心，从而沉迷于五欲享受，未来堕落于三恶道中。我通晓众生的根性，知道谁行道谁不行道。所以，我能随每个人的具体情况，根据其应该能够救度的方式，为他们说各种不同的佛法。正因为如此，我常常独自思考：用什么方法，可以让众生得到无上智慧，尽快成就佛果？

分别功德品第十七

尔时，大会闻佛说寿命劫数长远如是，无量无边阿僧祇众生得大饶益。

于时，世尊告弥勒菩萨摩诃萨："阿逸多，我说是如来寿命长远时，六百八十万亿那由他恒河沙众生得无生法忍，复有千倍菩萨摩诃萨得闻持陀罗尼门，复有一世界微尘数菩萨摩诃萨得乐说无碍辩才,复有一世界微尘数菩萨摩诃萨得百千万亿无量旋陀罗尼①,复有三千大千世界微尘数菩萨摩诃萨能转不退法轮,复有二千中国土②微尘数菩萨摩诃萨能转清净法轮,复有小千国土微尘数菩萨摩诃萨八生当得阿耨多罗三藐三菩提,复有四四天下微尘数菩萨摩诃萨四生当得阿耨多罗三藐三菩提,复有三四天下微尘数菩萨摩诃萨三生当得阿耨多罗三藐三菩提,复有二四天下微尘数菩萨摩诃萨二生当得阿耨多罗三藐三菩提,复有一四天下微尘数菩萨摩诃萨一生当得阿耨多罗三藐三菩提,复有八世界微尘数众生皆发阿耨多罗三藐三菩提心。"

[注释]

①旋陀罗尼:指于法门得旋转自在之力。②二千中国土:古代印度的空间概念之一。以一须弥山、一日月、四大洲、欲界六天及色界初禅天等为一世界,集一千个世界称为小千世界,一千个小千世界称为中千世界。

[译文]

这时,会场中所有大众,听到佛说寿命有无量阿僧祇劫那么长,无量无边阿僧祇的众生得到巨大受益。

此时,释迦牟尼佛告诉弥勒大菩萨道:"阿逸多啊,我说如来的寿命非常长远时,有六百八十万亿那由他恒河沙数那么多的众生证得了无生法忍,又有千倍的大菩萨证得总持善法不忘失的境界,又有一世界微尘数那么多的大菩萨得到喜欢讲法辩才无碍的境界,又有一世界微尘数那么多的大菩萨证得百千万亿无量的能自在旋转无量法门的陀罗尼法门,又有三千大千世界微尘数量的大菩萨能勇猛精进,广弘佛法,得不退转法轮,又有二千中世界微尘数量的大菩萨能够讲说清净的教法,又有小千世界微尘数量的大菩萨将在八生中证得无上智慧,又有四个四天下微尘数量的大菩萨将在四生中证得无上智慧,又有三个四天下微尘数量的大菩萨将在三生中证得无上智慧,又有二个四天下微尘数量的大菩萨将在二生中证得无上智慧,又有一个四天下微尘数量的大菩萨将在一生中证得无上智慧,又有八个小世界微尘数量的众生发起了求取无上智慧的决心。"

佛说是诸菩萨摩诃萨得大法利时,于虚空中雨曼陀罗华、摩诃曼陀罗华,以散无量百千万亿众宝树下师子座上诸佛,并散七宝塔中师子座上释迦牟尼佛及久灭度多宝如来,亦散一切诸大菩萨及四部众;又雨细末栴檀、沉水香等,于虚空中,天鼓自鸣,妙声深远;又雨千种天衣,垂诸璎珞,真珠璎珞、摩尼珠璎珞、如意珠璎珞,遍于九方,众宝香炉烧无价香,自然周至,供养大会。一一佛上,有诸菩萨执持幡盖,次第而上,至于梵天。是诸菩萨,以妙音声歌无量颂,赞叹诸佛。

[译文]

释迦牟尼佛讲说这些大菩萨听法得到何等巨大的法益之时,虚空中如雨般降下白团花、大白团花,飘落在安坐于无量百千万亿棵宝树下狮子宝座之上的诸佛身上,飘落在七宝塔中狮子座上的释迦牟尼佛和灭度已久的多宝如来身上,也飘落在一切大菩萨以及四众弟子身上。天空中接着又如雨般撒下细末栴檀、沉水香等,与此同时虚空中天鼓不击自鸣,声音美妙而悠远。而后天空又如雨般撒下千种天衣,垂下各种各样曼妙的璎珞。珍珠璎珞、摩尼珠璎珞、如意珠璎珞等,遍布四面八方和法会的中心地带。各种各样的珍宝香炉中焚起无价的上品妙香,香味自然飘散,弥漫各个角落,以供养参加法会的大众。每一位释迦牟尼化身的如来佛头顶上方都有菩萨手执宝幡和宝盖,依次而上,直达大梵天。这些菩萨以其美妙的音声唱出无量的颂赞,赞颂这些如来。

尔时,弥勒菩萨从座而起,偏袒右肩,合掌向佛,而说偈言:

佛说希有法，昔所未曾闻，世尊有大力，寿命不可量。
无数诸佛子，闻世尊分别，说得法利者，欢喜充遍身。
或住不退地，或得陀罗尼，或无碍乐说，万亿旋总持，
或有大千界，微尘数菩萨，各各皆能转，不退之法轮。
复有中千界，微尘数菩萨，各各皆能转，清净之法轮。
复有小千界，微尘数菩萨，余各八生在，当得成佛道。
复有四三二，如此四天下，微尘诸菩萨，随数生成佛。
或一四天下，微尘数菩萨，余有一生在，当成一切智。
如是等众生，闻佛寿长远，得无量无漏，清净之果报。
复有八世界，微尘数众生，闻佛说寿命，皆发无上心。

[译文]

这时，弥勒菩萨从座位上站起来，身着袒露右肩的袈裟，合掌面向释迦牟尼佛，用偈颂说道：

  佛讲说如此少有之妙法，我过去从未听过，说世尊有大神通力，寿命不可测量。无数佛弟子听到世尊讲说听法者所能得到的各不相同的极大利益，皆满心欢喜。他们有的住在不退转境界，有的住在总持善法不忘失的境界，有的获得喜欢讲法辩才无碍的才能，有的得到万亿的旋陀罗尼法门。有三千大千世界微尘数量的菩萨由此能够转不退转之法轮，又有中千世界微尘数量的菩萨由此能够讲说清净的教法，又有小千世界微尘数量的菩萨由此将在八生中成佛，又有四、三、二、一个四天下微尘数量的菩萨将由此分别在四、三、二、一生中成佛。所有这些众生得闻佛的寿命如此长久，故而得到无量的无漏清净果报。此外还有八世界微尘数量的众生听说佛的寿命如此长远之后，都发起求取无上佛果的决心。

世尊说无量，不可思议法，多有所饶益，如虚空无边。

雨天曼陀罗，摩诃曼陀罗，释梵如恒沙，无数佛土来。
雨栴檀沉水，缤纷而乱坠，如鸟飞空下，供散于诸佛。
天鼓虚空中，自然出妙声，天衣千万种，旋转而来下，
众宝妙香炉，烧无价之香，自然悉周遍，供养诸世尊。
其大菩萨众，执七宝幡盖，高妙万亿种，次第至梵天，
一一诸佛前，宝幢悬胜幡。亦以千万偈，歌咏诸如来。
如是种种事，昔所未曾有，闻佛寿无量，一切皆欢喜。
佛名闻十方，广饶益众生，一切具善根，以助无上心。

[译文]

世尊当您讲说这无量的不可思议的教法之时，饶益了如虚空般无量无边的众生。天空中如雨般降下天界的白团花、大白团花，如恒河沙般那么多的释提桓因和梵天王从无数的佛土来到这里，如雨般的栴檀香、沉水香缤纷落下，如鸟飞空般散落在诸佛身上。天鼓在空中自然发出美妙的声音，千万种天衣旋转着飘散而下，各种珍宝香炉焚烧起无价的极品妙香，香味自然飘散，周遍法界，以供养一切诸佛。有大菩萨手执万亿种华丽的七宝幡盖，依次而上一直到达大梵天，在每位佛面前都竖起宝幢，悬起宝幡，同时，又用千万种的偈颂来歌颂赞扬诸佛，如此盛事前所未有。这是一切众生听到佛的寿命无量无边，欢喜无比而大做供养。佛的名号传遍十方世界，广泛利益一切众生，使他们普种大善根，帮助他们发起求取无上佛果的决心。

尔时，佛告弥勒菩萨摩诃萨："阿逸多，其有众生闻佛寿命长远如是，乃至能生一念信解，所得功德无有限量。若有善男子、善女人，为阿耨多罗三藐三菩提故，于八十万亿那由他劫行五波罗蜜：檀波罗蜜、尸罗波罗蜜、羼提波罗蜜、毗梨耶波罗

蜜、禅波罗蜜，除般若波罗蜜，以是功德比前功德，百分、千分、百千万亿分不及其一，乃至算数譬喻所不能知。若善男子、善女人有如是功德，于阿耨多罗三藐三菩提退者，无有是处。"

[译文]

这时，释迦牟尼佛告诉弥勒菩萨道："阿逸多啊，如果有众生听到佛的寿命这么长久，哪怕只是在一念间生起信心，所得到的功德就多得没有限量了。如果有善男子、善女人为了证得无上智慧，在八十万亿那由他劫中广行布施、持戒、忍辱、精进、禅定这五种除智慧之外的波罗蜜法，这样所持所获得的功德与一念间信解佛的寿命长远所得的功德相比，不及后者的百分之一、千分之一、百千万亿分之一，就是用算数推算、用比喻形容也无法说清这中间的巨大差别。如果善男子、善女人具备这样的功德，那么，他们修行无上智慧时决不会退转，必定成佛。"

尔时，世尊欲重宣此义，而说偈言：
若人求佛慧，于八十万亿，那由他劫数，行五波罗蜜。
于是诸劫中，布施供养佛，及缘觉弟子，并诸菩萨众，
珍异之饮食，上服与卧具，栴檀立精舍，以园林庄严。
如是等布施，种种皆微妙，尽此诸劫数，以回向佛道。
若复持禁戒，清净无缺漏，求于无上道，诸佛之所叹。
若复行忍辱，住于调柔地，设众恶来加，其心不倾动。
诸有得法者，怀于增上慢，为此所轻恼，如是亦能忍。
若复勤精进，志念常坚固，于无量亿劫，一心不懈息。
又于无数劫，住于空闲处，若坐若经行，除睡常摄心，
以是因缘故，能生诸禅定，八十亿万劫，安住心不乱，
持此一心福，愿求无上道。我得一切智，尽诸禅定际，

是人于百千，万亿劫数中，行此诸功德，如上之所说。

[译文]

这时，释迦牟尼佛为了重新宣明这一法要，便用偈颂说道：

假如有人追求佛的智慧，在八十万亿那由他的劫中修行除智慧之外的五种波罗蜜。具体来说，他们在这么久远的时间中广行供养，用珍馐美味、上好服饰、各种卧具以及园林环绕的以栴檀木建立的精舍等来供养诸佛及其缘觉弟子和菩萨大众，所有物品都无比微妙，尽诸劫数始终如此，以回向无上佛道。同时，他们还严持各项戒律，身口意皆清净，于戒无任何违犯，以此志求无上佛道，得到诸佛的称赞。他们还修行忍辱法门，心性调柔，即使受到各种恶意对待，其心也不为所动；即使受到那些傲慢无理的所谓得法者的轻视和扰乱，他们也能够忍受。他们还勤修精进法门，志向与信念始终坚不可摧，在无量亿劫的时间里，没有一时一刻的懈怠与停息。他们还修禅定法门，在无数劫的岁月中，住在寂静之所，或者坐禅，或者经行，除了睡觉外，一直收摄心念。由此他们得以产生各种禅定，在长达八十亿万劫的时间里，心一直安住于禅定之中，无一丝散乱。他们把这种由禅定达到摄心一处的福德，用于一心发愿：愿我成就无上佛道，在完全掌握一切禅定境界之后，证得一切种智。这些修行五种波罗蜜的众生在百千万亿劫的漫长岁月中，积累下像这里所说的无量功德。

有善男女等，闻我说寿命，乃至一念信，其福过于彼。
若人悉无有，一切诸疑悔，深心须臾信，其福为如此。
其有诸菩萨，无量劫行道，闻我说寿命，是则能信受。
如是诸人等，顶受此经典，愿我于未来，长寿度众生。
如今日世尊，诸释中之王，道场师子吼，说法无所畏。

我等未来世，一切所尊敬，坐于道场时，说寿亦如是。
若有深心者，清净而质直，多闻能总持，随义解佛语，
如是诸人等，于此无有疑。

[译文]

　　如果有善男子、善女人，听到我说佛的寿命长久之后，产生哪怕一个念头的信心，得到的福德就超过了前述众生。如果有人没有任何怀疑，即使只在须臾间产生了深深的信心，他的福德就是这么巨大。

　　有些菩萨从无量劫数以来，修行菩萨道，当听到我讲说如来寿命无量之后，能够相信奉持。这些人顶戴信受这部《妙法莲华经》，并发愿说：希望我在未来能够长寿，度化众生，就像今天的释迦牟尼佛，他是释迦家族中的王者，坐在道场中，如狮子般无所畏惧地说法。我们希望未来之世，也受到一切众生的尊敬，像现在一样，坐在道场中，并像今天如来佛讲说寿命长久一样讲说自己寿命的长久。如果有人内心深处清净质朴，聆听许多教法而不忘失，能够理解佛的语义，这些人对这种说法就不会有任何的怀疑。

　　"又，阿逸多，若有闻佛寿命长远，解其言趣，是人所得功德无有限量，能起如来无上之慧。何况广闻是经？若教人闻，若自持、若教人持，若自书、若教人书，若以华、香、璎珞、幢、幡、缯、盖、香油、酥灯，供养经卷，是人功德无量无边，能生一切种智。

　　"阿逸多，若善男子、善女人，闻我说寿命长远，深心信解，则为见佛常在耆阇崛山，共大菩萨、诸声闻众围绕说法。又见此娑婆世界，其地琉璃，坦然平正，阎浮檀金，以界八道，宝树行列，诸台楼观，皆悉宝成，其菩萨众，咸处其中。若有能如

是观者，当知是为深信解相。

"又复，如来灭后，若闻是经而不毁訾，起随喜心，当知已为深信解相，何况读诵、受持之者？斯人则为顶戴如来。阿逸多，是善男子、善女人，不须为我复起塔寺，及作僧坊，以四事供养众僧。所以者何？是善男子、善女人，受持读诵是经典者，为已起塔、造立僧坊、供养众僧，则为以佛舍利起七宝塔，高广渐小，至于梵天，悬诸幡盖，及众宝铃，华、香、璎珞，末香、涂香、烧香，众鼓、伎乐，箫、笛、箜篌，种种舞戏，以妙音声、歌呗赞颂，则为于无量千万亿劫，作是供养已。"

[译文]

"还有，阿逸多，如果有人听到佛的寿命非常长久，能够理解其中的含义，此人所得的功德是没有限量的，他必能够证悟如来的无上智慧。何况广泛听闻《妙法莲华经》之人所获得的功德之大呢？若教导他人听闻，自己受持并且教导他人受持，自己书写并且教导他人书写，还用各种花、香、璎珞，宝幢、宝幡、宝缯、宝盖以及香油、酥灯供养这部经卷，这样行持之人的功德更是无量无边，他能够生起如来的一切种智。

"阿逸多，假如善男子、善女人们听到我说如来寿命无量劫长远，内心深信不疑，并了解其中义趣，那么他就能见到佛常在灵鹫山中，在大菩萨和声闻弟子众的环绕下讲说教法，还能见到这个娑婆世界地如琉璃，平整广大，以阎浮檀金编织的绳子作道路的界标，处处宝树成行，一切楼台亭观都由珍宝建成，菩萨大众充满其中。如果能够见到这样的景象，就是对我的话深信不疑并理解义理的表相。

"还有，在如来灭度后，如果听到这部经而不加诋毁，并能生起随喜之心，应当知道这就是对《妙法莲华经》深信不疑并理解义理的表相。何况有人能够读诵、受持这部经呢？这样的人就是在顶戴如来。阿逸多,这些善男子、善女人不需再为我建立塔寺,不必建造僧坊,也不必用衣服、饮食、卧具、汤药等来供养僧众。为什么呢?这些善男子、善女人能够受持、读诵这部经典,此行为就是建起塔寺、修造僧坊并供养僧众,就是为供养佛的舍利而建起七宝塔。这种功德所成之塔由下而上逐渐缩小,直达梵天。塔上四周悬挂着各种宝幡、宝盖以及各种宝铃、鲜花、妙香、璎珞和各样末香、涂香、烧香,用各种鼓、歌舞、箫、笛、箜篌演奏种种舞戏,用美妙的歌声来歌颂赞扬佛。受持读诵此经者,就如同在无量千万亿劫中进行了如此广大的供养。"

"阿逸多,若我灭后,闻是经典,有能受持,若自书,若教人书,则为起立僧坊,以赤栴檀作诸殿堂三十有二,高八多罗树,高广严好,百千比丘于其中止,园林、浴池、经行禅窟,衣服、饮食、床褥、汤药,一切乐具,充满其中,如是僧坊、堂阁若干百千万亿,其数无量,以此现前,供养于我及比丘僧。

"是故我说,如来灭后,若有受持、读诵、为他人说,若自书、若教人书、供养经卷,不须复起塔寺,及造僧坊供养众僧。况复有人能持是经,兼行布施、持戒、忍辱、精进、一心、智慧?其德最胜,无量无边,譬如虚空,东西南北四维上下,无量无边,是人功德,亦复如是无量无边,疾至一切种智。"

[译文]

"阿逸多,我灭度后,如果有人听到这部《妙法莲华经》,能够信受奉持,或自己书写经文,或教他人书写,那他就等于建立起僧坊。这样的僧坊是用赤栴檀建造,共有殿堂三十二栋,有八棵多罗树那么高,宽敞雄伟,庄严肃穆,可以容纳成百上千的比丘。围绕殿堂还建有园林、浴池、经行之处、禅坐之地。此外,衣服、饮食、床褥、汤药以及一切乐器等娱乐之具也都样样具备。这样的僧

分别功德品第十七

坊、殿堂有百千万亿座，数量之多，无法统计。受持《妙法莲华经》，就等于建造了这么多的僧坊并把它们拿来供养我和比丘僧众。

"所以，我说在如来灭度后，如果有人受持、读诵、为他人讲说、自己书写或者教他人书写并供养这部《妙法莲华经》，那么，此人就不需再建立塔寺、建造僧坊和供养僧众。何况有人不仅能够受持这部经，同时还在行持布施、持戒、忍辱、精进、禅定、智慧这六度呢？这些人的功德最为殊胜，无量无边，就像虚空一样，东西南北、四维上下等十方都无量无边。如此行持之人的功德就是这样广大无边，他们可以迅速证得一切种智的佛智果位。"

"若人读诵受持是经，为他人说，若自书、若教人书，复能起塔及造僧坊，供养赞叹声闻众僧，亦以百千万亿赞叹之法赞叹菩萨功德，又为他人种种因缘随义解说此《法华经》，复能清净持戒，与柔和者而共同止，忍辱无瞋，志念坚固，常贵坐禅，得诸深定，精进勇猛，摄诸善法，利根智慧善答问难。阿逸多，若我灭后，诸善男子、善女人，受持读诵是经典者，复有如是诸善功德，当知是人已趣道场，近阿耨多罗三藐三菩提，坐道树下。

"阿逸多，是善男子、善女人若坐、若立、若行处，此中便应起塔，一切天、人皆应供养如佛之塔。"

[译文]

"如果有人读诵受持这部经并为他人讲说，自己书写并教他人书写，同时还能够建造佛塔、兴建僧坊、供养并赞叹声闻僧众，还以百千万亿种赞美方式来赞叹菩萨的功德，还能利用种种因缘为他人随顺经文义理机动灵活地讲解这部《妙法莲华经》，又能够清净持戒，与心性柔和的人共处，且能够忍辱而没有瞋恨，志向信念坚固不移，也喜欢禅坐，得到各种甚深禅定，并且精进勇猛，善于收摄各种善法，根性锐利，富有智慧，善于解答各种疑问。阿逸多，如果我灭度后，有善男子、善女人能够受持读诵这部经的同时，还能再做出这样的善功德，应当知道这些人已经去往道场，就要坐在菩提树下，即将证得无上智慧。

"阿逸多，凡是这些善男子、善女人坐、站、行之处，均应建造高塔，一切天神和人都应该像供养佛塔一样供养这些宝塔。"

尔时，世尊欲重宣此义，而说偈言：
若我灭度后，能奉持此经，斯人福无量，如上之所说。
是则为具足，一切诸供养，以舍利起塔，七宝而庄严，
表刹甚高广，渐小至梵天，宝铃千万亿，风动出妙音。
又于无量劫，而供养此塔，华香诸璎珞，天衣众伎乐，
燃香油酥灯，周匝常照明。恶世法末时，能持是经者，
则为已如上，具足诸供养。若能持此经，则如佛现在，
以牛头栴檀，起僧坊供养，堂有三十二，高八多罗树，
上馔妙衣服，床卧皆具足，百千众住处，园林诸浴池，
经行及禅窟，种种皆严好。

[译文]

这时，释迦牟尼佛为了重新宣明法要，又用偈颂说道：

在我灭度后，如果有人能够供奉受持此经，这人的福德大得无量无边，一如前面所说。奉持本经就等于具足一切供养，如同为供养佛的舍利而建造起七宝庄严的高塔。塔的刹杆十分高大，下宽上窄，由下而上逐渐缩小，高达梵天。塔之四周悬挂着千万亿的宝铃，微风吹动，发出美妙的声音。其功德不只等于建起这样的宝塔，还相当于在无量劫的时间里一直供养此塔，如用各种花、香、璎珞、天衣、歌舞来供养，在塔基周围常年燃有香油、酥灯，照耀四周。在五浊恶世的末法时代，凡能够受持这部经的人，就等于具足如上供养。如果能够受持这

部经，就如佛陀现前还在，就等于此人用牛头栴檀建造僧坊来供养佛。他所建造的僧院中有三十二座殿堂，每座殿堂高达八棵多罗树，珍馐美味、华丽服饰、坐床、卧具等应有尽有。成百上千的僧人可住于此，园林、浴池、经行之处以及禅坐之所，如此种种都庄严清雅。

若有信解心，受持读诵书，若复教人书，及供养经卷，
散华香末香，以须曼薝卜，阿提目多伽，熏油常燃之。
如是供养者，得无量功德，如虚空无边，其福亦如是。
况复持此经，兼布施持戒，忍辱乐禅定，不瞋不恶口，
恭敬于塔庙，谦下诸比丘，远离自高心，常思惟智慧，
有问难不瞋，随顺为解说，若能行是行，功德不可量。
若见此法师，成就如是德，应以天华散，天衣覆其身，
头面接足礼，生心如佛想。又应作是念，不久诣道场，
得无漏无为，广利诸人天。其所住止处，经行若坐卧，
乃至说一偈，是中应起塔，庄严令妙好，种种以供养。
佛子住此地，则是佛受用，常在于其中，经行及坐卧。

[译文]

　　如果有人对此经生起信心能够理解并且受持、读诵，还教他人书写，在经书所在之处撒各种花香、末香，还以须曼花、薝卜花或燃阿提目多伽草制成的油来燃灯供养。做这样的供养，所获功德无量，如同虚空一样无边，所得福报亦然。有人能在受持此经的同时，兼行布施、持戒、忍辱、精进、禅定这五种波罗蜜法门，对一切众生不生嗔怒心，不恶言相加，对塔庙恭敬，对比丘谦下，远离自傲自满的心理，时常思维教法增长智慧。遇到有人质问责难，也不发怒，随顺机缘详细为其解说佛法。若能如此修行，此人的功德不可限量。若能得见成就

如此功德的法师，就应用天界的鲜花和服饰撒向其身，以头触地向他顶礼膜拜，在心中将他看做佛。还应该这样想：这位法师不久就会到达成佛的道场，证得无漏、无为的佛果，广泛利益人类和天神大众。在他所住、所行、所坐、所卧之处，甚至讲说一句偈子之处，都应该建造庄严雄伟的高塔，用各种东西来供养和装饰。这样的佛子住在此处，如同佛一样享用这里的一切，常在道场中或行，或住，或坐，或卧。

卷第六

随喜功德品第十八

尔时,弥勒菩萨摩诃萨白佛言:"世尊,若有善男子、善女人,闻是《法华经》随喜者,得几所福?"而说偈言:

世尊灭度后,其有闻是经,
若能随喜者,为得几所福?

尔时,佛告弥勒菩萨摩诃萨:"阿逸多,如来灭后,若比丘、比丘尼、优婆塞、优婆夷,及余智者,若长若幼,闻是经随喜已,从法会出,至于余处,若在僧坊,若空闲地,若城邑、巷陌、聚落、田里,如其所闻,为父母、宗亲、善友、知识随力演说。是诸人等,闻已随喜,复行转教,余人闻已,亦随喜转教,如是展转至第五十。阿逸多,其第五十善男子、善女人,随喜功德,我今说之,汝当善听!"

[译文]

这时,弥勒大菩萨对释迦牟尼佛问道:"世尊啊,如果有善男子、善女人听到这部《妙法莲华经》之后，能够生起随喜心，他能够获得多少福德？"随后，他又用偈颂复述道：

世尊灭度后，若有人听闻这部经，生起随喜心，所获福德有多少？

这时，佛告诉弥勒大菩萨道："阿逸多，如来灭度后，如果比丘、比丘尼、男居士、女居士以及其他有智之人，无论老幼，听到这部经之后能够生起随喜心，从法会中出来后，到其他地方，无论是僧坊、空地、城镇，还是小巷、村庄、农田，能够将自己所听到的内容，根据自己的能力，为父母、宗族、亲戚、好友以及所认识的人等讲说。这些人听闻后生起随喜心，又转教给他人，其他人听到后也随喜转教，就这样辗转到第五十个听闻者。阿逸多，这辗转到第五十个才听到《法华经》的善男子、善女人的随喜功德，我现在讲说，你要认真倾听！"

"若四百万亿阿僧祇世界六趣四生众生，卵生、胎生、湿生、化生，若有形、无形，有想、无想、非有想、非无想，无足、二足、四足、多足，如是等，在众生数者，有人求福，随其所欲娱乐之具皆给与之，一一众生与满阎浮提金、银、琉璃、砗磲、玛瑙、珊瑚、琥珀，诸妙珍宝，及象、马、车乘，七宝所成宫殿楼阁等。是大施主如是布施，满八十年已，而作是念：'我已施众生娱乐之具随意所欲，然此众生皆已衰老，年过八十，发白面皱，将死不久，我当以佛法而训导之。'即集此众生，宣布法化，示教利喜，一时皆得须陀洹①道、斯陀含②道、阿那含③道、阿罗汉道，尽诸有漏，于深禅定皆得自在，具八解脱。于汝意云何，是大施主所得功德宁为多否？"

弥勒白佛言："世尊，是人功德甚多，无量无边，若是施主但施众生一切乐具，功德无量，何况令得阿罗汉果！"

[注释]

①须陀洹：译为预流，是声闻乘四果中之初果之名，意即预入圣者之流。②斯陀含：译为一来，一度往来之义，是声闻乘四果中之二果之名，意即断欲界九地思惑中的前六品，尚余后三品，因此当于欲界之人间与天界（六欲天），再受生一次。③阿那含：译为不还，是声闻乘四果中之三果之名，意即断尽欲惑后三品之残余，不再还来欲界之位，而后受生则必为色界、无色界。

[译文]

"在四百万亿阿僧祇那么多的世界中，六道的一切众生，无论是从卵壳中出生的众生、由母胎中生出的众生，还是水中或湿气中出生的众生，或者是无所依托而仅凭业力化出的众生，不论其有无物质性形体，不论其有无思想活动，还是无所谓有无思想活动；若其有物质性形体，又不论其无足，还是二足、四足或者多足，如此种种，只要是众生来求福报，有大施主随众生的喜好和追求而给予他们一切所需的享乐用品。他会给予每一位众生遍满人间世界的金、银、琉璃、砗磲、玛瑙、珊瑚、琥珀等各种美妙珍宝，以及象、马、车乘和用七宝建成的宫殿楼阁等。这样的大施主坚持如此布施长达八十年，之后，他心中想道：'我已经布施给众生各种他们想要的生活享受所需的物品。然而，这些众生现如今都已经衰老不堪，年过八十，头发斑白，面皮褶皱，临近死亡。现在我应该用佛法来教导他们。'于是，他便召集所有众生，当众宣讲教法度化他们，使他们获得佛法利益而感到欢喜。这些众生由此迅速依次证得小乘四圣的果位，即：预流果、一来果、不还果、阿罗汉果。自此，这些众生根除了一切烦恼，得以自在深入各种甚深禅定，获得八种世俗贪爱与束缚的解脱之道。你认为，这位大施主所获得的功德多不多呢？"

弥勒菩萨对佛说道:"这人的功德非常多,多得无量无边。这位施主即使只布施众生一切生活安乐所需的用具,功德就无法测度,何况又令众生证得阿罗汉果位啊!"

佛告弥勒:"我今分明语汝,是人以一切乐具施于四百万亿阿僧祇世界六趣众生,又令得阿罗汉果,所得功德,不如是第五十人闻《法华经》一偈随喜功德百分、千分、百千万亿分不及其一,乃至算数譬喻所不能知。

"阿逸多,如是第五十人展转闻《法华经》随喜功德,尚无量无边阿僧祇,何况最初于会中闻而随喜者?其福复胜无量无边阿僧祇,不可得比。

"又,阿逸多,若人为是经故,往诣僧坊,若坐若立,须臾听受,缘是功德,转身所生,得好上妙象、马、车乘、珍宝、辇舆,及乘天宫。若复有人于讲法处坐,更有人来,劝令坐听,若分座令坐,是人功德,转身得帝释坐处,若梵王坐处,若转轮圣王所坐之处。"

[译文]

佛告诉弥勒菩萨道:"我现在明确告诉你,此人以一切娱乐器具布施给四百万亿阿僧祇世界的一切六道众生,又通过说法教化帮助他们证得阿罗汉果位,他由此而获得的功德,也不及上述第五十个辗转听到《妙法莲华经》一句偈之人心生随喜而获功德的百分之一、千分之一、百千万亿分之一,乃至无法计算,无法用比喻来说明这种差别。

"阿逸多,就这样,第五十个辗转听到《妙法莲华经》之人的随喜功德尚且有无量无边阿僧祇之多,更何况最初在法会中听闻此经而随喜之人呢?他们由此而获得的功德,更是多得无法比喻。

"还有,阿逸多,如果有人为了听这部经,专程到僧院中去,不论是坐着，还是站着，只要能在很短的时间内听讲、领受，那么因为这样的功德，他来世转生时，便会拥有上好的象、马、车乘、珍宝、辇舆，更甚之会转生天上，乘坐天王的宫殿。如果有人坐在法会中听闻此经，其间另有人来，该人劝说来人坐下听讲，并把自己的座位分出一部分让来人坐，那么由此功德，他来世会转生到帝释的坐处、梵天王的坐处，或者转轮圣王的坐处。"

"阿逸多，若复有人语余人言：'有经名《法华》，可共往听。'即受其教，乃至须臾间闻，是人功德，转身得与陀罗尼菩萨共生一处，利根智慧，百千万世终不喑痖，口气不臭，舌常无病，口亦无病，齿不垢黑、不黄、不疏，亦不缺落、不差、不曲，唇不下垂，亦不褰缩、不粗涩、不疮胗，亦不缺坏，亦不喎斜，不厚、不大，亦不黧黑，无诸可恶。鼻不匾㔸，亦不曲戾，面色不黑，亦不狭长，亦不窊曲，无有一切不可喜相。唇舌牙齿悉皆严好，鼻修高直，面貌圆满，眉高而长，额广平正，人相具足。世世所生，见佛闻法，信受教诲。

"阿逸多，汝且观是，劝于一人令往听法，功德如此，何况一心听说、读诵，而于大众为人分别，如说修行？"

[译文]

"阿逸多，如果有人对其他人说：'有一部经，名为《妙法莲华经》，我们一起去听吧。'他人接受建议，哪怕只是在须臾之间听闻此经，那么，此人的功德可使他来世与总持陀罗尼的菩萨同生一处，而且生来根性锐利，智慧深厚，百千万世不会喑哑，口气不会发臭，舌头与口也永不会有毛病，牙齿洁净，不发黑、不发黄，不稀疏、不缺落、不错落、不弯曲；嘴唇不下垂，也不褰缩，不粗涩、不生疮、不缺、不坏、不歪斜、不厚大、不黧黑。总之，没有任何令人生厌之处；鼻梁挺直，没有塌陷，也不弯；脸色不发黑，颜面也不狭长、不凹陷，没有让人不喜欢之相。其人之嘴唇、舌头、牙齿都端正庄严，鼻梁修直高耸，面部圆满，眉毛又高又长，额头宽而平正，各种美好的相貌样样俱全。不仅如此，其人生生世世转生之所都能见到佛、听到法，并能相信接受佛的教诲。

"阿逸多，你且看，劝一个人去听这部经的功德就如此大，更何况专心听讲、读诵，并在大众中为大家分别讲说，且根据经文所说而修行的功德呢？"

尔时，世尊欲重宣此义，而说偈言：
若人于法会，得闻是经典，乃至于一偈，随喜为他说，
如是展转教，至于第五十，最后人获福，今当分别之。
如有大施主，供给无量众，具满八十岁，随意之所欲，
见彼衰老相，发白而面皱，齿疏形枯竭，念其死不久，
我今应当教，令得于道果。即为方便说，涅槃真实法，
世皆不牢固，如水沫泡焰，汝等咸应当，疾生厌离心。
诸人闻是法，皆得阿罗汉，具足六神通，三明八解脱。
最后第五十，闻一偈随喜，是人福胜彼，不可为譬喻。
如是展转闻，其福尚无量，何况于法会，初闻随喜者！

[译文]
这时，释迦牟尼佛为了重新宣明这一法要，便又用偈颂说道：

如果有人在法会中听到这部《妙法莲华经》，哪怕只有一句偈语，能够随喜并为他人讲说，如此辗转到第五十人，最后一个听到之人获得的福德，我现在为你们分别说明。譬如有位大施主，为无量众生提供种种布施，整整八十年，随众生需求供给一切。后来，他发现这些众生呈现出衰老之相，头发斑白，满面皱纹，牙齿疏松，形容枯竭，就想道：他们离死不远了，我现在应该教导他们，使他们证得道果。于是，便为众生

方便讲说涅槃的真实法门：世间的一切都是不牢固的，就像水沫、水泡以及火焰般转瞬即逝，你们都应当赶紧生起厌离之心。这些众生听到教法之后，纷纷证得阿罗汉果位，具足六种神通、三种通达无碍的智明和舍却对三界贪恋的八种定力。上述辗转到第五十个听闻《妙法莲华经》之人，哪怕只听到一句偈颂而产生随喜心，其福德比这位八十年中供养无量众生并说法教化众生获得罗汉果之人所得的福德还要更大，甚至无法用比喻来说明。如此辗转得闻《妙法莲华经》者的福德尚且这样无量无边，何况在法会中最初听到这部经而随喜之人的福德之大呢！

若有劝一人，将引听法华，言此经深妙，千万劫难遇，
即受教往听，乃至须臾闻，斯人之福报，今当分别说。
世世无口患，齿不疏黄黑，唇不厚褰缺，无有可恶相，
舌不干黑短，鼻高修且直，额广而平正，面目悉端严，
为人所喜见，口气无臭秽，优钵华之香，当从其口出。
若故诣僧坊，欲听法华经，须臾闻欢喜，今当说其福。
后生天人中，得妙象马车，珍宝之辇舆，及乘天宫殿。
若于讲法处，劝人坐听经，是福因缘得，释梵转轮座。
何况一心听，解说其义趣，如说而修行，其福不可量！

[译文]

如果有人劝说他人，要带其去听《妙法莲华经》，称这部经深奥玄妙，千万劫都难以遇到。如果那人接受教诲随他一同前去听讲，哪怕只听了片刻，这人所得的福报，我现在就为你们分别讲说。此人未来世世没有口腔疾病，牙齿不稀疏、不发黄发黑，嘴唇不肥厚，不缩不缺，没有令人厌恶的外相。舌头不干燥、不发黑、不短小；鼻子高挺，又长又直；额头宽大，

平整端正，面部整体端正庄严，为人所喜见。其人口中无臭气，常出优钵花的香味。如果有人特意到僧坊中去听《妙法莲华经》，哪怕只在须臾之间心中欢喜信受，现在就讲讲此人的福报。此人来世将转生天界或人间，拥有上好的象、骏马、大车或珍宝制成的辇舆，还可乘坐自由往来的天神宫殿。如果能在讲经说法的地方劝人坐下来一同聆听，因此举的福德因缘，来世得以往生到帝释、梵王和转轮王的宝座上。带人听经和自己闻法的功德尚且如此，更何况专心听讲，为他人解说经文义理，按照经文所说如法修行呢？这样的福德大得不可估量！

法师功德品第十九

尔时，佛告常精进菩萨摩诃萨："若善男子、善女人，受持是《法华经》，若读、若诵、若解说、若书写，是人当得八百眼功德、千二百耳功德、八百鼻功德、千二百舌功德、八百身功德、千二百意功德，以是功德庄严六根，皆令清净。是善男子、善女人，父母所生清净肉眼，见于三千大千世界内外所有山林河海，下至阿鼻地狱，上至有顶，亦见其中一切众生及业因缘、果报生处，悉见悉知。"

尔时，世尊欲重宣此义，而说偈言：
若于大众中，以无所畏心，说是法华经，汝听其功德。
是人得八百，功德殊胜眼，以是庄严故，其目甚清净。
父母所生眼，悉见三千界，内外弥楼山，须弥及铁围，
并诸余山林，大海江河水，下至阿鼻狱，上至有顶处，
其中诸众生，一切皆悉见。虽未得天眼，肉眼力如是。

[译文]

这时,释迦牟尼佛告诉常精进大菩萨道:"如果有善男子、善女人受持这部《妙法莲华经》,不论是阅读、唱诵,还是为人解说、抄写经文,此人将会得到八百种眼功德、一千二百种耳功德、八百种鼻功德、一千二百种舌功德、八百种身功德、一千二百种意功德。以这些功德来庄严眼、耳、鼻、舌、身、意六根,使之清净无染。这位善男子或善女人用自己的清净肉眼,就可以看见三千大千世界无论内外所有的山林与河海,可以看见下至阿鼻地狱、上至色究竟天的一切众生,以及这些众生的业力因缘和果报生处。有情世间与器世间的一切他全都可以看到并了知。"

此时,世尊为了重新宣明这一法要,又用偈颂说道:

如果有谁在大众中以无所畏惧之心讲说这部《妙法莲华经》,其人所得功德,你们仔细听我一说。这人将得到八百种殊胜眼功德,使眼根更加庄严,由此其眼非常清净,虽然只是父母所生的肉眼,却得以看见三千大千世界内外的弥楼山、须弥山、铁围山,以及其余一切山林、大海、江河等,可以看见下至阿鼻地狱、上至色究竟天的一切众生。虽然此人还没有证得天眼,肉眼却已具备如此神奇的功能。

"复次,常精进,若善男子、善女人受持此经,若读、若诵、若解说、若书写,得千二百耳功德。以是清净耳,闻三千大千世界,下至阿鼻地狱,上至有顶,其中内外种种语言音声,象声、马声、牛声、车声、啼哭声、愁叹声、螺声、鼓声、钟声、铃声、笑声、语声、男声、女声、童子声、童女声、法声、非法声、苦声、乐声、凡夫声、圣人声、喜声、不喜声、天声、龙声、夜叉声、乾闼婆声、阿修罗声、迦楼罗声、紧那罗声、摩睺罗伽声、火声、水声、风声、地狱声、畜生声、饿鬼声、比丘

声、比丘尼声，声闻声、辟支佛声、菩萨声、佛声。以要言之，三千大千世界中，一切内外所有诸声，虽未得天耳，以父母所生清净常耳，皆悉闻知。如是分别种种音声，而不坏耳根。"

[译文]

"另外，常精进啊，如果有善男子、善女人受持此经，不论是阅读、唱诵，还是为人解说、抄写经文，他由此可以得到一千二百种耳功德。凭此清净耳根，他能够听到三千大千世界之内下至阿鼻地狱、上至色究竟天的内外一切语言和声音，包括象声、马声、牛声、车声、啼哭声、愁叹声、螺声、鼓声、钟声、铃声、笑声、语声、男声、女声、童子声、童女声、法声、非法声、苦声、乐声、凡夫声、圣人声、喜声、不喜声、天声、龙声、夜叉声、香神声、战神声、金翅鸟神声、乐神声、蟒神声、火声、水声、风声、地狱声、畜生声、饿鬼声、比丘声、比丘尼声，声闻声、辟支佛声、菩萨声、佛声。总而言之，对于三千大千世界之中无论内外的一切声音，此人虽然尚未证得天耳，但仅凭父母所生的清净耳根就全都可以听得到。其人能清楚分辨这种种声音，耳根却不会受到任何损坏。"

尔时，世尊欲重宣此义，而说偈言：
父母所生耳，清净无浊秽，以此常耳闻，三千世界声。
象马车牛声，钟铃螺鼓声，琴瑟箜篌声，箫笛之音声，
清净好歌声，听之而不著，无数种人声，闻悉能解了。
又闻诸天声，微妙之歌音，及闻男女声，童子童女声。
山川险谷中，迦陵频伽声，命命等诸鸟，悉闻其音声。
地狱众苦痛，种种楚毒声，饿鬼饥渴逼，求索饮食声。
诸阿修罗等，居在大海边，自共言语时，出于大音声。
如是说法者，安住于此间，遥闻是众声，而不坏耳根。

法师功德品第十九　291

[译文]

此时,世尊为了重新宣明这一法要,而用偈颂说道:

父母所生之耳,清净而无浊秽,以此平常之耳,即能听到三千大千世界内外的一切声音,包括象、马、车、牛声,钟、铃、螺、鼓、琴、瑟、箜篌、箫、笛声等等。听到清净美妙的歌声而不贪著,闻后皆能知晓无数种人的声音,还能听到天神之声、微妙的歌声,以及男人、女人声,童子、童女声。悉能听到山川险谷中迦陵频伽鸟以及其他鸟的鸣叫之声,地狱众生遭受痛苦发出之声,饿鬼饥渴难耐求食之音,战神居住在大海边一起谈论时发出的巨大声音。就是这样,讲说《妙法莲华经》之人安住于此地,却能遥闻以上各种声音,而其耳根不会受到任何损坏。

十方世界中,禽兽鸣相呼,其说法之人,于此悉闻之。
其诸梵天上,光音及遍净,乃至有顶天,言语之音声,
法师住于此,悉皆得闻之。一切比丘众,及诸比丘尼,
若读诵经典,若为他人说,法师住于此,悉皆得闻之。
复有诸菩萨,读诵于经法,若为他人说,撰集解其义,
如是诸音声,悉皆得闻之。诸佛大圣尊,教化众生者,
于诸大会中,演说微妙法,持此法华者,悉皆得闻之。
三千大千界,内外诸音声,下至阿鼻狱,上至有顶天,
皆闻其音声,而不坏耳根,其耳聪利故,悉能分别知。
持是法华者,虽未得天耳,但用所生耳,功德已如是。

[译文]

在遍十方之内的一切世界中,所有飞禽走兽相互争鸣呼叫,这位说法人都能听到。大梵天、光音天、遍净天,直到色究竟天,其中一切天神的言谈声音,他在这里也都能听到。一

切比丘、比丘尼读诵经典，或是为人讲说，他在这里也都能听到。菩萨们无论是读诵经法，还是为他人讲说，亦或是撰写、汇集解释经义的作品，所有这些声音，其人都能听到。诸佛如来大圣尊，为了教化众生，在法会中演说各种妙法真义，受持这部《妙法莲华经》者也都能完整地听到。总而言之，三千大千世界之内，无论内外，下至阿鼻地狱、上至色究竟天，其中的一切声音，此人都能听到，而且还不会损坏耳根。由于他的耳根特别聪利，因此能够分辨清楚所有的声音。受持这部《妙法莲华经》者，虽然没有证到天耳通，但他可以仅凭父母所生之耳，就能获得如此巨大的功德。

"复次，常精进，若善男子、善女人，受持是经，若读、若诵、若解说、若书写，成就八百鼻功德。以是清净鼻根，闻于三千大千世界，上下内外种种诸香：须曼那华香、阇提华香、末利华香、瞻卜华香、波罗罗华香、赤莲华香、青莲华香、白莲华香，华树香、果树香，栴檀香、沉水香、多摩罗跋香、多伽罗香，及千万种和香，若末、若丸、若涂香，持是经者，于此间住，悉能分别。又复别知众生之香，象香、马香、牛羊等香，男香、女香、童子香、童女香，及草木丛林香，若近、若远，所有诸香，悉皆得闻，分别不错。

"持是经者，虽住于此，亦闻天上诸天之香，波利质多罗、拘鞞陀罗树香，及曼陀罗华香、摩诃曼陀罗华香、曼殊沙华香、摩诃曼殊沙华香、栴檀、沉水、种种末香、诸杂华香，如是等天香和合所出之香，无不闻知。又闻诸天身香，释提桓因在胜殿上五欲娱乐嬉戏时香，若在妙法堂上为忉利诸天说法时香，若于诸园游戏时香，及余天等男女身香，皆悉遥闻。如是展转，乃至梵世,上至有顶,诸天身香,亦皆闻之。并闻诸天所烧之香,及声闻香、辟支佛香、菩萨香、诸佛身香,亦皆遥闻,知其所在。虽闻此香,然于鼻根不坏不错,若欲分别为他人说,忆念不谬。"

[译文]

"再次,常精进菩萨,如果有善男子、善女人受持这部经,不论是阅读、唱诵,还是为人解说、抄写经文,可以成就八百种鼻功德。凭借这种清净鼻根,其人可以闻到三千大千世界上下内外的一切香气,如:须曼那花香、阇提花香、末利花香、瞻卜花香、波罗罗花香、赤莲花香、青莲花香、白莲花香、花树香、果树香、栴檀香、沉水香、多摩罗跋香、多伽罗香,以及千万种混合香,如末香、丸香、涂香等。受持这部经之人,住在这个世间就能分辨出这种种香气。他还能分辨出众生的香气,如:象香、马香、牛羊等香,男人香、女人香、童子香、童女香,以及草木丛林的香气。无论远近,所有香气他都能闻到并能正确辨别,不会出错。

"受持这部经之人尽管住在这个世间,却也能闻到各天界的香气,如:波利质多罗树香、拘鞞陀罗树香及白团花香、大白团花香、小红团花香、大红团花香、栴檀香、沉水香、各种末香、混合花香,所有这些天界的各种香气以及千万种香混合在一起的气味,受持此经之人全部都能够闻得到,并分辨出来。他还可以闻到一切天神身上所散发的香气,如:天帝释提桓因在胜殿上娱乐游戏时发出的香气,在妙法堂上为忉利天的天神们说法时发出的香气,在园林中游戏时发出的香气,以及其他天界男女众身上发出的各种香气,所有这些,此人都能遥闻而知。就这样,一直到大梵天、色究竟天,各层天界的一切天神身上发出的香气此人都能闻得到。另外,他还能嗅到诸天神所烧的香,以及声闻、辟支佛、菩萨、诸佛身上发出的香气。不仅如此,距离这么遥远,他还能知道香气来自何方。尽管他能够闻到这么多种香气,但对鼻根却没有任何损坏,也不会发生任何错乱。如果想要为别人分别解说，他便会清楚无误地回忆起这些香气的情形。"

尔时，世尊欲重宣此义，而说偈言：
是人鼻清净，于此世界中，若香若臭物，种种悉闻知。
须曼那阇提，多摩罗栴檀，沉水及桂香，种种华果香，
及知众生香，男子女人香，说法者远住，闻香知所在。
大势转轮王，小转轮及子，群臣诸宫人，闻香知所在。
身所著珍宝，及地中宝藏，转轮王宝女，闻香知所在。
诸人严身具，衣服及璎珞，种种所涂香，闻香知其身。
诸天若行坐，游戏及神变，持是法华者，闻香悉能知。
诸树华果实，及酥油香气，持经者住此，悉知其所在。
诸山深险处，栴檀树花敷，众生在中者，闻香皆能知。
铁围山大海，地中诸众生，持经者闻香，悉知其所在。
阿修罗男女，及其诸眷属，斗诤游戏时，闻香皆能知。
旷野险隘处，狮子象虎狼，野牛水牛等，闻香知所在。

[译文]

这时，世尊为了重新宣说这一法要，又用偈颂说道：

受持《妙法莲华经》的善男子和善女人鼻根清净，这个世界中的各种香气、臭气，他们都能闻到并且分辨清楚。须曼那花香、阇提花香、多摩罗香、栴檀香、沉水香、桂香，以及其他各种花果香，还有各类众生的香气，无论其是男是女，讲授《妙法莲华经》者即使身处远地都能嗅到其香味，并且知道香气发出的地方。无论是具有大威势的转轮圣王，还是小转轮王，包括他们各自的子女、群臣、宫人等在内，讲法者一嗅其香，便知道他们身在何处。这些人身上所佩带的珍宝、埋在地下的宝藏以及转轮王的宝女，讲法者一嗅其香，便知道其所在

之处。人们身上的各种装饰、衣服、璎珞以及各种涂香，讲法者一闻就能分辨出来。天神们无论是在行住坐卧，还是在游戏、神变，受持《妙法莲华经》者通过闻香，皆能知晓。各种树木花果的香气，以及酥油香气，受持《妙法莲华经》者住在这里也完全知道其所在。山川险谷中，栴檀树盛开，若有众生前去，受持本经者一嗅香气就完全知晓。铁围山中、大海中、大地上的一切众生，受持《妙法莲华经》者一闻气味，就知道他们所在之处。阿修罗男女以及其眷属们之间的争斗和游戏时的气味，讲法之人一嗅其味，便知道情形如何。在旷野或危险狭隘之处，有狮子、象、虎、狼以及野牛、水牛等，受持《妙法莲华经》者一嗅气味，就能分辨清楚是哪种野兽，并且知道其具体位置。

若有怀妊者，未辨其男女，无根及非人，闻香悉能知。
以闻香力故，知其初怀妊，成就不成就，安乐产福子。
以闻香力故，知男女所念，染欲痴恚心，亦知修善者。
地中众伏藏，金银诸珍宝，铜器之所盛，闻香悉能知。
种种诸璎珞，无能识其价，闻香知贵贱，出处及所在。
天上诸华等，曼陀曼殊沙，波利质多树，闻香悉能知。
天上诸宫殿，上中下差别，众宝花庄严，闻香悉能知。
天园林胜殿，诸观妙法堂，在中而娱乐，闻香悉能知。
诸天若听法，或受五欲时，来往行坐卧，闻香悉能知。
天女所著衣，好华香庄严，周旋游戏时，闻香悉能知。
如是展转上，乃至于梵世，入禅出禅者，闻香悉能知。
光音遍净天，乃至于有顶，初生及退没，闻香悉能知。
诸比丘众等，于法常精进，若坐若经行，及读诵经典，
或在林树下，专精而坐禅，持经者闻香，悉知其所在。

菩萨志坚固，坐禅若读诵，或为人说法，闻香悉能知。
在在方世尊，一切所恭敬，愍众而说法，闻香悉能知。
众生在佛前，闻经皆欢喜，如法而修行，闻香悉能知。
虽未得菩萨，无漏法生鼻，而是持经者，先得此鼻相。

[译文]

  如果有人怀孕，不知道胎儿是男是女、身体是否健全、是不是非人，讲授《妙法莲华经》者一闻其味便能了知孕妇初怀胎儿时的情形、胎儿是否成活、生产时期是否成熟等情况，也知道能否顺利产下有福报的子女。讲法者闻到气味就知道世间男女心中的贪嗔痴状况以及各种欲望，也知道谁有一心向善、修持善行的心。埋于地下的宝藏，不论是黄金白银，还是其他珍宝，即便是铜器里所装的东西，讲法者闻到气味就能清楚了知。各种各样人所不识也不知其价值的璎珞，讲法者闻到气味就知其贵贱、出产地和所在地。天上的各种妙花，像白团花、红团花、波利质多树等，讲法者一嗅其香味便清楚了知。天上的诸多宫殿有上、中、下的差别，都用各种奇珍异宝和曼妙宝花来庄严，该讲法者一嗅便知宫殿的等级。天上的园林、胜殿、观台和妙法堂以及在其中娱乐的天人，该讲法者一嗅其香，便完全了知其情形。天神们听法或享受五欲时，无论是来是去，是行是坐，是立是卧，该讲法者一嗅其香便完全了知。天女们所穿的衣服，以美丽的花和芬芳的香来装饰，天女身着这样的华服四处游戏，这样的讲法者一嗅其香，就了知其游戏的情形。就这样，上至大梵天，无论是正处于禅定中的天神，还是已经出了禅定的天神，这样的讲法者一嗅他们散发出的香味，便完全知晓他们的情形。光音天、遍净天，乃至色究竟天，所有的天神，无论是刚投生而来，还是已现衰相将要转生他处者，该讲法者一闻他们散发出的香味，便完全了知其所有境况。

比丘们精进修法，无论禅坐、经行、读诵经典，还是在树下坐禅，讲法者闻到其气味就知道他所处的位置。菩萨们志向坚固，不论他们是在坐禅，还是在读诵经典，或为他人说法，讲法者一嗅到其香味，便已知晓。十方世界诸佛为大众所恭敬，他们怜悯众生，故为众生讲法施教，该讲法者一嗅香气，便清楚了知是哪位佛在哪个世界为哪些众生演说何等佛法。众生在佛面前欢喜听法并依法修行，该讲法者一嗅气味便了知众生的情况。这样的受持《妙法莲华经》者虽然尚未证得菩萨的无漏法下的鼻根神通，但由于受持了这部经典，就先得到了这种清净鼻相。

"复次，常精进，若善男子、善女人受持是经，若读、若诵、若解说、若书写，得千二百舌功德。若好、若丑、若美、不美，及诸苦涩物，在其舌根，皆变成上味，如天甘露，无不美者。若以舌根于大众中有所演说，出深妙声，能入其心，皆令欢喜快乐。又诸天子、天女、释梵诸天，闻是深妙音声，有所演说，言论次第，皆悉来听。及诸龙、龙女、夜叉、夜叉女、乾闼婆、乾闼婆女、阿修罗、阿修罗女、迦楼罗、迦楼罗女、紧那罗、紧那罗女、摩睺罗伽、摩睺罗伽女，为听法故，皆来亲近、恭敬、供养。及比丘、比丘尼、优婆塞、优婆夷、国王、王子、群臣、眷属、小转轮王、大转轮王、七宝千子、内外眷属，乘其宫殿俱来听法，以是菩萨善说法故。婆罗门、居士、国内人民尽其形寿，随侍供养。又诸声闻、辟支佛、菩萨、诸佛，常乐见之。是人所在方面，诸佛皆向其处说法，悉能受持一切佛法，又能出于深妙法音。"

[译文]

"再次,常精进,如果有善男子、善女人受持这部经,无论是阅读还是背诵,不论是解说还是抄写,他就可以获得一千二百种舌功德。有了这种功德,诸味当中不论是好的还是不好的,美的还是不美的,以及其他各种苦涩之物,一到这位受持者的舌根上来,就全都变成上等妙味,好比天降的甘露,无不甜美清香。若以这样的舌根在大众中演说佛法,则可发出浑厚微妙的音声,这种音声能深入大众的心田,使他们普皆欢喜,快乐无比。另外,各位天神的儿女、帝释天、大梵天以及诸天的天主,他们听到这种浑厚微妙的声音在演讲佛法,内容层次分明逐步深入,便全部前来聆听。此外,还有诸龙神和龙女、夜叉、夜叉女、乾闼婆、乾闼婆女、阿修罗、阿修罗女、迦楼罗、迦楼罗女、紧那罗、紧那罗女、摩睺罗伽、摩睺罗伽女,他们为了听闻佛法,都来亲近这位受持《妙法莲华经》而获得微妙舌功德者,并对他表示恭敬和供养。比丘、比丘尼,男居士、女居士、国王、王子、群臣、眷属们,小转轮王、大转轮王、七宝千子以及所有内外眷属等,都乘其宫殿,一同前来听法,都是因为这样受持《妙法莲华经》的菩萨善于讲法。婆罗门、居士以及国内人民都终生随侍供养这样的菩萨。还有,一切声闻、辟支佛、菩萨、诸佛等四类圣人也都喜欢见到他。这样的人无论身处何处,诸佛都会向其所在地讲法。这样的人能完全受持诸佛所说的一切教法,又能讲出深奥微妙的佛法之音。"

尔时,世尊欲重宣此义,而说偈言:
是人舌根净,终不受恶味,其有所食啖,悉皆成甘露。
以深净妙声,于大众说法,以诸因缘喻,引导众生心,
闻者皆欢喜,设诸上供养。诸天龙夜叉,及阿修罗等,
皆以恭敬心,而共来听法。是说法之人,若欲以妙音,

遍满三千界，随意即能至。大小转轮王，及千子眷属，
合掌恭敬心，常来听受法。诸天龙夜叉，罗刹毗舍阇，
亦以欢喜心，常乐来供养。梵天王魔王，自在大自在，
如是诸天众，常来至其所。诸佛及弟子，闻其说法音，
常念而守护，或时为现身。

[译文]

这时，世尊为了重新宣明法要，便又用偈颂说道：

受持《妙法莲华经》之人舌根清净，始终不会受到恶味的侵害，他所食之物都会变成甘露般的美味。他以深沉、清净、微妙的声音在大众中讲法，用各种因缘和比喻之法引导众生心趋菩提。听闻其说法者无不欣乐欢喜，奉献上各种上等的供养。一切天神、龙、夜叉、战神等都恭敬地同来听他讲经说法。这位说法者，若想使微妙的法音遍满整个三千大千世界，那么，法音将随其意愿到达任何一个地方。转轮圣王、小转轮王以及其千位王子、眷属们都常来这里，合掌恭敬地听他讲法；一切天神、龙、夜叉、罗刹、毗舍阇也都欢喜地经常来供养他；梵天王、魔王、自在天王、大自在天王等诸天神众也常到他那里听闻佛法。诸佛以及诸佛的弟子，听到受持《妙法莲华经》者讲法的声音，便时常忆念并守护他，有时也会现身而令其得见。

"复次，常精进，若善男子、善女人受持是经，若读、若诵、若解说、若书写，得八百身功德，得清净身，如净琉璃，众生喜见。其身净故，三千大千世界众生，生时、死时，上下、好丑，生善处、恶处，悉于中现；及铁围山、大铁围山、弥楼山、摩诃弥楼山等诸山，及其中众生，悉于中现；下至阿鼻地狱，上至有顶，所有及众生，悉于中现；若声闻、辟支佛、菩萨、诸佛

说法，皆于身中现其色像。"

[译文]

"另外，常精进啊，如果有善男子、善女人受持这部《妙法莲华经》，无论是阅读还是唱诵，不论是解说还是抄写，可以得到八百种身功德，其身清净，明净如琉璃，众生都喜欢见到他。因为他的身体清净，所以三千大千世界的一切众生，无论是出生时，还是死亡时；无论是在天界，还是处在三恶道；长相无论是美丽，还是丑陋；无论转生至善处还是恶道，所有这一切情况，都会在此人的清净身体中呈现。还有，铁围山、大铁围山、弥楼山、摩诃弥楼山等各种大山以及其中的众生也都显现在他清净的身体中。下至阿鼻地狱，上至色究竟天，世界上的所有景象以及所有众生，也都能在他的清净身体中显现出来。声闻、辟支佛、菩萨、诸佛等四种圣贤讲法时的色身之相，同样都能够在此人的清净身中显现出来。"

尔时，世尊欲重宣此义，而说偈言：
若持法华者，其身甚清净，如彼净琉璃，众生皆喜见，
又如净明镜，悉见诸色像，菩萨于净身，皆见世所有，
唯独自明了，余人所不见。三千世界中，一切诸群萌，
天人阿修罗，地狱鬼畜生，如是诸色像，皆于身中现。
诸天等宫殿，乃至于有顶，铁围及弥楼，摩诃弥楼山，
诸大海水等，皆于身中现。诸佛及声闻，佛子菩萨等，
若独若在众，说法悉皆现。虽未得无漏，法性之妙身，
以清净常体，一切于中现。

[译文]

这时，世尊为了重新宣明法要，遂又用偈颂说道：

如果受持这部《妙法莲华经》，其人身体极为清净，净如琉璃，众生都喜欢见他。这种清净身又如明镜，可以显现各种

景象，这样的菩萨可以在其清净身中看到世间所有的一切，但是只有他自己明白，其他人并不能看见。三千大千世界中，一切群生和一切景象，包括天神、人、阿修罗、地狱、鬼、畜生等所有六道众生的色身之相皆可在其清净身中显现。各天宫殿，乃至一直到色究竟天的所有宫殿，还有铁围山、弥楼山、大弥楼山以及各大海中的景象，都能显现在他的清净身中。诸佛以及声闻、佛子、菩萨等，无论是独在一处，还是在大众中讲法，这些景象都一一在此人的清净身中显现。这样的《妙法莲华经》受持者，虽然还没有证得清净超凡的圣果，尚未获得法性之妙身，却得以凭借其清净的平常肉身显现出世间的一切。

"复次，常精进，若善男子、善女人，如来灭后受持是经，若读、若诵、若解说、若书写，得千二百意功德。以是清净意根，乃至闻一偈一句，通达无量无边之义，解是义已，能演说一句一偈至于一月、四月，乃至一岁，诸所说法，随其义趣，皆与实相不相违背。若说俗间经书、治世语言、资生业等，皆顺正法。三千大千世界，六趣众生，心之所行，心所动作，心所戏论，皆悉知之。虽未得无漏智慧，而其意根清净如此。是人有所思惟、筹量、言说，皆是佛法，无不真实，亦是先佛经中所说。"

[译文]

"再次，常精进啊，如果有善男子、善女人在如来灭度后受持这部《妙法莲华经》，无论是阅读还是唱诵，不论是解说还是抄写，他可以得到一千二百种意功德。凭借这一清净的意根，他哪怕只听到一句经文或一首偈颂，也足以通达无量无边的佛法义理。理解了这么多的佛法义理之后，他哪怕只演说一句经文、一首偈颂，也能演讲一个月、四个月甚至一年时间。他所讲的内容，无一不符合经文的义趣，与实相之理不相违背。如果讲说俗世间的经书，如治理国家的文字及钱财生计行业等，也都能够顺应正法。三千大千世界之内，一切六道众生心中所想的行为、所起的动作、所生的虚妄而无意义的言论等，他都能够知晓。虽然他尚未证得无漏智慧，但意根已清净至此而具有如此功能。但凡他有所思维、筹量、言说，都是佛法，都真实不虚。这些也都是原先诸位佛陀在经典中讲过的。"

尔时，世尊欲重宣此义，而说偈言：
是人意清净，明利无浊秽，以此妙意根，知上中下法，
乃至闻一偈，通达无量义，次第如法说，月四月至岁。
是世界内外，一切诸众生，若天龙及人，夜叉鬼神等，
其在六趣中，所念若干种，持法华之报，一时皆悉知。
十方无数佛，百福庄严相，为众生说法，悉闻能受持。
思惟无量义，说法亦无量，终始不忘错，以持法华故。
悉知诸法相，随义识次第，达名字语言，如所知演说。
此人有所说，皆是先佛法，以演此法故，于众无所畏。
持法华经者，意根净若斯，虽未得无漏，先有如是相，
是人持此经，安住希有地，为一切众生，欢喜而爱敬。
能以千万种，善巧之语言，分别而说法，持法华经故。

[译文]

这时，世尊为了重新宣明法要，又用偈颂说道：

此人意根清净，聪敏而没有浊垢。用这样的微妙意根，能够知晓上、中、下各种佛法，哪怕只是听到一句偈颂，也能通达无量无边的佛法义理，并能按照修证次第如法演说，历时一个月、四个月，乃至一年。这个世界内外的一切众生，如天神、龙、人、夜叉、鬼神等，他们都处在六道轮回之中，内心

有各种各样的念头，该人因受持《妙法莲华经》的果报，能够当下全部知晓所有这些纷繁的念头。十方世界的无数诸佛具有百福庄严之妙身相，他们为众生讲说教法，受持《妙法莲华经》者都能听到并能信受奉行。他所思维的法义无量，所讲说的法也无量，而且任何时候都不会忘失，不会出错，这都是因为他受持《妙法莲华经》的缘故。他了知一切法相，并懂得法义的次第，通达各种佛法名相和讲说方式，能根据自己所证悟到的法相而为他人随缘演说妙法。凡是他所讲说的法，都是以前诸佛曾经讲说过的教法。因为他演说这种妙法的缘故，他由此得以在大众中广演正法毫不胆怯。受持《妙法莲华经》者，其意根就是这般清净。他虽然尚未证得无漏智慧，但却提前得到了如此清净之相。此人受持此经，安住于稀有之境，一切众生见了他都会心生欢喜，内心对其充满爱戴和尊敬。他能用千万种善巧的言辞，为众生分别讲说佛法，这都是他受持《妙法莲华经》的缘故。

常不轻菩萨品第二十

尔时，佛告得大势菩萨摩诃萨："汝今当知！若比丘、比丘尼、优婆塞、优婆夷，持《法华经》者，若有恶口，骂詈诽谤，获大罪报，如前所说。其所得功德，如向所说，眼耳鼻舌身意清净。

"得大势，乃往古昔，过无量无边不可思议阿僧祇劫，有佛名威音王如来、应供、正遍知、明行足、善逝、世间解、无上士、调御丈夫、天人师、佛世尊，劫名离衰，国名大成。其威音王佛，于彼世中，为天、人、阿修罗说法，为求声闻者说应四谛法，度生老病死，究竟涅槃；为求辟支佛者说应十二因缘法；为诸菩萨因阿耨多罗三藐三菩提，说应六波罗蜜法，究竟佛慧。

"得大势，是威音王佛寿四十万亿那由他恒河沙劫，正法住世劫数如一阎浮提微尘，像法住世劫数如四天下微尘。其佛饶益众生已，然后灭度。正法像法灭尽之后，于此国土复有佛出，亦号威音王如来、应供、正遍知、明行足、善逝、世间解、无上士、调御丈夫、天人师、佛世尊，如是次第有二万亿佛，皆同一号。"

[译文]

这时，释迦牟尼佛告诉得大势至大菩萨道："你现在应该知道，如果有比丘、比丘尼、男居士、女居士受持《妙法莲华经》，若有谁对他们恶言相加、辱骂毁谤，如前面所说，谁便会获得极大的罪报。而受持《妙法莲华经》所获得的功德，却如刚才所说，能获得眼、耳、鼻、舌、身、意等六根的清净。

"得大势啊，在过去无量无边不可思议阿僧祇劫以前，有位佛陀，名号是威音王如来、应供、正遍知、明行足、善逝、世间解、无上士、调御丈夫、天人师、佛世尊，当时所处的劫，名叫离衰；所居的国，名叫大成。这位威音王佛在他所处的时代中广为天神、人、阿修罗讲说各种教法。他为求声闻果者讲说苦集灭到四圣谛法，带领他们从生、老、病、死诸苦达到究竟涅槃的解脱之境；为求辟支佛者讲说十二因缘之法；为求无上智慧的菩萨们讲说六波罗蜜法门，以使他们成就佛的智慧。

"得大势菩萨，这位威音王佛的寿命长达四十万亿那由他恒河沙数般那么多的劫数，其正法住世的劫数达一阎浮提州粉碎为微尘所得的微尘总数，其像法住世的劫数，相当于四大部州粉碎为微尘所得的微尘总数。威音王佛利益所有众生使之得到救度之后，便进入涅槃。此尊佛的正法、像法完全消亡后，在这个国土中又有一尊佛出世，名号也是威音王如来、应供、正遍知、明行足、善逝、世间解、无上士、调御丈夫、天人师、佛世尊。像这样依次辗转，一共有二万亿个佛先后主持教化，他们的名号完全一样。"

"最初威音王如来，既已灭度，正法灭后，于像法中，增上慢比丘有大势力。尔时，有一菩萨比丘名常不轻。得大势，以何因缘名常不轻？是比丘凡有所见，若比丘、比丘尼、优婆塞、优婆夷，皆悉礼拜赞叹而作是言：'我深敬汝等，不敢轻慢。所以者何？汝等皆行菩萨道，当得作佛。'而是比丘不专读诵经典，但行礼拜，乃至远见四众，亦复故往礼拜赞叹而作是言：'我不敢轻于汝等，汝等皆当作佛。'四众之中，有生瞋恚，心不净者，恶口骂詈，言：'是无智比丘从何所来，自言我不轻汝，而与我等授记，当得作佛，我等不用如是虚妄授记。'如此经历多年，常被骂詈，不生瞋恚，常作是言：'汝当作佛！'说是语时，众人或以杖木瓦石而打掷之，避走远住，犹高声唱言：'我不敢轻于汝等，汝等皆当作佛！'以其常作是语故，增上慢比丘、比丘尼、优婆塞、优婆夷号之为常不轻。"

[译文]

"最初的那位威音王如来灭度之后，正法消亡，在像法时代，傲慢狂妄的比丘拥有了强大势力。那时，有一位修菩萨道的比丘，名叫常不轻。得大势，知道他为什么叫常不轻吗？因为这位比丘对凡是他所遇到的人，无论是比丘、比丘尼，还是男居士、女居士，都要进行礼拜，并赞叹他们说：'我深深恭敬你们，不敢对你们有半点儿轻慢，为什么呢？因为你们都是行菩萨之道，将来必定成佛。'这位比丘并不专门读诵经典，只是遍行礼拜，甚至远远看见四众弟子，他也会特意走上前去，对他们施礼叩拜，称扬赞叹，并且说：'我不敢轻视你们，你们都将成佛。'四众弟子中有人产生瞋恨，心不清净，往往恶口谩骂他：'你这没有智慧的比丘，是从哪里跑来的？兀自说什么不轻视我们，又为我们授记说我们将会成佛。我们不需要你这样的虚妄授记。'就这样经过了许多年，常不轻经常遭人谩骂，但他从不生气发怒，始终这样说：'你将成佛。'说这话时，众人常常不是用手杖或木棍打他，就是用瓦块、石头砸他。他只是走到远处躲避开来，嘴里仍高声大呼：'我不敢轻视你们，你们都会成佛。'因为他常常这样说，傲慢狂妄的比丘、比丘尼、男居士、女居士由此以'常不轻'作为对他的称呼。"

"是比丘临欲终时，于虚空中具闻威音王佛先所说《法华经》二十千万亿偈，悉能受持，即得如上眼根清净，耳、鼻、舌、身、意根清净。得是六根清净已，更增寿命二百万亿那由他岁，广为人说是《法华经》。

"于时，增上慢四众，比丘、比丘尼、优婆塞、优婆夷，轻贱是人为作不轻名者，见其得大神通力、乐说辩力、大善寂力，闻其所说，皆信伏随从。是菩萨复化千万亿众，令住阿耨多罗三藐三菩提。命终之后，得值二千亿佛，皆号日月灯明，于其法中说是《法华经》，以是因缘，复值二千亿佛，同号云自在灯王，于此诸佛法中受持读诵，为诸四众说此经典故，得是常眼清净、耳鼻舌身意诸根清净，于四众中说法，心无所畏。

"得大势，是常不轻菩萨摩诃萨供养如是若干诸佛，恭敬、尊重、赞叹，种诸善根，于后复值千万亿佛，亦于诸佛法中说是经典，功德成就，当得作佛。"

[译文]

"常不轻比丘临命终时，从虚空中听到威音王佛先前所讲的《妙法莲华经》之全部二十千万亿句偈颂，并对此完全能够受持，于是他便立即得到如前所说的眼根清净以及耳根、鼻根、舌根、身根、意根等六根清净。获得了这种六根清净之后，他又增加了二百万亿那由他岁的寿命。由此，他便广泛为大众讲说这部《妙法莲华经》。

"这个时候，那些傲慢狂妄、曾经轻视侮辱过他并把他叫做常不轻的比丘、比丘尼、男居士、女居士等四众弟子们，见到他获得了巨大的神通之力、无碍的辩才能力以及善于调伏自心之力，于是前去听他讲法，结果全部信受拜伏，追随他一起修道。这位菩萨又教化了千万亿的众生，令他们住在求取无上智慧的佛道之中。常不轻菩萨命终之后，又遇到了二千亿尊佛，名号都叫日月灯明佛，他在这些佛的法化事业中，继续演说《妙法莲华经》。因为这个缘故，他又遇到了二千亿尊佛，名号都叫做自在灯王佛。在这些佛的法化事业中，他依然受持、读诵并为四众弟子们宣讲这部《妙法莲华经》。由于这个缘故，他又获得了眼根清净，耳根、鼻根、舌根、身根、意根等六根的清净，所以他在四众弟子中讲法，心中没有任何畏惧。

"得大势啊，这位常不轻大菩萨恭敬、尊重、赞叹、供养了这么多诸佛，种下了各种善根，由此他后来又得遇到千万亿尊佛，在这些佛的法化事业中，他还是演说这部经典，成就所有功德后，必当成佛。"

"得大势，于意云何？尔时，常不轻菩萨岂异人乎？则我身是。若我于宿世，不受持读诵此经，为他人说者，不能疾得阿耨多罗三藐三菩提。我于先佛所受持读诵此经，为人说故，疾得阿耨多罗三藐三菩提。

"得大势，彼时四众比丘、比丘尼、优婆塞、优婆夷，以瞋恚意轻贱我故，二百亿劫常不值佛、不闻法、不见僧，千劫于阿鼻地狱受大苦恼。毕是罪已，复遇常不轻菩萨，教化阿耨多罗三藐三菩提。

"得大势，于汝意云何？尔时，四众常轻是菩萨者岂异人乎？今此会中跋陀婆罗等五百菩萨、师子月等五百比丘、尼思佛等五百优婆塞，皆于阿耨多罗三藐三菩提不退转者是。

"得大势，当知是《法华经》，大饶益诸菩萨摩诃萨，能令至于阿耨多罗三藐三菩提，是故，诸菩萨摩诃萨于如来灭后，常应受持、读诵、解说、书写是经。"

[译文]

"得大势，你是怎么想的？那时的常不轻菩萨难道是别人吗？他正是我的前身。如果我在宿世中没有受持、读诵这部《妙法莲华经》，不为他人讲说，就不能如此迅速证得无上智慧。正是由于我在以前的诸佛如来面前受持、读诵这部经典并广为他人讲说，所以才迅速成就了无上智慧。

"得大势，那时的四众弟子比丘、比丘尼、男居士、女居士等，以瞋恨心轻视我、侮辱我，因此受报在二百亿劫中不能遇到佛，听不到法，也见不到僧，在长达上千劫中广受阿鼻地狱的种种大痛苦。受完这些罪业果报之后，他们又转生人世，再次遇到常不轻菩萨，受其教化，走上了求证无上圣智的菩提之道。

"得大势，你是怎么想的？那时候常侮辱常不轻菩萨的四众弟子难道是别人吗？他们正是这次法会中的跋陀婆罗等五百菩萨、师子月等五百比丘、尼思佛等五百居士，他们在求取无上智慧的道路上都不再退转。

"得大势，你应该知道，这部《妙法莲华经》能够为各位大菩萨带来极大的益处，能让他们证得无上智慧。所以，各位大菩萨在如来灭度后都应该常常受持、诵读、书写，并为他人解说这部经典。"

尔时，世尊欲重宣此义，而说偈言：

过去有佛，号威音王，神智无量，将导一切，
天人龙神，所共供养。是佛灭后，法欲尽时，
有一菩萨，名常不轻。时诸四众，计著于法。
不轻菩萨，往到其所，而语之言：我不轻汝，
汝等行道，皆当作佛。诸人闻已，轻毁骂詈，
不轻菩萨，能忍受之。其罪毕已，临命终时，
得闻此经，六根清净，神通力故，增益寿命，
复为诸人，广说是经。诸著法众，皆蒙菩萨，
教化成就，令住佛道。不轻命终，值无数佛，
说是经故，得无量福，渐具功德，疾成佛道。
彼时不轻，则我身是。时四部众，著法之者，
闻不轻言，汝当作佛，以是因缘，值无数佛。
此会菩萨，五百之众，并及四部，清信士女，
今于我前，听法者是。我于前世，劝是诸人，
听受斯经，第一之法。开示教人，令住涅槃，
世世受持，如是经典。亿亿万劫，至不可议，
时乃得闻，是法华经。亿亿万劫，至不可议，
诸佛世尊，时说是经。是故行者，于佛灭后，
闻如是经，勿生疑惑。应当一心，广说此经，
世世值佛，疾成佛道。

[译文]

这时，世尊为了重新宣明这一法要，便又用偈颂说道：

　　过去有佛名叫威音王，神通和智慧无法测量，教化一切众生，普受天神、人、龙、鬼神等众生的供养。威音王佛灭度

后,该佛之正法将灭之时,有位菩萨名叫常不轻。那时的四众弟子执著于法相,常不轻菩萨到他们所在之地,对他们说:我不轻视你们,你们修行佛道,都将会成佛。这些人听后,要么轻视,要么诋毁、谩骂他,常不轻菩萨则悉皆忍受。当累世罪业消除后,常不轻菩萨临命终时得闻《妙法莲华经》,立即获得六根清净的神通力,而且寿命增加无量,遂为众人广泛讲说这部经。执著于法相的四众弟子受到常不轻菩萨的教化,有所成就,从而住于求取无上智慧的道上。常不轻菩萨命终之后,转生的生生世世中又遇到了无量无数的佛陀,他一直坚持讲说这部经,由此得到无量福德,渐渐具足各种功德,最终迅速成就无上佛道。

那时的常不轻菩萨,就是我的前身。那时执著于法相的四众弟子,因为听到常不轻菩萨说:我不轻视你们,你们将会成佛。以此因缘,他们后来遇到了无数的佛陀。他们就是这次法会中的跋陀婆罗等五百菩萨和清净的四众弟子们,如今正在我的面前听闻佛法。我在前世曾经劝导他们听受这部经,学习这诸佛的第一法要,不断地开示并教化他们,使他们能够进住于涅槃解脱的境界,并世世受持这部经典。

经过亿亿万不可思议漫长的劫数之后,众生才能够听到这部《妙法莲华经》;再经过亿亿万不可思议劫之后,诸佛才讲说这部《妙法莲华经》。所以,修行之人在佛灭度后,听到这部经典,不要产生疑惑和不相信,而应该一心一意地广泛讲说这部经。如果能如此行持,那么他们就可以生生世世得遇佛,从而能够迅速成就无上佛道。

如来神力品第二十一

尔时,千世界微尘等菩萨摩诃萨从地涌出者,皆于佛前一心合掌，瞻仰尊颜而白佛言："世尊，我等于佛灭后，世尊分身所在国土灭度之处，当广说此经。所以者何？我等亦自欲得是真净大法，受持、读诵、解说、书写而供养之。"

尔时，世尊于文殊师利等无量百千万亿旧住娑婆世界菩萨摩诃萨，及诸比丘、比丘尼、优婆塞、优婆夷、天龙、夜叉、乾闼婆、阿修罗、迦楼罗、紧那罗、摩睺罗伽、人非人等，一切众前，现大神力，出广长舌，上至梵世，一切毛孔放于无量无数色光，皆悉遍照十方世界。众宝树下师子座上诸佛，亦复如是，出广长舌，放无量光。释迦牟尼佛及宝树下诸佛现神力时，满百千岁，然后还摄舌相。一时謦欬，俱共弹指，是二音声，遍至十方诸佛世界，地皆六种震动。

[译文]

这时，那些从地下涌出的一千世界微尘数那么多的大菩萨，都来到释迦牟尼佛面前，敬心合掌，目不转睛地瞻仰着佛的尊颜，说道："世尊，我们将在佛灭度后，将在您的所有分身诸佛于各自的国土灭度后，于所有的国土广泛宣讲这部《妙法莲华经》。为什么呢？因为我们也愿得到这真实清净的大法，受持、读诵、书写、解说并供养这部经典"。

这时，释迦牟尼佛在文殊师利等无量百千万亿以前就住在这个娑婆世界的大菩萨们面前，以及各位比丘、比丘尼、男居士、女居士、天神、龙、夜叉、香神、战神、金翅鸟神、乐神、蟒神、八部鬼神等一切众生面前，显现巨大的神通力。他向上伸出舌头，又广又长直到大梵天；身上所有毛孔放出无量无边的五彩光芒，遍照十方一切世界。众宝树下狮子座上的各分身诸佛也是如此，他们伸出又广又长的舌头，身上普放无量的光芒。释迦牟尼佛以及分身诸佛显现神通之力的时间延续了整整一百个千年，之后才收回这种广长舌相。他们同时轻咳，共同弹指，这两种声音响彻十方一切佛国世界，所有世界的大地都随之发生了六种震动。

其中众生，天龙、夜叉、乾闼婆、阿修罗、迦楼罗、紧那罗、摩睺罗伽、人非人等，以佛神力故，皆见此娑婆世界无量无边百千万亿众宝树下师子座上诸佛，及见释迦牟尼佛共多宝如来在宝塔中，坐师子座，又见无量无边百千万亿菩萨摩诃萨及诸四众，恭敬围绕释迦牟尼佛。既见是已，皆大欢喜，得未曾有。

即时，诸天于虚空中高声唱言："过此无量无边百千万亿阿僧祇世界，有国名娑婆，是中有佛，名释迦牟尼，今为诸菩萨摩诃萨说大乘经，名《妙法莲华》，教菩萨法，佛所护念，汝等当深心随喜，亦当礼拜供养释迦牟尼佛！"

彼诸众生，闻虚空中声已，合掌向娑婆世撒作如是言："南无释迦牟尼佛！南无释迦牟尼佛！"以种种华、香、璎珞、幡盖及诸严身之具、珍宝妙物，皆共遥散娑婆世界。所散诸物，从十方来，譬如云集，变成宝帐，遍覆此间诸佛之上。于时，十方世界通达无碍，如一佛土。

[译文]
所有这些诸佛世界中的众生天神、龙、夜叉、香神、战神、金翅鸟神、乐神、蟒神、人非人等，依靠佛的神力加持，都看见这娑婆世界无量无边百千万亿宝树下狮子座上的诸佛，也看见释迦牟尼佛与多宝如来共坐于宝塔中的狮子座上，还看到无量无边百千万亿大菩萨以及四众弟子都恭敬地围绕着释迦牟尼佛。他们见到这幅景象，都非常高兴，感到从未有过的喜悦。

这时，天神在诸佛世界的虚空中高声唱着："从这里过无量无边百千万亿阿僧祇个世界，有国土名叫娑婆，那里有佛名叫释迦牟尼佛，现在正为诸大菩萨讲说一部大乘经典，名为《妙法莲华经》。

此经是教化菩萨的妙法，是佛对众生的护持与忆念。你们应该从内心深处随喜，并礼拜供养释迦牟尼佛。"

所有众生听到虚空中的声音后，都合掌面向娑婆世界说道："南无释迦牟尼佛！南无释迦牟尼佛！"然后用各种花、妙香、璎珞、宝幡、宝盖及各种装饰用品和其他各类珍宝、妙物，一起向遥远的娑婆世界撒去。所撒之物从十方世界云集而来，犹如云团相聚，宝帐般覆盖于法会中诸佛的身上。这时，十方世界连成一片，四通八达，毫无障碍，就像一个佛土世界。

尔时，佛告上行等菩萨大众："诸佛神力如是，无量无边，不可思议！若我以是神力，于无量无边百千万亿阿僧祇劫，为嘱累故说此经功德，犹不能尽。以要言之，如来一切所有之法，如来一切自在神力，如来一切所秘要之藏，如来一切甚深之事，皆于此经宣示显说。是故，汝等于如来灭后，应一心受持、读诵、解说、书写、如说修行。所在国土，若有受持、读诵、解说、书写、如说修行，若经卷所住之处，若于园中，若于林中，若于树下，若于僧坊，若白衣舍，若在殿堂，若山谷旷野，是中皆应起塔供养。所以者何？当知是处，即是道场！诸佛于此，得阿耨多罗三藐三菩提；诸佛于此，转于法轮；诸佛于此，而般涅槃。"

[译文]

这时，释迦牟尼佛告诉上行等菩萨大众曰："诸佛的神力就是这样，无量无边，不可思议！如果我以这神力，在无量无边百千万亿阿僧祇劫的时间里，为了嘱托众生信受而不间断地讲说这部《妙法莲华经》的功德，依然是说不尽道不完的。概括地说，如来的一切教法，如来的一切自在神力，如来的一切秘密重要法藏，如来的一切深妙事业，都在这部经中有明确宣说，无一遗漏。所以，在如来灭度以后，你们应该一心受持、读诵、书写、解说这部经典，并依经中义理去实际修行。不论在任何一个国土，只要有人受持、读诵、解说、书写这部经并能依经修行，或者只要是这部经卷所在的地方，无论是置于园中、林中、树下、僧坊、居士居所、殿堂，还是在山谷旷野中，所有这些地方都应该建立高塔来进行供养。为什么呢？你们应该知道，这样的地方就是道场！诸佛就是在这里证得了无上智慧，诸佛就是在这里转动法轮教化众生，诸佛就是在这里涅槃。"

尔时，世尊欲重宣此义，而说偈言：
诸佛救世者，住于大神通，为悦众生故，现无量神力，
舌相至梵天，身放无数光，为求佛道者，现此稀有事。
诸佛謦欬声，及弹指之声，周闻十方国，地皆六种动。
以佛灭度后，能持是经故，诸佛皆欢喜，现无量神力。
嘱累是经故，赞美受持者，于无量劫中，犹故不能尽。
是人之功德，无边无有穷，如十方虚空，不可得边际。
能持是经者，则为已见我，亦见多宝佛，及诸分身者，
又见我今日，教化诸菩萨。能持是经者，令我及分身，
灭度多宝佛，一切皆欢喜。十方现在佛，并过去未来，
亦见亦供养，亦令得欢喜。

[译文]
这时，世尊为了重新宣明这一法要，又用偈颂说道：

　　诸佛是世间的救护者，住于极大的神通之境，为了令众生得究竟之乐而显现无量的神通之力。诸佛首先显现广长舌，向上伸至大梵天，身上同时放出无量光芒。诸佛是为求取佛道的众生，才现出这种稀有的现象。诸佛同声轻咳、弹指，声音遍闻十方世界的所有国土，一切大地普遍发生六种震动。因为诸佛灭度后，有人能够受持这部《妙法莲华经》，诸佛由于欢喜

而显现这般无量的神力。为了给众生嘱托这部经,诸佛故而一再赞美受持这部经典之人,在长达无量劫久远的时间中,这种赞叹犹然无穷无尽。因此,受持此经者的功德无量无边,没有穷尽,如十方虚空般没有边际。能够受持这部经的人,就等于是见到了我,也等于是见到了多宝如来以及我的分身诸佛,等于见到了我今日在此教化所有菩萨的情景。能够受持这部经的人,令我与我的所有分身诸佛以及已经灭度的多宝如来都十分欢喜。十方世界的现在、过去、未来一切诸佛,他都能够见到并且有福报广行供养,同样令诸佛也都十分欢喜。

诸佛坐道场,所得秘要法,能持是经者,不久亦当得。
能持是经者,于诸法之义,名字及言辞,乐说无穷尽,
如风于空中,一切无障碍。于如来灭后,知佛所说经,
因缘及次第,随义如实说,如日月光明,能除诸幽冥。
斯人行世间,能灭众生暗,教无量菩萨,毕竟住一乘。
是故有智者,闻此功德利,于我灭度后,应受持斯经,
是人于佛道,决定无有疑。

[译文]

诸佛坐在道场中所悟得的秘密法要,能够受持这部经之人不久之后也将得到,他们对于各种法义、经典的名字和内容乐于演说而无穷尽,而且就像风在空中吹过一样毫无障碍。在如来灭度后,他们清楚地知道佛所讲说的各种经典,并能够随顺因缘,按照次第,符合法义来如实地讲说。就像日月的光明可以消除一切黑暗一样,这样的人在世间行道,能灭除众生心中的愚昧无知,教化无量菩萨,使他们最终住在一佛乘的修行中。所以,有智慧的人听到受持本经能拥有这样不可思议的功德利益,在我灭度后,他们就应该受持这部《妙法莲华经》。

那么，这些人必定可以成就无上佛道。

嘱累品第二十二

尔时，释迦牟尼佛从法座起，现大神力，以右手摩无量菩萨摩诃萨顶而作是言："我于无量百千万亿阿僧祇劫修习是难得阿耨多罗三藐三菩提法，今以付嘱汝等，汝等应当一心流布此法，广令增益。"

如是三摩诸菩萨摩诃萨顶而作是言："我于无量百千万亿阿僧祇劫，修习是难得阿耨多罗三藐三菩提法，今以付嘱汝等。汝等当受持、读诵、广宣此法，令一切众生普得闻知。所以者何？如来有大慈悲，无诸悭吝，亦无所畏，能与众生，佛之智慧、如来智慧、自然智慧。如来是一切众生之大施主，汝等亦应随学如来之法，勿生悭吝。

"于未来世，若有善男子、善女人，信如来智慧者，当为演说此《法华经》，使得闻知，为令其人得佛慧故。若有众生不信受者，当于如来余深法中，示教利喜，汝等若能如是，则为已报诸佛之恩。"

[译文]

这时，释迦牟尼佛从法座上站起来，示现出巨大的神通之力，他用右手抚摩无量无数个大菩萨的头顶，对他们说道："我在无量百千万亿阿僧祇劫那么漫长的岁月中，修习这难得的无上佛之智慧法门，现在，我把这种妙法托付给你们，你们应该一心流通弘扬这个法门，广泛地使众生得到利益。"

就这样三次抚摩各位大菩萨的头顶之后，释迦牟尼佛又说道：

"我在无量百千万亿阿僧祇劫那么漫长的时间中,修习这难得的无上智慧法门,现在我把这种妙法托付给你们,你们应该受持、读诵,并广泛地宣说这个法门,使一切众生都能够听闻得知。为什么呢?因为如来大慈大悲,没有丝毫的贪心和吝啬心,无所畏惧,能够给予众生佛的智慧、如来的智慧、自性本有的智慧,所以,如来是一切众生的大施主。你们应该跟随如来学习,不要产生贪心和吝啬之心。

"在未来世中,如果有善男子、善女人相信如来的智慧,你们就应该为他们演说这部《妙法莲华经》,使他们闻知此经,就是为了使他们得到如来的智慧。如果有众生不信受这部《法华经》,你们应该用如来的其他深奥法门教化他们,使他们得到利益,从而产生欢喜之心。你们若能这样做,那就等同于报答了诸佛的恩德。"

时,诸菩萨摩诃萨闻佛作是说已,皆大欢喜,遍满其身,益加恭敬,屈躬、低头、合掌向佛,俱发声言:"如世尊敕,当具奉行。唯然!世尊,愿不有虑。"诸菩萨摩诃萨众,如是三反,俱发声言:"如世尊敕,当具奉行,唯然!世尊,愿不有虑。"

尔时,释迦牟尼佛令十方来诸分身佛各还本土,而作是言:"诸佛各随所安,多宝佛塔还可如故。"

说是语时,十方无量分身诸佛,坐宝树下师子座上者,及多宝佛,并上行等无边阿僧祇菩萨大众,舍利弗等声闻四众,及一切世间天、人、阿修罗等,闻佛所说,皆大欢喜。

[译文]

这时,各位大菩萨听到佛说的这些话后,都非常高兴,皆大欢喜,全身心都充满了喜悦,对佛更加恭敬。他们弯腰低头,合掌向佛致礼,同声说道:"世尊的敕令我们一定遵从奉行。我们一定做到!世尊,希望您不要担心。"这些大菩萨如此反复三次,同声说道："世尊的敕令，我们一定遵从奉行。我们一定做到！世尊，希望您不要担心。"

这时，释迦牟尼佛请十方世界的分身诸佛返回各自的国土，他这样说道："诸佛现在可以各随所安，回到自己安住的国土中。多宝佛塔也请返回原来的地方。"

释迦牟尼佛说这些话的时候，坐在宝树下狮子座上的十方世界无量分身诸佛和多宝佛以及上行等无边无量菩萨大众、舍利弗等声闻四众弟子，并一切世间天神、人、阿修罗等众生，听了佛的说法，个个心中充满了欢喜。

药王菩萨本事品第二十三

尔时，宿王华菩萨白佛言："世尊，药王菩萨云何游于娑婆世界？世尊，是药王菩萨，有若干百千万亿那由他难行苦行。善哉！世尊，愿少解说。"诸天、龙、神、夜叉、乾闼婆、阿修罗、迦楼罗、紧那罗、摩睺罗伽、人非人等，又他国土诸来菩萨，及此声闻众，闻皆欢喜。

尔时，佛告宿王华菩萨："乃往过去无量恒河沙劫，有佛号日月净明德如来、应供、正遍知、明行足、善逝、世间解、无上士、调御丈夫、天人师、佛世尊。其佛有八十亿大菩萨摩诃萨，七十二恒河沙大声闻众，佛寿四万二千劫，菩萨寿命亦等。彼国无有女人、地狱、饿鬼、畜生、阿修罗等，及以诸难①。地平如掌，琉璃所成，宝树庄严，宝帐覆上，垂宝华幡，宝瓶香炉，周遍国界。七宝为台，一树一台，其树去台尽一箭道。此诸宝树，皆有菩萨、声闻，而坐其下。诸宝台上，各有百亿诸天作天伎乐，歌叹于佛，以为供养。"

[注释]

①诸难：见佛闻法有八处障难，又名八无暇，指没有机会修习道业。一，地狱；二，饿鬼；三，畜生；四，郁单越，现在有时也指作北拘卢洲，该处众生乐报殊胜，总无苦报，因此难以觉悟入道；五，长寿天，色界和无色界的众生不仅长寿，而且生活安稳；六，聋盲喑哑，六根不全者；七，世智辨聪；八，生于佛前佛后，指前佛正法已灭后佛尚未出现的中间时期，此期无佛法住世。

[译文]

这时，宿王华菩萨对释迦牟尼佛说："世尊，药王菩萨为什么来到娑婆世界游历？世尊，这位药王菩萨修过百千万亿那由他种难行的苦行，十分了不起！世尊，请您为我们讲说一点儿他的事迹。"法会中的诸天神、龙、夜叉、香神、战神、金翅鸟神、乐神、蟒神、八部鬼神等众生；还有来自其他国土的菩萨以及法会中的声闻大众们，听到宿王华菩萨提问后都很欢喜。

这时，释迦牟尼佛告诉宿王华菩萨道："在过去无量恒河沙数那么多的劫以前，有位佛名号为日月净明德如来、应供、正遍知、明行足、善逝、世间解、无上士、调御丈夫、天人师、佛世尊。这位佛的追随者有八十亿大菩萨、七十二恒河沙之数的声闻大众。日月净明德佛的寿命有四万二千劫，菩萨的寿命也有这么长。日月净明德佛的国土中没有女人，没有地狱、饿鬼、畜生、阿修罗等四道，也没有学佛修道的其他障难。整个大地平如手掌，全部由琉璃铺成，处处宝树成行，一派庄严。虚空之中宝帐交织，垂下种种宝花、宝幡、宝瓶和香炉，遍布国土。七宝做成的高台与宝树相间排布，宝树与宝台之间相距一箭之地。这些宝树下都坐有菩萨和声闻弟子。每座宝台上，各有百亿天神在表演天界歌舞，歌颂佛陀，作为对佛的供养。"

"尔时，彼佛为一切众生熹见菩萨及众菩萨、诸声闻众，说《法华经》。是一切众生熹见菩萨，乐习苦行，于日月净明德佛法中精进经行，一心求佛，满万二千岁已，得现一切色身三昧。得此三昧已，心大欢喜，即作念言：'我得现一切色身三昧，皆是得闻《法华经》力，我今当供养日月净明德佛及《法华经》！'即时入是三昧，于虚空中雨曼陀罗华、摩诃曼陀罗华、细末坚黑栴檀，满虚空中，如云而下。又雨海此岸栴檀之香，此香六铢，价直娑婆世界，以供养佛。

"作是供养已，从三昧起，而自念言：'我虽以神力供养于佛，不如以身供养！'即服诸香，栴檀、薰陆、兜楼婆、毕力迦、沉水、胶香，又饮瞻卜诸华香油。满千二百岁已，香油涂身，于日月净明德佛前，以天宝衣而自缠身，灌诸香油，以神通力愿，而自然身，光明遍照八十亿恒河沙世界。"

[译文]

"当时，日月净明德佛为一切众生熹见菩萨以及众位菩萨、声闻大众们演说《妙法莲华经》。这位一切众生熹见菩萨喜欢修习各种苦行，他在日月净明德佛的教法中精进经行，一心志求佛果。这样整整经过一万二千年后，他证得了现一切色身三昧之功夫。得此三昧之后，一切众生熹见菩萨心中非常高兴，于是他心中想道：'我得到现一切色身三昧，都是得闻《妙法莲华经》的益处，我现在应该供养日月净明德佛和《妙法莲华经》。'于是，他立即进入现一切色身三昧，在虚空中如雨般撒下白团花、大白团花、细末坚黑栴檀，一时间，整个天空犹如密云相聚，缤纷而下；继之，又如雨般撒下海此岸栴檀香来供养佛，六铢这种香的重量，其价值就相当于整个娑婆世界。如今，一切众生熹见菩萨把它拿来供养日月净明德佛。

"做完这样的供养之后，一切众生熹见菩萨从三昧中起来，心中暗自想道：'我虽然用神力供养了佛，不如以身躯来供养佛。'于是他立即服下各种妙香，如栴檀、熏陆、兜楼婆、毕力迦、沉水、胶香等，又喝下瞻卜等鲜花制成的香油。如此经过整整一千二百年，他又用香油涂抹身体，在日月净明德佛面前，用天界的宝衣缠绕身躯，再灌下各种香油。做完这些之后，一切众生熹见菩萨凭借神通力发出先前所说之愿，而自燃其身，光明照遍了八十亿恒河沙数那么多的世界。"

"其中诸佛同时赞言：'善哉！善哉！善男子，是真精进，是名真法供养如来。若以华、香、璎珞、烧香、末香、涂香、天缯、幡盖及海此岸栴檀之香，如是等种种诸物供养所不能及，假使国城、妻子布施，亦所不及。善男子，是名第一之施，于诸施中，最尊最上，以法供养诸如来故。'作是语已，而各默然。其身火燃，千二百岁，过是已后，其身乃尽。

"一切众生熹见菩萨，作如是法供养已，命终之后，复生日月净明德佛国中，于净德王家，结跏趺坐，忽然化生。即为其父而说偈言：

大王今当知，我经行彼处，即时得一切，现诸身三昧，
勤行大精进，舍所爱之身，供养于世尊，为求无上慧！"

[译文]

"这些世界的诸佛都异口同声地赞叹道：'太好了！太好了！善男子，这才是真正的精进，这才是真正的法供养如来。用花、香、璎珞、烧香、末香、涂香、天缯、幡盖以及海此岸栴檀香等种种物品供养，都比不上这种以身体而进行的供养，即使用王城、妻子、儿女等来行布施也无法与此相比。善男子，这种焚身供佛的布施叫做第一布施，在所有布施中最为尊显、最为上等，因为，这是在用法供养诸佛。'说完之后，诸佛便各自沉默不语。一切众生熹见菩

萨的身体燃烧了整整一千二百年才完全焚尽。

"一切众生熹见菩萨做了这样的法供养之后，生命终结，又出生在日月净明德佛的国土当中。他在一位名叫净德的王室之家，结跏趺坐，忽然间化生成一个童子，当时就对自己父亲用偈言说道：

  大王今天应该知道，我过去在这里经行，得到现一切色身三昧。我勤奋精进地修行，舍弃了自己所爱惜的身体，把它供养给世尊，只为求得无上智慧！"

"说是偈已，而白父言：'日月净明德佛今故现在。我先供养佛已，得解一切众生语言陀罗尼，复闻是《法华经》八百千万亿那由他甄迦罗、频婆罗、阿閦婆等偈。大王，我今当还供养此佛。'白已，即坐七宝之台，上升虚空，高七多罗树，往到佛所，头面礼足，合十指爪，以偈赞佛：

  容颜甚奇妙，光明照十方。
  我适曾供养，今复还亲觐。"

[译文]

"说完这个偈言，他又对父亲说道：'日月净明德佛现在依然住于世间。我原先供养了这位佛之后，获得通晓一切众生语言总持不忘的法门，接着又从此佛处听到《妙法莲华经》中的八百千万亿兆甄迦罗、频婆罗、阿閦婆等为数巨大的偈言。大王，我现在应再回去供养这位日月净明德佛。'说完这些话，一切众生熹见菩萨化生的童子即刻坐上七宝高台，自行上升到空中，高达七棵多罗树。到了日月净明德佛面前，他以头触地敬礼，双手合十，用偈颂赞佛道：

  您的容颜非常奇妙，您的光明照耀十方。
  我前生曾经供养过您，现在又来亲见您。"

"尔时,一切众生熹见菩萨说是偈已,而白佛言:'世尊,世尊犹故在世。'

"尔时,日月净明德佛告一切众生熹见菩萨:'善男子,我涅槃时到,灭尽时至,汝可安施床座,我于今夜,当般涅槃。'

"又敕一切众生熹见菩萨:'善男子!我以佛法,嘱累于汝及诸菩萨、大弟子,并阿耨多罗三藐三菩提法,亦以三千大千七宝世界诸宝树、宝台,及给侍诸天悉付于汝。我灭度后,所有舍利,亦付嘱汝,当令流布,广设供养,应起若干千塔。'

"如是,日月净明德佛敕一切众生熹见菩萨已,于夜后分入于涅槃。

"尔时,一切众生熹见菩萨见佛灭度,悲感懊恼,恋慕于佛,即以海此岸栴檀为藉,供养佛身,而以烧之。火灭已后,收取舍利,作八万四千宝瓶,以起八万四千塔,高三世界,表刹庄严,垂诸幡盖,悬众宝铃。"

[译文]

"那时,一切众生熹见菩萨说完这个偈颂之后,对日月净明德佛说道:'世尊啊世尊,您依然还在世上!'

"那时,日月净明德佛告诉他说:'善男子,我涅槃的时刻已经到了,寂灭的日期来临了。你可以安放床座,我在今天夜间就将涅槃。'

"日月净明德佛又敕令一切众生熹见菩萨说:'善男子,我将佛法嘱托给你和诸位菩萨以及各位大弟子,一并将成就无上智慧的法门、三千大千世界中的一切宝树、宝台以及专门从事供给与侍奉的各位天神全都托付给你。我灭度之后,全部舍利也都托付给你。你要将舍利散布流传,广设供养,建立数千座塔来安放。'日月净明德佛如此一一嘱托一切众生熹见菩萨之后,就在当天的后半夜涅槃。

"那时，一切众生熹见菩萨见到佛灭度，感到悲伤，懊恼不已。出于对佛的恋慕，他便用海此岸栴檀堆成柴塔，先对佛的身躯做了供养，然后便点火烧之。火灭之后，他收取佛的舍利，分放在特制的八万四千个宝瓶中，建立起八万四千座宝塔来安放宝瓶。每座宝塔都达三个世界加在一起那么高，庄严雄伟，塔刹上垂下各种宝幡和宝盖，四周悬挂着各种宝铃。"

"尔时，一切众生喜见菩萨复自念言：'我虽作是供养，心犹未足，我今当更供养舍利。'便语诸菩萨、大弟子，及天龙、夜叉等一切大众：'汝等当一心念，我今供养日月净明德佛舍利。'作是语已，即于八万四千塔前，然百福庄严臂七万二千岁，而以供养，令无数求声闻众、无量阿僧祇人发阿耨多罗三藐三菩提心，皆使得住现一切色身三昧。

"尔时，诸菩萨、天、人、阿修罗等，见其无臂，忧恼悲哀，而作是言：'此一切众生熹见菩萨，是我等师，教化我者。而今烧臂，身不具足！'

"于时，一切众生熹见菩萨于大众中立此誓言：'我舍两臂，必当得佛金色之身，若实不虚，令我两臂还复如故！'作是誓已，自然还复，由斯菩萨福德智慧淳厚所致。

"当尔之时，三千大千世界，六种震动，天雨宝华，一切人天，得未曾有。"

[译文]

"那时，一切众生熹见菩萨心中想道：'我虽然做了这样的供养，心中还是感到不足，我现在应该继续供养佛的舍利。'于是对各位菩萨、大弟子及天神、龙、夜叉等一切大众说：'你们要集中心念，我现在要供养日月净明德佛的舍利了。'说完这话之后，他就在八万四千座佛舍利宝塔前，点燃自己那百种福德庄严的胳膊，足足烧了七万二千岁，以此作为对佛舍利的供养。他的举动使无数求取声闻果位的大众、无量阿僧祇之多的人发起求取无上智慧的决心，得以都能住进于现一切色身三昧之中。

"那时，在场的菩萨、天神、人、阿修罗等，见到一切众生熹见菩萨失去胳膊，都非常忧愁烦恼和悲伤，他们说道：'这位一切众生熹见菩萨是我们的导师，他教化了我们，他如今燃臂供佛，躯体不全了！'

"那时，一切众生熹见菩萨在大众中立下誓言，说道：'我舍弃了自己的双臂，必将得到佛的金身。如果誓言不虚，就让我的双臂恢复如初！'发下这样的誓言后，他的双臂自然恢复。这都是这位菩萨的福德智慧深厚的缘故。

"就在那时，三千大千世界发生了六种震动，天上如雨般撒下各种宝花，一切人和天神都经历了一次前所未有的盛事。"

佛告宿王华菩萨："于汝意云何？一切众生熹见菩萨，岂异人乎？今药王菩萨是也！其所舍身布施，如是无量百千万亿那由他数。宿王华，若有发心欲得阿耨多罗三藐三菩提者，能然手指，乃至足一指，供养佛塔，胜以国城、妻子及三千大千国土山林河池、诸珍宝物而供养者。若复有人，以七宝满三千大千世界，供养于佛及大菩萨、辟支佛、阿罗汉，是人所得功德，不如受持此《法华经》，乃至一四句偈，其福最多。"

[译文]

释迦牟尼佛告诉宿王华菩萨道："你是怎么想的？一切众生熹见菩萨难道是别人吗？他就是现在的药王菩萨！他这样舍身布施，已有无量百千万亿那由他这么多的次数了。宿王华，如果有人发心想证得无上智慧，他若能够燃手指乃至一根脚趾来供养佛塔，那么，他的布施便胜过以国城、妻子、儿女以及三千大千世界的国土、山林、河池与各种珍宝所进行的供养。如果又有人用七种珍宝铺满三千大千世界来供养佛、大菩萨、辟支佛以及阿罗汉等，其人所得到的功德，不如受持这部《妙法莲华经》，哪怕仅一首四句偈颂所获得的福德多。"

"宿王华，譬如一切川流江河，诸水之中，海为第一，此《法华经》亦复如是，于诸如来所说经中，最为深大。又如土山、黑山、小铁围山、大铁围山及十宝山，众山之中须弥山为第一，此《法华经》亦复如是，于诸经中最为其上。又如众星之中，月天子最为第一，此《法华经》亦复如是，于千万亿种诸经法中最为照明。又如日天子能除诸暗，此经亦复如是，能破一切不善之暗。又如诸小王中，转轮圣王最为第一，此经亦复如是，于众经中最为其尊。又如帝释，于三十三天中王，此经亦复如是，诸经中王。又如大梵天王，一切众生之父，此经亦复如是，一切贤圣、学、无学及发菩萨心者之父。又如一切凡夫人中，须陀洹、斯陀含、阿那含、阿罗汉、辟支佛为第一，此经亦复如是，一切如来所说、若菩萨所说、若声闻所说诸经法中，最为第一。有能受持是经典者，亦复如是，于一切众生中亦为第一。一切声闻、辟支佛中，菩萨为第一，此经亦复如是，于一切诸经法中，最为第一。如佛为诸法王，此经亦复如是，诸经中王。"

[译文]

"宿王华，比如一切川流江河等诸水当中，大海为第一，这部《妙法莲华经》也是这样，在如来所讲说的各种经典中最为深奥，最为博大。又譬如，在土山、黑山、小铁围山、大铁围山以及十宝山等所有山当中，须弥山为第一高山，这部《妙法莲华经》也是如此，是所有佛经中最上等者。又譬如，群星当中月天子最为明亮，这部《妙法莲华经》也是这样，在千万亿种佛经中，此经的光辉最为明亮。又譬如，日天子能够消除黑暗，这部经也是这样，能破除一切不善的黑暗。又譬如在一切小转轮王当中，转轮圣王为第一，这部经也是这样，在所有经之中最为尊贵。又譬如帝释在三十三天中为众天神之王，这部经也是这样，是众经之王。又譬如大梵天王是一切众生之父，这部经也是这样，是一切贤圣和证得小乘有学果和无学果的圣者以及发心修菩萨者之父。又譬如，在一切凡夫面前，须陀洹、斯陀含、阿那含、阿罗汉、辟支佛位处第一，此经也是如此，在所有如来所说或菩萨、声闻所说的各种经法之中，此经位居第一。能够受持这部经典的人也是这样，在一切众生中位居第一。在一切声闻、辟支佛面前，菩萨为第一，这部经也是这样，在一切经法当中，此经位居第一。如同佛为一切法之王，这部经也是这样，是一切经中之王。"

"宿王华，此经能救一切众生者，此经能令一切众生离诸苦恼，此经能大饶益一切众生，充满其愿。如清凉池，能满一切诸渴乏者，如寒者得火，如裸者得衣，如商人得主，如子得母，如渡得船，如病得医，如暗得灯，如贫得宝，如民得王，如贾客得海，如炬除暗，此《法华经》亦复如是，能令众生离一切苦、一切病痛，能解一切生死之缚。

"若人得闻此《法华经》，若自书，若使人书，所得功德，以佛智慧，筹量多少，不得其边。若书是经卷，华、香、璎珞、烧香、末香、涂香、幡盖、衣服，种种之灯，酥灯、油灯、诸香油灯、瞻卜油灯、须曼那油灯、波罗罗油灯、婆利师迦油灯、那婆摩利油灯供养，所得功德，亦复无量。"

[译文]

"宿王华，这部经典能够救度一切众生，这部经典能使一切众生远离各种痛苦、烦恼，这部经典能最大程度地使一切众生得到利益，充分满足众生的愿望。就像清凉的水池能满足一切干渴疲乏的人，就像寒冷的人得到火，赤裸的人得到衣服，就像商人见到顾主，子女见到母亲，就像渡河时得到船，病痛时得遇医生，黑暗时得见明灯，贫穷时得到珍宝，就像民众见到贤王，商客得到海中的珍宝，就像同火炬能够消除黑暗，这部《妙法莲华经》也是这样，它能够使众生远离一切苦难、一切病痛，能解开一切流转生死的束缚。

"如果有人听到这部《妙法莲华经》后，自己书写，或者教别人书写，其人所得功德即使用佛的智慧来计算多少，也难以穷其边际。如果书写了这部经卷，还用花、香、璎珞、烧香、末香、涂香、幡盖、衣服，以及酥油灯、香油灯、各种混合香油灯、瞻卜油灯、须曼那油灯、波罗罗油灯、婆利师迦油灯、那婆摩利油灯等各种灯来供养经卷，由此所得到的功德，同样也是不可测算的。"

"宿王华，若有人闻是《药王菩萨本事品》者，亦得无量无边功德。若有女人，闻是《药王菩萨本事品》能受持者，尽是女身，后不复受。若如来灭后，后五百岁中，若有女人，闻是经典，如说修行，于此命终，即往安乐世界，阿弥陀佛、大菩萨众，围绕住处，生莲华中，宝座之上，不复为贪欲所恼，亦复不为瞋恚愚痴所恼，亦复不为憍慢嫉妒诸垢所恼，得菩萨神通、无生法忍。得是忍已，眼根清净，以是清净眼根，见七百万二千亿那由他恒河沙等诸佛如来。是时，诸佛遥共赞言：'善哉！善哉！善男子，汝能于释迦牟尼佛法中，受持读诵思惟是经，为他人说，所得福德，无量无边，火不能烧，水不能漂，汝之功德，千佛共说，不能令尽。汝今已能破诸魔贼，坏生死军，诸余怨敌，皆悉摧灭。善男子，百千诸佛，以神通力共守护汝。于一切世间，天人之中，无如汝者，惟除如来，其诸声闻、辟支佛，乃至菩萨，智慧禅定无有与汝等者。'

"宿王华，此菩萨成就如是功德智慧之力。若有人闻是《药王菩萨本事品》，能随喜赞善者，是人现世口中常出青莲华香，身毛孔中常出牛头栴檀之香，所得功德，如上所说。"

[译文]

"宿王华，如果有人听到了《妙法莲华经》中的《药王菩萨本事品》，也能得到无量无边的功德。如果有女人听到《药王菩萨本事品》之后，能够受持，那么她尽此女身之后，未来投生将不再生为女身。如来灭度五百年之后，如果有女人听到这部经，能够依经修行，那么她在命终后，既可往生在极乐世界中阿弥陀佛和围绕在阿弥陀佛身边的大菩萨众的住处。她将从莲华中化生，安住在莲花宝座之上，不再被贪欲所烦恼，也不再为瞋恨、愚痴所烦恼，也不再为傲慢、嫉妒等尘垢所烦恼，得到菩萨的神通，证得无生法忍。得到无生法忍之后，他的眼根变得清净无染，因此见到了七百万二千亿那由他恒河沙数那么多的诸佛。与此同时，诸佛各自从遥远的地方称赞道：'好啊！好啊！善男子，你能够在释迦牟尼佛的教法中受持、读诵、思维这部《妙法莲华经》，并且能够为他人讲说，你由此所获得的福德无量无边，为火不能烧，为水不能漂。你的功德，就是一千位佛共同讲说，也不能穷尽。你现在已经能够破除各种魔贼，击溃生死轮回之军，其他各种怨敌，也都能摧灭。善男子，成百上千的佛用神通力共同守护着你。在一切世间的所有天神与人类之中，没有谁能像你一样。只有除如来之外，所有的声闻、辟支佛，甚至菩萨，在智慧与禅定方面都不能与你相比。'

"宿王华,这位受持《药王菩萨本事品》菩萨能够成就这样的功德和智慧之力。如果有人听到这篇《药王菩萨本事品》之后,能够产生随喜心并由衷赞扬,那么,这人在现世当中,口中常出青莲花般的香气,身体毛孔中常发出牛头栴檀的香气。他所获得的功德,和上面所说的功德完全一样。"

"是故,宿王华,以此《药王菩萨本事品》,嘱累于汝。我灭度后,后五百岁中,广宣流布于阎浮提,无令断绝,恶魔、魔民,诸天龙、夜叉、鸠盘茶等,得其便也。

"宿王华,汝当以神通之力守护是经。所以者何?此经则为阎浮提人病之良药,若人有病,得闻是经,病即消灭,不老不死。

"宿王华,汝若见有受持是经者,应以青莲华盛满末香,供散其上。散已,作是念言:'此人不久,必当取草坐于道场,破诸魔军,当吹法螺,击大法鼓,度脱一切众生,老病死海。是故,求佛道者见有受持是经典人,应当如是生恭敬心。'"

说是《药王菩萨本事品》时,八万四千菩萨得解一切众生语言陀罗尼。多宝如来于宝塔中赞宿王华菩萨言:"善哉!善哉!宿王华,汝成就不可思议功德,乃能问释迦牟尼佛如此之事,利益无量一切众生。"

[译文]

"所以,宿王华,我将这《药王菩萨本事品》嘱托给你。在我灭度五百年之后,你要在人类居住的阎浮提洲广泛宣说《药王菩萨本事品》,推动其流布,不要让其断绝,以免恶魔、魔民和一些天龙、夜叉、鸠盘茶等有机可乘。

"宿王华,你应该用神通力来守护这部经典。为什么呢?这部经是阎浮提洲人治疗所有疾病的良药。如果有人得病,听到这部经典,疾病即可祛除,甚至不会衰老,不会死亡。

"宿王华，如果你见到受持这部经典之人，就应该用青莲花供养他，同时盛满末香，散布在他的身上。散毕之后，这样想：'此人不久必将取草为座，坐在菩提道场之中，破除各路魔军。他必将吹响大法螺，击响大法鼓，把一切众生从生老病死的苦海中解脱出来。'所以，凡是求取佛道的人，只要见到有人受持这部经，就应该生起这样的恭敬心。"

释迦牟尼佛讲说这篇《药王菩萨本事品》时，有八万四千菩萨获得理解一切众生语言总持不忘的法门。多宝如来在宝塔中称赞宿王华菩萨说："好啊！好啊！宿王华，你成就了不可思议的功德，能够向释迦牟尼佛请问这一事缘，使无量无边的众生都由此获得了利益。"

卷第七

妙音菩萨品第二十四

尔时，释迦牟尼佛放大人相，肉髻光明，及放眉间白毫相光，遍照东方百八万亿那由他恒河沙等诸佛世界。过是数已，有世界名净光庄严，其国有佛号净华宿王智如来、应供、正遍知、明行足、善逝、世间解、无上士、调御丈夫、天人师、佛世尊，为无量无边菩萨大众恭敬围绕，而为说法。释迦牟尼佛白毫光明遍照其国。

尔时，一切净光庄严国中，有一菩萨，名曰妙音，久已植众德本，供养亲近无量百千万亿诸佛，而悉成就甚深智慧，得妙幢相三昧、法华三昧、净德三昧、宿王戏三昧、无缘三昧、智印三昧、解一切众生语言三昧、集一切功德三昧、清净三昧、神通游戏三昧、慧炬三昧、庄严王三昧、净光明三昧、净藏三昧、不共三昧、日旋三昧，得如是等百千万亿恒河沙等诸大三昧。释迦牟尼佛光照其身，即白净华宿王智佛言："世尊，我当往诣娑婆世界、礼拜、亲近、供养释迦牟尼佛，及见文殊师利法王子菩萨、药王菩萨、勇施菩萨、宿王华菩萨、上行意菩萨、庄严王菩萨、药上菩萨。"

[译文]

这时，释迦牟尼佛现示大人相，顶上肉髻中放出光明，又从眉间放出白毫相光，这两种光遍照东方一百八万亿那由他恒河沙数目的诸佛世界。越过这么多世界之外，有一世界名叫净光庄严，国中有位佛，名号是净华宿王智如来、应供、正遍知、明行足、善逝、世间解、无上士、调御丈夫、天人师、佛世尊。净华宿智王如来在无量无边菩萨大众的恭敬围绕下，为大众讲说教法。释迦牟尼佛的白毫光明遍照这个国土。

这时，一切净光庄严国中有位菩萨名叫妙音，此菩萨长久以来从根本上培植一切德行，他供养并亲近了无量百千万亿诸佛，成就了极其深厚的智慧，得到了妙幢相三昧、法华三昧、净德三昧、宿王戏三昧、无缘三昧、智印三昧、解一切众生语言三昧、集一切功德三昧、清净三昧、神通游戏三昧、慧炬三昧、庄严王三昧、净光明三昧、净藏三昧、不共三昧、日旋三昧等百千万亿恒河沙数目之多的殊胜三昧。释迦牟尼佛的白毫光明照在妙音菩萨的身上之时，妙音菩萨便对宿王智佛说："世尊，我应该前往娑婆世界礼拜、亲近、供养释迦牟尼佛，并拜见文殊师利法王子菩萨、药王菩萨、勇施菩萨、宿王华菩萨、上行意菩萨、庄严王菩萨、药上菩萨。"

尔时，净华宿王智佛告妙音菩萨："汝莫轻彼国，生下劣想。善男子，彼娑婆世界，高下不平，土石诸山，秽恶充满，佛身卑小，诸菩萨众，其形亦小，而汝身四万二千由旬，我身六百八十万由旬。汝身第一端正，百千万福，光明殊妙，是故汝往，莫轻彼国，若佛菩萨及国土，生下劣想。"

妙音菩萨白其佛言："世尊，我今诣娑婆世界，皆是如来之力，如来神通游戏，如来功德智慧庄严。"

于是，妙音菩萨不起于座，身不动摇，而入三昧，以三昧力，于耆阇崛山，去法座不远，化作八万四千众宝莲华，阎浮檀金为茎，白银为叶，金刚为须，甄叔迦宝以为其台。

尔时，文殊师利法王子见是莲华，而白佛言："世尊，是何因缘，先现此瑞？有若干千万莲华，阎浮檀金为茎，白银为叶，金刚为须，甄叔迦宝以为其台。"

[译文]

这时，净华宿王智佛告诉妙音菩萨道："你不要轻视那个国土，不要认为那里很下劣。善男子，那个娑婆世界高低不平，满是土石山川和污秽恶臭。那里的佛陀，身相低矮，菩萨的身形也不高，而你的身高有四万二千由旬，我的身高有六百八十万由旬。你的身相最为端正，具备百千万种福德之相，还放出殊胜美妙的光明。所以你前去娑婆世界，切莫轻慢那里的一切，譬如不要对那里的佛、菩萨和国土产生下劣的想法。"

妙音菩萨对佛说道："世尊，我现在前往娑婆世界，都是凭借如来的神力、如来的神通游戏、如来的功德智慧和庄严。"

于是，妙音菩萨安坐在法座之上，并未起来，身体纹丝不动，进入三昧，以三昧之力在灵鹫山距释迦牟尼佛法座不远的地方化出八万四千株宝莲花。这种莲花以阎浮檀金为茎，以白银为叶，以金刚为花须，以甄叔迦宝石为花台。

这时，文殊师利法王子见到这些莲花，便向释迦牟尼佛问道："世尊，是什么原因，出现这样的瑞相？有数千万株莲花，以阎浮檀金为茎，白银为叶，金刚为须，甄叔迦宝石为花台。"

尔时，释迦牟尼佛告文殊师利："是妙音菩萨摩诃萨欲从净华宿王智佛国,与八万四千菩萨围绕而来,至此娑婆世界供养、亲近、礼拜于我,亦欲供养、听《法华经》。"

文殊师利白佛言:"世尊,是菩萨种何善本,修何功德,而能有是大神通力?行何三昧?愿为我等说是三昧名字,我等亦欲勤修行之,行此三昧,乃能见是菩萨色相大小,威仪进止。惟愿世尊以神通力,彼菩萨来,令我得见。"

尔时,释迦牟尼佛告文殊师利:"此久灭度多宝如来,当为汝等而现其相。"

时,多宝佛告彼菩萨:"善男子,来!文殊师利法王子欲见汝身。"

[译文]

这时,释迦牟尼佛告诉文殊师利道:"这是妙音大菩萨想与围绕在他身边的八万四千菩萨,从净华宿王智佛的东方净光庄严佛国来此娑婆世界供养我、亲近我、礼拜我,也是为了供养并聆听《妙法莲华经》。"

文殊师利菩萨对佛说:"世尊,这位菩萨以前种下了什么善根?修得什么功德?怎么会有这么大的神通力?他行何种三昧呢?恳请您为我们讲说这种三昧的名称,我们也想勤奋修行这三昧。因为,修行这种妙定,才能见到这位菩萨的身相大小,才能看见他的行、住之威仪。等那位菩萨来到时,恳请世尊运用神通力让我们能够看见他。"

这时,释迦牟尼佛告诉文殊师利菩萨道:"这位灭度已久的多宝如来,将为你们显现妙音菩萨的景象。"

于是,多宝佛告诉妙音菩萨说:"善男子,请来吧!文殊师利法王子想一见你的身相。"

于时,妙音菩萨于彼国没,与八万四千菩萨,俱共发来,所经诸国,六种震动,皆悉雨于七宝莲华,百千天乐,不鼓自鸣。是菩萨目如广大青莲华叶,正使和合百千万月,其面貌端正,复过于此,身真金色,无量百千功德庄严,威德炽盛,光明照曜,诸相具足,如那罗延坚固之身。入七宝台,上升虚空,去地七多罗树,诸菩萨众恭敬围绕,而来诣此娑婆世界耆阇崛山。

到已,下七宝台,以价直百千璎珞,持至释迦牟尼佛所,头面礼足,奉上璎珞,而白佛言:"世尊,净华宿王智佛问讯世尊:少病、少恼?起居轻利,安乐行否?四大调和否?世事可忍否?众生易度否?无多贪欲、瞋恚、愚痴、嫉妒、悭慢否?无不孝父母、不敬沙门、邪见、不善心、不摄五情否?世尊,众生能降伏诸魔怨否?久灭度多宝如来在七宝塔中来听法否?又问讯多宝如来:安隐少恼?堪忍久住否?世尊,我今欲见多宝佛身,惟愿世尊示我令见。"

尔时,释迦牟尼佛语多宝佛:"是妙音菩萨欲得相见。"

时,多宝佛告妙音言:"善哉!善哉!汝能为供养释迦牟尼佛及听《法华经》,并见文殊师利等,故来至此。"

[译文]

当此之时,妙音菩萨在他所处的佛国中隐没,率领八万四千菩萨一起出发,直奔娑婆世界而来,途中所经过的每一个国土都发生六种震动,天空中都如雨般撒下七宝莲花,百千种天乐自然响起。妙音菩萨的眼睛大如青莲花叶,目光犹如百千万个明月交相辉映,他的面貌之端正更胜于此。他全身呈金色,由无量百千种功德所庄严,所以他的威德如火般炽盛,他的身光灿烂明亮,照耀一切。他的外貌具足三十二相,他的身体,如金刚般坚固不坏。妙音菩萨坐在七宝莲花台上,上升到虚空之中,距离地面有七多罗树那么高,在菩萨大众的恭敬围绕下,来到娑婆世界的灵鹫山。

到了灵鹫山，妙音菩萨走下七宝台，手拿价值百千的璎珞来到释迦牟尼佛面前，顶礼膜拜，奉上璎珞，对佛说："世尊，净华宿王智佛问候世尊，身体健康吧？没有烦恼吧？起居轻松，行动安好吧？四大调和吧？世间事业能忍受吧？众生容易得度吧？没有贪欲、瞋恚、愚痴、嫉妒、悭慢极重的众生吧？没有不孝敬父母、不敬重出家人、具有邪见、心地不善，不能收摄喜、怒、爱、恶、欲等五种情感的众生吧？世尊，众生能降伏各种天魔怨敌吧？灭度已久的多宝如来在七宝塔中也来听您说法吗？净华宿王智佛还让我向多宝如来问好，他近来身心安稳、无忧无恼吧？还能久住吧？世尊，我现在就想见到多宝佛，恳请世尊指示以便让我见到这位如来佛。"

这时，释迦牟尼佛对多宝佛说："这位妙音菩萨想拜见您。"

多宝佛对妙音说道："好啊！好啊！你能够为了供养释迦牟尼佛和聆听《妙法莲华经》并拜见文殊师利等菩萨，特意来到这个婆娑世界。"

尔时，华德菩萨白佛言："世尊，是妙音菩萨，种何善根，修何功德，有是神力？"

佛告华德菩萨："过去有佛，名云雷音王多陀阿伽度、阿罗诃、三藐三佛陀，国名现一切世间，劫名喜见，妙音菩萨于万二千岁，以十万种伎乐供养云雷音王佛，并奉上八万四千七宝钵，以是因缘果报，今生净华宿王智佛国，有是神力。

"华德，于汝意云何？尔时，云雷音王佛所，妙音菩萨，伎乐供养、奉上宝器者，岂异人乎？今此妙音菩萨摩诃萨是。华德，是妙音菩萨，已曾供养亲近无量诸佛，久植德本，又值恒河沙等百千万亿那由他佛。"

[译文]

这时,华德菩萨问释迦牟尼佛道:"世尊,这位妙音菩萨,他在往昔种下了什么善根?修下了何种功德?乃至有这样的神通之力呢?"

释迦牟尼佛告诉华德菩萨说:"过去有位佛,名叫云雷音王佛,他有如来、应供、正遍知等称号。当时的国名为现一切世间,所处的劫名叫喜见。妙音菩萨在一万二千年当中,用十万种歌舞音乐供养云雷音王佛,并奉献上八万四千个七宝制成的钵,因这种供养的果报,他现在才生在净华宿王智佛的国土,并具备这样的神通力。

"华德,你是怎么想的?那时在云雷音王佛面前供养歌舞、奉献宝器的妙音菩萨,难道是其他人吗?他就是现在的妙音大菩萨。华德,这位妙音菩萨曾经供养、亲近过无量尊佛陀,长久以来培植德行。另外,他所遇到过的佛,有恒河之沙般百千万亿那由他那么多。"

"华德,汝但见妙音菩萨其身在此,而是菩萨现种种身,处处为诸众生说是经典,或现梵王身,或现帝释身,或现自在天身,或现大自在天身,或现天大将军身,或现毗沙门天王身,或现转轮圣王身,或现诸小王身,或现长者身,或现居士身,或现宰官身,或现婆罗门身,或现比丘、比丘尼、优婆塞、优婆夷身,或现长者居士妇女身,或现宰官妇女身,或现婆罗门妇女身,或现童男童女身,或现天龙、夜叉、乾闼婆、阿修罗、迦楼罗、紧那罗、摩睺罗伽、人非人等身,而说是经。诸有地狱、饿鬼、畜生及众难处,皆能救济,乃至于王后宫,变为女身而说是经。

"华德,是妙音菩萨,能救护娑婆世界诸众生者。是妙音菩萨,如是种种变化现身,在此娑婆国土,为诸众生说是经典,于神通、变化、智慧，无所损减。"

[译文]

"华德，你只见到妙音菩萨的身躯在这里，其实这位菩萨显现各种不同的身相，在各处为各类众生讲说这部《妙法莲华经》。他或显现为梵天王身，或现为帝释身，或现为自在天身，或现为大自在天身，或现为天界大将军身，或现毗沙门天王身，或现转轮圣王身，或现诸小王身，或现长者身，或现居士身，或现宰官身，或现婆罗门身，或现比丘身、比丘尼身、男居士身、女居士身，或现长者居士妇女身，或现宰官妇女身，或现婆罗门妇女身，或现童男童女身，或现天、龙、夜叉、香神、战神罗、金翅鸟神、乐神、蟒神等八部鬼神之身以及人非人等的身相，通过示现这些不同的身相而为不同的众生讲说这部经。如果有众生身处地狱、饿鬼、畜生三恶道以及其他险难之处，都能得到妙音菩萨的救助。他甚至能变成女身，深入国王的后宫之中，为宫女们讲说这部《妙法莲华经》。

"华德，这位妙音菩萨，是能够救助娑婆世界的所有众生的菩萨。他如此显现种种变化之身，在这娑婆国土中，为一切众生讲说《妙法莲华经》，同时他自己的神通、变化、智慧之力却不受任何损害，更不会减少。"

"是菩萨，以若干智慧，明照娑婆世界，令一切众生各得所知，于十方恒河沙世界中亦复如是，若应以声闻形得度者，现声闻形而为说法；应以辟支佛形得度者，现辟支佛形而为说法；应以菩萨形得度者，现菩萨形而为说法；应以佛形得度者，即现佛形而为说法，如是种种，随所应度而为现形，乃至应以灭度而得度者，示现灭度。华德，妙音菩萨摩诃萨，成就大神通智慧之力，其事如是！"

尔时，华德菩萨白佛言："世尊，是妙音菩萨，深种善根。

世尊,是菩萨住何三昧,而能如是在所变现,度脱众生?"

佛告华德菩萨:"善男子,其三昧名现一切色身,妙音菩萨住是三昧中,能如是饶益无量众生。"

[译文]

"这位妙音菩萨用种种智慧光明来照耀我们这个娑婆世界,使一切众生各自得到应该知道的佛法。他不单单在婆婆世界如此,就是在十方如恒河沙数目般多的世界中也是这样救度众生的。如果有人应该以声闻的形象得到度化,妙音菩萨就显现为声闻相为他说法;如果有人应该以辟支佛的形象得到度化,妙音菩萨就显现为辟支佛相为他说法;如果有人应该以菩萨的形象得到度化,妙音菩萨就显现为菩萨相为他说法;如果有人应该以佛的形象得到度化,妙音菩萨就显现为佛相为他说法。就这样,他示现种种形象,随度化对象而显现相应的形象,甚至遇到应该以灭度之相得度的众生,妙音菩萨还会示现灭度相。华德,妙音大菩萨成就了极大的神通与智慧之力,情况就是这样。"

这时,华德菩萨对佛说:"世尊,这位妙音菩萨,种下了深厚的善根。他住在何种三昧中,从而能够在各处示现如此神通变化来度脱众生?"

佛告诉华德菩萨道:"善男子,这种三昧,称为现一切色身,妙音菩萨就住在这种三昧中,由此而能这般使无量的众生得到利益。"

说是《妙音菩萨品》时,与妙音菩萨俱来者八万四千人,皆得现一切色身三昧,此娑婆世界无量菩萨,亦得是三昧及陀罗尼。

尔时,妙音菩萨摩诃萨供养释迦牟尼佛及多宝佛塔已,还归本土,所经诸国,六种震动,雨宝莲华,作百千万亿种种伎乐。

既到本国，与八万四千菩萨，围绕至净华宿王智佛所，白佛言："世尊，我到娑婆世界，饶益众生，见释迦牟尼佛及见多宝佛塔，礼拜、供养。又见文殊师利法王子菩萨，及见药王菩萨、得勤精进力菩萨、勇施菩萨等，亦令是八万四千菩萨得现一切色身三昧。"

说是《妙音菩萨来往品》时，四万二千天子得无生法忍，华德菩萨得法华三昧。

[译文]

释迦牟尼佛讲说这篇《妙音菩萨品》时，与妙音菩萨一同来的八万四千人都得到了现一切色身三昧，这个娑婆世界中的无量菩萨也得到了这种三昧以及各种总持不忘法门。

这时，妙音大菩萨供养完毕释迦牟尼佛以及多宝佛塔，便返回自己本来的国土。途中，所有经过的国土普皆发生六种震动，都如雨般撒下宝莲花，并自然出现了百千万亿种歌舞与妙乐。回到本国后，妙音菩萨在八万四千菩萨的围绕下，来到净华宿王智佛的面前，对佛说："世尊，我这次到娑婆世界去，使那里的众生蒙益受惠，我见到了释迦牟尼佛以及多宝佛塔，一一做了礼拜和供养。我还见到了文殊师利法王子菩萨以及药王菩萨、得勤精进力菩萨、勇施菩萨等大菩萨，也使与我随行的八万四千菩萨得到现一切色身三昧。"

释迦牟尼佛讲说这篇《妙音菩萨来往品》之时，有四万二千天子证得无生法忍，华德菩萨则证得法华三昧。

观世音菩萨普门品第二十五

尔时，无尽意菩萨即从座起，偏袒右肩，合掌向佛，而作是言："世尊，观世音菩萨，以何因缘，名观世音？"

佛告无尽意菩萨："善男子，若有无量百千万亿众生，受诸苦恼，闻是观世音菩萨，一心称名，观世音菩萨即时观其音声，皆得解脱。若有持是观世音菩萨名者，设入大火，火不能烧，由是菩萨威神力故。若为大水所漂，称其名号，即得浅处。若有百千万亿众生，为求金、银、琉璃、砗磲、玛瑙、珊瑚、琥珀、真珠等宝，入于大海，假使黑风吹其船舫，漂堕罗刹鬼国，其中若有乃至一人，称观世音菩萨名者，是诸人等，皆得解脱罗刹之难。以是因缘，名观世音。

"若复有人，临当被害，称观世音菩萨名者，彼所执刀杖寻段段坏，而得解脱。若三千大千国土，满中夜叉、罗刹，欲来恼人，闻其称观世音菩萨名者，是诸恶鬼，尚不能以恶眼视之，况复加害？设复有人，若有罪、若无罪，杻械、枷锁，检系其身，称观世音菩萨名者，皆悉断坏，即得解脱。"

[译文]

这时，无尽意菩萨离座起身，偏袒右肩，双手合十向释迦牟尼佛致礼，问道："世尊，观世音菩萨以什么因缘，而立名为观世音呢？"

佛告诉无尽意菩萨道："善男子，如果有无量百千万亿的众生，受到各种痛苦烦恼的折磨，他们若听到观世音菩萨的名字，只要一心称念他的名号，观世音菩萨立即就会观到其人声音，使那些身处苦恼中的人都得到解脱。如果有人持诵观世音菩萨的名号，那么即使他不幸陷入大火之中，大火也不能将其烧着，这是因为观世音菩萨具有巨大的威神力。如果有人不幸被大水卷走，只要称念观世音菩萨的名号，就可以很快得置浅处。如果有百千万亿数目的众生，为了求得金、银、琉璃、砗磲、玛瑙、珊瑚、琥珀、珍珠等珍宝，乘船入于大海中，不幸碰上恶风，将所乘之船吹到罗刹鬼国，大众中若有人哪怕只有一人称念观世音菩萨的名号，那么船上的所有人就都能避免罗刹的伤害。因为这种因缘，这位菩萨就被称为观世音。

"还有，如果有人在临难被害之际，只要能称念观世音菩萨的名号，那么，杀人者手里的刀杖就会应声折坏为碎段，使受难者得到解脱。假如三千大千国土中满是夜叉、罗刹，它们想要来害人，然而只要一听到有人称念观世音菩萨的名号，所有恶鬼连睁开眼睛看看都不可能，何况加害于人呢？又假使有人，无论是有罪或无罪，如果手脚被戴上镣铐，全身被枷锁缚绑，只要他称念观世音菩萨名号，那么所有囚具都将全部自动断掉，该人立即得到解脱。"

"若三千大千国土满中怨贼，有一商主将诸商人赍持重宝经过险路。其中一人，作是唱言：'诸善男子，勿得恐怖，汝等应当一心称观世音菩萨名号。是菩萨能以无畏施于众生，汝等若称名者，于此怨贼，当得解脱！'众商人闻，俱发声言：'南无观世音菩萨。'称其名故，即得解脱。无尽意，观世音菩萨摩诃萨威神之力，巍巍如是。

"若有众生，多于淫欲，常念恭敬观世音菩萨，便得离欲。若多瞋恚，常念恭敬观世音菩萨，便得离瞋。若多愚痴，常念恭敬观世音菩萨，便得离痴。无尽意，观世音菩萨有如是等大威神力，多所饶益，是故众生，常应心念。若有女人设欲求男，礼拜供养观世音菩萨，便生福德智慧之男，设欲求女，便生端正有相之女，宿植德本，众人爱敬。无尽意，观世音菩萨有如是力，若有众生恭敬礼拜观世音菩萨，福不唐捐，是故众生皆应受持观世音菩萨名号。"

[译文]

"假如三千大千国土中，到处都有谋财害命的盗贼，有一位大商主要带领许多商人携带贵重物品经过一段险路，其中有一商人建议大家说：'各位善男子，不要害怕！你们应该一心称念观世音菩萨的名号，这位菩萨能布施给众生无所畏惧的勇气。只要称念他的名号，你们就能免除盗贼的危害！'商人们听到这番话后，都大声念起'南无观世音菩萨'。因为诵念观世音菩萨名号的缘故，他们都立即从危难中解脱出来。无尽意，观世音大菩萨的威德神力就是如此巍巍宏大。

"如果有众生过度沉溺于淫欲，只要经常称念并恭敬观世音菩萨，便可以脱离淫欲。若有众生易于瞋恨，只要经常称念并恭敬观世音菩萨，便可以克服瞋恨。若有众生非常愚痴，只要经常称念并恭敬观世音菩萨，便可以消除愚痴。无尽意啊，观世音菩萨有如此种种巨大的威神之力，能使一切众生得到益处，所以，众生心中应常念诵观世音菩萨的名号。如果有女人想要生男孩，只要礼拜、供养观世音菩萨，便可以得生福德智慧双全的男孩；如果她想要求个女孩，便会生下一个相貌端正的女孩，而且这个女孩在宿世就已种下福德，今生将受到众人的喜爱和尊敬。无尽意，观世音菩萨有如此巨大的威德神力，如果有众生，恭敬礼拜观世音菩萨，他的福报绝不会落空，所以，众生都应该受持观世音菩萨的名号。"

"无尽意，若有人受持六十二亿恒河沙菩萨名字，复尽形供养饮食、衣服、卧具、医药，于汝意云何？是善男子、善女人功德多否？"

无尽意言："甚多，世尊。"

佛言："若复有人，受持观世音菩萨名号，乃至一时礼拜、供养，是二人福，正等无异，于百千万亿劫，不可穷尽。无尽意，受持观世音菩萨名号，得如是无量无边福德之利。"

[译文]

"无尽意,如果有人受持六十二亿恒河沙数那么多的菩萨名号,又尽其一生供养饮食、衣服、卧具、医药,在你看来,这位善男子或善女人的功德多吗?"

无尽意菩萨回答道:"非常多啊!世尊。"

释迦牟尼佛说:"如果另有人受持观世音菩萨名号,甚至只做过一次短时间的礼拜和供养,那么,他所获得的福报,与前面所说的善男子、善女人所获得的福报,完全相等而毫无差别,在百千万亿劫那么长的时间中,也不能穷尽他们的福报。无尽意啊!受持观世音菩萨的名号,就能得到如此无量无边的福德利益。"

无尽意菩萨白佛言:"世尊,观世音菩萨云何游此娑婆世界?云何而为众生说法?方便之力,其事云何?"

佛告无尽意菩萨:"善男子,若有国土众生,应以佛身得度者,观世音菩萨现佛身而为说法;应以辟支佛身得度者,即现辟支佛身而为说法;应以声闻身得度者,即现声闻身而为说法;应以梵王身得度者,即现梵王身而为说法;应以帝释身得度者,即现帝释身而为说法;应以自在天身得度者,即现自在天身而为说法;应以大自在天身得度者,即现大自在天身而为说法;应以天大将军身得度者,即现天大将军身而为说法;应以毗沙门身得度者,即现毗沙门身而为说法;应以小王身得度者,即现小王身而为说法;应以长者身得度者,即现长者身而为说法;应以居士身得度者,即现居士身而为说法;应以宰官身得度者,即现宰官身而为说法;应以婆罗门身得度者,即现婆罗门身而为说法;应以比丘、比丘尼、优婆塞、优婆夷身得度者,即现比丘、比丘尼、优婆塞、优婆夷身而为说法;应以长者、居士、宰官、婆罗门妇女身得度者，即现妇女身而为说法；应以童男、童女身得度者，即现童男、童女身而为说法；应以天、龙、夜叉、乾闼婆、阿修罗、迦楼罗、紧那罗、摩睺罗伽、人非人等身得度者，即皆现之而为说法；应以执金刚神得度者，即现执金刚神而为说法。

"无尽意，是观世音菩萨成就如是功德，以种种形，游诸国土，度脱众生，是故汝等应当一心供养观世音菩萨。是观世音菩萨摩诃萨，于怖畏急难之中，能施无畏，是故此娑婆世界，皆号之为'施无畏者'。"

[译文]

无尽意菩萨再次请教于佛道："世尊，观世音菩萨为什么游历这个娑婆世界？怎样为众生讲法？他方便善巧的大威神力是怎样的？"

佛告诉无尽意菩萨说："善男子，在三千大千世界的国土中，若有众生应该以佛的身相得到度化的，观世音菩萨就显现为佛相为他讲法；应该以辟支佛的身相得到度化的，就显现成辟支佛相为他讲法；应该以声闻的身相得到度化的，就显现成声闻相为他讲法；应该以梵天王的身相得到度化的，就显现成梵天王相为他讲法；应该以帝释的身相得到度化的，就显现成帝释相为他讲法；应该以自在天的身相得到度化的，就显现成自在天相为他讲法；应该以大自在天的身相得到度化的，就显现成大自在天相为他讲法；应该以天界大将军的身相得到度化的，就显现成天界大将军相为他讲法；应该以毗沙门的身相得到度化的，就显现成毗沙门相为他讲法；应该以小王的身相得到度化的，就显现成小王相为他讲法；应该以长者的身相得到度化的，就显现成长者相为他讲法；应该以居士的身相得到度化的，就显现成居士相为他讲法；应该以宰官的身相得到度化的，就显现成宰官相为他讲法；应该以婆罗门的身相得到度化的，就显现成婆罗门相为他讲法；应该以比丘、比丘尼、男居士、女居士的身相得到度化的，就显现成比丘、比丘尼、男居士、女居士相为他讲法；应该以长者、居士、宰官、婆罗门的妇女身相得到度化的，就显现成相应的妇女身相为他讲法；应该以童男、童女的身相得到度化的，就显现成童男、童女相为他讲法；应该以天神、龙神、夜叉、香神、战神、金翅鸟神、乐神、蟒神、人非人的身相得到度化的，就显现成相应的身相为他讲法；应该以执金刚神的身相得到度化的，就显现为执金刚神相而为他讲法。

"无尽意，这位观世音菩萨成就了这样殊胜的功德，能够显现各种形象游历各个国土，度化众生，所以，你们应一心供养观世音菩萨。这位观世音大菩萨能在恐怖、畏惧灾难之时，把无畏布施给众生，给予众生救助，所以，这个娑婆世界都称观世音菩萨为施无畏者。"

无尽意菩萨白佛言："世尊，我今当供养观世音菩萨。"即解颈众宝珠璎珞，价直百千两金，而以与之，作是言："仁者！受此法施珍宝璎珞。"

时，观世音菩萨不肯受之。无尽意复白观世音菩萨言："仁者！愍我等故，受此璎珞。"

尔时，佛告观世音菩萨："当愍此无尽意菩萨及四众、天、龙、夜叉、乾闼婆、阿修罗、迦楼罗、紧那罗、摩睺罗伽、人非人等故，受是璎珞。"

即时，观世音菩萨愍诸四众及于天、龙、人非人等，受其璎珞，分作二分，一分奉释迦牟尼佛，一分奉多宝佛塔。

"无尽意，观世音菩萨有如是自在神力，游于娑婆世界。"

[译文]

无尽意菩萨对佛说道："世尊，我现在就应该供养观世音菩萨。"说完后，无尽意菩萨立即解下颈上价值百千两黄金的各种宝珠璎珞，敬献给观世音菩萨，并说道："仁慈有德的菩萨啊，请接受这些珍宝璎珞吧！"

这时，观世音菩萨不肯接受。无尽意菩萨又对观世音菩萨说："仁慈有德的菩萨啊，请您怜悯我们，接受这些璎珞吧！"

这个时候，释迦牟尼佛对观世音菩萨说道："你应该怜悯这位无尽意菩萨以及四众弟子、天神、龙神、夜叉、香神、战神、金翅鸟神、乐神、蟒神、人非人等，就接受这些璎珞吧！"

于是观世音菩萨出于对四众弟子以及天神、龙神、八部鬼神等的怜悯，接受了这些璎珞。他将璎珞分为两份，一份奉献给释迦牟尼佛，一份奉献给多宝佛塔。

释迦牟尼佛对无尽意菩萨说道："无尽意，观世音菩萨有如上所说的自在神通之力，而能自在地游历于娑婆世界中。"

尔时，无尽意菩萨以偈问曰：
世尊妙相具，我今重问彼，佛子何因缘，名为观世音？
具足妙相尊，偈答无尽意：汝听观音行，善应诸方所，
弘誓深如海，历劫不思议，侍多千亿佛，发大清净愿，
我为汝略说。闻名及见身，心念不空过，能灭诸有苦。
假使兴害意，推落大火坑，念彼观音力，火坑变成池。
或漂流巨海，龙鱼诸鬼难，念彼观音力，波浪不能没。
或在须弥峰，为人所推堕，念彼观音力，如日虚空住。
或被恶人逐，堕落金刚山，念彼观音力，不能损一毛。
或值怨贼绕，各执刀加害，念彼观音力，咸即起慈心。
或遭王难苦，临刑欲寿终，念彼观音力，刀寻段段坏。
或囚禁枷锁，手足被杻械，念彼观音力，释然得解脱。
咒诅诸毒药，所欲害身者，念彼观音力，还著于本人。
或遇恶罗刹，毒龙诸鬼等，念彼观音力，时悉不敢害。

[译文]

这时,无尽意菩萨用偈颂重新问道:

世尊具足各种妙相,我现在重新向您请教,那位菩萨以什么因缘名叫观世音?具足妙相的世尊也用偈颂回答无尽意菩萨道:无尽意,你当仔细聆听观世音菩萨的行持。观世音菩萨善于在十方一切处所应化,他誓愿宏大深如大海,即使经历许多劫数,也很难思议其程度。他曾经随侍过千万亿的诸佛,并发下清净大愿。我现在为你略加讲述。

如果听到观世音菩萨的名号,或者见到他的身相,只要心中不停地念诵菩萨的名号,就能够灭除世间各种烦恼。借助称念观世音菩萨受到的加持力,如果被人恶意推落火坑,火坑也会变成水池。如果漂流在大海中,被龙、鱼、鬼怪所围困,借助称念观世音菩萨受到的加持力,再大的波浪也淹没不了他。或者假若某人在须弥山峰上被人推下,借助称念观世音菩萨受到的加持力,他会像太阳一样停在空中而不跌落。或者假若某人被恶人追逐,堕落于金刚山下,借助称念观世音菩萨受到的加持力,他不会损害一根毫毛。或者假若某人遇到怨贼围绕,并各自执刀欲来加害,借助称念观世音菩萨受到的加持力,会使怨贼立即生起仁慈之心。或者假若某人遭受王法相加的危难之苦,即将被执死刑而面临命终之时,借助称念观世音菩萨受到的加持力,用以行刑的刀会立即断成几节。如果有人被枷锁囚禁起来,手与足均被镣铐束缚,借助称念观世音菩萨受到的加持力,就可使他获释而得到解脱。或者有人遇到诅咒及各种毒药的加害,借助称念观世音菩萨受到的加持力,这些诅咒和毒药不但不能害他,而且还会返还给施放者。或者假若某人遇到凶恶的罗刹、毒龙及其他各种鬼怪等,借助称念观世音菩萨受到的加持力,就会使他们都不敢来伤害。

若恶兽围绕，利牙爪可怖，念彼观音力，疾走无边方。
蚖蛇及蝮蝎，气毒烟火燃，念彼观音力，寻声自回去。
云雷鼓掣电，降雹澍大雨，念彼观音力，应时得消散。
众生被困厄，无量苦逼身，观音妙智力，能救世间苦。
具足神通力，广修智方便，十方诸国土，无刹不现身。
种种诸恶趣，地狱鬼畜生，生老病死苦，以渐悉令灭。
真观清净观，广大智慧观，悲观及慈观，常愿常瞻仰。
无垢清净光，慧日破诸暗，能伏灾风火，普明照世间。
悲体戒雷震，慈意妙大云，澍甘露法雨，灭除烦恼焰。
诤讼经官处，怖畏军阵中，念彼观音力，众怨悉退散。
妙音观世音，梵音海潮音，胜彼世间音，是故须常念，
念念勿生疑。观世音净圣，于苦恼死厄，能为作依怙。
具一切功德，慈眼视众生，福聚海无量，是故应顶礼。

[译文]

　　如果某人被凶恶的野兽所包围，野兽张牙舞爪，十分可怖，借助称念观世音菩萨受到的加持力，会使这些野兽迅速跑到无边的远方。如果有人遇到蚖蛇、蝮蛇和蝎子，被如同燃烧着的烟火一样的剧烈毒气所威胁，借助称念观世音菩萨受到的加持力，会使这些毒虫闻声退去。如果有人遇到电闪雷鸣和大雨冰雹，借助称念观世音菩萨受到的加持力，会使这些情况立即消散。

　　众生深陷于困苦危厄之中，被无量的痛苦所逼迫，观世音菩萨具足妙智慧力，能够救度众生拔除世间的疾苦。他具足神通之力，广修各种智慧方便法门，在十方世界中，无处不现其身。地狱、饿鬼、畜生三恶道之苦以及生、老、病、死等善道诸苦，观世音菩萨都可逐渐使其全部消除。观世音菩萨具有真

空观、清净观、广大智慧观、悲观以及慈观，所以，你们要发愿时常瞻仰他。观世音菩萨的智慧如太阳一般放出无垢的清净光明，能够破除各种黑暗，消除一切风火等灾害，遍照一切世间。观世音菩萨由持戒而获得的大悲之法体如同天雷震动，观世音菩萨的慈悲心怀好似天上玄妙广布的彩云，正如震动的天雷和广布的云彩可以降下甘露解除干涸一般，观世音菩萨的慈心悲体可以降下法雨，灭除众生心中烦恼的火焰。无论是在官府中受到诉讼争斗，还是在军阵中感到恐怖畏惧，只要称念观世音菩萨，凭借加持力就可以使各种怨敌全都消散。

观世音菩萨具有微妙的声音，称颂观世音名号的清净声音有如海潮的声音，胜过世间一切声音，因此，你们应该经常称念，每一念都不要产生怀疑。观世音菩萨这位清净的圣者，在众生面临痛苦烦恼、生死厄难时能够作为众生的依怙。他具足一切功德，慈悲地注视着所有众生，他所修的福德有如大海一样无量无边，因此，你们都应该向他顶礼。

尔时，持地菩萨即从座起，前白佛言："世尊，若有众生闻是《观世音菩萨品》自在之业，普门示现神通力者，当知是人功德不少。"

佛说是《普门品》时，众中八万四千众生皆发无等等阿耨多罗三藐三菩提心。

[译文]

这时，持地菩萨离座起身，走上前对释迦牟尼佛禀道："世尊，如果有众生听到这篇《观世音菩萨品》，知道观世音菩萨自在无碍的事业，了解观世音菩萨以无量法门示现神通之力来救度众生，那么，我们应该知道此人的功德很多。"

释迦牟尼佛讲说《普门品》之时，参加法会的大众中有八万四千众生都发起了求取无上智慧的愿心。

陀罗尼品第二十六

尔时，药王菩萨即从座起，偏袒右肩，合掌向佛，而白佛言："世尊，若善男子、善女人有能受持《法华经》者，若读诵通利，若书写经卷，得几所福？"

佛告药王："若有善男子、善女人供养八百万亿那由他恒河沙等诸佛，于汝意云何，其所得福宁为多否？"

"甚多，世尊。"

佛言："若善男子、善女人，能于是经，乃至受持一四句偈，读诵、解义、如说修行，功德甚多。"

尔时，药王菩萨白佛言："世尊，我今当与说法者陀罗尼咒，以守护之。"即说咒曰：

"安尔，曼尔，摩祢，摩摩祢，旨隶，遮梨第，赊咩，赊履多玮，膻帝，目帝，目多履，娑履，阿玮娑覆，桑履，娑履，叉裔，阿叉裔，阿耆腻，膻帝，赊履，陀罗尼，阿卢伽婆娑簸蔗毗叉腻，祢毗剃，阿便哆逻祢履剃，阿亶哆波隶输地，沤究隶，牟究隶，阿罗隶，波罗隶，首迦差，阿三磨三履，佛䭾毗吉利袠帝，达磨波利差帝，僧伽涅瞿沙祢，婆舍婆舍输地，曼哆逻，曼哆逻叉夜多，邮楼哆，邮楼哆憍舍略，恶叉逻，恶叉冶多冶，阿婆卢，阿摩若那多夜。"

"世尊，是陀罗尼神咒，六十二亿恒河沙等诸佛所说，若有侵毁此法师者，则为侵毁是诸佛已。"

时，释迦牟尼佛赞药王菩萨言："善哉！善哉！药王，汝愍念拥护此法师故，说是陀罗尼，于诸众生，多所饶益。"

[译文]

这时，药王菩萨就从座位上站起来，偏袒右肩，双手合十，恭敬地向释迦牟尼佛问道："世尊，如果有善男子、善女人能够受持这部《妙法莲华经》，通顺地读诵或者书写经卷，能够得到多大的福德呢？"

佛告诉药王菩萨道："如果有善男子、善女人供养八百万亿那由他恒河沙数那么多的诸佛，你认为怎么样？他得到的福德多不多呢？"

"很多，世尊。"

释迦牟尼佛说："如果善男子、善女人能够受持此经，哪怕只是其中的一首四句偈颂，对其能够读诵、解说法义，并能依法修行，那么，此人的功德多于前面说的善男子或善女人。"

这时，药王菩萨对佛说："世尊，我现在应该给予讲说这部经的人，以陀罗尼神咒来守护他们。"于是，药王菩萨即说咒曰：

"安尔，曼尔，摩祢，摩摩祢，旨隶，遮梨第，赊咩，赊履多玮，膻帝，目帝，目多履，娑履，阿玮娑覆，桑履，娑履，叉裔，阿叉裔，阿耆腻，膻帝，赊履，陀罗尼，阿卢伽婆娑簸蔗毗叉腻，祢毗剃，阿便哆逻祢履剃，阿亶哆波隶输地，沤究隶，牟究隶，阿罗隶，波罗隶，首迦差，阿三磨三履，佛驮毗吉利袠帝，达磨波利差帝，僧伽涅瞿沙祢，婆舍婆舍输地，曼哆逻，曼哆逻叉夜多，邮楼哆，邮楼哆憍舍略，恶叉逻，恶叉冶多冶，阿婆卢，阿磨若那多夜。"

"世尊，这个陀罗尼神咒是六十二亿恒河沙数那么多的诸佛所宣说的，如果有人侵犯诋毁这些受持《妙法莲华经》者，就是侵犯诋毁诸佛。"

这时，释迦牟尼佛称赞药王菩萨说："好啊！好啊！药王，你能够哀愍、关心、拥护这些受持者，所以才宣说了这个陀罗尼神咒。这对于所有众生，都是有很大的益处的。"

尔时，勇施菩萨白佛言："世尊，我亦为拥护读诵受持《法华经》者，说陀罗尼。若此法师得是陀罗尼，若夜叉、若罗刹、若富单那、若吉遮、若鸠盘荼、若饿鬼等，伺求其短，无能得便。"即于佛前而说咒曰：

"痤隶，摩诃痤隶，郁枳，目枳，阿隶，阿罗婆第，涅隶第，涅隶多婆第，伊致柅，韦致柅，旨致柅，涅隶墀柅，涅犁墀婆底。"

"世尊，是陀罗尼神咒，恒河沙等诸佛所说，亦皆随喜，若有侵毁此法师者，则为侵毁是诸佛已。"

[译文]

这时，勇施菩萨对佛说道："世尊，我也为拥护读诵、受持《妙法莲华经》之人宣说一个陀罗尼神咒。如果这些受持者得到这个神咒，那么，万一有夜叉、罗刹、富单那、吉遮、鸠盘荼、饿鬼等想要加害其人，一概无机可乘。"于是勇施菩萨就在释迦牟尼佛面前宣说如下咒语：

"痤隶，摩诃痤隶，郁枳，目枳，阿隶，阿罗婆第，涅隶第，涅隶多婆第，伊致柅，韦致柅，旨致柅，涅隶墀柅，涅犁墀婆底。"

"世尊，此陀罗尼神咒为恒河沙数那么多的诸佛所宣说，也为诸佛所随喜。如果有人侵犯诋毁这些受持者，那么，他就是侵犯诋毁恒河沙数一样多的如来佛。"

尔时，毗沙门天王护世者白佛言："世尊，我亦为愍念众生，拥护此法师故，说是陀罗尼。"即说咒曰：

"阿梨，那梨，㝹那梨，阿那卢，那履，拘那覆。"

"世尊,以是神咒,拥护法师,我亦自当拥护持是经者,令百由旬内,无诸衰患。"

[译文]

这时,四大天王中的毗沙门天王对佛说:"世尊,我也为了哀愍、关心众生,拥护这些受持者,特此宣说一个陀罗尼神咒。"于是该天王就宣说神咒曰:

"阿梨,那梨,㝹那梨,阿那卢,那履,拘那覆。"

"世尊,这个神咒可以保护这些《妙法莲华经》的受持者,我自己也当会拥护这部经的受持者,使他们在一百由旬之内,没有任何衰败与忧患。"

尔时,持国天王在此会中,与千万亿那由他乾闼婆众恭敬围绕,前诣佛所,合掌白佛言:"世尊,我亦以陀罗尼神咒拥护持《法华经》者。"即说咒曰:

"阿伽祢,伽祢,瞿利,乾陀利,旃陀利,摩蹬耆,常求利,浮楼莎柅,頞底。"

"世尊,是陀罗尼神咒,四十二亿诸佛所说,若有侵毁此法师者,则为侵毁是诸佛已。"

[译文]

这时,四大天王中的持国天王与法会中恭敬围绕着他的千万亿那由他数目的香神,一起来到释迦牟尼佛的面前,双手合掌,对佛说道:"世尊,我们也以陀罗尼神咒来拥护受持《妙法莲华经》的人。"于是持国天王就宣说了如下神咒:

"阿伽祢,伽祢,瞿利,乾陀利,旃陀利,摩蹬耆,常求利,浮楼莎柅,頞底。"

"世尊,这个陀罗尼神咒为四十二亿诸佛所宣说,如果有人侵犯诋毁这些《妙法莲华经》的受持者,他就等同于侵犯诋毁这四十二亿位如来佛。"

尔时,有罗刹女等,一名蓝婆,二名毗蓝婆,三名曲齿,四名华齿,五名黑齿,六名多发,七名无厌足,八名持璎珞,九名皋帝,十名夺一切众生精气。是十罗刹女,与鬼子母,并其子及眷属,俱诣佛所,同声白佛言:"世尊,我等亦欲拥护读诵受持《法华经》者,除其衰患。若有伺求法师短者,令不得便。"即于佛前,而说咒曰:

"伊提履,伊提泯,伊提履,阿提履,伊提履,泥履,泥履,泥履,泥履,泥履,楼醯,楼醯,楼醯,楼醯,多醯,多醯,多醯,兜醯,兖醯。"

"宁上我头上,莫恼于法师。若夜叉、若罗刹、若饿鬼、若富单那、若吉遮、若毗陀罗、若犍驮、若乌摩勒伽、若阿跋摩罗、若夜叉吉遮、若人吉遮;若热病,若一日、若二日、若三日、若四日,乃至七日,若常热病;若男形、若女形、若童男形、若童女形,乃至梦中,亦复莫恼。"

[译文]

这时,法会中有十位罗刹女,第一位名叫蓝婆,第二位名叫毗蓝婆,第三位名叫曲齿,第四位名叫华齿,第五位名叫黑齿,第六位名叫多发,第七位名叫无厌足,第八位名叫持璎珞,第九位名叫皋帝,第十位名叫夺一切众生精气。这十位罗刹女与鬼子母及子女和眷属一同来到佛的面前,同声对佛说道:"世尊,我们也要拥护受持、读诵《妙法莲华经》的人,解除他们的忧患。如果有谁伺机加害他们,将无机可乘。"于是她们就在释迦牟尼佛面前宣说如下神咒:

"伊提履,伊提泯,伊提履,阿提履,伊提履,泥履,泥履,泥履，泥履，泥履，楼醯，楼醯，楼醯，楼醯，多醯，多醯，多醯，兜醯，㝹醯。"

"宁愿众生在我们头上作乱，也不让他们扰乱这些法师。无论是夜叉、罗刹、饿鬼、富单那、吉遮、毗陀罗、犍驮、乌摩勒伽、阿跋摩罗、夜叉吉遮，还是人吉遮；无论是什么热病，历时或一日、或二日、或三日、或四日，乃至七日的热病，或者是常热病；无论是男形鬼、女形鬼，还是童男形鬼、童女形鬼等诸如此类恼人者，即使在梦中，也不能扰乱这些法师。"

即于佛前，而说偈言：
若不顺我咒，恼乱说法者，头破作七分，如阿梨树枝。
如杀父母罪，亦如压油殃，斗秤欺诳人，调达破僧罪。
犯此法师者，当获如是殃。
诸罗刹女说此偈已，白佛言："世尊，我等亦当身自拥护受持、读诵、修行是经者，令得安隐，离诸衰患，消众毒药。"

[译文]
她们又在释迦牟尼佛面前用偈颂说道：
　　如果有不遵从我们的咒语者，胆敢扰乱这些受持《妙法莲华经》的法师，那么其头将破为七份，就像阿梨树枝一样。其人罪过等同于杀父母，也如同榨油压死其他生命所获的灾殃，如同以大斗小秤来欺骗他人所获致的恶报，也好比是提婆达多破坏僧团的罪过。但凡侵犯这些法师，该众生就会获得这样的罪过。

这些罗刹女说完偈颂后，又对释迦牟尼佛说道："世尊，我们也当亲自拥护这些受持、读诵并且依本经修行的法师，使他们身心安稳，远离各种衰退与祸患，消除各种毒药的侵害。"

佛告诸罗刹女："善哉！善哉！汝等但能拥护受持《法华》名者，福不可量，何况拥护具足受持，供养经卷，华、香、璎珞、末香、涂香、烧香，幡盖、伎乐，然种种灯，酥灯、油灯、诸香油灯、苏摩那华油灯、瞻卜华油灯、婆师迦华油灯、优钵罗华油灯，如是等百千种供养者。皋帝，汝等及眷属，应当拥护如是法师。"

说是《陀罗尼品》时，六万八千人，得无生法忍。

[译文]

释迦牟尼佛告诉各位罗刹女道："好啊！好啊！你们只要能拥护受持这部《妙法莲华经》经名的人，所获得的福德就不可限量，何况是拥护具足受持《妙法莲华经》并且供养经卷的人呀？这些人或者以鲜花、香、璎珞供养，或者以末香、涂香、烧香供养，或者以宝幡、宝盖、歌舞妙乐供养，或者点燃各种油灯供养，如酥灯、油灯、香油灯、苏摩那花油灯、瞻卜花油灯、婆师迦花油灯、优钵罗花油灯等，用诸如此类的百千种方式供养《妙法莲华经》之人，皋帝啊，就是你们这些鬼众以及你们的眷属所应当拥护的法师。"

释迦牟尼佛讲说这篇《陀罗尼品》时，有六万八千人得到无生法忍。

妙庄严王本事品第二十七

尔时，佛告诸大众："乃往古世，过无量无边不可思议阿僧祇劫，有佛名云雷音宿王华智多陀阿伽度、阿罗诃、三藐三佛陀，国名光明庄严，劫名喜见。彼佛法中有王，名妙庄严，其王夫人，名曰净德，有二子，一名净藏，二名净眼。是二子，有大神力，福德智慧，久修菩萨所行之道，所谓檀波罗蜜、尸罗波罗蜜、羼提波罗蜜、毗梨耶波罗蜜、禅波罗蜜、般若波罗蜜、方便波罗蜜，慈悲喜舍，乃至三十七品助道法，皆悉明了通达。又得菩萨净三昧、日星宿三昧、净光三昧、净色三昧、净照明三昧、长庄严三昧、大威德藏三昧，于此三昧亦悉通达。

"尔时，彼佛欲引导妙庄严王，及愍念众生故，说是《法华经》。"

[译文]

这时，释迦牟尼佛告诉与会大众道："在远古的过去世，无量无边不可思议阿僧祇劫那么久远以前，有位佛名叫云雷音宿王华智佛，同时具足如来、应供、正遍知等各种称号。佛所在的国土名叫光明庄严，当时劫的名叫喜见。这位佛的法化范围之中，有一位国王，名叫妙庄严，他的夫人名叫净德。妙庄严王有两个儿子，一个名叫净藏，一个名叫净眼。这两个儿子都具备很大的神通力、福德和智慧。他们很久以来就修大乘菩萨所行的道法，即所谓的布施波罗蜜、持戒波罗蜜、忍辱波罗蜜、精进波罗蜜、禅定波罗蜜、智慧波罗蜜、方便波罗蜜，还有慈悲喜舍四无量心，直至三十七道品助道法等，这些法门他们全部通达明了。他们还得到了菩萨的各种三昧，有净三昧、日星宿三昧、净光三昧、净色三昧、净照明三昧、长庄严三昧、大威德藏三昧等，对于这些三昧，他们全部通达无余。

"那时，云雷音宿王华智佛为了引导妙庄严王，并出于对一切众生怜愍关怀的缘故，因此开讲这部《妙法莲华经》。"

"时，净藏、净眼二子到其母所，合十指爪掌，白言：'愿母往诣云雷音宿王华智佛所，我等亦当侍从，亲近、供养、礼拜。所以者何？此佛于一切天人众中说《法华经》，宜应听受！'母告子言：'汝父信受外道，深著婆罗门法，汝等应往白父，与共俱去。'净藏、净眼合十指爪掌，白母：'我等是法王子，而生此邪见家。'母告子言：'汝等当忧念汝父，为现神变，若得见者，心必清净，或听我等，往至佛所。'

"于是，二子念其父故，涌在虚空，高七多罗树，现种种神变：于虚空中，行住坐卧；身上出水，身下出火；身下出水，身上出火；或现大身，满虚空中，而复现小，小复现大；于空中灭，忽然在地；入地如水，履水如地，现如是等种种神变，令其父王心净信解。"

[译文]

"那时，净藏、净眼两位王子来到他们母亲的住处，双手合掌，对母亲说：'希望母后前往云雷音宿王华智佛处，我们也会随侍您一同前去，以亲近、供养、礼拜这位佛。为什么呢？因为这位佛在一切天神与人类大众中开讲《妙法莲华经》，我们应该前去聆听受教！'母亲告诉他们说：'你们父亲相信外道，深深执著于婆罗门教法。你们应该去对父亲说一声，最好随我们一同前往。'净藏、净眼合掌对母亲说道：'我们是佛法王子，却生在这般执有邪见的家庭。'母亲劝说两位王子道：'你们应当为父亲感到担忧，为父亲多想想。若能为他显现神通变化，他见到后，心中一定会清净，那时或许会听我们的劝告前往佛处听闻佛法。'

于是，两位王子出于对父亲的挂念，便显现神通，升到七棵多罗树那么高的虚空当中，展现各种神变：在虚空中行、住、坐、卧；身上出水，身下出火；或者身下出水，身上出火；又示现巨大的身躯，以至遍满整个虚空；忽而他们又示现小身，又由小身变为大身；或者人在空中消失，忽然又出现在地下；他们能够像水一样进入大地,又能像走平地一样行走在水面。他们示现如此种种神通变化,以使他们的父亲心中清净,能生信解佛法之心。"

"时,父见子神力如是,心大欢喜,得未曾有,合掌向子言:'汝等师为是谁?谁之弟子?'二子白言:'大王,彼云雷音宿王华智佛,今在七宝菩提树下,法座上坐,于一切世间天人众中,广说《法华经》,是我等师,我是弟子。'父语子言:'我今亦欲见汝等师,可共俱往。'

"于是二子从空中下,到其母所,合掌白母:'父王今已信解,堪任发阿耨多罗三藐三菩提心。我等为父已作佛事,愿母见听,于彼佛所,出家修道。'

"尔时,二子欲重宣其意,以偈白母:

愿母放我等,出家作沙门,诸佛甚难值,我等随佛学。
如优昙钵华,值佛复难是,脱诸难亦难,愿听我出家。"

[译文]

"这时,父亲见到儿子们有如此这般的神力,心中十分欢喜,深感此乃从未有过的奇事。于是妙庄严王双手合掌对儿子问道:'你们的师父是谁?你们是谁的弟子?'两位王子回答道:'大王,云雷音宿王华智佛现在正坐在七宝菩提树下的法座之上,在一切世间天、人大众中广泛地讲说《妙法莲华经》。他就是我们的师父,我们是他的弟子。'父亲对儿子说:'我现在也想拜见你们的师父,我们可以一同前往。'

"于是,两位王子从空中降下,来到他们母亲的住所,合掌对母亲说:'父王现在已经相信佛法,可以发起求取无上智慧的决心了。我们已经为父亲做了佛事,希望母亲允许我们在那位佛处出家修道。'

"这时,两位王子为了重新说明自己的想法,便用偈颂说道:

希愿母亲允许我们出家做沙门,诸佛很难遇到,现今值佛出世,我们想要跟随佛学习。犹如三千年才开一次的优昙钵花一样,遇到佛也是这么难啊!要解脱各种苦难也是难上加难,希望您允许我们出家。"

"母即告言:'听汝出家。所以者何?佛难值故。'于是二子白父母言:'善哉!父母,愿时往诣云雷音宿王华智佛所,亲近供养。所以者何?佛难得值,如优昙钵罗华,又如一眼之龟,值浮木孔。而我等宿福深厚,生值佛法,是故父母当听我等,令得出家。所以者何?诸佛难值,时亦难遇。'

"彼时,妙庄严王后宫八万四千人,皆悉堪任受持是《法华经》。净眼菩萨,于法华三昧,久已通达;净藏菩萨,已于无量百千万亿劫,通达离诸恶趣三昧,欲令一切众生离诸恶趣故。其王夫人,得诸佛集三昧,能知诸佛秘密之藏。二子如是以方便力,善化其父,令心信解,好乐佛法。

"于是,妙庄严王与群臣眷属俱,净德夫人与后宫婇女眷属俱,其王二子与四万二千人俱,一时共诣佛所。到已,头面礼足,绕佛三匝,却住一面。

[译文]

"母亲就告诉他们道:'我允许你们出家。为什么呢?因为诸佛如来实在是千载难逢啊!'于是,两位王子对父母说:'太好了!父王、母后,希望我们现在就前往云雷音宿王华智佛的处所,亲近、供养这位佛陀。为什么呢?佛很难得遇,就像优昙钵花几千年才得现,又如同一只独眼的乌龟浮出海面,头恰好钻入茫茫大海中漂荡的一块木板上的小孔一样。由于我们宿世以来福德深厚,才生而遇到佛法,所以,父母应该允许我们的请求让我们出家。为什么呢?诸佛难以遇到,时机也是千载难逢。'

"那时,妙庄严王后宫中八万四千人都已能够受持这部《妙法莲华经》。净眼菩萨很久以来已经通达法华三昧,净藏菩萨为了使一切众生远离三恶道,早在无量百千万亿劫的岁月中就已通达离诸恶趣三昧。妙庄严王的夫人也得到诸佛集三昧,能够知诸佛的秘密法藏。两位王子就用这样的方便力巧妙地度化了他们的父亲,使他心中相信并了解佛法的旨趣,从而喜欢上佛法。

"于是,妙庄严王与群臣及其眷属们一同,净德夫人与后宫婇女及其眷属们一同,两位王子与四万二千人一同,大家同时出发前往云雷音宿王华智佛讲法之处。到那里以后,他们五体投地礼敬佛陀,之后又绕佛三周,退立一旁。"

"尔时,彼佛为王说法,示教利喜,王大欢悦。尔时,妙庄严王及其夫人解颈真珠璎珞,价直百千,以散佛上,于虚空中,化成四柱宝台。台中有大宝床,敷百千万天衣,其上有佛,结跏趺坐,放大光明。尔时,妙庄严王作是念:'佛身稀有,端严殊特,成就第一微妙之色。'

"时,云雷音宿王华智佛告四众言:'汝等见是妙庄严王于我前合掌立否?'此王于我法中作比丘,精勤修习,助佛道法,当得作佛,号娑罗树王,国名大光,劫名大高王。其娑罗树王佛有无量菩萨众及无量声闻,其国平正,功德如是。'其王即时以国付弟,与夫人、二子,并诸眷属,于佛法中,出家修道。

"王出家已,于八万四千岁,常勤精进修行《妙法华经》。过是已后,得一切净功德庄严三昧,即升虚空,高七多罗树,而白佛言:'世尊,此我二子已作佛事,以神通变化转我邪心,令得安住于佛法中,得见世尊。此二子者,是我善知识,为欲发起宿世善根,饶益我故,来生我家。'

[译文]

"这时,那位云雷音宿王华智佛为妙庄严王讲法,开示宇宙人生的实相之理,赐以利乐。妙庄严王听后,非常高兴。之后,妙庄严王以及夫人解下颈上价值百千的珍珠璎珞,撒在佛身上。这些珍珠璎珞在虚空中化成由四根柱子撑起的宝台,台中有座珍宝装饰的大床,铺着百万种天衣,一位佛在上面结跏趺而坐,放出耀眼的光明。那时,妙庄严王心中想道:'佛身真是稀有难得,端庄威严,奇特无比,成就了最为微妙的色身。'

"那时,云雷音宿王华智佛告诉四众弟子们道:'你们见到这位妙庄严王在我面前合掌站立着吗?这位国王将在我的教法中出家做比丘,他修习精进勤奋,帮助佛宣扬教法,将于未来成佛,名号是娑罗树王,国土名称是大光,劫名大高王。这位娑罗树王佛拥有无量的菩萨大众和无量的声闻弟子,他的佛国平坦方正。他的功德就是如此巨大。'妙庄严王即刻将国家托付弟弟,自己与夫人、两位王子以及所有眷属在佛法中出家修道。

"妙庄严王出家后,在八万四千年中勤奋精进,依《妙法莲华经》而修行。经过如此长时间的修行之后,妙庄严王获得一切净功德庄严三昧。于是,他升到七棵多罗树那么高的虚空中,对云雷音宿王华智佛说:'世尊,我的这两个儿子在往昔已经大做佛事,他们用神通变化转变了我的邪心,使我得以安住在佛法中,能够见到世尊。这两个儿子是我的善知识,他们是为了让我发起宿世的善根,为使我从佛法中蒙益受惠,才生到我家的。'"

"尔时,云雷音宿王华智佛告妙庄严王言:'如是!如是!如汝所言,若善男子、善女人种善根故,世世得善知识。其善知识,能作佛事,示教利喜,令入阿耨多罗三藐三菩提。大王,当知善知识者,是大因缘,所谓化导令得见佛,发阿耨多罗三藐三菩提心。大王，汝见此二子否？此二子已曾供养六十五百千万亿那由他恒河沙诸佛，亲近恭敬，于诸佛所受持《法华经》，愍念邪见众生，令住正见。'

"妙庄严王即从虚空中下，而白佛言：'世尊，如来甚稀有！以功德智慧故，顶上肉髻，光明显照，其眼长广，而绀青色，眉间毫相，白如珂月，齿白齐密，常有光明，唇色赤好如频婆果。'

"尔时，妙庄严王赞叹佛如是等无量百千万亿功德已，于如来前，一心合掌，复白佛言：'世尊，未曾有也！如来之法，具足成就不可思议微妙功德，教诫所行，安隐快善。我从今日，不复自随心行，不生邪见、憍慢、瞋恚、诸恶之心。'说是语已，礼佛而出。"

[译文]

"这时，云雷音宿王华智佛告诉妙庄严王道：'是这样的！是这样的！正如您所说的，如果善男子、善女人种下善根，那么，他们世世都能够遇到善知识。他们遇到的善知识能够大做佛教事业，指示众生，教化众生，使众生获得利乐，并最终使他们证入无上智慧。大王，你应该知道，善知识的出现乃出于非同一般的因缘，他能教化引导众生使其得以见到佛，并发起求取无上智慧的决心。大王，你见到你的这两个儿子了吗？这两个儿子，已经供养了六十五百千万亿那由他恒河沙数之多的诸佛，生生世世亲近和恭敬诸佛。在这些佛那里，他们受持《妙法莲华经》，怜悯关怀持邪见的众生，教导他们安住于正确的观念当中。'

"妙庄严王听到后立即从虚空中下来，对佛说：'世尊，如来真是稀有！因为积累的功德和智慧，顶上的肉髻大放光明，照亮了一切。如来的双眼又长又大，呈绀青色；如来的眉间有白毫光相，洁白如白玉和明月；如来的牙齿洁白而整齐密实，常常放出光明；如

来的嘴唇颜色红润有光泽，犹如相思果一般。'

"那时，妙庄严王如此赞叹佛的这些无量百千万亿种功德之后，在云雷音宿王华智佛面前一心合掌，又说道：'世尊，真是前所未有啊！如来的教法非常圆满，可以成就不可思议的微妙功德，教诫众生行为，使他们安稳快乐。从今天起，我不再随心所欲，妄自行事，再不生邪见之心，不生傲慢之心，不生瞋恨等种种恶劣之心。'说完这些话语之后，妙庄严王向佛再次行礼，然后退了出去。"

佛告大众："于意云何？妙庄严王，岂异人乎？今华德菩萨是。其净德夫人，今佛前光照庄严相菩萨是，哀愍妙庄严王及诸眷属故，于彼中生。其二子者，今药王菩萨、药上菩萨是，是药王、药上菩萨成就如此诸大功德，已于无量百千万亿诸佛所，植众德本，成就不可思议诸善功德。若有人识是二菩萨名字者，一切世间诸天人民亦应礼拜。"

佛说是《妙庄严王本事品》时，八万四千人远尘离垢，于诸法中得法眼净。

[译文]

释迦牟尼佛告诉法会中的大众道："你们是怎么想的？妙庄严王难道是别人吗？他就是现在的华德菩萨。那位净德夫人就是现在佛面前的光照庄严相菩萨，他因为哀愍妙庄严王及其所有眷属，而投生在他们之中。那两位王子就是现在的药王菩萨、药上菩萨。这两位菩萨成就了如此巨大的功德，他们已经在过去无量百千万亿诸佛那里培植了各种德行，从而成就今日不可思议的各种善功和福德。如果有人知道这两位菩萨的名字，那么，他应该受到一切世间的天神、人民的礼拜。"

释迦牟尼佛讲说这篇《妙庄严王本事品》之时，有八万四千人远离尘垢，在诸法中得到法眼净。

普贤菩萨劝发品第二十八

尔时，普贤菩萨以自在神通力，威德名闻，与大菩萨无量无边不可称数从东方来。所经诸国，普皆震动，雨宝莲华，作无量百千万亿种种伎乐。又与无数诸天、龙、夜叉、乾闼婆、阿修罗、迦楼罗、紧那罗、摩睺罗伽、人非人等，大众围绕，各现威德神通之力。到娑婆世界耆阇崛山中，头面礼释迦牟尼佛，右绕七匝，白佛言："世尊，我于宝威德上王佛国，遥闻此娑婆世界说《法华经》，与无量无边百千万亿诸菩萨众共来听受，惟愿世尊当为说之，若善男子、善女人，于如来灭后，云何能得是《法华经》？"

佛告普贤菩萨："若善男子、善女人，成就四法，于如来灭后，当得是《法华经》：一者，为诸佛护念；二者，植众德本；三者，入正定聚；四者，发救一切众生之心。善男子、善女人，如是成就四法，于如来灭后，必得是经。"

[译文]

这时，以自在神通力和威德而名闻十方的普贤菩萨，与无量无边不可计数的大菩萨一起，从东方前来位于娑婆世界的法华会场。所有途经之国都发生种种震动，天空如雨般撒下宝莲花，伴随着出现无量百千万亿种歌舞和音乐。还有无数的天神、龙、夜叉、香神、战神罗、金翅鸟神、乐神、蟒神、人非人等大众围绕在普贤菩萨一行四周，各自显现出威德之力和神通力。到了娑婆世界的灵鹫山中，普贤率领这些大众以头触地向释迦牟尼佛敬礼，又由右向左绕佛七周以示敬拜，然后对佛说："世尊，我在宝威德上王佛的国土中，远远听到娑婆世界正在讲说《妙法莲华经》，于是，便带领无量无边百千万亿的菩萨大众一同前来聆听，恳请世尊为我们讲说。善男子、善女人在如来灭度后，如何才能够得到这部《妙法莲华经》呢？"

佛告诉普贤菩萨说："如来灭度后，如果有善男子、善女人能够成就四种法门，就可以得到这部《妙法莲华经》。这是四种法门是：一，得到诸佛的护持和忆念；二，培植各种福德善本；三，深入各种正定；四，发起救助一切众生之心。如果善男子、善女人能成就这四种法门，在如来灭度后就一定能够得到这部经典。"

尔时，普贤菩萨白佛言："世尊，于后五百岁，浊恶世中，其有受持是经典者，我当守护，除其衰患，令得安隐，使无伺求得其便者，若魔、若魔子、若魔女、若魔民、若为魔所著者、若夜叉、若罗刹、若鸠盘荼、若毗舍阇、若吉遮、若富单那、若韦陀罗等，诸恼人者，皆不得便。是人若行、若立、读诵此经，我尔时，乘六牙白象王，与大菩萨众，俱诣其所，而自现身，供养守护，安慰其心，亦为供养《法华经》故。是人若坐、思惟此经，尔时，我复乘白象王，现其人前。其人若于《法华经》，有所忘失一句一偈，我当教之，与共读诵，还令通利。尔时，受持读诵《法华经》者，得见我身，甚大欢喜，转复精进。以见我故，即得三昧，及陀罗尼，名为旋陀罗尼，百千万亿旋陀罗尼，法音方便陀罗尼，得如是等陀罗尼。"

[译文]

这时，普贤菩萨对佛说道："世尊，在佛灭度五百年以后的五浊恶世中，如果有受持这部经典的众生，我将守护他，消除他的衰败与忧患，使他得到安稳，使伺机加害他的众生无机可乘，诸如天魔、魔子、魔女、魔民、被魔所附身者、夜叉、罗刹、鸠盘荼、毗舍阇、吉遮、富单那、韦陀罗等，所有鬼怪都不能伤他一根毫毛。不论他行走还是站立，只要他读诵这部经典，我便于那时骑乘六牙白象王，与大菩萨众一同去到他的跟前，然后自己现出身相，供养并守护他，安慰他的心灵。当然，这也是为了供养《妙法莲华经》。此人静坐思维这部经典时，我也会乘坐白象王现身在他面前。如果他忘记了《妙法莲华经》的部分内容，哪怕是一句话或者一首偈颂，我也会教给他，与他一同读诵，使他能达到流利通顺的程度。这时，于五浊恶世受持读诵《妙法莲华经》的人得以见到我的身相，由此而会极其欢喜，于是更加精进。因为见到我的缘故，其人会立即得到三昧以及陀罗尼，如旋陀罗尼、百千万亿旋陀罗尼、法音方便陀罗尼。总而言之，其人将会得到如此众多而且灵验的各种陀罗尼。"

"世尊，若后世后五百岁，浊恶世中，比丘、比丘尼、优婆塞、优婆夷，求索者、受持者、读诵者、书写者，欲修习是《法华经》，于三七日中，应一心精进，满三七日已，我当乘六牙白象，与无量菩萨而自围绕，以一切众生所喜见身，现其人前，而为说法，示教利喜，亦复与其陀罗尼咒。得是陀罗尼故，无有非人，能破坏者，亦不为女人之所惑乱。我身亦自常护是人，惟愿世尊听我说此陀罗尼咒。"即于佛前而说咒曰：

"阿檀地，檀陀婆地，檀陀婆帝，檀陀鸠舍隶，檀陀修陀隶，修陀隶，修陀罗婆底，佛驮波膻祢，萨婆陀罗尼阿婆多尼，萨婆婆沙阿婆多尼，修阿婆多尼，僧伽婆履叉尼，僧伽涅伽陀尼，阿僧祇，僧伽波伽地，帝隶阿惰僧伽兜略，阿罗帝婆罗帝，萨婆僧伽三摩地伽兰地，萨婆达磨修波利刹帝，萨婆萨埵楼驮憍舍略阿㝹伽地，辛阿毗吉利地帝。"

[译文]

"世尊,如果在此后世之后的又一个五百年的五浊恶世中,比丘、比丘尼、男居士、女居士无论是求索《妙法莲华经》,还是受持,或者读诵,或者书写《妙法莲华经》,欲依经修习,那么,他们可以在二十一天中,一心精进。满二十一天后,我将乘坐六牙白象,在无量菩萨的围绕下,以一切众生喜欢见到的身相显现在他的面前,为他讲法、示意、教导他们,使他们获得快乐,同时再给予他们陀罗尼神咒。由于他们获得了这个陀罗尼神咒,就不可能再有什么非人能够加害他们,他们也不会被女人所诱惑和扰乱,我也会经常保护他。现在,就恳请世尊听我宣说这个陀罗尼神咒。"于是,普贤菩萨在佛面前宣说如下神咒:

"阿檀地,檀陀婆地,檀陀婆帝,檀陀鸠舍隶,檀陀修陀隶,修陀隶,修陀罗婆底,佛驮波膻祢,萨婆陀罗尼阿婆多尼,萨婆婆沙阿婆多尼,修阿婆多尼,僧伽婆履叉尼,僧伽涅伽陀尼,阿僧祇,僧伽波伽地,帝隶阿惰僧伽兜略阿罗帝婆罗帝,萨婆僧伽三摩地伽兰地,萨婆达磨修波利刹帝,萨婆萨埵楼驮憍舍略阿㝹伽地,辛阿毗吉利地帝。"

"世尊,若有菩萨得闻是陀罗尼者,当知普贤神通之力,若《法华经》行阎浮提,有受持者,应作此念,皆是普贤威神之力。若有受持、读诵、正忆念、解其义趣、如说修行,当知是人行普贤行,于无量无边诸佛所,深种善根,为诸如来,手摩其头。若但书写,是人命终,当生忉利天上。是时,八万四千天女作众伎乐而来迎之。其人即著七宝冠,于婇女中,娱乐快乐,何况受持、读诵、正忆念、解其义趣、如说修行?若有人受持、读诵、解其义趣,是人命终,为千佛授手,令不恐怖,不堕恶趣,即往兜率天上,弥勒菩萨所。弥勒菩萨有三十二相,大菩萨众所共围绕，有百千万亿天女眷属，而于中生，有如是等功德利益。是故，智者应当一心自书，若使人书，受持、读诵、正忆念、如说修行。世尊，我今以神通力故，守护是经，于如来灭后，阎浮提内，广令流布，使不断绝。"

[译文]

"世尊，如果有菩萨听到这一陀罗尼神咒，那么，他就应该知道这是普贤菩萨的神通之力。如果《妙法莲华经》在人类居住的阎浮提洲流传，那么，受持这部经的人就应该这样想：这是普贤菩萨威神力加持的缘故。如果有人受持、读诵这部经，并能正确记忆、理解其中义理，认真依据经文修行，那么，应该知道此人是在修行普贤行，他必然已在无量无边诸佛面前种下了深厚的善根，受到诸佛的亲手摩顶授记。如果有人只是书写这部经典，那么此人今世命终之后下世将转生在忉利天上。转生之时，会有八万四千天女作各种歌舞音乐来迎接他，他将戴上七种珍宝做成的宝冠，在天女中游戏娱乐，快乐无比。仅仅抄写经书尚且如此，何况受持、读诵《妙法莲华经》，并正确记忆这部经，且能理解其中义理，更甚之能依经修行之人的福报之大呢？如果有人受持、读诵这部经，并理解其中义理，那么，他临命终时，会有一千位佛陀前来伸手救助，使他免于恐怖，不堕恶道，而往生兜率天内院弥勒菩萨的住所。弥勒菩萨具足三十二种瑞相，由众多的大菩萨围绕，又有百千万亿的天女眷属。往生在这里，就会有这样的功德和利益。所以，有智慧之人应该一心书写或者教别人书写本经，应该受持、读诵、正确记忆本经，并且能够依经修行。世尊，我现在用神通力来守护这部经典，在如来灭度之后，使这部经在阎浮提洲广为流传，永不断绝。"

尔时，释迦牟尼佛赞言："善哉！善哉！普贤，汝能护助是经，令多所众生，安乐利益。汝已成就不可思议功德，深大慈悲，从久远来，发阿耨多罗三藐三菩提意，而能作是神通之愿，守护是经，我当以神通力，守护能受持普贤菩萨名者。

"普贤，若有受持、读诵、正忆念、修习书写是《法华经》者，当知是人则见释迦牟尼佛，如从佛口闻此经典；当知是人，供养释迦牟尼佛；当知是人，佛赞善哉；当知是人，为释迦牟尼佛手摩其头；当知是人，为释迦牟尼佛衣之所覆。如是之人，不复贪著世乐，不好外道经书、手笔，亦复不喜亲近其人，及诸恶者，若屠儿、若畜猪羊鸡狗、若猎师、若炫卖女色；是人心意质直，有正忆念，有福德力；是人不为三毒所恼，亦复不为嫉妒、我慢、邪慢、增上慢所恼；是人少欲知足，能修普贤之行。

"普贤，若如来灭后，后五百岁，若有人，见受持读诵《法华经》者，应作是念：此人不久当诣道场，破诸魔众，得阿耨多罗三藐三菩提，转法轮，击法鼓，吹法螺，雨法雨，当坐天人大众中，师子法座上。"

[译文]

这时，释迦牟尼佛赞叹道："太好了！太好了！普贤，你能够保护并帮助流通《妙法莲华经》，让更多的众生得到安乐利益。你已经成就了不可思议的功德，具足深厚博大的慈悲心，你久远以来就发起了求取无上智慧的心愿，因而，才能在今天发出这样的神通愿心来守护这部经典。我将以神通力来守护能够受持普贤菩萨名号的人。

"普贤，如果有人能够受持、读诵、正确记忆、修习、书写这部《妙法莲华经》，那么，应该知道，这人就等于亲见释迦牟尼佛，就如同听佛亲口宣讲这部经一样；应该知道，此人就等于在供养释迦牟尼佛；应该知道，此人为佛所赞叹叫好；应该知道，此人相当于被释迦牟尼佛亲手摩顶；还应该知道，此人等于为释迦牟尼佛的法衣所覆盖。像这样的人，不会再贪图世间的快乐，不喜好外道的经典书籍、文章，也不再喜欢亲近外道信徒和其他各类造作恶业的人，比如屠夫、畜养猪羊鸡狗者、猎人、出卖色相者等。此人心地质朴，有正确的忆念，有福德之力；他不会被贪、瞋、痴三毒所烦恼，也不再被嫉妒、我慢、邪慢、增上慢等恶习所烦恼；他少欲知足，能够修普贤之行。

"普贤，如来灭度五百年以后，如果有人见到受持、读诵《妙法莲华经》之人，那么他就应该这样想：'此人不久之后将会坐在道场中，破除天魔众，证得无上智慧，转动教法之轮，击响教法之鼓，吹响教法之螺，洒下教法之雨，他应该坐在天神、人大众中的狮子座上！'"

"普贤，若于后世，受持读诵是经典者，是人不复贪著衣服、卧具、饮食、资生之物，所愿不虚，亦于现世得其福报。若有人轻毁之，言：'汝狂人耳，空作是行，终无所获。'如是罪报，当世世无眼。若有供养赞叹之者，当于今世得现果报。若复见受持是经者，出其过恶，若实、若不实，此人现世得白癞病；若有轻笑之者，当世世牙齿疏缺，丑唇、平鼻，手脚缭戾，眼目角睐，身体臭秽，恶疮、脓血、水腹、短气、诸恶重病。是故，普贤，若见受持是经典者，当起远迎，当如敬佛。"

说是《普贤劝发品》时，恒河沙等无量无边菩萨得百千万亿旋陀罗尼，三千大千世界微尘等诸菩萨具普贤道。

佛说是经时，普贤等诸菩萨，舍利弗等诸声闻，及诸天、龙、人非人等一切大会，皆大欢喜，受持佛语，作礼而去。

[译文]

"普贤，在后世中，如果有人受持、读诵这部经典，他将不再贪著衣服、卧具、饮食等生活用具，他所有的愿望都会得到满足，现世也会得到福报。如果有人轻视诋毁他，说：'你不过是个狂人罢了，白白做这样的行为，最终一无所获。'像这样诋毁而获得的罪报，诋毁者将会生生世世没有眼睛。如果有人见了受持《妙法莲华经》之人，对他进行供养和赞美，那么，此人今生就可获得善报。如果见到受持这部经的人，说出人家过去的各种恶行，以进行打击和中伤，那么，不管这种恶行是真是假，这些中伤别人者现世就会患上白癫病。如果有人轻视嘲笑受持《妙法莲华经》之人，那么，他所获得的果报是生生世世牙齿稀疏、残缺，嘴唇丑陋，鼻子扁平，手脚弯曲，眼睛偏斜，身体臭恶，并患有恶疮、脓血、水腹、短气等严重疾病。所以，普贤啊！如果见到受持这部经典之人，就应该起身远远相迎，如同尊敬佛一样尊敬此人。"

释迦牟尼佛讲说这篇《普贤劝发品》时，有恒河沙数无量无边的菩萨得到百千万亿种旋陀罗尼，三千大千世界微尘数的菩萨具足普贤道行。

释迦牟尼佛讲说这部经之时，普贤等菩萨大众，舍利弗等声闻大众，以及各位天神、龙、人非人等，一切参加法会的大众，都非常欢喜，他们受持佛所宣说的一切教诲，向佛致礼后一一离去。